AUSCHWITZ IN DEN AUGEN DER SS

STAATLICHES AUSCHWITZ-MUSEUM

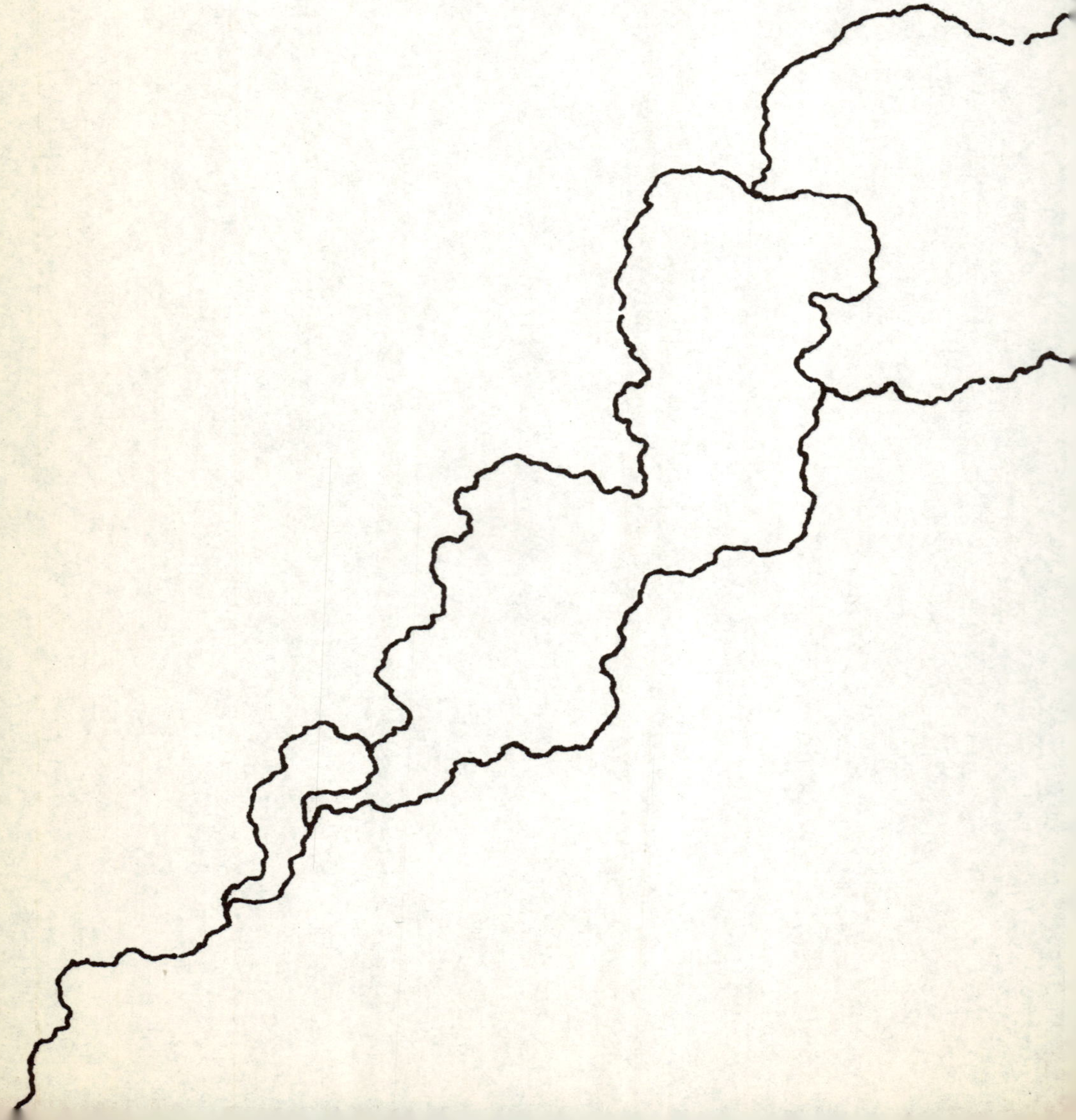

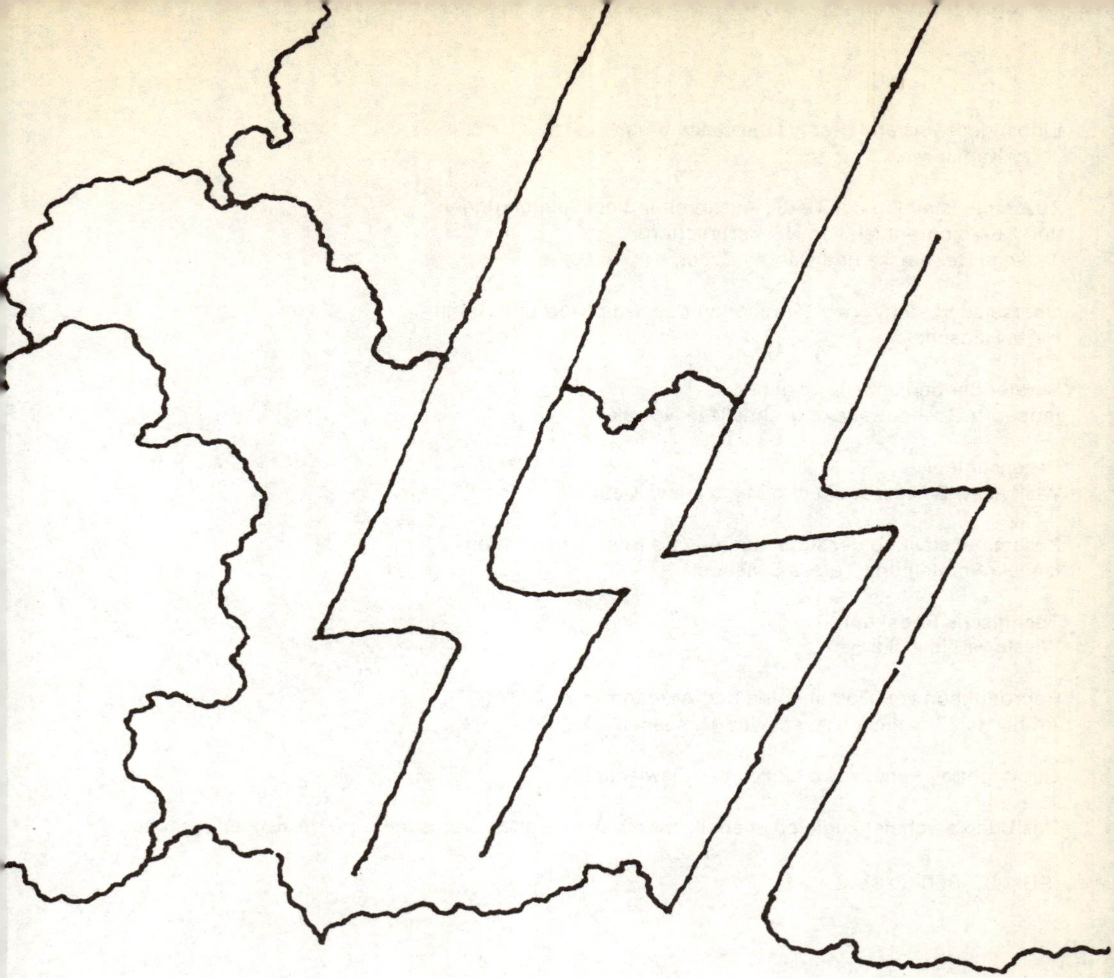

AUSCHWITZ IN DEN AUGEN DER SS

Rudolf Höß, Pery Broad, Johann Paul Kremer

Verlag Interpress • Warszawa 1992

Einbandentwurf und graphische Gestaltung
Jerzy Kępkiewicz

Zusammenstellung der Texte, Ausarbeitung der Anmerkungen
und Kurzbiographien von NS-Verbrechern
Jadwiga Bezwińska und Danuta Czech

Übersetzung von Vorwort, Anmerkungen, Nachwort und Anhang
Herta Henschel

Berater der deutschen Ausgabe
Ingeborg Goślinowska und Anneliese Nowak

Rezensenten
Władysław Bartoszewski und Mieczysław Kieta

Zusammenstellung der Abbildungen und Bildunterschriften
Izabela Smoleń und Teresa Świebocka

Technische Redaktion
Wiesława Zielińska

Reproduktion von Dokumenten und Aufnahmen
Archiv des Staatlichen Auschwitz-Museums

Das Buch erscheint zugleich in englischer, französischer, polnischer und russischer Sprache

ISBN 83-85047-35-2

WYDAWNICTWO INTERPRESS
Polskiej Agencji Informacyjnej S.A.
Al. Stanów Zjednoczonych 53
04–028 Warszawa

Druk i oprawa: Cieszyńska Drukarnia Wydawnicza
Zam. nr 2470/K-94

VORWORT • JERZY RAWICZ *

Zum vierten Male[1] gelangen in die Hände der Leser insgesamt drei Dokumente, deren Verfasser SS-Leute des Konzentrationslagers Auschwitz sind. Zur Einleitung also einige Worte über jeden von ihnen: über den ersten Kommandanten des KZ Auschwitz Rudolf Höß, über den Beamten der Politischen Abteilung, d.h. der Lager-Gestapo, Pery Broad und über den Arzt Johann Kremer.

Über Höß weiß man am meisten, u.a. deshalb, weil er selbst ausführlich seinen Lebenslauf niedergeschrieben hat. Den Auschwitz betreffenden Teil dieses Lebenslaufs findet der Leser im vorliegenden Buch. Wenn Höß trotzdem die größte Aufmerksamkeit gewidmet wird, dann geschieht das, weil sowohl der Verfasser selbst als auch die Wichtigkeit seiner Aufzeichnungen dies verlangen.

Rudolf Franz Ferdinand Höß wurde im Jahre 1900 als Sohn eines pensionierten Obersten der deutschen Armee geboren. Zu Hause wurde er streng in katholischem Geist erzogen. Der Vater wollte, daß sein Sohn Geistlicher werde. Im sechzehnten Lebensjahr meldete sich der junge Höß freiwillig zum Militär, nahm im ersten Weltkrieg an den Kämpfen in der Türkei und in Jerusalem teil und wurde als Siebzehnjähriger der jüngste Unteroffizier der deutschen Armee. Nach der Niederlage der Mittelmächte kehrte er nach Deutschland zurück und begann seine Tätigkeit im Rahmen des ostpreußischen Freiwilligenkorps, einer reaktionären Organisation, die mit Feuer und Schwert alle Gegner des deutschen Nationalismus und Militarismus bekämpfte, also die revolutionären Elemente in Lettland und in Deutschland selbst wie auch die polnischen Aufständischen in Śląsk und Wielkopolska.

Schon 1922 kam Höß mit Adolf Hitler in Berührung und trat dessen Partei bei. Die niedrige Mitgliedsnummer 3240 seines NSDAP-Ausweises war für Höß der Stolz seines ganzen Lebens. 1923 wurde er wegen Beteiligung am Fememord des Lehrers Kadow, den die Mitglieder des Korps Rossbach, Kollegen von Höß, als Verräter betrachteten, verhaftet und zu zehn Jahren Gefängnis verurteilt. 1929 entlassen, begann Höß in Mecklenburg auf dem Lande zu arbeiten und heiratete. Während seines fünfjährigen Aufenthalts in Mecklenburg kamen drei Kinder von ihm zur Welt (sein viertes wurde in Dachau und das fünfte in Auschwitz geboren).

---

* Jerzy Rawicz (1914—1980) war im zweiten Weltkrieg Häftling der Konzentrationslager Auschwitz und Mauthausen. Nach dem Krieg war er für zahlreiche Zeitungen und Zeitschriften publizistisch tätig, wobei er sich vor allem mit Problemen Polens und mit der deutschen Frage befaßte. Er schrieb einige Bücher, darunter „Dno" (Abgrund), eine Sammlung von Erzählungen über Auschwitz, und „Dzień powszedni ludobójcy" (Alltag eines Völkermörders) über den Kommandanten des KZ Auschwitz. Ferner befaßte sich J. Rawicz mit Übersetzungen aus dem Deutschen ins Polnische. 1961—1965 war er Bürovorsteher des Sekretariats des Internationalen Auschwitz-Komitees. Er beteiligte sich auch an den Arbeiten der Hauptkommission zur Untersuchung der Naziverbrechen in Polen. Das Vorwort für die erste Ausgabe der vorliegenden Publikation hat Jerzy Rawicz 1970 geschrieben.

1 Vorwort der ersten Ausgabe von 1972

1934 vertauschte er auf Zureden Himmlers, den er seit langem kannte, die Landarbeit mit dem aktiven Dienst in der SS. Ausgebildet wurde er im Konzentrationslager Dachau, wo er dann — anfangs in untergeordneter Stellung — Beschäftigung fand. 1938 wurde er ins Lager Sachsenhausen versetzt, zum Adjutanten im Offiziersrang befördert und dann als SS-Hauptsturmführer zum stellvertretenden Kommandanten ernannt.

Ab Mai 1940 war Höß bei der Einrichtung des Lagers Auschwitz eingesetzt. Dort blieb er bis November 1943. Dann wurde er, bereits als SS-Obersturmbannführer, in die Berliner Zentrale versetzt und übernahm den Posten des Chefs des Amtes D I im Inspektorat Konzentrationslager des SS-Wirtschafts- und Verwaltungshauptamtes (WVHA). Auf diesem Posten tätig, kehrte er noch einmal nach Auschwitz zurück, um die sog. Aktion Höß, d.h. den Massenmord der ungarischen Juden in den Gaskammern von Birkenau, durchzuführen.

Nach der Niederlage des Dritten Reiches verbarg sich Höß unter dem Namen des Bootsmannes Franz Lang und arbeitete in der britischen Besatzungszone Deutschlands in der Landwirtschaft, wo er am 11. Februar 1946 erkannt und verhaftet wurde. Aus dem Gefängnis in Nürnberg wurde er beim Prozeß gegen die Hauptkriegsverbrecher als Zeuge der Verteidigung vorgeführt und dann an Polen ausgeliefert. Und eben hier, im polnischen Gefängnis, schrieb er seine Erinnerungen nieder. Am 2. April 1947 wurde Höß vom Obersten Nationalgerichtshof zum Tode verurteilt und am 16. April des gleichen Jahres in Auschwitz erhängt.

Anders verlief der Weg des Doktors der Medizin und der Philosophie Johann Paul Kremer. Er war wohl der älteste aller SS-Leute, die jemals in Auschwitz Dienst getan haben. Er wurde 1884 geboren, machte sein Abitur aber erst nach dem Dienst als Kriegsfreiwilliger im Jahre 1909. Am Vorabend des ersten Weltkrieges erwarb er den Titel eines Doktors der Philosophie an der Berliner Universität, wo er gleichzeitig Medizin und Biologie studierte. Während des Krieges machte er das Staatsexamen als Arzt und erlangte den Titel eines Doktors der Biologie. Den medizinischen Doktortitel erwarb er 1919.

In den nächsten Jahren arbeitete er auf verschiedenen Posten in anatomischen, histologischen und biologischen Instituten und Laboratorien. 1929 habilitierte er im Fachbereich Anatomie an der Universität Münster. Dort bekam er auch eine Assistentenstelle und später eine Dozentur; er spezialisierte sich auf Vererbungsfragen. Der NSDAP trat er im Juli 1932 bei, kurz vor der Machtübernahme durch die Nationalsozialisten, doch früher als andere Dozenten aus Münster. Mitglied der SS, wo er Untersturmführer wurde (nach seinem Dienst in Auschwitz wurde er um einen Dienstgrad befördert), wurde er hingegen 1935.

Die ersten drei Kriegsjahre hindurch veränderte sich nicht viel im Professorenleben Kremers, bis man sich — da immer mehr junge Leute auf den Schlachtfeldern fielen — an den damals achtundfünfzigjährigen Reservisten der SS erinnerte. Am 29. August 1942 berief man ihn zum Dienst im KZ Auschwitz, wo er sich nicht ganz drei Monate aufhielt. Dies war wohl das ereignisreichste Vierteljahr seines Lebens.

Aus Auschwitz abberufen, kehrte Kremer nach Münster zurück, wo er kleine Auseinandersetzungen führte, weil er der Auffassung war, daß die Universitätsbehörden seine Verdienste als „ältester Parteigenosse unter den Dozenten Münsters" und seine wissenschaftlichen Leistungen nicht hinreichend würdigten. Dort erlebte er auch die Unannehmlichkeiten der letzten Kriegsphase, denen *die Deutschen im Reich ausgesetzt waren, als die Luftwaffe der Alliierten die deutschen Städte bombardierte. In Münster ereilte ihn das Kriegsende.*

Von den Engländern verhaftet, die auch sein naiv verstecktes Tagebuch fanden, wurde Kremer an Polen ausgeliefert und saß beim Prozeß gegen die Wachmannschaft von Auschwitz vor dem Obersten Nationalgerichtshof in Kraków auf der Anklagebank. Am 22. Dezember 1947 zum Tode verurteilt, entging er dem Strang, weil er wegen seines hohen Alters begnadigt wurde. Nach zehn Jahren Gefängnis wurde er am 10. Januar 1958 entlassen und kehrte nach Deutschland zurück.

Hatte er sich im polnischen Gefängnis — wie übrigens auch andere Nazigefangene — vorbildlich, ja sogar demütig verhalten, veränderte er sich wie von einem Zauberstab berührt nach dem Überschreiten der Grenze der BRD. Er begann die Rolle eines Märtyrers der „deutschen Sache" zu spielen und versuchte, Interesse für seine Person zu erwecken. Das war unklug — Kremer war übrigens nie besonders gescheit.

Infolge dieser Eigenpropaganda wurde er erneut vor ein Gericht gestellt, das ihn zu zehn Jahren Gefängnis unter Anrechnung der in Polen abgebüßten Strafe verurteilt. Er mußte also nicht wieder hinter Gitter, aber das Urteil war doch bedeutungsvoll für ihn, weil die Universität Münster ihm daraufhin seinen akademischen Titel aberkannte, denn sie konnte in ihrem Kreis keinen so offenkundigen Kriegsverbrecher dulden.

Kremer starb in den sechziger Jahren.

Der Lebenslauf von Pery Broad läßt sich in wenigen Sätzen zusammenfassen. Er wurde 1921 in Rio de Janeiro als Sohn eines brasilianischen Kaufmanns und einer Deutschen geboren. Mit seiner Mutter kehrte er nach Deutschland zurück. Dort trat er als Schüler der Hitlerjugend bei. 1941 meldete er sich freiwillig zur SS, und ein Jahr später wurde er zum Dienst im KZ Auschwitz abkommandiert. Anfangs war er als Wachtposten eingesetzt und wechselte dann — wiederum freiwillig — zum Dienst in der Politischen Abteilung über, wo er blieb, solange das Lager bestand.

Nach dem Krieg wurde er von den Engländern verhaftet. Ihnen überreichte er auch das zu jener Zeit von ihm niedergeschriebene Dokument, das die SS-Verbrechen in Auschwitz veranschaulicht. Aus der Gefangenschaft entlassen, schlug er in der BRD die kaufmännische Laufbahn ein. Er arbeitete bis zum 30. April 1959, d.h. bis zu seiner Verhaftung im Zusammenhang mit dem in Frankfurt am Main anstehenden Auschwitzer Untersuchungsverfahren. 1965 wurde er wegen Auschwitz zu vier Jahren Gefängnis unter Anrechnung der Untersuchungshaft verurteilt. Nach seiner Entlassung kehrte er in den kaufmännischen Beruf zurück.

So sehen in aller Kürze die Lebensläufe der drei SS-Leute aus, deren Aufzeichnungen in die Hand der Leser gelangen. Ihre „Vorstellung" scheint notwendig zu sein, denn sie verweist darauf, welch unterschiedliche Menschen in das Auschwitzer Lager der Unterdrückung und des Verbrechens gerieten und wie sie aus eigenem Antrieb oder aus falsch verstandenem Gehorsam gegenüber ihren Vorgesetzten zu Verbrechern und Henkern wurden.

Charakteristisch ist, daß Broad, als er den Dienst im KZ Auschwitz aufnahm, zwanzig Jahre alt war, Höß hingegen vierzig und Kremer achtundfünfzig. Drei Generationen also!

Kremer gehörte als Professor und Gelehrter mit zwei Doktortiteln formal zur geistigen Elite Deutschlands. Höß, teils Militär, teils Landwirt, hatte wegen der Mitwirkung an einem Fememord schon eine langjährige Gefängnishaft hinter sich. Broad war noch sehr jung, aber er war ein Produkt der Erziehung durch das Naziregime.

Soweit die drei „Memoirenschreiber". Berücksichtigt man ferner die Angeklagten bei den Prozessen in Kraków und Frankfurt, dann ist die altersmäßige und berufliche Zusammensetzung der Auschwitzer SS-Leute nahezu repräsentativ für die gesamte deutsche Bevölkerung. Dort findet man einen Finanzbeamten, einen Buchhalter, Ärzte, einen Bäcker, einen Zimmermann, einen Laboranten, einen Mechaniker, Schlosser, einen Musikinstrumentenbauer, Landwirte, einen Maler, einen Hüttenwerker, einen Spediteur, Kellner, die Besitzerin einer Gaststätte, Kaufleute, eine Postbeamtin, eine Krankenschwester, einen Fuhrmann, Landarbeiter, private Angestellte, einen Uhrmacher, einen Fahrlehrer, den Besitzer eines Speditionsunternehmens, einen Sparkassenbeamten, einen Feuerwehrmann, einen Strumpfmacher, einen Maschinenbauer, einen Maurer, Zahnärzte, einen Apotheker, einen Tischler, einen Zollbeamten, einen Textilarbeiter, einen Rechtsanwalt...

Der Bestand an Kandidaten für potentielle Massenmörder umfaßte alle Generationen Nazideutschlands und Vertreter fast aller Stände.

*

Die Belegliteratur über die „Zeit der Verachtung", insbesondere über ihre konzentrierte Erscheinungsform, die NS-Konzentrationslager, ist heute bereits äußerst umfangreich. Bisher ist es wohl in keiner Bibliographie gelungen, alle Bücher, wissenschaftlichen Arbeiten, Memoiren und literarischen Arbeiten zu diesem Thema zu erfassen. Für künftige Generationen ist also ein Sammeldokument entstanden, das das belegt, was der Welt des dritten Jahrtausends wahrscheinlich so unglaublich vorkommen wird, wie unserer Generation die Greuel und Grausamkeiten des Mittelalters erschienen sind (allerdings nur bis zu den Erfahrungen des zweiten Weltkrieges). Eben darin besteht der dauerhafteste und wesentlichste Wert — neben ethischen, erzieherischen, politischen oder sozialen Werten — all dieser Überlieferungen.

Es ist jedoch zu beachten, daß die überwiegende Mehrheit dieser Überlieferungen von Opfern der Verbrechen stammt, von den wenigen (wenn man die Zahl derjenigen, die überlebt haben, mit jenen vergleicht, die umgekommen sind), denen es dank irgendeiner Unvollkommenheit der so präzisen NS-Mordmaschinerie gelungen ist zu überleben und die es als Überlebende für ihre Pflicht hielten, die Wahrheit zu bezeugen. Ziemlich viele Erkenntnisse sind auch in Arbeiten von Menschen enthalten, die das alles nicht selbst erlebt haben, die nicht Augenzeuge oder Opfer der Verbrechen waren, also in Arbeiten von Wissenschaftlern der verschiedensten Gebiete, von Publizisten, Künstlern und Schriftstellern, von all jenen, die sich Wissen angeeignet, Studien und Untersuchungen durchgeführt und sich bemüht haben, die ganze erkannte Wirklichkeit jener Zeit zu verarbeiten und sie in wissenschaftlichen und literarischen Beiträgen, in Werken der bildenden Kunst und der Musik zu verewigen.

Verhältnismäßig klein — eigentlich verschwindend gering — ist die Gruppe der Autoren im doppelten Sinne — als Autoren der Verbrechen selbst und zugleich als Verfasser von Dokumenten darüber. Die Rede ist hier natürlich von jenen, deren Hauptbeschäftigung der Völkermord war; denn von den Führern, Politikern oder Militärs des Dritten Reiches, die sich nur gelegentlich dazu herabgelassen hatten, Feinde des Dritten Reiches zu vernichten, haben ziemlich viele nach dem Krieg ihre Tagebücher veröffentlicht, wobei sie bemüht waren, auf diese Weise den eigenen Kriegsruhm und ihren Friedensbesitz zu mehren. Allerdings übergingen sie sorgfältig „schamhafte" Einzelheiten. H.B. Gisevius, der seinen Freund Arthur Nebe, den Chef des Reichskriminalamtes im Reichssicherheitshauptamt, als „Helden der Widerstandsbewegung" darstellt, erwähnt z.B. mit keinem Wort, daß Nebe als Befehlshaber einer Einsatzgruppe in den besetzten Gebieten der UdSSR Massenhinrichtungen von Juden durchgeführt hat.[2] Die Profis des Massenmords verstummten nach dem Krieg überhaupt ganz, was natürlich nicht verwunderlich ist.

Anders hätte es sich gewiß verhalten, wenn Hitler den Krieg gewonnen hätte. Wer weiß, wieviele Tagebücher und Erinnerungen dann bis heute in Deutschland erschienen wären, vielleicht mit Titeln wie „Ich war in der Politischen Abteilung des KZ Auschwitz" oder „Ich habe 600 000 Feinde des Dritten Reiches vernichtet" oder „Buchenwald — Majdanek — Mauthausen. Kampfetappen eines getreuen SS-Mannes" oder „Einsatzkommando SS führt Führerbefehl aus".

Hitler hat den Krieg jedoch verloren, und folglich konnten diese Erinnerungen oder Tagebücher, auch wenn sie geschrieben worden sind, nicht erscheinen. Viele Verfasser haben sicherlich im ersten Anflug von Nachkriegsangst ihre Aufzeichnungen einfach vernichtet, aus Furcht, sie könnten in unberufene Hände geraten. Sie waren sich darüber klar, daß ein solches Tagebuch als Beweismittel bei einem Prozeß dienen konnte (wie es z.B. bei Kremer der Fall war). Andere Aufzeichnungen sind wahrscheinlich gut versteckt und warten auf „bessere" Zeiten. Es scheint, daß solche Tagebücher oder Erinnerungen zweifellos existieren müssen. Zu groß war nämlich das Heer der Menschenmörder, als daß nur so wenig von ihnen geschriebene Dokumente erhalten geblieben wären. Daher auch hat jedes zu Tage geförderte Dokument dieser Art besondere Bedeutung.

Bezüglich des Lagers Auschwitz verfügen wir nur über drei derartige Dokumente, die eben hiermit den Lesern zugänglich gemacht werden. Jedes ist anders, und jedes hat seine Bedeutung. Das älteste Dokument ist das Tagebuch Kremers. Es unterscheidet sich dadurch von den beiden anderen Überlieferungen, daß es nicht nach, sondern während des Krieges geschrieben worden ist, im Laufe jener Ereignisse, von denen der Verfasser berichtet. Außerdem war es ein nicht für Unberufene bestimmtes Dokument. Tag um Tag geschrieben, in Form von Notizen über Ereignisse im Privatleben des Verfassers, war es gewissermaßen ein Kreuzungsergebnis der sonderbaren, fast degenerierten Mentalität Kremers und seiner erworbenen Vorliebe für Systematik und Ordnung.

Das hinsichtlich seiner Entstehungszeit nächste Dokument ist der Bericht von Pery Broad, der sich nach dem Krieg aus eigenem Antrieb bei einem britischen Offizier meldete und ihm seine selbstgeschriebenen Auschwitzer Erinnerungen

---

[2] Hans Bernd Gisevius, „Bis zum bitteren Ende", Claassen u. Würth, Darmstadt 1947. Gisevius selbst war höherer Beamter der Gestapo und später der Abwehr.

übergab. Vielleicht wollte er sich als Gefangener auf diese Weise bei den Siegern einschmeicheln.

Das dritte, weit in der Welt bekannte, in viele Sprachen übersetzte und in vielen Ländern veröffentlichte Dokument sind schließlich die im polnischen Gefängnis verfaßten Aufzeichnungen von Rudolf Höß. Sie sind das wichtigste Dokument, sowohl im Hinblick auf die Person des Verfassers — die von ihm bekleidete Stellung vermittelte ihm nämlich weit umfangreicheres Wissen über das gesamte Lagerleben als anderen, und seine unmittelbare Verbindung mit den Dispositionszentren der Verbrechen ermöglichte ihm eine genaue Darstellung des Vernichtungssystems — als auch im Hinblick auf die eingehende Beschreibung (fast 200 Druckseiten).

Diese drei Zeugnisse werden heute den Lesern zugänglich gemacht, die unserer, d.h. der Überzeugung der ehemaligen Auschwitz-Häftlinge nach diese schrecklichsten Erlebnisse im Leben ihrer Väter in Erinnerung behalten sollen.

*

Oberstes Gebot eines Forschers ist die kritische Einschätzung eines Dokuments, auf das er sich beruft. Kritische Einschätzung bedeutet Vergleich der im Dokument enthaltenen Fakten mit auf anderem Wege erlangten Angaben, mit anderen Dokumenten und Zeugnissen. Heute können wir noch die Auschwitzer Dokumente nicht nur mit anderen Dokumenten, sondern auch mit der menschlichen Erinnerung — einem unzuverlässigen, aber ergänzenden Beleg — vergleichen. Dafür ist es aber höchste Zeit, denn die Auschwitzer Generation beginnt bereits, aus der Welt zu scheiden — ehemalige Häftlinge deutscher Konzentrationslager erreichen selten ein hohes Alter. Was die andere Seite, die SS, anbetrifft, sind die bei den Prozessen erlangten Materialien, wo sie als Zeugen oder Angeklagte aussagten, äußerst karg. Die ehemaligen SS-Leute schützen mangelndes Erinnerungsvermögen vor oder sagen (mit wenigen Ausnahmen) bewußt die Unwahrheit. Und es bedarf erst eines gewissen Schocks, um ihre Haltung zu ändern. Das geschah z.B. beim Auschwitz-Prozeß in Frankfurt am Main, als die beiden Angeklagten Oswald Kaduk und Stefan Baretzki, primitive SS-Leute im Unteroffiziersrang, — erregt darüber, daß höhergestellte Angeklagte nicht nur die eigene Schuld ableugneten, sondern sogar abstritten, von den Auschwitzer Verbrechen gewußt zu haben — die Geduld verloren angesichts der ihrer Meinung nach schreienden Ungerechtigkeit und dann die Lügen der „hohen Tiere" entlarvten, die die ganze Verantwortung auf die „kleinen Fische" von Auschwitz abwälzen wollten.

Es lohnt sich also, den Versuch zu unternehmen, die drei den Lesern vorgelegten Dokumente kritisch einzuschätzen. Der Ordnung halber sei hinzugefügt, daß der Bericht Broads vollständig wiedergegeben wird, Kremers Tagebuch vollständig, was die Auschwitz betreffenden Eintragungen angeht, nicht mit dem Lager zusammenhängende Ausführungen hingegen in Auszügen, während die Aufzeichnungen von Höß in den Auschwitz betreffenden Passagen einschließlich der „Endlösung der Judenfrage", doch ohne die ausführlichen Erinnerungen an die Zeit vor seinem Dienst in der SS gedruckt werden.

*

Der dokumentarische Wert der Hößschen Aufzeichnungen als maßgebendes Zeugnis eines unvorstellbaren Verbrechens ist in Dutzenden Arbeiten von Historikern, Juristen, Psychologen und Philosophen hervorgehoben worden. Dieses Dokument war Gegenstand gerichtlicher Erwägungen beim Auschwitz-Prozeß und bei anderen Prozessen; es ist zugleich ein umfassendes Beweismaterial bei Anklagen sowohl gegen die Anstifter der Verbrechen als auch gegen bestimmte Täter. Dies alles enthebt uns einer eingehenden Analyse der darin enthaltenen Angaben über das KZ Auschwitz, doch befreit es uns nicht von der Einschätzung der Wahrhaftigkeit und Aufrichtigkeit der Aussagen. Und eben mit diesem Aspekt der Angelegenheit sollte man sich hier näher befassen. Zu fragen bleibt nur noch, was Höß, diesen Menschen, auf den die schwerste unmittelbare Verantwortung für den größten Massenmord der Geschichte fällt, bewogen hat, nicht nur die Verantwortung dafür auf sich zu nehmen, sondern ihn auch eingehend zu beschreiben.

Die Antwort gibt Höß selbst:

„Nie hätte ich mich zu einer Selbstentäußerung, zu einer Entblößung meines geheimsten Ichs herbeigelassen — wenn man mir hier nicht mit einer Menschlichkeit, mit einem Verstehen entgegengekommen wäre, das mich entwaffnet, das ich nie und nimmer erwarten durfte. Diesem menschlichen Verstehen bin ich es schuldig, daß ich alles dazu beizutragen habe, um ungeklärte Zusammenhänge aufzuhellen, soweit mir dies möglich."[3]

„Wenn man mir hier nicht mit einer Menschlichkeit, mit einem Verstehen entgegengekommen wäre", schreibt Höß. „Hier" — das heißt: im polnischen Gefängnis, in dem er vom 25. Mai 1946 bis zum 16. April 1947 inhaftiert war, bis zu jenem Tag, an dem er hingerichtet wurde.

Im Zusammenhang mit diesem Bekenntnis von Höß betonen die Kommentatoren seiner Aufzeichnungen die Aufrichtigkeit seiner Äußerungen. Darüber schreiben besonders zwei polnische Wissenschaftler, die im polnischen Gefängnis viele Gespräche mit Höß geführt haben: der Psychologe Prof. Dr. Stanisław Batawia und der Jurist Prof. Dr. Jan Sehn. In seiner einführenden Arbeit, die der ersten polnischen Ausgabe der Hößschen Erinnerungen vorangeht, stellte Prof. Batawia fest:

„Die Hemmungen, die Höß anfangs verriet, nahmen nach und nach ab; und von dem Augenblick an, da er Vertrauen zu seinem Gesprächspartner faßte, verlief die Vernehmung in einer Atmosphäre, die aufrichtige Antworten begünstigte."[4]

Und an anderer Stelle:

„Es ist natürlich möglich, die Aufrichtigkeit der Aussagen des Auschwitzer Lagerkommandanten, deren Wahrhaftigkeit nur zum Teil nachgeprüft werden konnte, in Frage zu stellen. Aber sowohl die Vernehmer wie auch all jene, die näher mit Höß in Berührung gekommen sind, betrachten seine Äußerungen in

---

[3] „Wspomnienia Rudolfa Hössa komendanta obozu oświęcimskiego" (Erinnerungen von Rudolf Höß, Kommandant des Lagers Auschwitz) — im weiteren: „Wspomnienia Rudolfa Hössa..." — Wydawnictwo Prawnicze, Warszawa 1965, S. 183

[4] „Biuletyn Głównej Komisji Badania Zbrodni Hitlerowskich w Polsce" (Bulletin der Hauptkommission zur Untersuchung der Naziverbrechen in Polen) Bd. VII, Wydawnictwo Ministerstwa Sprawiedliwości, Warszawa 1951, S. 14

der Regel als glaubwürdig — im Gegensatz zu den Aussagen der meisten vernommenen Kriegsverbrecher. Die Offenheit, mit der er viele Angelegenheiten von grundsätzlicher Bedeutung besprach, wurde manchmal, wenngleich zu Unrecht, als Zynismus angesehen, wie er Menschen ohne jedes moralische Gefühl kennzeichnet."[5]

Die Ansicht von Prof. Batawia über die Glaubwürdigkeit der Hößschen Aussagen zitiert zustimmend Prof. Sehn, der als Richter und Mitglied der Hauptkommission zur Untersuchung der Naziverbrechen in Polen das Eröffnungsverfahren für den Prozeß des ehemaligen Kommandanten von Auschwitz leitete. Sehn fügt hinzu:

„Höß erklärte, daß er nichts verschweigen noch verheimlichen wolle. Bei keiner Frage machte er Gebrauch vom Recht der Aussageverweigerung — worauf man ihn im Lauf der Verhöre aufmerksam machte — und gab gerne ausführliche Antworten auf alle Fragen des Vernehmers."[6]

Dem Beispiel der polnischen Autoren folgend, teilen auch ausländische Kommentatoren die Auffassung von der Aufrichtigkeit Höß'. Haben sie vollkommen recht? Ich denke, daß sie dann recht haben, wenn sie die Zuständigkeit, Genauigkeit und Präzision und vielleicht sogar die Aufrichtigkeit der Aussagen von Höß betonen, insofern sie die Technologie des Systems der Konzentrationslager, die Methodik des Völkermords und der Vernichtung der Häftlinge sowie die Beschreibung der Systematik betreffen, die schon vor dem Krieg ausgearbeitet und in den Kriegsjahren (unter sehr aktiver Beteiligung von Höß) vervollkommnet worden ist. Es scheint, daß auch die Beurteilung der einzelnen SS-Leute bezüglich ihres Charakters und ihrer Rolle mit dem übereinstimmt, was Höß wirklich über sie dachte. In diesen Fragen ist das Hößsche Verdienst — ich zögere nicht, dieses Wort zu gebrauchen — tatsächlich groß. Wenn er etwas Gutes tun konnte, bevor er am Galgen in Auschwitz erhängt wurde, hat er das getan, indem er seine Autobiographie schrieb, die so untrennbar mit der Geschichte des Massenmords verbunden ist.

Noch größer ist natürlich das Verdienst derjenigen, denen es gelungen ist, ihn dazu anzuregen, also eben der Professoren Batawia und Sehn. Besonders schwierig war die Rolle Sehns. Sein Taktgefühl als offizieller Vertreter des polnischen Justizwesens, formal also als gefährlichster Gegner des Angeklagten, der nichts zu verlieren hatte (er war sich klar darüber, daß er zur einzig angemessenen Strafe, zum Tode, verurteilt werden würde), trug dazu bei, daß sich Höß entschloß, seine Erinnerungen aufzuzeichnen. Und das eben auf diese Weise.

Trotzdem gewinnt man den Eindruck, als seien die polnischen Gesprächspartner des ehemaligen Kommandanten von Auschwitz, zugleich die Autoren der ersten Bearbeitungen seiner Autobiographie, einer gewissen Überschätzung der vermeintlich absoluten Glaubwürdigkeit seiner Erinnerungen erlegen.

In gewissem Grade berückt von der Aufrichtigkeit des Häftlings, dessen vor dem Prozeß gemachte Aussagen ihre Bestätigung beim Prozeß selbst und in schriftlichen Dokumenten fanden, insbesondere, was die Struktur des Lagers, den allgemeinen Ereignisverlauf in Auschwitz und die Aktionen des Massenmords anbetrifft, nahmen sie alles, was Höß schrieb, für bare Münze. Das ist verständlich.

---

[5] ebenda, S. 28

[6] „Wspomnienia Rudolfa Hössa...", S. 19

Höß war tatsächlich eine Ausnahme unter den Kriegsverbrechern. Weder leugnete er seine Verantwortung für die Millionen Opfer von Auschwitz noch beschönigte er das Vorgehen der SS, obgleich er sich auch im polnischen Gefängnis weiterhin zum Nationalsozialismus bekannte.

Trotz alledem bleibt ein gewisser Teil der Hößschen Aufzeichnungen offen, bei dem es schwerfällt, ihm vorbehaltlos zu glauben. Das betrifft alles, was Höß über sich selbst schreibt. Es stimmt, daß wir heute, im Jahre 1973, viel mehr über Auschwitz wissen als die Autoren der erwähnten Vorworte. Die Auschwitz-Prozesse, zahlreiche Studien und die zunehmenden Sammlungen des Staatlichen Auschwitz-Museums (besonders die Sammlung der Häftlingsberichte) gestatten es, einige Hintergründe von Lagerangelegenheiten aufzudecken, in die der frühzeitig verstorbene Prof. Sehn z.B. noch keinen Einblick hatte. Unter Berücksichtigung der Angaben, die Sehn kannte, sieht die volle Wahrheit über den Menschen namens Rudolf Höß nicht so aus, wie er sie der Nachwelt vermitteln wollte. Wenn man sich genauer in seine Erinnerungen hineinliest, entsteht das Bild eines kleinen Menschen, verwickelt in das Getriebe einer riesigen, alles erfassenden Mordmaschinerie, in der er ein unentbehrliches Rädchen war, das nach dem Prinzip einer angenommenen Gewohnheit zu unbedingtem Gehorsam und fanatischem Glauben an die Richtigkeit und Unvermeidlichkeit dessen handelte, was es tat. Anders ausgedrückt: Höß stellt sich uns als unbeugsamer, makelloser Nationalsozialist dar, der uneigennützig handelt und fest überzeugt ist, daß alles, was er tut, notwendig ist für das Wohl seines Landes und seines Volkes. Zwar gibt er zu, daß das, was er getan hat, ein schreckliches Übel war, und dafür fühlt er sich verantwortlich, aber er heißt glauben, daß er ausschließlich aus ideellen Beweggründen heraus gehandelt habe. Das stimmt aber nicht. Schade, daß die Kommentatoren der Hößschen Aufzeichnungen dies nicht wahrgenommen haben.

Hier ist nicht der Ort, diese These umfassend zu begründen, doch hoffe ich, das bei anderer Gelegenheit tun zu können. Hier möchte ich lediglich auf einige Einzelheiten hinweisen, die die Richtigkeit der genannten Vorbehalte bestätigen.

Den Kommandanten von Auschwitz störte es nicht, daß er die Vergasung von Millionen Menschen leitete und ihr Hab und Gut dem Dritten Reich überwies; ihn entrüstete es jedoch, wenn einer der SS-Leute, der Zugang zu den von den Opfern des Massenmords hinterlassenen Gegenständen hatte, der Versuchung unterlag und sich etwas von diesen Dingen aneignete.

„Die moralischen Qualitäten (es handelt sich um die SS-Aufseherinnen) waren dementsprechend fast durchwegs sehr, sehr niedrig. Viele Aufseherinnen kamen vors SS-Gericht wegen den Diebstählen aus der Aktion Reinhardt"[7]*, schreibt Höß.*

In der Niederschrift „Endlösung der Judenfrage im KL Auschwitz", die Höß etwas früher, nämlich 1946, im Krakauer Gefängnis verfaßt hat, findet der Leser folgende Sätze:

„Für das Lager selbst entstanden durch diese Juden-Wertsachen nicht abzustellende ungeheuere Schwierigkeiten. Demoralisierend für die SS-Ange-

---

[7] s. S. 58

hörigen, die nicht immer so stark waren, um sich den Verlockungen der leicht zu erreichenden jüdischen Wertsachen zu entziehen. Auch die Todesurteile und schwersten Freiheitsstrafen konnten nicht genug abschrecken." [8]

Doch war der Kommandant selbst stark genug, dieser Versuchung zu widerstehen?

Es stimmt, daß Höß nicht so „besorgt" hat wie ein gewöhnlicher SS-Mann, der Zutritt zu „Kanada" [9] *hatte. Aber weder mußte noch konnte er dies tun. „Ja, meine Familie hatte es in Auschwitz gut. Jeder Wunsch, den meine Frau, den meine Kinder hatten, wurde erfüllt. Die Kinder konnten frei und ungezwungen toben. Meine Frau hatte ihr Blumenparadies"* [10]*, notierte Höß. In Auschwitz wie im Paradies... Das bestätigt auch Frau Höß, die nach dem Bericht des im Hause Höß beschäftigten Häftlings Stanisław Dubiel zu sagen pflegte: „Hier möchte ich leben und sterben..."*

Woraus bestand das „paradiesische Leben" der Familie Höß in Auschwitz? Unter den älteren Lagerhäftlingen war es ein offenes Geheimnis, daß Hößens ihre ständigen Lieferanten hatten, die das Haus des Kommandanten mit allem versorgten, was man von ihnen verlangte. Hauptlieferant des Hauses Höß war der Deutsche Erich Grönke, anfangs Kriminalhäftling und später Zivilangestellter der Lagerverwaltung in Auschwitz. Eben dank Höß wurde Grönke, früher Kapo, bekannt als grausamer Mörder seiner Mitgefangenen, aus dem Lager entlassen und als Leiter bzw. Direktor der großen „Bekleidungswerkstätten — Lederfabrik" angestellt, in denen über 800 Häftlinge beschäftigt waren. In den Räumen der ehemaligen Gerberei waren außer Gerbern vor allem Schuster und Schneider, aber auch andere Handwerker beschäftigt: Tischler, Zimmerleute, Schmiede, Schlosser, Polsterer, Sattler usw. Sie arbeiteten für den Bedarf sowohl der Häftlinge als auch der SS sowie für die ständig steigenden Bedürfnisse des Kommandanten selbst. Es ist einfach nicht abzuschätzen, welchen Nutzen die Familie Höß aus der Sklavenarbeit der dort beschäftigten Häftlinge gezogen hat, die es verstanden, aus dem von den vergasten Juden hinterlassenen Material all das hervorzuzaubern, was der Herr Kommandant und besonders seine Frau sich nur erträumen konnten.

Der Verfasser dieses Vorwortes hat selbst im Kommando „Lederfabrik" gearbeitet und war Augenzeuge der nahezu täglichen „Schwarzarbeiten", die die Fachleute auf Befehl Grönkes für den Kommandanten ausführten. Was gab es da nicht alles! Lederbezogene Sessel und Kronleuchter, Aktentaschen und Damenhandtaschen, Koffer, Schuhe, Möbel, die verschiedensten Leder- und Metallarbeiten, Spielzeug für die Kinder und Teppiche. Außerdem wurden verschiedene fertige Gegenstände ins Haus des Kommandanten geliefert, die man unter den Sachen der Opfer gefunden hatte (in den Räumen der Lederfabrik befand sich ein Teil von „Kanada").

Die im Hause des Kommandanten beschäftigten Häftlinge (und es gab viele in Diensten bei Höß) bekamen besondere „kanadische" Wäsche. Es ging darum, daß sie ordentlich aussahen, vor allem aber darum, daß sie sauber gekleidet

---

[8] s. S. 89

[9] „Kanada" — im Lagerjargon das Magazin für das geraubte Hab und Gut der Juden

[10] s. S. 74

waren. Die Hößens fürchteten sich nämlich wie alle SS-Leute panisch vor einer Ansteckung mit den im Lager herrschenden Infektionskrankheiten, besonders mit Flecktyphus. Also bekam Frau Höß die Wäsche zum Verteilen unter die Häftlinge. Sie gab sie jedoch nicht aus, sondern behielt sie für sich, während sie den Häftlingen alte, getragene Wäsche der Familie aushändigte. Hößens trugen Wäsche von Vergasten; ihre Kinder trugen Kleidung anderer Kinder, die ihr Vater ermordet hatte...

Frau Höß fühlte sich wie im Paradies unter den Auschwitzer Blumen. Doch nicht von Blumen allein lebt der Mensch... Der bereits erwähnte polnische Häftling Stanisław Dubiel war Gärtner. „Vor jedem Empfang", berichtet Dubiel, „sagte mir Frau Höß, was sie brauchte, beziehungsweise sie befahl mir, mich deswegen mit der Köchin Sofie zu verständigen. Sie gab mir weder Geld noch Lebensmittelkarten, die man normalerweise zum Einkauf von Lebensmittlen brauchte." Durch einen anderen Häftling nahm Dubiel zum Chef des Lebensmittelmagazins für die Häftlinge, SS-Unterscharführer Schebeck, Verbindung auf, und indem er ihm zu verstehen gab, daß ihn deswegen eine Beförderung erwarte, veranlaßte er ihn, ihm insgeheim verschiedene Lebensmittel für Hößens zu liefern.

„Das Lebensmittelmagazin war zu jener Zeit gut versorgt", schreibt Dubiel, „weil man dort Lebensmittel lagerte, die man den Juden abgenommen hatte, die... meist direkt ins Gas geschickt wurden."

Der zweite Lebensmittellieferant war der Chef der Kantinenwirtschaft, SS-Oberscharführer Engelbrecht, der Fleisch, Wurst und Zigaretten ins Haus Höß lieferte. Der Kommandant nahm den Überfluß an all diesen Lebensmitteln „nicht wahr". Ihn „interessierte es nicht", woher sich Fleischwaren, Südfrüchte, Alkohol usw. auf seinem Tisch befanden — zur Zeit der strengsten Rationierung von Brot und Magermilch im Dritten Reich. Und als er nach Ungarn fuhr, um Eichmann beim Abtransport der ungarischen Juden in die Gaskammern von Auschwitz zu helfen, schickte er seiner in Auschwitz gebliebenen Frau von dort aus ganze Körbe Wein. Als Hößens endgültig das „Auschwitzer Paradies" verlassen mußten, brauchte man mehrere Waggons, um alle möglichen Güter unterzubringen, die die Familie zusammengetragen hatte, jene Familie, die gerade erst angefangen hatte, sich in der Landwirtschaft hochzuarbeiten, bevor Rudolf Höß seinen Dienst bei der SS aufnahm.

Die oftmals von Höß betonte Uneigennützigkeit auf diesem Gebiet ist also wohl Legende.

*

Ähnlich verhält es sich mit einigen anderen Fragen. Höß verdammt z.B. streng alle Liebesverhältnisse zwischen weiblichen Häftlingen und SS-Leuten. „Eine Aufseherin ließ sich soweit herunter", empört er sich, „daß sie sich mit männlichen Häftlingen... einließ."[11] *Einem der grausamsten Auschwitzer Mörder, dem Rapportführer Palitzsch, warf Höß ein Verhältnis mit einem weiblichen Häftling von Birkenau vor. Indessen war etlichen SS-Leuten schon während des Bestehens des KZ Auschwitz die äußerst niederträchtige Affäre des Kommandanten bekannt,*

---

[11] s. S. 58

der in seinem Hause einen weiblichen Häftling beschäftigt hatte — die sich als Italienerin ausgebende Eleonora Hodys. Nach mehrmonatiger Tätigkeit im Hause Höß wurde sie zuerst in die Strafkompanie für Frauen verlegt und dann in eine Arrestzelle des Kommandanturgebäudes gesperrt, wo sich Höß nachts bei ihr einschlich. Als sich zeigte, daß sie schwanger war, wurde sie in den Stehbunker des Blocks 11 eingeliefert und zum Hungertod verurteilt. Durch Zufall, und zwar dank der Meinungsverschiedenheiten, die damals zwischen Höß und dem Chef der Politischen Abteilung, Grabner, bestanden, kam die Sache ans Tageslicht. Dem verführten weiblichen Häftling gelang es, Grabner für ihr Schicksal zu interessieren, gegen den in einer anderen Sache ein Untersuchungsverfahren lief. Der nutzte die erlangten Informationen, um „mit Höß abzurechnen", mit dem er ein Hühnchen zu rupfen hatte. Er informierte daher die SS-Richter, die in Auschwitz Untersuchungen durchführten, über den Fall Hodys. Die Episode Hodys kam noch einmal zur Sprache, und zwar im Jahre 1965 beim Auschwitz-Prozeß in Frankfurt, als der ehemalige SS-Richter, Rechtsanwalt Dr. Wiebeck, als Zeuge in dieser Sache aussagte.[12]

Rudolf Höß war also keineswegs ein Nazi-„Heiliger".

Es gibt noch einen weiteren Aspekt, der die absolute Aufrichtigkeit der Berichte des Kommandanten zweifelhaft werden läßt: seine Einstellung zu den Häftlingen. Ein in den Hößschen Aufzeichnungen wiederkehrendes Motiv ist die Behauptung, daß er das zusätzliche Übel, das im Lager wütete, selbst nicht habe verhindern können, nämlich das Foltern und Ermorden von Häftlingen wegen angeblicher Vergehen. Nach Hößens Ansicht geschah das, weil die ihm zur Verfügung gestellten SS-Leute, aber auch die aus Sachsenhausen überstellten deutschen Kriminellen, die „Gründer des Lagers", eben eine Ordnung eingeführt hätten, der er selbst machtlos gegenüberstand. „Es wurden von vornherein Maximen großgezogen, die sich später unheimlich böse auswirken sollten. Sie hätten aber trotzdem klein gehalten werden können, ja umgebogen werden können, — wenn die Schutzhaftlagerführer und der Rapportführer meinen Anschauungen, meinem Wollen gefolgt wären. Sie aber wollten es nicht und konnten es auch nicht — aus Beschränktheit, Verbohrtheit, Böswilligkeit und nicht zuletzt aus Bequemlichkeit"[13]*, schreibt Höß. Und weiter: „Wohl ist der Kommandant der Richtunggebende, der Maßgebende, letzten Endes der für alles Verantwortliche. Doch der wirkliche Beherrscher des gesamten Lebens der Häftlinge, der gesamten inneren Gestaltung, ist der Schutzhaftlagerführer — bzw. der Rapportführer, wenn er intelligenter und willensstärker."*[14]

Auf diese Weise versuchte Höß, die Verantwortung für die „unglaublichen Folgen" des unmenschlichen Regimes, das von Anfang an in Auschwitz eingeführt worden war, von sich abzuwälzen.

Stimmt das? War Höß wirklich machtlos? Wollte er das Gute, und nur andere taten das Böse? So war es nicht. Das belegt eine genauere Analyse dessen, was er selbst schreibt und wobei er sich in Widersprüche verwickelt. So erwähnt

---

[12] Hermann Langbein, „Der Auschwitz-Prozeß. Eine Dokumentation" Bd. I, Europa-Verlag, Wien 1965, S. 145

[13] s. S 28

[14] ebenda

er z.B., daß er Ende 1939 — bevor er nach Auschwitz kam — Leiter des Konzentrationslagers Sachsenhausen wurde. In Übereinstimmung mit seiner eigenen These konnte er auf diesem Posten also eine Ordnung einführen, die er für richtig hielt. Statt dessen — auch weiterhin zitieren wir Höß — „Während Dachau vorwiegend ‚rot' war, also die politischen Häftlinge vorherrschend, war Sachsenhausen ‚grün'. Die ganze Atmosphäre im Lager war dementsprechend."[15] *Und der damalige Lagerführer Höß änderte diese Atmosphäre nicht; auch weiterhin hatten die „Grünen" die Oberhand.*

Ähnlich verhielt es sich in Auschwitz zur Zeit von Höß. Er stützte sich auf die „Grünen", in ihnen sah er den Hort der Lagerordnung. Den „Roten" traute er nicht. Das zuvor genannte Beispiel des vielfachen Häftlingsmörders, des „grünen" Grönke, eines Günstlings von Höß, den er aus dem Lager entließ, ist nur eines von vielen Beispielen. Im allgemeinen war es in Auschwitz so, daß — solange Höß Kommandant war — die Macht den „Grünen" gehörte. Als er ging, nahmen unter Kommandant Liebehenschel die „Roten" deren Platz ein, und zwar nicht nur Deutsche, sondern auch Häftlinge anderer Nationalität, darunter Polen, manchmal sogar Juden. Auch die Verhältnisse im Lager wurden milder. Schon diese eine Tatsache genügt, um festzustellen, daß sich Höß in dieser Frage reinwaschen wollte.

Bei Prozessen gegen SS-Völkermörder begegnete man so manches Mal der provozierenden, auch von einigen Rechtsanwälten lancierten These, die SS-Leute seien Lämmer gewesen, und nur die Häftlinge selbst hätten sich gegenseitig ermordet. Den Gipfel der Verlogenheit erreichen jedoch diejenigen Nazis, die die Mörder bemitleiden. Himmler sagte von Heydrich, daß dieser „unendlich gelitten habe; eigentlich konnte er niemals Ruhe und Ausspannung finden..." Und Paul Blobel, Führer eines der Einsatzkommandos, die die Blutbäder in den besetzten Gebieten der UdSSR anrichteten, sagte aus: „Ich muß sagen, daß unsere Männer, die daran teilgenommen haben, mehr mit ihren Nerven runter waren als diejenigen, die dort erschossen werden mußten."[16]

Höß geht nicht ganz so weit; trotzdem findet die These „das Opfer ist schuldig, nicht aber der Mörder" auch in seinen Aufzeichnungen einen solchen Niederschlag, daß es verwunderlich ist, wieso die Kommentatoren dies nicht bemerkt haben.

Im Zusammenhang mit der grausamen Ermordung der sowjetischen Kriegsgefangenen, von denen nur sehr wenige am Leben geblieben sind, schreibt Höß zynisch: „Ich wurde aber nie den Eindruck los, daß diese Übriggebliebenen nur auf Kosten ihrer Mitgefangenen durchgestanden hatten, weil sie rabiater, skrupelloser, ‚härter verpackt' waren."[17]

Zum Thema der jüdischen Häftlinge notierte er: „Doch am meisten wurden sie drangsaliert durch ihre eigenen Rassengenossen, ob Vorarbeiter oder Stubenältester."[18] *„Kein Mittel, und sei es noch so verwerflich, wurde gescheut,*

---

[15] „Wspomnienia Rudolfa Hössa...", S. 106

[16] Robert M.W. Kempner, „SS im Kreuzverhör", Rütten u. Loening, München 1964, S. 91

[17] s. S. 45

[18] s. S. 50

um solche sicheren Stellen frei zu machen oder aber auch, um sie zu halten. Meist siegte der oder die Skrupelloseste." [19]

Über das Sonderkommando schrieb er: „Sie wußten doch alle ganz bestimmt, daß sie bei Beendigung der Aktionen selbst auch das gleiche Schicksal treffen würde wie die Tausende ihrer Rassengenossen, zu deren Vernichtung sie beträchtlich behilflich waren. Und doch waren sie mit einem Eifer dabei, der mich immer verwunderte." [20] *„Unter den polnischen Häftlingen gab es drei große politische Gruppen, deren Anhänger sich heftig befehdeten... Untereinander machten sie sich nun den Rang um die einflußreichsten Posten streitig... Ja ich wage zu sagen, daß so manche Fleckfiebererkrankung oder Typhus mit tödlichem Ausgang o.ä. auf das Konto dieser Machtkämpfe zu setzen ist."* [21]

Mit anderen Worten: Die sowjetischen Gefangenen erschlugen ihre Landsleute, Juden ermordeten Juden und Polen Polen. Diese Lügen und Verleumdungen von Höß sind, ähnlich wie z.B. die Lüge, daß etwas Mut genügt habe, um aus Auschwitz zu fliehen, der Aufmerksamkeit der Kommentatoren bisher entgangen.

In Wirklichkeit waren die sowjetischen Kriegsgefangenen ausschließlich deshalb nach Auschwitz gebracht worden, um dort unter Qualen zu sterben. Die SS-Leute und auf ihre Anweisung die „grünen" Kapos hatten den Befehl, sie zu ermorden, und diesen Befehl haben sie konsequent ausgeführt. Daß einige Dutzend dennoch überlebten, ist dem Zufall zuzuschreiben, der im Lager so manches Mal eine entscheidende Rolle spielte.

Die jüdischen Häftlinge, die wehrlosesten unter den Lagerparias, wurden von den SS-Leuten und mit deren Einverständnis und auf deren Anregung auch von kriminellen deutschen Häftlingen ermordet. Diesen Mördern sind die meisten jüdischen Häftlinge von Auschwitz zum Opfer gefallen.

Man weiß nicht, aus welchem Grund Höß die polnischen Häftlinge in drei Gruppen einteilte. Es stimmt, daß unter den Polen eine Spaltung in Linke und Rechte bestand, aber es stimmt auch, daß beide Gruppen solidarisch gegen die SS und ihre Zuträger sowie gegen die Lagerverwaltung vereint waren. Höß übertreibt, wenn er behauptet, daß sich polnische Häftlinge „im Kampf um die Macht" ihrer Rivalen entledigt hätten, indem sie sie mit Typhus ansteckten. Das kam auch vor, aber nicht „im Kampf um die Macht", sondern im Kampf gegen Spitzel der SS, gegen Zuträger der Politischen Abteilung, die man auf andere Weise nicht loswerden konnte, weil sie unter dem Schutz von Höß, Grabner und deren Leuten standen.

Eine genauere Analyse der Aufzeichnungen von Höß könnte weitere Beispiele für die oberflächliche Behandlung vieler Fragen durch Höß liefern. Wenn ich auf diese Fragen so ausführlich eingegangen bin, dann nicht, um die Person des Kommandanten von Auschwitz herabzusetzen und nur in schwarzen Farben darzustellen; mir scheint jedoch, daß im Namen der vollen Wahrheit auch das zu sagen war. Ansonsten ist anzumerken, daß viele Vorwürfe, die beim Warschauer Prozeß von Zeugen, ehemaligen Häftlingen des KZ Auschwitz, gegen Höß erhoben worden sind, auf einem Mißverständnis beruhten. Dabei habe

---

[19] s. S. 53
[20] s. S. 70f.
[21] s. S. 41

ich die Aussagen von Häftlingen im Sinn, die angeblich gesehen haben, wie Höß Häftlinge schlug und peinigte. Diese Aussagen beruhten auf einem Irrtum bezüglich der Person des Täters. Höß hätte sich nicht zu solchen Handlungen „herabgelassen"; er hatte wichtigere, das Ganze betreffende Aufgaben zu erfüllen.

*

In welchem Verhältnis stehen die beiden anderen Dokumente, die der Leser heute in Händen hält, zu den Aufzeichnungen von Höß? Schon aus rein formalen Gründen kann man weder die Erinnerungen Pery Broads noch das Tagebuch Johann Kremers als gleichwertige Dokumente ansehen. Broad und Kremer standen in der Lagerhierarchie weitaus niedriger als Höß. Broad war nur Unteroffizier. Kremer war zwar Offizier, aber kein „KZ-Spezialist" — er war Arzt, ziemlich zufällig in die Geschichte des „anus mundi" verwickelt, wie er Auschwitz in seinem Tagebuch bezeichnete. Außerdem war Broad damals ein junger Mensch, dessen Lebenskenntnis sich auf Informationen beschränkte, die er sich in der Hitler-Jugend angeeignet hatte. Kremer war zwar erheblich älter, aber selbst im Vergleich mit den entarteten Typen, die sich unter den SS-Leuten befanden, war er ein Individuum mit ausgesprochen psychopathischen Merkmalen; außerdem war er nur kurze Zeit in Auschwitz.

Die Aufzeichnungen Broads und Kremers können also nicht als ebenso wichtig betrachtet werden wie die Ausführungen von Höß. Trotzdem sind sie vor allem deshalb nicht zu unterschätzen, weil beide Posten an den empfindlichsten Stellen der Lagerverwaltung bekleideten, weil sie Bestandteile des Auschwitzer Todeskombinats waren und weil sie mit dessen Hauptfunktion — dem Massenmord — in Verbindung standen.

Der in der Politischen Abteilung beschäftigte Broad hatte nicht nur Einblick, sondern auch Anteil an den Verbrechen, die von dieser Abteilung an den Häftlingen begangen wurden. Kremer, der die Funktion eines Arztes ausübte, war — wie alle SS-Ärzte — verpflichtet, dem Vergasen der frisch eingetroffenen RSHA-Transporte und der „Selektierten" beizuwohnen. Das „Beiwohnen" beschränkte sich nicht auf das passive Beobachten von Vorgängen — es war Mitwirkung, weil der Finger des Arztes darüber entschied, wer sofort ins Gas und wer ins Lager geschickt wurde. Der Finger Kremers war ein Finger des Todes. Auf wen er zeigte, der hatte nur noch so lange zu leben, wie die „Formalitäten" des Ausziehens, des Abführens in die Gaskammer und des von einem anderen SS-Mann vorgenommenen Einwerfens der Gasbüchsen in den verschlossenen Raum dauerten. Kremer und Broad sahen und wußten also viel. Ihre Aufzeichnungen ergänzen in wesentlichen, drastischen Einzelheiten das, was Höß hinterlassen hat.

In gewissem Sinne ähnelt der Bericht Broads den Hößschen Aufzeichnungen. Broad ist bemüht, objektiv das zu beschreiben, was er als Zeuge in Auschwitz erlebt hat; allerdings mit einer Ausnahme! Er schreibt nicht die volle Wahrheit über sich selbst und seine Rolle. Er gibt zwar nicht vor, besser gewesen zu sein — wie es Höß versucht —, aber er wählt eine andere Taktik: Er übergeht ganz einfach die eigene Person. Diese — psychologisch verständliche — Übereinstimmung im Entstellen oder Verschweigen rührt sicher daher, daß beide Niederschrif-

ten nach dem Kriege, in der Haft, angefertigt worden sind und für die Sieger bestimmt waren.

Ein gleich nach dem Kriege einem in der Auschwitz-Problematik unbewanderten Offizier des englischen Aufklärungsdienstes (der wahrscheinlich entzückt war, daß sich ein „Gerechter" gefunden hatte, der zudem Englisch sprach) ausgehändigtes Dokument ist die eine Sache; etwas ganz anderes ist dagegen die Aussage vor einem Gericht, das weiß, welche Rolle die Politische Abteilung im Lager gespielt hat, besonders, wenn man ehemaligen Häftlingen, Zeugen jener Ereignisse, Auge in Auge gegenübersteht. So wurde denn auch sein Bericht vor dem Frankfurter Gericht, wo Broad einer der Angeklagten war, durch Aussagen über ihn persönlich ergänzt.

Als der ehemalige SS-Unterscharführer in seinem Bericht anschaulich die Massenhinrichtungen polnischer Häftlinge an der Todesmauer des Blocks 11 beschrieben hatte, hatte er sich selbst außer acht gelassen. Beim Prozeß blieb dem Angeklagten Broad nichts anderes übrig, als auch den Rest hinzuzufügen. Angesichts der Aussagen von Zeugen, die ihn gesehen hatten, als er (ebenso wie alle anderen Mitarbeiter der Politischen Abteilung) den Erschießungen beigewohnt hatte, mußte er zugeben, daß auch er daran beteiligt gewesen war.

Voller Empörung beschreibt Broad die Qualen, die die Lager-Gestapo den Häftlingen zufügte. Und wiederum kein Wort über sich selbst. Zeugen, ehemalige Häftlinge, belasteten ihn. Es ist zweifelsfrei festgestellt, daß auch er schlug und folterte. Aber diese Verbrechen waren zu dem Zeitpunkt, da das Frankfurter Gericht tagte, in der BRD schon verjährt. Es wurde nur noch Mord geahndet. In der Urteilsbegründung stellte das Gericht fest: „Es besteht der starke Verdacht, daß Broad bei Verhören Menschen totgeschlagen hat, doch fehlt der schlüssige Beweis."[22] Aus diesem Grund wurde Broad nicht verurteilt. Trotzdem genügt das, was wir wissen, um seine Einstellung beurteilen zu können.

Broad zeichnet ein entsetzliches Bild der direkt von der Rampe ins Gas geschickten Transporte. Doch wo war er damals? War er an diesem Massenmord nicht beteiligt? Das erwähnt er nicht. Das Frankfurter Gericht kam zu dem Schluß: „Es ist bewiesen, daß Broad Rampendienst versehen hat... Da nicht geklärt werden konnte, wie oft Broad auf der Rampe tätig war, wird zu seinen Gunsten angenommen, daß er mindestens zweimal dort war. Da das zur Zeit der Ungarn-Transporte geschah, die im allgemeinen größer waren, wird angenommen, daß jedesmal mindestens 1000 Menschen für den Tod bestimmt wurden."[23]

Ein Vergleich der Aufzeichnungen Broads mit den Feststellungen des Gerichts gestattet es also, jene Lücken im Bericht zu füllen, die seine Person betreffen.

Nochmals aber ist zu betonen, daß — auch wenn Broad die eigene Rolle in Auschwitz mit Schweigen übergeht — seine Beschreibung der Ereignisse im Lager, deren Zeuge er war oder von denen er erfahren hat, der Wahrheit entspricht. Das kann man feststellen, wenn man seinen Bericht mit den Erinnerungen ehemaliger Lagerhäftlinge und mit den erhaltenen Dokumenten vergleicht, die die SS nicht mehr vernichten konnte. Im Vergleich mit den dokumentarischen Aufzeichnungen von Höß betrifft der Bericht Broads natürlich nur einen Ausschnitt; trotzdem erweitert er unser Wissen über die Vorgänge in Auschwitz

---

[22] „Der Auschwitz-Prozeß" Bd. II, op. cit., S. 886
[23] ebenda

um neue Elemente, auf die Höß nicht eingegangen ist und die den Häftlingen unbekannt waren, so z.B. über den Aufruhr der ukrainischen SS-Leute oder die Einzelheiten beim Niedermetzeln der weiblichen Häftlinge in Budy.

*

Völlig anderen Charakter tragen die Tagebuchnotizen Kremers. Im Unterschied zu den vorher genannten Dokumenten bereichern sie unsere Kenntnisse über das KZ Auschwitz nicht sonderlich, obwohl die Bestätigung der Beteiligung des NS-Sanitätsdienstes an den Verbrechen durch einen SS-Arzt besonders wertvoll ist. Im Unterschied zu den vorher besprochenen Berichten sagen die Notizen Kremers viel über den Verfasser selbst aus. Sie wurden festgehalten, ohne daß Kremer die Absicht hatte, sie zu veröffentlichen; daher sind sie ungeschminkt.

Sein Tagebuch ist nicht im nachhinein geschrieben, sondern laufend, aktuell, unter dem Eindruck von Tageserlebnissen. Über die Entdeckung des Tagebuchs entschied ein Zufall. Im Gegensatz zu Höß und Broad beurteilt Kremer die Auschwitzer Ereignisse nicht; er hält sie nur insoweit fest, als sie seine Person betreffen. Nur vereinzelt verrät er eigene Empfindungen, so z.B. in der Notiz vom 2. September 1942:

„Zum 1. Male draußen um 3 Uhr früh bei einer Sonderaktion zugegen. Im Vergleich hierzu erscheint mir das Dante'sche Inferno fast wie eine Komödie. Umsonst wird Auschwitz nicht das Lager der Vernichtung genannt!" [24]

Oder in der Notiz vom 5. September 1942:

„Heute mittag bei einer Sonderaktion aus dem F.K.L. (Muselmänner): das Schrecklichste der Schrecken. Hschf. Thilo hat Recht, wenn er mir heute sagte, wir befänden uns hier am anus mundi." [25]

Dies sind jedoch nur Spuren einer persönlichen Beurteilung. Viel öfter steht die trockene Notiz über eine Sonderaktion direkt neben einer eingehenden Beschreibung des Menüs in der SS-Kantine. Weder die aktive Anwesenheit bei den Ereignissen am „Anus mundi" (After der Welt) noch das „Schrecklichste der Schrecken" haben dem Doktor der Philosophie und der Medizin aus Münster den Appetit genommen.

Es hat sich so gefügt, daß ich schon vor längerer Zeit Gelegenheit hatte, sowohl das Tagebuch Kremers als auch den Bericht Broads eingehend zu interpretieren, denn ich habe beide Dokumente ins Polnische übersetzt und besprochen. [26] *Ich vermag sicherlich nichts Neues, geschweige denn Aufsehenerregendes zur Charakteristik dieser Dokumente und ihrer Verfasser hinzuzufügen. Ich erlaube mir deshalb, an dieser Stelle einige Bemerkungen über Kremer zu wiederholen:*

„Eine unvollständige Aufzählung der RSHA-Transporte, an deren Selektion Kremer beteiligt war (zu 4 Transporten gibt es keine Angaben), zeigt, daß es ihm gelungen ist, in der kurzen Zeit seines Aufenthalts in Auschwitz von 12 291 Deportierten 10 717 Männer, Frauen und Kinder in den Gastod zu schicken.

---

24 s. S. 153

25 s. S. 154

26 Der Bericht Pery Broads ist auf Deutsch erstmalig im Auschwitz-Heft Nr. 9 veröffentlicht worden, das Tagebuch Kremers hingegen in umfangreichen Auszügen im Auschwitz-Heft Nr. 13.

Hinzugesetzt sei, daß die von Kremer zum Vergasen oder zum ‚Abspritzen' ausgewählten Häftlings-Muselmänner nicht in dieser Zahl enthalten sind...

Ein gesondertes, ausnehmend abscheuliches Kapitel der Auschwitzer Verbrechen Kremers ist das Ausnutzen der dort gebotenen Gelegenheit für Verbrechen zu ‚wissenschaftlichen' Zwecken. Wir wissen, daß Kremer nicht der einzige war, der die Gelegenheit wahrnahm. Wir wissen, daß Dutzende, ja Hunderte von NS-Wissenschaftlern und sogar große pharmazeutische Firmen wehrlose Häftlinge als ‚Versuchskaninchen' ausgenutzt haben." [27]

Der deutsche Professor Kremer ging in seiner wissenschaftlichen Forschungswut so weit, daß er sich die ihn interessierenden „Objekte" aussuchte, d.h. ausgehungerte Häftlinge, die er vorher genau befragt hatte, damit sie dann gleich ermordet würden und er die Präparate von Milz, Bauchspeicheldrüse und Leber der Ermordeten verwenden konnte, um die Veränderungen zu untersuchen, die unter dem Einfluß des Hungers im menschlichen Organismus vor sich gehen. Das „lebendfrische Material" Kremers ist ein geradezu symbolischer Beweis für die Degeneration der Wissenschaft im Dritten Reich.

Es stimmt, Kremer war — das ist schon gesagt worden — ein Individuum mit psychopathischen Merkmalen, doch zugleich war er Dozent und übte eine ganze Reihe von Funktionen aus. Die verbrecherische NS-Ideologie und NS-Praxis bot eben solchen Individuen ein Tätigkeitsfeld. Wenn Reichsführer SS Heinrich Himmler die Slawen als „Menschentiere" bezeichnete, [28] *ganz zu schweigen von den „jüdischen Untermenschen", dann erlangten solche vom Mythos des absoluten Gehorsams beherrschten, sonst aber normalen Menschen wie Höß und Individuen mit psychopathischen Merkmalen wie Kremer die Gelegenheit zu verbrecherischem Wirken. „Untermenschen" und „Menschentiere" durfte und mußte man sogar vergasen, erschießen, mit Phenol „abspritzen" oder mit einem Schaufelstiel erschlagen. Und vielleicht sollte man sie auch als Versuchskaninchen behandeln, denn „Unsere Sorge, unsere Pflicht ist unser Volk und Blut; dafür haben wir zu sorgen und zu denken, zu arbeiten und zu kämpfen, und für nichts anderes."* [29]

Daher rührt auch die Dualität der Beurteilungen Kremers. Er hatte, wie schon betont, keine Hemmungen, wenn es um die Ermordung von Häftlingen ging, um „lebendfrisches Material" zu bekommen. Gleichzeitig aber verurteilte der Herr Dozent — von seinem „Auschwitzer Abenteuer" in sein ehrwürdiges Münster zurückgekehrt, das gegen Kriegsende von den amerikanischen Luftstreitkräften bombardiert wurde — in scharfen Worten die „Luftgangster" (Notizen vom 29. Januar und 26. März 1945) und warf ihnen mangelnde Menschlichkeit vor. Für ihn war es demnach unwichtig, was man tut; wichtig war nur, wer es tut und wer das Opfer ist.

Wenn die Deutschen, darunter Kremer selbst, die schrecklichsten Verbrechen begehen, dann ist alles in Ordnung; wenn aber die Alliierten gegen die Deutschen

---

[27] Jerzy Rawicz, „Dokument hańby" (Ein Dokument der Schande), Vorwort zu den Auszügen aus Kremers Tagebuch in „Zeszyty Oświęcimskie" (Auschwitz-Hefte) Nr. 13, Oświęcim 1970, S. 12

[28] Ansprache Himmlers vor SS-Generälen in Poznań am 4. Oktober 1943 (IMT Doc. 1919-PS), zit. nach E. Crankshaw, „Die Gestapo"; Colloquium-Verlag, Berlin 1959, S. 24

[29] ebenda

kämpfen, um diesen Verbrechen ein Ende zu machen, dann mangelt es ihnen an Menschlichkeit.

Angemerkt sei noch, daß die hie und da im Tagebuch verstreuten pseudokritischen Bemerkungen Kremers über die Verhältnisse im Dritten Reich nichts mit einer angeblichen oppositionellen Einstellung des Verfassers gegenüber dem Regime zu tun haben, was er bei seinen Prozessen nachzuweisen versuchte. Sie resultieren lediglich aus dem übersteigerten Ehrgeiz dieses Pseudowissenschaftlers. Sein seltsamer Einfall, seine „Entdeckung" einer angeblichen Vererbung erworbener Verletzungen (jene stummelschwänzigen Katzen), konnte — von der Unsinnigkeit der These selbst einmal ganz abgesehen — im kriegführenden Nazistaat, wo Hunderte und Tausende von Kriegsverwundeten durch ihre verstümmelten Hände und Füße Schrecken in Stadt und Land hervorriefen, keine Anerkennung finden. In Wirklichkeit war Kremer ein gehorsamer Nationalsozialist; Groll hegte er nur, weil er für seine Treue nicht hinreichend belohnt wurde. Neidisch und kleinmütig verfolgte er den Aufstieg anderer. Er selbst fühlte sich benachteiligt, wahrscheinlich sogar als Opfer eines Komplotts von Gegnern des Nationalsozialismus.

*

Wenn Adolf Hitler nicht 1933 in Deutschland an die Macht gelangt wäre, hätte niemand in der Welt erfahren, daß es Leute mit den Namen Rudolf Höß, Pery Broad und Johann Kremer gegeben hat.

Höß hatte zwar schon einmal von sich reden gemacht, als er 1923 wegen Beteiligung an einem Fememord zu langjähriger Gefängnishaft verurteilt wurde, aber an Fememorden mangelte es damals nicht. Ohne den Triumph der Nazis 1933 wäre Höß nach Verbüßen seiner Strafe in Vergessenheit geraten.

Von Pery Broad, der am anderen Ende der Welt geboren worden war und dann mit seiner Mutter nach Deutschland kam und sich auf die Laufbahn eines Kaufmanns vorbereitete, kann man nicht einmal soviel sagen. Er hätte sein unscheinbares Leben gelebt und niemandes Aufmerksamkeit erweckt.

Und Johann Kremer? — Unter normalen Umständen hätte er keine Karriere gemacht. Auf der Suche nach stummelschwänzigen Katzen wäre er zum Gespött der Gelehrtenkreise geworden. Vielleicht wäre einer jener „Professoren" aus ihm geworden, die der geniale, von Hitler mit dem Bannspruch belegte Heinrich Heine seinerzeit so bitter verhöhnt hatte.

Wer hätte all die Symbole des Bösen, die Namen Himmler, Heydrich, Eichmann oder Müller gehört oder — um bei Auschwitz zu bleiben — die Namen Kaduk, Boger, Grabner oder Palitzsch? Sie wurden von einem verbrecherischen System hervorgebracht, das Leute, die in der Gesellschaft nichts gegolten hatten, plötzlich zu Herren über Leben und Tod von Tausenden, Hunderttausenden, ja Millionen machte. Nicht nur aus blindem Gehorsam heraus, sondern auch mit Lust und zuweilen — wie Höß — mit ungeahnter Erfindungsgabe führten sie ihre verbrecherische Tätigkeit aus. Sie wurden ein unentbehrlicher Teil der Apparatur des Vernichtungsmechanismus; ausgestattet mit unumschränkter Macht, erlebten sie den Höhepunkt ihres Lebens. Diese Macht haben sie genutzt; sie stiegen in ihrer Selbstachtung und versanken in unmenschlicher Grausamkeit.

Das System des Faschismus brachte Höß, Broad, Kremer und alle anderen

hervor. Und dann wurden Höß, Broad, Kremer und alle anderen zu Werkzeugen dieses Systems. Es ist gut, daß eine Spur ihres niederträchtigen Wirkens zurückgeblieben ist, und das nicht nur in der Erinnerung der wenigen Opfer, die am Leben geblieben sind, sondern auch in den eigenen Aufzeichnungen der Verbrecher. Vielleicht wird die Welt imstande sein, aus dieser schrecklichsten Lehre der Geschichte heraus zu begreifen, wohin ein System der Ungerechtigkeit, des Bösen und der Verachtung anderer führt. Vielleicht wird sie es verstehen, entsprechende Schlußfolgerungen und Lehren für die Zukunft daraus zu ziehen.
Auf daß es dazu kommen möge!

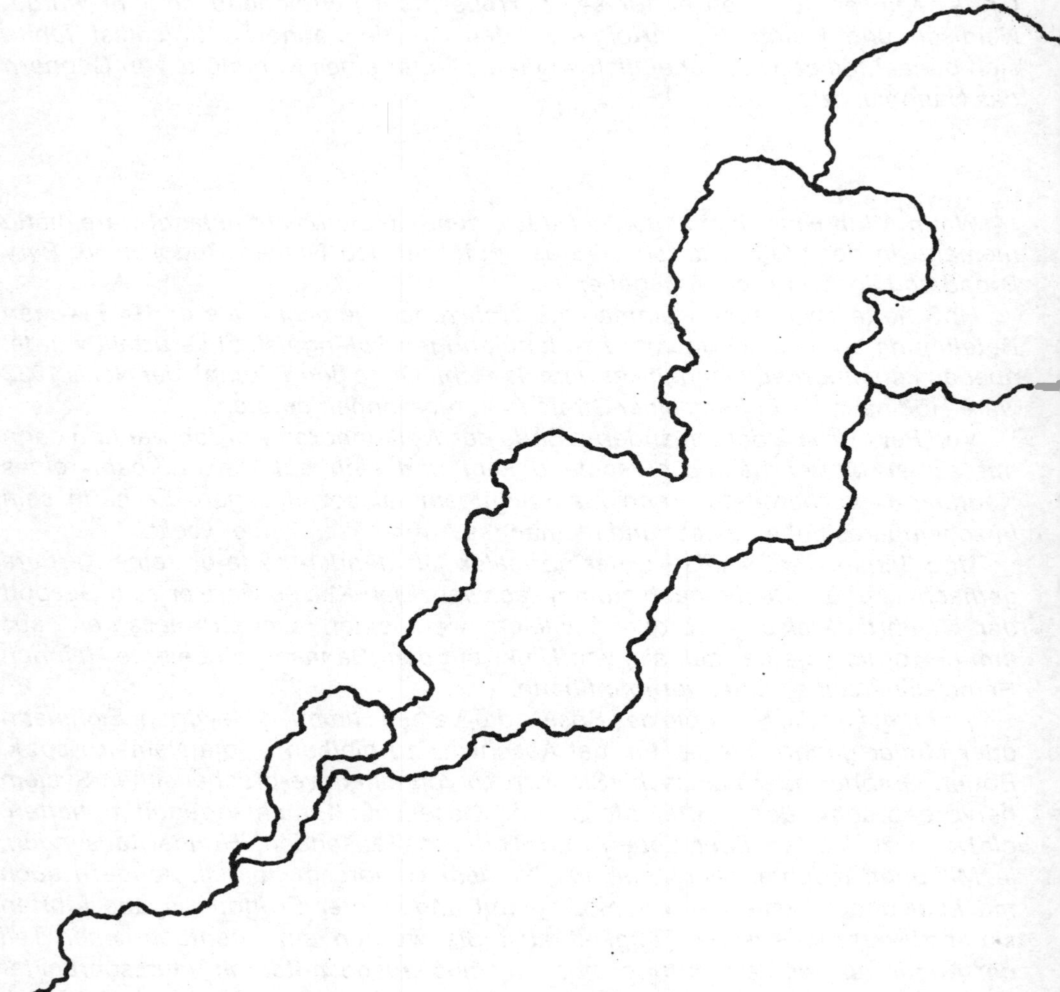

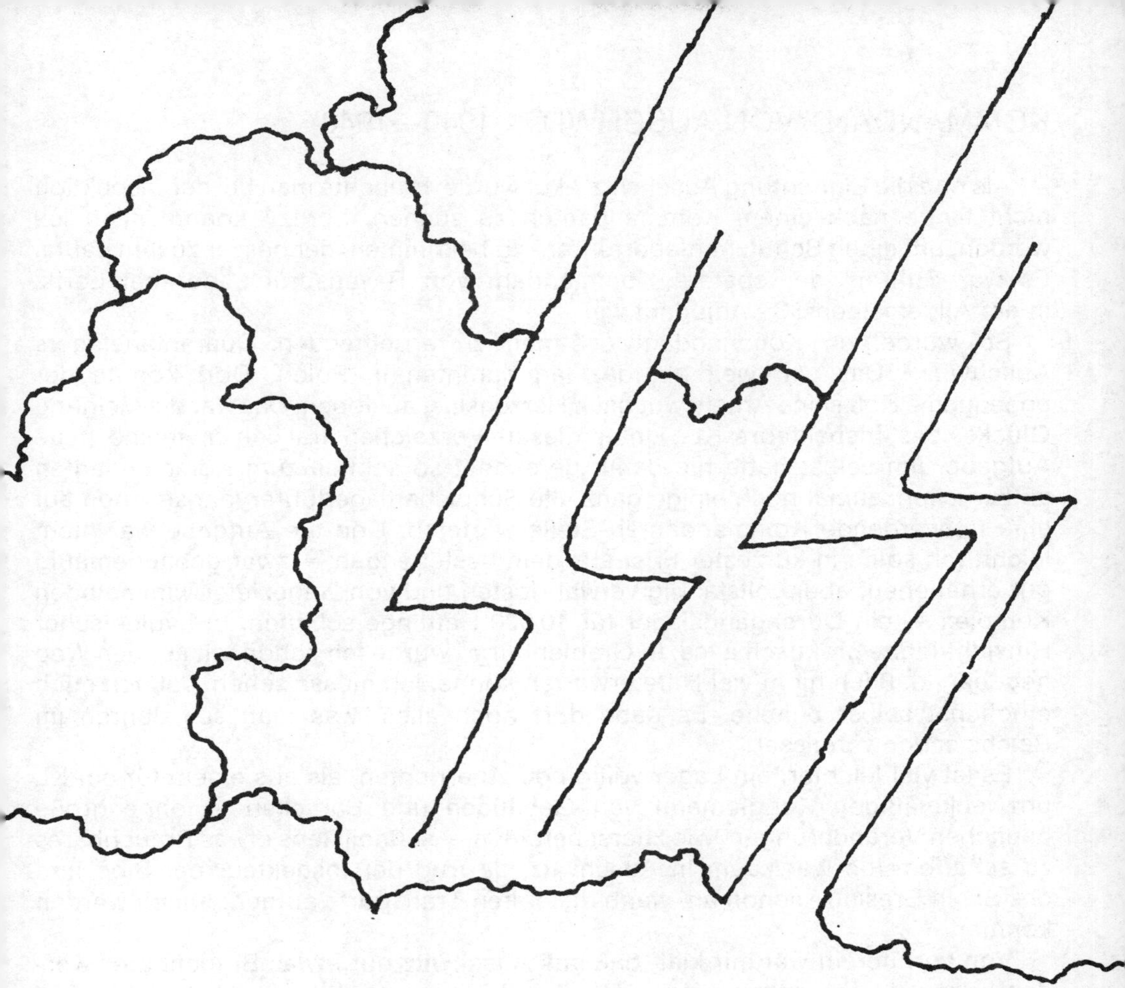

AUFZEICHNUNGEN

Rudolf Höß

KOMMANDANT VON AUSCHWITZ (1940—1943)

Als nun die Einrichtung Auschwitz' akut wurde, brauchte man bei der Inspektion nicht lange nach einem Kommandanten zu suchen. Loritz [1] konnte mich los werden, um einen Schutzhaftlagerführer [2] zu bekommen, der besser zu ihm paßte. Es war Suhren, der spätere Kommandant von Ravensbrück, der bei Loritz in der Allgemeinen SS [3] Adjudant war.

So wurde ich Kommandant des neu zu errichtenden Quarantänelagers Auschwitz.[4] Das war weit ab, das lag dahinten in Polen. Dort konnte der unbequeme Höß seine Arbeitswut nach Herzenslust austoben. Das war die Meinung Glücks, des Inspekteurs KL. Unter diesen Vorzeichen trat ich in meine neue Aufgabe. Ich selbst hatte nie damit gerechnet so schnell zum Kommandanten aufzurücken, zumal noch einige ganz alte Schutzhaftlagerführer längst schon auf eine freiwerdende Kommandanten-Stelle warteten. Und die Aufgabe war nicht leicht. Ich sollte in kürzester Frist aus dem bestehenden — zwar gebäudemäßig gut erhaltenen, aber vollständig verwahrlosten und von Ungeziefer wimmelnden Komplex — ein Durchgangslager für 10 000 Häftlinge schaffen. In hygienischer Hinsicht fehlte praktisch alles. In Oranienburg [5] wurde mir schon mit auf den Weg gegeben, daß ich nicht viel Hilfe erwarten könne, ich müsse sehen, daß ich mich möglichst selbst behelfe. Es gäbe dort noch alles, was man seit Jahren im Reiche schon vermisse!

Es ist viel leichter, ein Lager völlig neu zu errichten, als aus einem für ein KL unzweckmäßigen Konglomerat von Gebäuden und Baracken — ohne große baulichen Veränderungen, wie zuerst befohlen — schnellstens etwas Brauchbares zu schaffen. Ich war kaum in Auschwitz, da frug der Inspekteur der Sipo und des SD in Breslau [6] schon an, wann die ersten Transporte aufgenommen werden könnten!

Von vornherein war mir klar, daß aus Auschwitz nur etwas Brauchbares werden könne durch unermüdliche zähe Arbeit aller, vom Kommandanten bis zum letzten Häftling. Um aber alle für diese Aufgabe einspannen zu können, mußte

---

[1] SS-Oberführer Hans Loritz, Kommandant des KZ Sachsenhausen

[2] Lagerleiter. Diesen Posten bekleidete stets ein SS-Offizier.

[3] Formation der SS. Die Schutzstaffeln der Nationalsozialistischen Deutschen Arbeiterpartei, kurz SS, hatte Hitler 1925 als Partei-Kampfgruppen aufgestellt, um seinen Parteiversammlungen Schutz und Sicherheit zu gewährleisten. Nach der Machtergreifung 1933 wurde die SS zu einer riesigen Organisation ausgebaut, zu der drei Formationen gehörten: a) die allgemeine SS; b) die SS-Verfügungstruppe oder Waffen-SS, deren Mitglieder bis zum Ausbruch des zweiten Weltkrieges anstelle der obligatorischen Wehrpflicht freiwillig einen vierjährigen Wehrdienst ableisteten; c) die SS-Totenkopfverbände, die die Mannschaften der Konzentrationslager stellten, 1934 aus der allgemeinen SS ausgegliedert und auf Bemühen von Theodor Eicke beträchtlich ausgebaut worden waren. Nach Kriegsausbruch wurde es Pflicht, den SS-Leuten die Bezeichnung ihrer Blutgruppe unter der linken Achselhöhle einzutätowieren.

[4] Das Lager wurde auf dem von der Wehrmacht übernommenen Gelände des ehemaligen polnischen Heeres in den dort vorhandenen Kasernen angelegt. Die Kasernen bestanden aus einem Komplex von etwa einem Dutzend gemauerten bzw. hölzernen Baracken in Zasole, einem Stadtteil von Oświęcim (Auschwitz). Nach den ersten Plänen des Inspekteurs Konzentrationslager sollte Auschwitz ein Quarantänelager werden, d.h. ein Durchgangslager für polnische Häftlinge.

[5] d.h. im Inspektorat Konzentrationslager

[6] damals SS-Oberführer Arpad Wigand

ich mit allem Herkömmlichen, mit allen zur Tradition gewordenen Bräuchen am KL brechen. Wenn ich von meinen Führern und Männern das Möglichste an Leistung verlangen mußte, so mußte ich mit gutem Beispiel vorangehen. — Wenn der SS-Mann geweckt wurde, stand auch ich auf. Ehe er seinen Dienst begann, war ich schon unterwegs. Spät kam ich abends zur Ruhe. Wenig Nächte nur gab es in Auschwitz, in denen ich nicht durch Telefonanrufe über besondere Vorkommnisse gestört wurde.

Wenn ich von den Häftlingen gute und brauchbare Arbeitsleistung erwarten wollte, so mußten diese — entgegen der in den KL allgemein üblichen Art — besser behandelt werden. Ich setzte voraus, daß es mir gelingen würde, sie besser unterzubringen und besser verpflegen zu können als in den alten Lagern. All das, was mir dort — nach meiner Anschauung — nicht recht gemacht schien, wollte ich hier anders gehandhabt wissen. Unter diesen Voraussetzungen glaubte ich auch die Häftlinge zur willigen Aufbauarbeit zu gewinnen. Unter diesen Voraussetzungen mußte ich auch von den Häftlingen das Äußerste an Leistung verlangen können. Mit diesen Faktoren rechnete ich fest und bestimmt. — Doch schon in den ersten Monaten, ja ich kann sagen, in den ersten Wochen wurde ich bitter gewahr, daß alles gute Wollen, alle besten Absichten zerschellen mußten an der menschlichen Unzulänglichkeit und Verbohrtheit des größten Teiles der mir zugeteilten Führer und Männer. Mit allen mir zu Gebote stehenden Mitteln versuchte ich nun alle meine Mitarbeiter von meinem Wollen, meinen Absichten zu überzeugen, versuchte ihnen klar zu machen, daß nur dieser Weg gangbar zur gedeihlichen Zusammenarbeit aller, um die gestellte Aufgabe zu schaffen. — Vergebene Liebesmüh! Bei den „Alten" steckte die jahrelange Schulung durch Eicke[7], Koch[8], Loritz so tief, war so in Fleisch und Blut übergegangen, daß selbst die Gutwilligsten einfach nicht mehr anders handeln konnten, als sie all die Jahre über am KL gewohnt waren. Die „Neuen" lernten schnell von den „Alten" — aber leider nicht das Beste.

Alle Bemühungen, von der Inspektion KL doch wenigstens einige wenige gute, brauchbare Führer und Unterführer für Auschwitz zu bekommen, scheiterten. Glücks wollte einfach nicht. — Ebenso war es mit den Funktionshäftlingen. Der Rapportführer[9] Palitzsch sollte 30 brauchbare BVer — Politische Häftlinge wurden vom RSHA[10] für Auschwitz nicht freigegeben — aus allen Berufen aus-

---

[7] erster Inspekteur Konzentrationslager

[8] damals Kommandant des KZ Buchenwald

[9] SS-Mann im Unteroffiziersrang. Zu seinen Pflichten gehörte vor allem die Kontrolle des Häftlingsstandes bei den Morgen- und Abendappellen. Der Rapportführer unterstand direkt dem Lagerführer und war der Vorgesetzte aller Blockführer.

[10] Reichssicherheitshauptamt. Gegründet 1939; erster Leiter war der Chef der Sicherheitspolizei und des Sicherheitsdienstes (CdSuSD) SS-Obergruppenführer Reinhard Heydrich. Nach dem Attentat der tschechischen Widerstandsbewegung auf Heydrich am 5. Juni 1942 in Prag übernahm im Januar 1943 SS-Obergruppenführer Ernst Kaltenbrunner diesen Posten. Kaltenbrunner wurde 1946 vom Internationalen Militärtribunal in Nürnberg zum Tode verurteilt.

Das RSHA war, ähnlich wie das WVHA (s. Anm. 91, S. 56), eines der zwölf Hauptämter der Reichsführung SS und zugleich Departament des Reichsinnenministeriums. Das RSHA war in sieben Ämter gegliedert, unter denen das Amt IV die Geheime Staatspolizei, das Amt V die Reichskriminalpolizei und die Ämter III, VI und VII den Sicherheitsdienst bedeuteten.

suchen. Er brachte nach seiner Überzeugung die 30 besten [11], die in Sachsenhausen[12] zur Verfügung standen. Keine zehn waren für mein Wollen, für meine Absichten davon geeignet. Palitzsch hatte die Häftlinge ausgesucht nach seinem Dafürhalten, so wie er sich die Häftlingsbehandlung vorstellte, wie er es gewohnt war, wie er es gelernt hatte. Nach seiner ganzen Veranlagung konnte er gar nicht anders handeln.

So war auch das ganze Gerippe für den inneren Aufbau des Häftlingslagers von vornherein ein Fehlschlag. Es wurden von vornherein Maximen großgezogen, die sich später unheimlich böse auswirken sollten. Sie hätten aber trotzdem klein gehalten werden können, ja umgebogen werden können, — wenn die Schutzhaftlagerführer u. der Rapportführer — meinen Anschauungen, meinem Wollen gefolgt wären. Sie aber wollten es nicht und konnten es auch nicht — aus Beschränktheit, Verbohrtheit, Böswilligkeit und nicht zuletzt aus Bequemlichkeit. Ihnen waren diese Kreaturen gerade recht — zu ihrer Veranlagung, zu ihren Anschauungen passend.

Der eigentliche Gebieter des Häftlingslagers ist der Schutzhaftlagerführer in jedem Konzentrationslager. Wohl drückt der Kommandant der äußeren Gestaltung des gesamten Häftlingslebens seinen Stempel auf, je nach Tatkraft und Interesse mehr oder weniger stark in Erscheinung tretend. Wohl ist der Kommandant der Richtunggebende, der Maßgebende, letzten Endes der für alles Verantwortliche. Doch der wirkliche Beherrscher des gesamten Lebens der Häftlinge, der gesamten inneren Gestaltung, ist der Schutzhaftlagerführer — bzw. der Rapportführer, wenn er intelligenter und willensstärker. Wohl gibt der Kommandant die Richtlinien, die Anordnungen, die Befehle für die Gesamtgestaltung des Häftlingslebens, so wie er es für richtig hält. Wie dies aber durchgeführt wird, liegt einzig und allein in der Hand der Führung des Schutzhaftlagers. Der Kommandant ist ganz auf den guten Willen und die nötige Einsicht seiner Schutzhaftlagerführung angewiesen. Es sei denn, daß er selbst diese Funktionen übernimmt, wenn er dieser nicht traut, oder sie für unfähig hält. Nur so kann er die Durchführung seiner Weisungen und seiner Befehle in seinem Sinne garantiert wissen.

---

[11] Gemeint sind die am 20. Mai 1940 ins KZ Auschwitz überstellten ersten 30 Häftlinge, die die Nummern 1—30 bekamen. Es waren ausnahmslos deutsche Kriminelle, die Funktionshäftlinge des Lagers wurden, z.B. Lagerältester, Blockälteste, Kapos u.dgl. Fast alle zeichneten sich im Umgang mit den anderen Häftlingen durch ausgesprochenen Sadismus und besondere Grausamkeit aus.

[12] Das KZ Sachsenhausen war eines jener Konzentrationslager, die schon vor Kriegsausbruch im Reich bestanden. Im Juli 1936 brachte man dorthin Häftlinge aus dem KZ Esterwegen, einem der ältesten Lager. Später wurden weitere politische Häftlinge, vor allem Kommunisten, in Sachsenhausen eingeliefert. Als Musterlager wurde es in den Rang einer Einrichtung erhoben, die die anderen Konzentrationslager in organisatorischer Hinsicht beaufsichtigen sollte. Das war ausschlaggebend dafür, daß die SS-Führung Oranienburg als Sitz für das Inspektorat Konzentrationslager (IKL) auswählte. Ab 1939 war Sachsenhausen ein internationales Lager. Insgesamt sind dort über 200 000 Häftlingsnummern vergeben worden. Tatsächlich waren jedoch viel mehr Häftlinge in Sachsenhausen inhaftiert, weil bis Ende 1939 Neuzugängen die Nummern verstorbener, entlassener oder in andere Lager überstellter Häftlinge zugeteilt wurden. Darüber hinaus sind in Sachsenhausen viele nicht in die Kartei aufgenommene Personen vergast oder erschossen worden. In den neun Jahren des Bestehens des KZ Sachsenhausen haben dort über 110 000 Menschen den Tod gefunden. Kommandanten des Lagers waren der Reihe nach SS-Standartenführer Karl Otto Koch, SS-Oberführer Hermann Baranowsky, SS-Oberführer Hans Loritz und SS-Standartenführer Keindl.

Ist es für einen Regimentskommandeur schon schwer, seine Befehle, so wie er sie aufgefaßt haben will, bis zur letzten Gruppe richtig durchgeführt zu wissen, wenn es sich um Dinge handelt, die über das Alltägliche hinausgehen. Wie viel schwerer ist für einen Kommandanten, seine Befehle für die Häftlinge, die ja oft von weittragender Bedeutung sind, richtig aufgefaßt, restlos durchgeführt zu wissen. Gerade in der Häftlingsführung läßt sich das meiste nicht kontrollieren. Aus Prestige- sowie aus disziplinären Gründen darf der Kommandant Häftlinge niemals über SS-Vorgesetzte ausfragen, es sei denn im äußersten Fall einer Verbrechensaufklärung. Auch dann wird der Häftling — fast wohl ausnahmslos — nichts wissen oder ausweichend antworten, um keine Repressalien befürchten zu müssen.[13]

Diese Dinge habe ich zur Genüge in Dachau[14] und Sachsenhausen als Blockführer[15], Rapportführer und Schutzhaftlagerführer selbst kennengelernt. Ich weiß wohl, wie man am Häftlingslager Befehle, die nicht genehm sind, umbiegt, ja ins Gegenteil verkehren läßt, ohne daß dies der Befehlsgeber merkt.

In Auschwitz wurde mir bald zur Gewißheit, daß so verfahren wurde. Eine radikale Änderung war nur durch sofortigen Wechsel der gesamten Schutzhaftlagerführung möglich. Und dies war bei der Inspektion KL nie und nimmer zu erreichen. Die Durchführung meiner gegebenen Befehle bis ins kleinste selbst zu überwachen, war mir nicht möglich, es sei denn, ich ließ meine Hauptaufgabe — so schnell wie nur irgendmöglich ein brauchbares Lager zu schaffen — fahren und spielte selbst Schutzhaftlagerführer.

Gerade in der ersten Zeit, beim Anlaufen des Häftlingslagers hätte ich ununterbrochen im Lager sein müssen, bei der Mentalität der Schutzhaftlagerführung. Und gerade in dieser Zeit mußte ich, gezwungen durch die Unfähigkeit der meisten Funktionsdienstgrade, fast dauernd außerhalb des Lagers sein. Schon um überhaupt den Lagerbetrieb in Gang zu bringen, ihn zu unterhalten, mußte ich die

---

[13] Zweck aller Konzentrationslager, darunter auch des Lagers Auschwitz, war die körperliche und geistige Zermürbung der Häftlinge. Die Lagerbehörden erreichten das durch kollektiven und individuellen Terror. Grundsätzlich war jeder SS-Mann „Herr über Leben und Tod" eines Häftlings; er konnte jederzeit mit einem Häftling „Schluß machen", wenn dieser es wagen sollte, sich bei der Lagerverwaltung über schlechte Behandlung zu beschweren.

[14] Das am 22. März 1933 eingerichtete KZ Dachau war eines der ersten Konzentrationslager im Dritten Reich. Es war ein Musterlager, in dem die SS-Kader für andere Konzentrationslager ausgebildet wurden. Von März 1933 bis Februar 1940 war es eine Haftstätte für dem Nationalsozialismus feindlich gesinnte Deutsche und deutsche Juden. Die nächsten Opfer waren Österreicher und Tschechen. Bei Kriegsausbruch befanden sich in Dachau ungefähr 2000 Polen, Staatsbürger des Dritten Reiches. Am 27. September 1939 übernahm Theodor Eicke das Lager, um dort eine Frontdivision der Waffen-SS aufzustellen. Im Lager beließ man ca. 100 Häftlinge für die dringendsten Arbeiten und zur Beaufsichtigung der Treibhäuser, über 4000 wurden in andere Lager gebracht. Im Februar 1940 wurde die SS-Division nach ihrer Ausbildung an die Front geschickt, und die geräumten Blocks füllten sich wieder mit Häftlingen aus den Konzentrationslagern Buchenwald, Flossenbürg, Mauthausen und Sachsenhausen. Bis April 1945 sind über 200 000 Häftlinge durch Dachau gegangen, wovon etwa 150 000 ums Leben gekommen sind. Erster Kommandant des KZ Dachau war SS-Standartenführer Hilmar Wäckerle, dann folgten SS-Oberführer Heinrich Deubel, SS-Oberführer Hans Loritz, SS-Sturmbannführer Alex Piotrowsky, SS-Obersturmbannführer Martin Weiss und schließlich SS-Obersturmbannführer Eduard Weiter.

[15] SS-Mann im Unteroffiziersrang. Der Blockführer war der Vorgesetzte aller in einem Block untergebrachten Häftlinge.

Verhandlungen mit den Wirtschaftsämtern, mit dem Landrat, dem Regierungspräsidenten führen. Da mein Verwaltungsführer [16] ein ausgemachter Trottel war, mußte ich für ihn all die Verhandlungen für den gesamten Lebensunterhalt für Truppe und Häftlinge führen. Ob es sich um Brot, Fleisch oder Kartoffeln handelte. Ja ich mußte sogar um Stroh auf die Güter fahren. Da ich von der Inspektion KL in keiner Hinsicht auf Hilfe rechnen konnte, mußte ich selbst sehen, wie ich zu Rande kam. Mußte mir PKW's und LKW's und den dafür benötigten Treibstoff ergaunern. Um einige Kochkessel für die Häftlingsküche mußte ich bis nach Zakopane und Rabka fahren. Um Bettgestelle und Strohsäcke nach dem Sudetenland. Da mein Bauleiter auch nicht das allerdringlichst benötigte Material heranschaffen konnte, mußte ich mit diesem auf Suche und Beschaffung fahren. In Berlin stritt man sich noch um die Zuständigkeit für den Ausbau von Auschwitz, da laut Vertrag das ganze Objekt ja noch der Wehrmacht gehörte und nur der SS für die Dauer des Krieges leihweise überlassen war. RSHA, BdS Krakau, Insp. Sipo und SD Breslau fragten fortlaufend an, wann größere Kontingente an Häftlingen aufgenommen werden könnten. Und ich wußte noch nicht, wo ich auch nur 100 m Stacheldraht herbekommen sollte. In Gleiwitz lagen Berge von Stacheldraht im Pionier-Depot am Hafen. Doch ich konnte nichts davon erhalten, da beim Höheren Pionerstab in Berlin erst die Freigabe erwirkt werden mußte. Die Inspektion KL war dazu nicht zu bewegen. So mußte ich mir eben den dringendst benötigten Stacheldraht zusammenstehlen. Überall, wo ich noch Reste von Feldbefestigungen fand, wurden sie abmontiert, Bunker zerschlagen, um das Armierungseisen zu bekommen. Wo ich irgendwo eine Lagerstelle mit solchem, von mir dringendst gebrauchten, Material fand, ließ ich alles kurzerhand abfahren, ohne mich um Zuständigkeiten zu kümmern. — Ich sollte mir ja selbst helfen.

Daneben lief die Aussiedlung der ersten Zone um das Lagergebiet. Die zweite Zone wurde in Angriff genommen. Ich mußte mich um die Nutzung des so dazugekommenen Ackergeländes kümmern.[17] Es kam Ende November 1940 zu der ersten Meldung beim RFSS [18] und die befohlene Erweiterung des Gesamtlagerbereichs.

Dachte ich schon, mit dem Auf- und Ausbau des eigentlichen Lagers übergenug an Beschäftigung zu haben, durch die erste Berichterstattung war aber erst der Anfang ausgelöst, der Anfang zu einer nicht mehr abreißenden Kette

---

[16] anfangs SS-Untersturmführer Max Meyer, abkommandiert vom Inspektorat Konzentrationslager nach Auschwitz

[17] Im Zusammenhang mit der Errichtung des KZ Auschwitz wurde die in der Umgebung des Lagers wohnhafte polnische Bevölkerung ausgesiedelt. Diese Aussiedlung erfolgte in mehreren Etappen. Bei der ersten im Juni 1940 wurden etwa 2000 Bewohner der Baracken neben den ehemaligen Kasernen und den Gebäuden des Polnischen Tabakmonopols ausgesiedelt. Die nächste Aktion im Juli 1940 betraf die Bewohner der Legionów-, der Polna- und der Krótka-Straße. Im November jenes Jahres wurden die Einwohner des Stadtteils Zasole ausgesiedelt. Die Aktion wurde im März und April 1941 fortgesetzt, als man die Einwohnerschaft der Dörfer Babice, Budy, Rajsko, Brzezinka (Birkenau), Broszkowice, Pławy und Harmęże aussiedelte. Das entvölkerte Gebiet war über 40 km^2 groß und wurde „Lager-Interessengebiet" genannt. 1941—1943 richtete man dort Landwirtschafts-, Fischerei- und Viehzuchtbetriebe ein, in denen männliche und weibliche Häftlinge eingesetzt wurden. 1942—1943 richtete die Lagerverwaltung Nebenlager für die dort beschäftigten Häftlinge ein.

[18] Reichsführer SS Heinrich Himmler

von immer neuen Aufträgen, immer wieder neuen Planungen. Schon von Anfang an war ich von meiner Aufgabe, meinem Auftrag voll erfüllt, ja besessen. Alle auftretenden Schwierigkeiten reizten mich zu vermehrtem Eifer an. Ich wollte mich nicht unterkriegen lassen. Mein Ehrgeiz ließ dies nicht zu. Ich sah nur noch meine Arbeit.

Daß ich bei der Fülle von vielfältiger Arbeit wenig Zeit für das Häftlingslager, für die Häftlinge, hatte, ist nur zu verständlich. Ich mußte die Häftlinge ganz den in jeder Hinsicht unerfreulichen Gestalten wie Fritzsch[19], Meier[20], Seidler[21], Palitzsch überlassen — obwohl ich wußte, daß sie das Häftlingslager nicht nach meinem Willen, nach meinen Absichten aufzogen. Ich konnte mich aber nur einer Aufgabe voll und ganz widmen. Entweder mich nur für die Häftlinge einsetzen oder den Lagerauf- und -ausbau mit aller Tatkraft vorwärtszutreiben. Beide Aufgaben erforderten den vollen Einsatz der ganzen Person. Teilen ließ sich das nicht! Meine Aufgabe aber war und blieb auch stets der Auf- und Ausbau des Lagers. Es kamen noch viele Aufgaben im Lauf der Jahre hinzu, doch die Hauptaufgabe, die mich eigentlich voll und ganz beanspruchte, blieb die gleiche. Ihr galt mein ganzes Sinnen und Trachten. Ihr hatte sich alles unterzuordnen. Nur von diesem Standpunkt aus hatte ich das Ganze zu lenken. So sah ich auch eben nur alles von diesem Blickwinkel aus.

Glücks sagte mir oft, mein größter Fehler sei, daß ich alles selbst machte, anstatt meine dafür bestimmten Untergebenen arbeiten zu lassen. Die Fehler, die sie dabei machten aus Unzulänglichkeit, müsse man eben in Kauf nehmen. Damit müsse man sich abfinden. Es könne nicht immer alles so ablaufen, wie man es sich wünscht. Meine Einwände, daß ich in Auschwitz bestimmt das schlechteste Material an Funktionsführern und Unterführern hätte, daß nicht nur Unfähigkeit, sondern noch viel mehr bewußte Nachlässigkeit und Böswilligkeit mich einfach dazu zwängen, das Wichtigste und Dringendste selbst zu machen, ließ er nicht gelten. Nach seiner Anschauung mußte der Kommandant von seinem Dienstzimmer aus an Hand von Befehlen und mittels Telefon das ganze Lager dirigieren und in der Hand haben. Es genüge vollständig, wenn er gelegentlich mal durchs Lager ginge! — O' heilige Einfalt! Diese Einstellung war eben nur möglich, weil Glücks nie an einem Lager gearbeitet hatte. Deswegen konnte er auch meine Nöte nie verstehen, nie begreifen.

Dies nicht Verstandenwerden von meinem Vorgesetzten brachte mich fast zur Verzweiflung. Ich setzte mein ganzes Können, mein ganzes Wollen für meine Aufgabe ein, ich ging ganz in ihr auf — und er sah dies als eine Marotte, eine Spielerei von mir an. Ich wäre zu sehr in meine Aufgabe verbohrt und sähe nichts anderes mehr.

Durch den RFSS-Besuch im März 1941,[22] der neue, größere Aufgaben brach-

---

[19] 1940—1941 1. Schutzhaftlagerführer

[20] richtig Maier, 2. Schutzhaftlagerführer

[21] nach Maier 2. Schutzhaftlagerführer

[22] Höß meint die erste Inspektion Himmlers im KZ Auschwitz am 1. März 1941. Im Ergebnis der damals durchgeführten Kontrolle des Lagers und des Interessengebiets wies Himmler an, das Lager Auschwitz so auszubauen, daß es 30 000 Häftlinge fassen könne. Gleichzeitig ordnete er an, auf dem Gelände des Dorfes Brzezinka (Birkenau) ein Lager für 100 000 Kriegsgefangene anzulegen und 10 000 Häftlinge für den IG-Farben-Konzern bereitzustellen, der in Dwory bei

te, aber keine Hilfe in den dringlichsten Nöten, schwand meine letzte Hoffnung auf bessere, zuverlässigere Mitarbeiter. Ich mußte mich mit den vorhandenen „Größen" abfinden, mich weiter mit ihnen herumärgern. Nur wenige wirklich gute, zuverlässige Mitarbeiter hatte ich zur Seite, aber leider nicht in den wichtigsten verantwortlichen Dienststellungen. Diese mußte ich nun mit Arbeit überhäufen, ja überlasten, so daß ich oft zu spät einsehen mußte, daß allzuviel von Übel ist.

Durch diese allgemeine Unzuverlässigkeit um mich herum wurde ich in Auschwitz ein anderer. Bis dahin sah ich immer in meinen Nebenmenschen, insbesondere in meinen Kameraden, so lange das Gute, bis ich vom Gegenteil überzeugt wurde. Meine Gutgläubigkeit hat mir oft böse Streiche versetzt. Doch in Auschwitz, wo ich mich auf Schritt und Tritt von meinen sogenannten Mitarbeitern hintergangen sah, täglich aufs neue enttäuscht wurde, wandelte ich mich. Ich wurde mißtrauisch, sah überall nur Getäuschtwerden, sah überall nur das Schlechteste. In jedem Neuauftauchenden suchte ich von vornherein das Böse, das Schlechte. Ich habe so viele brave und ordentliche Menschen verletzt und zurückgestoßen. Ich brachte kein Zutrauen, kein Vertrauen mehr auf. Kameradschaft, die mir bis dahin so heilig war, wurde mir zur Farce. Gerade weil ich von alten Kameraden so enttäuscht, so hintergangen wurde. Jegliches kameradschaftliche Beisammensein wurde mir zuwider. Ich schob solche kameradschaftlichen Zusammenkünfte immer wieder hinaus, war froh, wenn ich einen plausiblen Vorwand finden konnte, um mein Fernbleiben zu entschuldigen. Gerade dies Verhalten wurde mir von den Kameraden immer zum Vorwurf gemacht. Ja selbst Glücks machte mich mehrmals darauf aufmerksam, daß in Auschwitz keine kameradschaftliche Bindung zwischen dem Kommandanten und seinen Führern zustandekäme. Ich konnte dies einfach nicht mehr. Ich war zu sehr enttäuscht worden. Ich zog mich immer mehr in mich selbst zurück. Ich spann mich ein, wurde unnahbar, verhärtete zusehends. Meine Familie, insbesondere meine Frau, litt darunter, ich war oft unausstehlich. Ich sah nur noch meine Arbeit, meine Aufgabe. Alle menschlichen Regungen wurden dadurch zurückgedrängt. Meine Frau versuchte mich immer wieder diesem Einspinnen zu entreißen. Versuchte durch Einladungen außenstehender guter Bekannter,[23] in Verbindung mit Kameraden mich diesen wieder aufzuschließen. Brachte Zusammenkünfte außerhalb zustande mit der gleichen Absicht. Obwohl ihr dies gesellschaftliche Leben genau so wenig lag wie mir. — Vorübergehend entriß ich mich dadurch auch ab und zu meinem bewußten Allein-gehen-wollen. Doch durch neue Enttäuschungen wurde ich schnell wieder hinter meine Glaswand zurückgetrieben. Selbst

---

Oświęcim (Auschwitz) Industriebetriebe errichtete. Ferner wies Himmler an, das gesamte Interessengebiet sowohl landwirtschaftlich als auch in jeder anderen Hinsicht zu nutzen und die lagereigenen Werkstätten auszubauen. Darüber hinaus betonte er, daß um das Lager herum große Rüstungswerke entstehen sollten, damit die SS auch bei der Aufrüstung der deutschen Armee eine führende Rolle übernehmen könne.

[23] Aus einem Bericht von Aniela Bednarska, seinerzeit Hausgehilfin bei Hößens, geht hervor, daß Höß zweimal monatlich Empfänge für SS-Leute und deren Familien gab. An diesen Empfängen nahmen u.a. SS-Hauptsturmführer Schwarz mit Frau, SS-Obersturmführer Schwarzhuber, SS-Haupsturmführer Seidler und SS-Hauptsturmführer Kramer mit Frau teil. Bei Höß verkehrten ferner Direktoren der in der Umgebung gelegenen Industriebetriebe, so z.B. Otto Heine, Direktor der Bergwerke in Brzeszcze.

Birkenau.
Haupteinfahrtstor des Lagers mit Rampe, an der die Transporte mit ins Lager eingewiesenen Deportierten vorfuhren (Aufnahme aus der Zeit nach der Befreiung des Lagers)

Birkenau.
Ankunft eines Transports mit zur Vernichtung bestimmten ungarischen Juden (Aufnahme eines SS-Mannes, 1944)

Zyklon B

Birkenau.
Frauen werden zur Gaskammer getrieben (heimlich von einem Mitglied der Lager-Widerstandsbewegung gemachte Aufnahme, 1944)

Birkenau.
Öfen im Krematorium (Aufnahme eines SS-Mannes, 1943

Birkenau. Krematorium Nr. IV
(Aufnahmen des SS-Mannes Kamann, 1942 oder 1943)

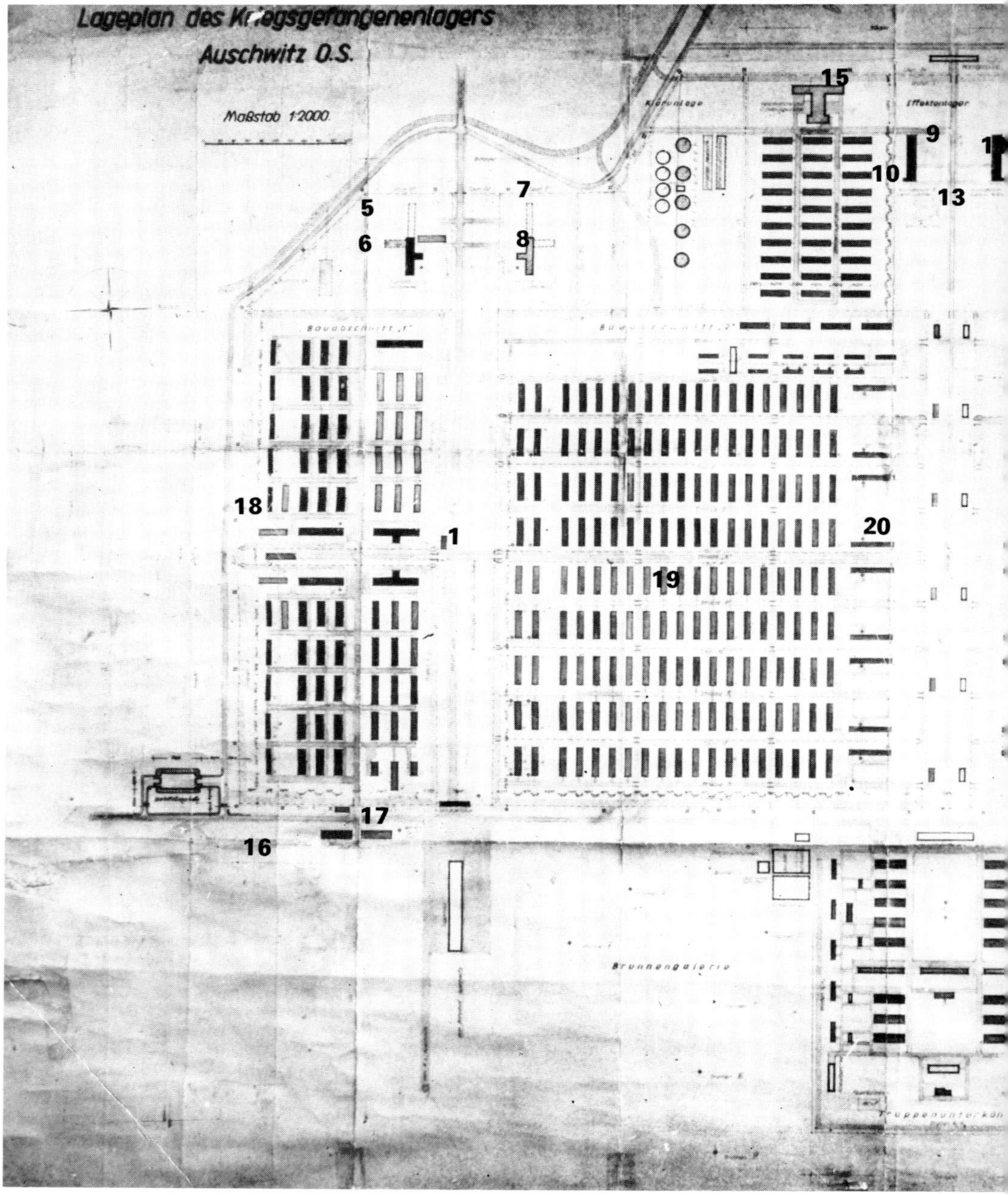
Lageplan des Kriegsgefangenenlagers
Auschwitz O.S.
Maßstab 1:2000
15
Effektenlager
9
10
13
7
5
6
8
Bauabschnitt „1"
Bauabschnitt „2"
18
1
20
19
17
16
Brunnengalerie

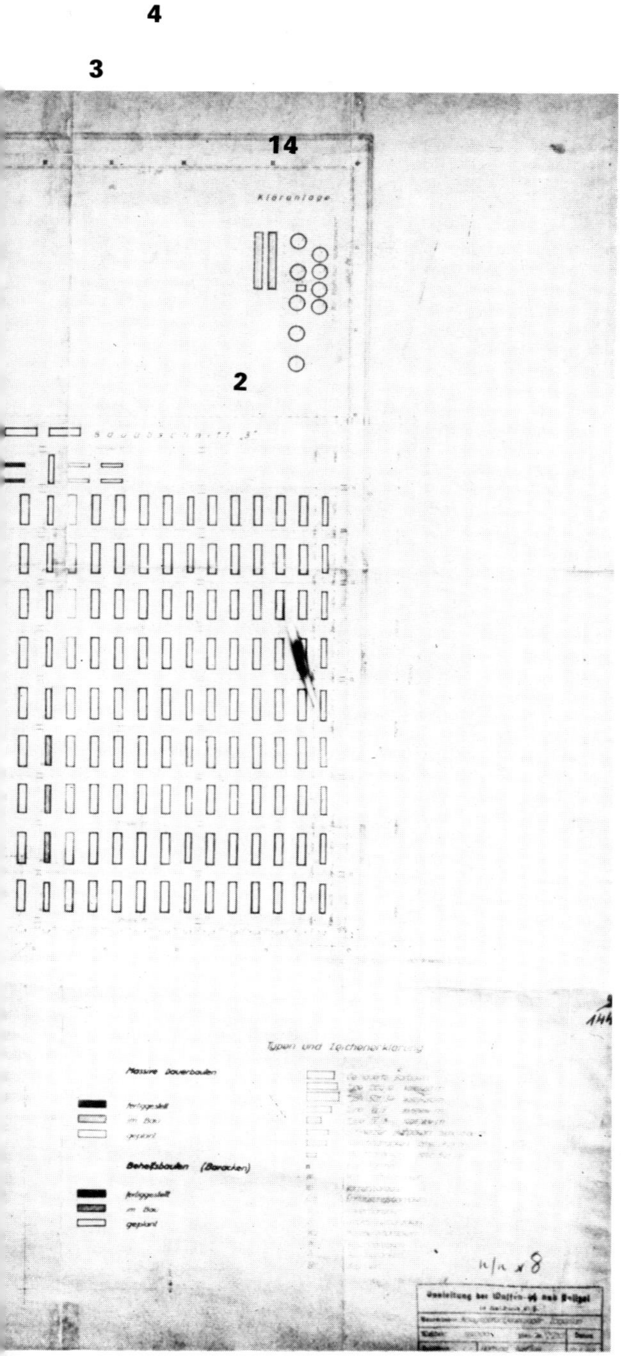

EINRICHTUNGEN UND STÄTTEN DER MASSENVERNICHTUNG IM KZ AUSCHWITZ II (BIRKENAU)

1. Eisenbahnrampe
2. Bunker Nr. 1, erste Vergasungsanstalt
3. Bunker Nr. 2, zweite Vergasungsanstalt
4. Scheiterhaufen
5. Gaskammer und Krematorium II
6. Gelände, auf dem die Asche des Krematoriums II vergraben wurde
7. Gaskammer und Krematorium III
8. Gelände, auf dem die Asche des Krematoriums III vergraben wurde
9. Gaskammer und Krematorium IV
10. Gelände, auf dem die Asche des Krematoriums IV vergraben wurde
11. Gaskammer und Krematorium V
12. Gelände mit Verbrennungsgruben
13. Teich, in den Asche aus den Krematorien IV und V geschüttet wurde
14. Gelände, auf dem die Leichen im Lager ermordeter Häftlinge und sowjetischer Kriegsgefangener vergraben wurden
15. Sauna
16. Block Nr. 25, der „Todesblock"
17. Versuchslabor von Dr. Horst Schumann
18. Block Nr. 2, Männer-Strafkompanie
19. Blocks der Männer-Strafkompanie und des Sonderkommandos
20. Stätte für Hinrichtungen durch Erhängen

Auschwitz. SS-Ställe
(Aufnahme eines SS-Mannes,
Name und Zeitpunkt unbekannt)

Außenstehende bedauerten mein Verhalten sehr. Ich aber wollte nicht mehr anders — ich war durch dies gewaltige Enttäuschtwerden in gewisser Hinsicht menschenscheu geworden. Es kam oft vor, daß ich beim selbstveranlaßten Zusammensein mit uns Näherstehenden plötzlich einsilbig, ja abweisend wurde und am liebsten weggelaufen wäre, um allein zu sein, weil ich plötzlich niemanden mehr sehen wollte. Gewaltsam riß ich mich dann zusammen, versuchte im Alkohol diese hereingebrochene Mißstimmung zu beseitigen, wurde dadurch wieder gesprächig, lustig, ja gar ausgelassen. — Wie überhaupt Alkohol mich bald in eine frohe, es mit aller Welt gutmeinende Stimmung versetzte. Nie habe ich mich je in Alkoholstimmung mit einem Menschen gestritten. Es wurden mir in dieser Stimmung viele Zugeständnisse entlockt, die ich nüchtern nie gewährt hätte. Doch allein habe ich nie Alkohol zu mir genommen, hatte nie das Verlangen danach. — Ich habe mich aber auch nie betrunken, mich gar zu alkoholischen Exzessen hinreißen lassen.

Wenn ich genug hatte, verschwand ich stillheimlich. Eine Vernachlässigung des Dienstes durch zu ausgedehnten Alkoholgenuß gab es grundsätzlich nicht. Ich konnte noch so spät nach Hause gekommen sein, zum Dienstbeginn war ich da, wieder völlig frisch. Dies Verhalten forderte ich auch stets von meinen Führern. Aus disziplinären Gründen. Denn nichts wirkt demoralisierender auf Untergebene als das Fehlen des Vorgesetzten beim Dienstbeginn durch allzureichlichen Alkoholgenuß.

Doch fand ich wenig Verständnis dafür. Nur durch mein Erscheinen gezwungen, taten sie es, über diesen „Spleen des Alten" bös schimpfend. — Wollte ich meiner Aufgabe gerecht werden, so mußte ich der Motor sein, der unermüdlich, rastlos zur Arbeit am Aufbau antrieb, der immer und immer wieder alle vorwärtstreiben und mitreißen mußte. Ganz gleich, ob SS-Mann oder Häftling. Ich hatte ja nicht nur mit den kriegsbedingten Schwierigkeiten, mit all den widrigen Verhältnissen beim Aufbau zu kämpfen, sondern auch täglich, ja stündlich mit der Lauheit, Nachlässigkeit, dem nicht Mitziehen-wollen meiner Mitarbeiter. Aktiver Widerstand läßt sich bekämpfen, gegen den kann man angehen, doch gegen passive Resistenz ist man machtlos, sie läßt sich nicht greifen, obwohl man sie überall verspürt. Doch ich mußte auch die Widerwilligen vorwärtstreiben, wenn es nicht anders ging durch Zwang.

Dienten die KL vor dem Kriege dem Selbstzweck, so waren sie durch den Krieg nach dem Willen des RFSS Mittel zum Zweck geworden. Sie sollten nun in erster Linie dem Kriege selbst, der Rüstung dienen. Es sollte möglichst jeder Häftling Rüstungsarbeiter werden.[24] Jeder Kommandant hatte sein Lager diesem Zweck rücksichtslos dienstbar zu machen. Auschwitz sollte nach dem Willen des RFSS eine gewaltige Häftlings-Rüstungs-Zentrale werden. Seine Verlautbarungen bei seinem Besuch im März 1941 waren ja in dieser Hinsicht deutlich genug. Das Lager für 100 000 Kriegsgefangene, der Ausbau des alten Lagers für 30 000 Häftlinge,

---

[24] Die Ausnutzung der Arbeitskraft der Häftlinge gestaltete sich in den Jahren 1933—1945 uneinheitlich. In diesem Zeitraum kann man drei Hauptetappen unterscheiden. Die 1933—1939 angelegten Konzentrationslager sollten anfangs — neben der Isolierung von Gegnern Hitlers — auch dazu dienen, asoziale und verbrecherische Elemente zusammenzufassen und sie durch Arbeit zu erziehen. Als die Zahl der Häftlinge zunahm, beschloß man, die Arbeitskraft der Lagerinsassen für von der NSDAP gestellte Aufgaben auszunutzen. Die SS legte in Mauthausen,

die Bereitstellung für Buna[25] von 10 000 Häftlingen sprachen deutlich genug dafür. Es waren dies aber zu diesem Zeitpunkt Zahlengrößen, die bis dahin in der Geschichte der KL völlig neu waren. — Ein Lager mit 10 000 Häftlingen galt zu dieser Zeit schon als ungewöhnlich groß. — Der Nachdruck, den der RFSS auf das möglichst schnelle und rücksichtslose Vorwärtstreiben des Aufbaues legte, die Nichtbeachtung der entgegenstehenden Schwierigkeiten und der bereits bestehenden, kaum zu beseitigenden Mißstände, ließ mich damals schon aufhorchen. Die Art und Weise, mit der er die doch sehr beachtlichen Einwände des Gauleiters[26] und des Regierungspräsidenten[27] abfertigte, ließen doch auf Ungewöhnliches schließen.

Ich war ja bei der SS und beim RFSS viel gewohnt. Aber die Schärfe und die Unerbittlichkeit, mit der er die schnellste Durchführung seiner nun gegebenen Befehle forderte, war neu an ihm. Selbst Glücks fiel dies auf. Und für all dies war ich nun einzig und allein verantwortlich. Aus Nichts und mit Nichts schnellstens — für die damaligen Begriffe — etwas Ungeheures aufzubauen. Mit den „Mitarbeitern". Ohne nennenswerte Hilfe von oben — nach den bisherigen Erfahrungen.

Und wie sah es mit meinen Arbeitskräften aus? Was war inzwischen aus dem Schutzhaftlager geworden? Die Führung des Schutzhaftlagers hatte sich alle Mühe gegeben, die Eickesche Tradition[28] über die Behandlung der Häftlinge zu

---

Flossenbürg und Groß-Rosen in der Nähe der dortigen Steinbrüche Lager an, weil sich Himmler im Namen der SS gegenüber Hitler verpflichtet hatte, die Steine für den Bau von Parteigebäuden im ganzen Reich zu liefern. 1940—1942 kam den Konzentrationslagern der Hauptanteil bei der „Vernichtung durch Arbeit" der Häftlinge aus den von Hitler besiegten und besetzten Ländern zu, obwohl auch damals schon Häftlinge in Industriebetrieben beschäftigt wurden. Von Dezember 1942 bis zur Kapitulation wurden die Konzentrationslager zur Hauptquelle billiger Arbeitskräfte, die die SS an Konzerne sowie an militärische und zivile Unternehmen vermietete. Eingeleitet wurde dieser Zeitraum durch ein Dekret Himmlers vom 14. Dezember 1942, aufgrund dessen das RSHA die Konzentrationslager anwies, bis Ende Januar 1943 35 000 arbeitsfähige Häftlinge zu stellen. Die Einlieferung Hunderttausender von Häftlingen in die Konzentrationslager zur Zeit des Sieges der Sowjetarmee bei Stalingrad stand in engem Zusammenhang mit dem verstärkten Arbeitskräftebedarf der deutschen Rüstungsindustrie.

[25] Die zur IG-Farben gehörenden Buna-Werke in Dwory und Monowice (Monowitz) bei Oświęcim (Auschwitz), die in einer neuerbauten Fabrik die Herstellung von synthetischem Kautschuk und synthetischem Benzin aufnahmen. Mit dem Bau der Buna-Werke hatte man schon im April 1941 begonnen und bei den Arbeiten Häftlinge aus dem ungefähr 7 km von Dwory entfernt gelegenen Lager Auschwitz eingesetzt. Anfangs mußten die Häftlinge jeden Tag zur Baustelle marschieren, später brachte man sie in Güterwagen zur Arbeit. Auf Verlangen des Konzerns wurde auf dem Fabrikgelände ein Lager errichtet, in dem man ab Oktober 1942 die in den Buna-Werken beschäftigten Häftlinge des KZ Auschwitz unterbrachte. Dieses Lager war anfangs ein Nebenlager von Auschwitz und wurde im November 1943 bei der Aufteilung des KZ in drei Lager in KZ Auschwitz III — Außenlager umbenannt. Es wurde zur Zentrale der Auschwitzer Nebenlager, die bei Industriebetrieben, Hütten und Bergwerken eingerichtet wurden. Nach Aussage von Dr. Otto Ambros, Mitglied des Aufsichtsrates der IG-Farben, belief sich der an die SS gezahlte Preis für die ausgebeuteten Häftlinge im Laufe von zweieinhalb Jahren auf 20 Mill. RM. Nach Aussagen ehemaliger Häftlinge sind in den Buna-Werken insgesamt etwa 30 000 Häftlinge ermordet worden.

[26] Höß meint den Gauleiter von Oberschlesien Fritz Bracht.

[27] Zu jener Zeit war Dr. Springorum Präsident des Regierungsbezirks Kattowitz.

[28] In einer im Gefängnis geschriebenen Charakteristik Theodor Eickes beurteilte Höß dessen Einstellung zu den Häftlingen folgendermaßen: „Die Häftlinge sind für ihn allezeit Staatsfeinde, die sicher zu verwahren, hart zu behandeln und bei Widersetzlichkeit zu vernichten sind. So belehrt und erzieht er seine SS-Führer u. SS-Männer." Die gleiche Einstellung zu den Häftlingen

wahren. Ja Dachau-Fritzsch und Sachsenhausen-Palitzsch, dazu noch Buchenwald-Meier, suchten sich gegenseitig mit „besseren Methoden" zu übertrumpfen.

Meinen fortgesetzten Hinweisen, daß die Eickeschen Anschauungen durch die Wandlung der KL längst überholt seien, glaubten sie nicht. Aus ihren beschränkten Gehirnen war die Eickesche Schulung nicht auszutreiben. Sie paßte auch besser zu ihrer Mentalität. Meine Befehle, meine Anordnungen, die dem widersprachen, wurden eben „umgebogen". Denn nicht ich, sie zogen ja das Häftlingslager auf. Sie erzogen die Funktionshäftlinge vom Lagerältesten bis zum letzten Blockschreiber. Sie erzogen die Blockführer und belehrten sie über den Umgang mit Häftlingen. Doch hierüber habe ich schon genug gesagt und geschrieben.[29] Gegen diese passive Resistenz war ich machtlos. Verständlich und glaubhaft ist dies nur dem, der selbst jahrelang am Schutzhaftlager Dienst gemacht hat. —

Ich habe schon vorhergehend geschildert, welchen Einfluß im allgemeinen die Gefangenen-Vorgesetzten auf ihre Mitgefangenen haben. Im KL wirkt sich dies besonders aus. In den unübersichtlichen Häftlingsmassen von Auschwitz-Birkenau war es ein Faktor von entscheidender Bedeutung. Man müßte annehmen, daß das allen gleiche Los, das gemeinsame Leid zu einer unzerstörbaren, unzerreißbaren Gemeinschaft, zu einem felsenfesten Zusammenhalten führen müßte. Weit gefehlt. — Nirgends tritt der nackte Egoismus so kraß zu Tage wie in der Gefangenschaft. Und je härter das Leben in dieser, um so krasser das egoistische Verhalten. Aus Selbsterhaltungstrieb. — Selbst Naturen, die im gewöhnlichen Leben draußen stets hilfsbereit und gutmütig waren, können in der harten Haft ihre Mitgefangenen mitleidslos tyrannisieren, wenn sie sich dadurch ein klein wenig ihr Leben erträglicher gestalten können. Aber um wieviel herzloser schreiten Naturen, die an und für sich egoistisch, kalt, ja verbrecherisch veranlagt sind, unbarmherzig über die Not ihrer Mithäftlinge hinweg, wenn ihnen der winzigste Vorteil winkt. Ganz abgesehen von der physischen Wirkung der oft gemeinen, niederträchtigen Behandlung und Handlungsweise an den Mitgefangenen leiden die noch dafür empfänglichen, noch nicht durch die Härte des Lagerlebens abgestumpften Häftlinge psychisch unsäglich unter diesem Verhalten. Keine noch so gemeine Willkür, noch so schlechte Behandlung von seiten der Bewacher trifft sie so hart, wirkt psychisch so schwer auf sie ein, wie dies Verhalten der Mitgefangenen.

Gerade das wehrlose, dagegen machtlose Zusehenmüssen, wie solche Häftlingsvorgesetzten ihre Mithäftlinge quälen, wirkt so niederschmetternd auf die ganze Psyche der Häftlinge. Wehe dem Häftling, der sich dagegen zur Wehr setzt, sich für die Geschundenen einsetzt. Der Terror der inneren Gewalten im Häftlingslager ist zu stark, als daß einer dies wagte. Und warum handeln die Häftlingsvorgesetzten, die Häftlingsfunktionäre so an ihren Mithäftlingen, an ihren Leidensgenossen?

Weil sie ihre Person bei den gleichgesinnten Bewachern und Beaufsichtigern ins rechte Licht setzen wollen, weil sie zeigen wollen, wie tüchtig sie sind. Weil

---

hatte aber — trotz seiner Versuche, sich herauszureden — auch Höß. Das beweisen die Lebensbedingungen und das Schicksal der Häftlinge im KZ Auschwitz.

[29] Höß bezieht sich auf jenen Teil seiner Aufzeichnungen, der seinen Dienst in den Lagern Dachau und Sachsenhausen betrifft; vgl. „Kommandant in Auschwitz. Autobiographische Aufzeichnungen von Rudolf Höß", Deutsche Verlags-Anstalt, Stuttgart 1958

sie dadurch Vorteile erreichen können, ihr Haftleben angenehmer gestalten können. Aber immer auf Kosten ihrer Mithäftlinge.

Aber die Möglichkeit, sich so zu verhalten, so zu handeln, gibt ihnen der Bewacher, der Beaufsichtiger, der entweder gleichgültig diesem Treiben zusieht und zu bequem ist, dem Einhalt zu gebieten, oder der selbst aus einer niedrigen, böswilligen Einstellung heraus dies Verhalten billigt, ja sie sogar dazu veranlaßt, dem es satanische Freude bereitet, wenn er die Häftlinge gegeneinander „hetzen" kann.

Es gibt aber auch unter den Häftlingsvorgesetzten Kreaturen genug, die aus sich selbst heraus, aus gemeiner, roher, niederträchtiger Gesinnung und verbrecherischer Veranlagung, ihre Mithäftlinge physisch wie psychisch quälen, ja in den Tod hetzen aus purem Sadismus.

Gerade in meiner jetzigen Haft hatte ich bisher, und habe auch noch, genug Gelegenheit aus meinem winzigen Blickfeld heraus, wenn auch im verkleinerten Maßstabe immer wieder aufs Neue das oben Gesagte bestätigt zu sehen.

Nirgends kommt der wirkliche „Adam" so zum Vorschein wie in der Gefangenschaft. Alles Anerzogene, alles Angenommene, alles nicht zu ihm Gehörige fällt von ihm ab. Alles Versteckspielen, alles Vortäuschen aufzugeben, zwingt ihn auf die Dauer die Haft.

Nackt, so wie er wirklich ist, steht der Mensch da: gut oder schlecht.

Wie wirkte nun das gesamte Haftleben in Auschwitz auf die einzelnen Kategorien der Häftlinge?

Für die Reichsdeutschen [30] aller Farben [31] war es kein Problem. Sie saßen fast ausnahmslos in „gehobenen" Stellungen, hatten dadurch alles, was sie für des Leibes Notdurft brauchten. Was sie auf reellem Wege nicht bekamen, „besorgten" sie sich. Dies sich „Alles-besorgen-Können" galt in Auschwitz für alle gehobenen Funktionäre, gleich welcher Farbe und Nationalität. Über den Erfolg entschied nur die Intelligenz, der Wagemut und die Skrupellosigkeit. An Gelegenheiten hat es nie gefehlt. Nach dem Anlaufen der Juden-Aktionen [32] gab es praktisch nichts mehr, was man sich hätte nicht besorgen können. Und die gehobenen Funktionäre hatten auch die nötige Bewegungsfreiheit dazu.[33]

---

30 Häftlinge deutscher Nationalität

31 Die in Konzentrationslagern inhaftierten Häftlinge waren je nach dem Grund ihrer Einlieferung durch verschiedenfarbige aufgenähte Dreiecke gekennzeichnet. So waren politische Häftlinge z.B. mit roten, Kriminelle mit grünen, Asoziale mit schwarzen, Bibelforscher mit lila und Homosexuelle mit rosa Dreiecken gekennzeichnet.

32 Höß meint die „Endlösung der Judenfrage". Mit diesem Decknamen bezeichneten die Nazis die Aktion der Juden-Transporte aus den besetzten Ländern nach Auschwitz, wo sie zur Vernichtung in die Gaskammern von Birkenau geschickt wurden. Siehe dazu jenen Teil der Hößschen Aufzeichnungen, der unter dem Titel „Die Endlösung der Judenfrage im KL Auschwitz" auf den Seiten 75—94 der vorliegenden Publikation wiedergegeben ist. Die von den zur Vernichtung verurteilten Juden mitgebrachten Sachen lagerte die KZ-Verwaltung in 35 Baracken in Birkenau (in den Abschnitten BIIg sowie BIIb, BIIc und BIIe), die im Lagerjargon „Kanada" genannt wurden.

33 Im Widerspruch zur Behauptung von Höß war die Möglichkeit des „Besorgens" jedoch beschränkt, weil sich die Häftlinge im Stammlager Auschwitz und zwischen den einzelnen Abschnitten des Lagers Birkenau nicht frei bewegen konnten. Sogar die Funktionshätlinge wurden, wenn sie sich von einem Lager ins andere begaben, von SS-Leuten beaufsichtigt. Dadurch war das „Besorgen" erschwert, und die Häftlinge waren gezwungen, einen SS-Mann, oft sogar mehrere, zu bestechen, weil diese ins „Besorgen" eingeweiht waren.

Das Hauptkontingent stellten bis Anfang 1942 die polnischen Häftlinge.[34] Sie wußten alle, daß sie zumindest für die Dauer des Kriegs im KL verbleiben mußten. Daß Deutschland den Krieg verlieren würde, glaubten auch die meisten, nach Stalingrad wohl alle. Durch die Feindnachrichten waren sie ja über die „wirkliche Lage" Deutschlands genauestens im Bilde. Die Feindnachrichten abzuhören, war nicht schwer, es waren genug Radiogeräte in Auschwitz.[35] Selbst in meinem Hause wurde so abgehört. Weiter hatte man genug Gelegenheit durch die Zivilarbeiter, ja durch SS-Männer selbst, einen ausgedehnten Briefschmuggel zu betreiben.[36] Also Nachrichtenquellen genug. Auch brachten die Zugänge das Neueste vom Tage stets mit. Da nach dieser Feindpropaganda die Niederlage der Achsenmächte nur noch eine Frage der Zeit war, war also so gesehen, in dieser Richtung für die polnischen Häftlinge kein Grund zum Verzweifeln. Es

---

[34] Bis März 1942 befanden sich im Lager Auschwitz vorwiegend Häftlinge polnischer Nationalität. Außerdem wurden dort auch Deutsche, Tschechen, Jugoslawen und sowjetische Kriegsgefangene eingeliefert. Ab April 1942 begannen in Massen die Judentransporte aus vielen besetzten Ländern Europas im KZ Auschwitz einzutreffen. Das stand in Zusammenhang mit der Durchführung der „Endlösung der Judenfrage". Unter den Neuankömmlingen befanden sich sehr viele Juden polnischer Staatsangehörigheit. Die polnischen Häftlinge setzten alles daran, daß die Lagerverwaltung sie nicht in andere KZs im Innern des Reiches überstellte. Die meisten polnischen Häftlinge waren politische Gefangene, die es dank ihrer Tätigkeit vor der Verhaftung verstanden, auch unter den schweren Bedingungen im Lager eine Widerstandsbewegung zu organisieren und Kontakte mit Vertretern anderer Nationalitäten aufzunehmen. Dadurch entstand eine internationale Zelle, die die illegale Arbeit im Lager koordinierte. In der internationalen Leitung der Widerstandsorganisation des Lagers bildeten die Polen den Grundstock, der alle konspirativen Vorhaben leitete. All das hatte großen Einfluß darauf, daß die Polen bis zum Ende des Bestehens des Auschwitzer Lagers die größte nationale Gruppe bildeten und zahlenmäßig die einzelnen ausländischen Häftlingsgruppen überflügelten.

[35] Rundfunkgeräte befanden sich im Besitz der SS-Mannschaft des Lagers. Die Häftlinge hatten keine Gelegenheit, Radio zu hören. Das gelang nur sehr wenigen, z.B. weil sie in Büroräumen oder in Privatquartieren von SS-Leuten arbeiteten, wo sie bisweilen für einen Augenblick unbeaufsichtigt gelassen wurden. Wenn diese Häftlinge es wagten, einen ausländischen Sender zu „erwischen", konnten sie die erlangten Informationen später ganz im Geheimen an ihre nächsten Gefährten weitergeben.

[36] Offiziell durften die Häftlinge nur einmal in zwei Wochen auf einem besonderen Vordruck einen Brief schreiben, und das stets an dieselbe Anschrift. Die Briefe mußten deutsch geschrieben sein und durften keine Mitteilungen über die im Lager herrschenden Zustände enthalten. Im Prinzip war so ein Brief auf die lakonische Feststellung des Häftlings beschränkt: „Ich bin gesund und fühle mich wohl." Alle anderen Mitteilungen, die die Häftlinge in die Korrespondenz einzuschmuggeln versuchten, wurden von der Lagerzensur aus den Briefen herausgeschnitten. Darüber hinaus ist anzumerken, daß einem Teil der Häftlinge, darunter allen Juden, das Briefeschreiben überhaupt verboten war. Illegal konnten nur jene wenigen Häftlinge Briefe abschicken, die bei der Arbeit mit polnischen Zivilarbeitern oder mit der polnischen Bevölkerung aus der Umgebung des Lagers in Berührung kamen. Wer von den SS-Leuten beim Übermitteln derartiger Korrespondenz erwischt wurde, dem drohte Haft im Bunker des Blocks Nr. 11, des „Todesblocks", sowie ein Untersuchungsverfahren, in dessen Ergebnis der Häftling zu Prügelstrafe, zur Arbeit in der Strafkompanie (SK) oder zu irgendeiner anderen ebenso empfindlichen Strafe verurteilt werden konnte. Strafmaßnahmen — einschließlich der Einlieferung ins Lager — war auch derjenige ausgesetzt, der beim Weiterleiten illegaler Korrespondenz geholfen hatte. Vereinzelt kam es vor, daß ein SS-Mann der Vermittler war. Das war jedoch mit einem enormen Risiko verbunden, da es an der Tagesordnung war, daß Häftlinge von den SS-Leuten verraten wurden, die sich meist nicht aus Mitleid mit den Häftlingen mit der Briefbeförderung einverstanden erklärten, sondern weil sie im Austausch dafür Geld, Lebensmittel oder andere Gegenstände bekommen wollten.

fragte sich nur, wer hatte das Glück, die Haft zu überstehen? Und dies Ungewisse war es, was den Polen psychisch die Haft so schwer machte. All das Bangen vor den Zufälligkeiten, die täglich jeden treffen konnten. — Er konnte durch Seuchen, denen sein physischer Zustand nicht mehr gewachsen war, hinweggerafft werden. Er konnte plötzlich als Geisel erschossen oder erhängt werden. Er konnte ebenso unvermutet in Verbindung mit einer Widerstandsbewegung vor das Standgericht gebracht und zum Tod verurteilt werden. Er konnte als Repressalie liquidiert werden. Es konnte ihn ein tödlicher Arbeitsunfall treffen, herbeigeführt durch ihm Übelwollende. Er konnte an einer Mißhandlung sterben. Oder an anderen ähnlichen Zufälligkeiten, denen er fortdauernd ausgesetzt war.

Die bange Frage: würde er physisch durchhalten können, bei der immer schlechter werdenden Ernährung, bei der immer mehr sich verstopfenden Unterkunft, bei den immer unzureichender werdenden allgemeinen hygienischen Verhältnissen, bei den schweren, oft allen Witterungseinflüssen ausgesetzten Arbeiten. [37]

Dazu kam noch die stete Sorge um die Familie, um die Angehörigen. Waren sie noch an Ort und Stelle? Hatte man sie nicht auch verhaftet oder irgendwohin zur Arbeit verschickt? Waren sie überhaupt noch am Leben?

Viele lockte die Flucht, um dieser Misere zu entrinnen. Dazu gehörte in Auschwitz nicht viel, der Fluchtmöglichkeiten gab es unzählige. Man konnte sich leicht die Voraussetzungen dazu schaffen. Die Bewachung war leicht zu umgehen, zu täuschen. Mit etwas Wagemut und ein klein wenig Glück war es zu machen.[38] Wenn man alles auf eine Karte setzt, muß man eben auch damit rechnen, daß es

---

[37] Nach Einschätzung der Lagerbehörden sollte ein Häftling höchstens drei Monate am Leben bleiben. Der erste Lagerführer, SS-Hauptsturmführer Fritzsch, begrüßte neueingelieferte Häftlinge folgendermaßen: „Ihr seid hier nicht in ein Sanatorium gekommen, sondern in ein deutsches Konzentrationslager, aus dem es nur einen Ausweg gibt — durch den Schornstein. Wem das nicht gefällt, der kann gleich in den Draht gehen. Falls sich im Transport Juden befinden, so haben sie kein Recht, länger zu leben als zwei Wochen. Falls es Geistliche gibt, können sie einen Monat leben; alle anderen drei Monate." Sehr viele Häftlinge kamen gleich nach dem Eintreffen im Lager vor Hunger, durch Schläge, Quälereien und Schikanen der Lagerbehörden um. Diejenigen, die den ersten Zeitabschnitt ihres Aufenthalts im Lager (Quarantäne) überlebten, wurden später durch Lagerkrankheiten — Durchfall, Fleck- und Bauchtyphus, Krätze und Phlegmone — dezimiert. Die Sterblichkeit wurde durch die untragbaren sanitären Verhältnisse, durch schwere Arbeit, Hunger und unzulängliche Kleidung noch stark gesteigert. Außerdem lauerten sowohl während der Arbeit als auch in den Blocks viele Gefahren auf das Leben eines Häftlings, weshalb es nur wenigen gelang, das Lager zu überleben.

[38] Hößens Behauptung stimmt nicht mit der Wahrheit überein. In Auschwitz wurde ähnlich wie in den anderen Konzentrationslagern eine ganze Reihe drastischer Abschreckungsmaßnahmen angewandt, um Häftlingsfluchten vorzubeugen. Zu den wichtigsten gehörten die Aussiedlung der polnischen Bevölkerung aus dem Interessengebiet (s. Anm. 17, S. 30), die Einzäunung des Lagergeländes mit Stacheldraht, der an Hochspannung angeschlossen war, und der Ring der Wachtürme, der die „kleine Postenkette" bildete. Die „kleine Postenkette" wurde am Tage eingezogen. Dann waren das Lager und das Interessengebiet, in dem Häftlinge arbeiteten, von der „großen Postenkette" umgeben. Diese bestand aus bewaffneten SS-Posten und „Lagererhöhungen", die in Abständen von 200 m aufgestellt waren. Nachts wurden auf den Wachtürmen starke Scheinwerfer eingeschaltet, und jede Annäherung eines Häftlings an den Zaun bewirkte, daß die diensthabenden Posten auf den Türmen Maschinengewehrsalven abgaben. Wenn es manchmal einem Häftling

schief gehen, mit dem Tod enden könnte. Aber diesen Fluchtgedanken standen entgegen die Repressalien, die Festnahme von Familienangehörigen, die Liquidierung von 10 oder noch mehr Leidensgefährten. Viele Flüchtige haben sich wenig um die Repressalien gekümmert, sie wagten es trotzdem.[39] Waren sie erst mal außerhalb der Postenkette, so half ihnen die in der Umgegend wohnende Zivilbevölkerung schon weiter. Das weitere war dann kein Problem mehr. Hatten sie Pech, dann war es eben aus. So oder so kaputt — war deren Losung.

Die Leidensgefährten aber, die Mithäftlinge, mußten an der Leiche des auf der Flucht Erschossenen vorbeimarschieren, damit sie sähen, wie eine Flucht enden könne. Dieser Anblick hat wohl viele von ihren Fluchtabsichten zurücktreten lassen, hat viele abgeschreckt. Aber die Unentwegten haben es trotzdem gewagt, sie konnten ja Glück haben und zu den 90% gehören, denen die Flucht gelang.[40]

Was mag wohl in den vorbeimarschierenden Häftlingen vorgegangen sein? Wenn ich es verstehe, in Gesichtern zu lesen, so sah ich darin: Erstarren ob dieses Schicksals, Mitleid mit dem Unglücklichen und Rache, Vergeltung zu gegebener Zeit. Die gleichen Gesichter sah ich bei den Erhängungen vor versammelten Häftlingen. Nur daß dabei das Erschrecken, die Angst vor dem gleichen Schicksal mehr hervortrat.

Hier muß ich auch das Standgericht und die Geiselliquidierungen erwähnen. Da es sich dabei ja nur ausschließlich um polnische Häftlinge handelte. Die Geiseln saßen meist schon längere Zeit im Lager, daß sie Geiseln waren, wußten weder sie selbst, noch die Lagerführung. Plötzlich kam ein FS mit dem Befehl

---

gelang, unbemerkt die Einzäunung zu erreichen, starb er dort beim Berühren der mit Hochspannung geladenen Drähte. Angesichts dieser Abschottung des Lagers von der Außenwelt kann man schwerlich von „unzähligen Fluchtmöglichkeiten" sprechen, und das um so weniger, als den Häftlingen wegen ihrer Lagerkluft (gestreifter Häftlingsdrillich) und wegen der geschorenen Köpfe eine Flucht und das Verstecken im Interessengebiet erschwert waren. Das später eingeführte Eintätowieren der Häftlingsnummer in den Unterarm steigerte noch die Gefahr des Entdecktwerdens. Die Flucht eines Häftlings mußte — selbst bei den günstigsten Voraussetzungen für den Flüchtling — spätestens im Laufe von zwölf Stunden bemerkt werden, weil im Lager morgens und abends Zählappelle stattfanden, bei denen die zahlenmäßige Stärke der einzelnen Blocks überprüft wurde. Beim Fehlen eines Häftlings wurde von den Lagersirenen Alarm gegeben. SS-Patrouillen rückten aus, und die „große Postenkette" wurde erst nach dem Auffinden des Häftlings eingezogen. Fand man einen Flüchtling nicht, wurde die „große Postenkette" erst nach drei Tagen eingezogen.

[39] Meistens war die Flucht kein Zeichen von Skrupellosigkeit gegenüber dem Schicksal der im Lager zurückgebliebenen Kameraden, sondern sie zeugte von höchster Lebensgefahr, z.B. von einer bevorstehenden Hinrichtung. Sehr oft war der entscheidende Anlaß für eine Flucht auch die Furcht vor einer Festnahme im Lager und der Untersuchungshaft im Bunker des Blocks Nr. 11 oder vor anderen ausgeklügelten Torturen. Wenn ein der Fluchtvorbereitung verdächtiger oder auf der Flucht ergriffener Häftling das Untersuchungsverfahren überlebte, kam er später durch Hinrichtung, durch Erschießung oder Erhängen, ums Leben. Auf ähnliche Weise kamen die Kameraden eines Flüchtlings um, die im gleichen Kommando arbeiteten oder im gleichen Block untergebracht waren.

[40] Der von Höß angegebene Prozentsatz gelungener Fluchten wird durch entsprechende Untersuchungen nicht bestätigt. Insgesamt flohen in den Jahren 1940—1945 667 männliche und weibliche Häftlinge aus dem Lager Auschwitz (einschließlich Birkenau, Monowitz und Nebenlager). Es ist bekannt, daß die Nazis 270 von diesen Flüchtlingen bestimmt wieder aufgegriffen haben, d.h. rund 40%. Fehlende Angaben über das Ergreifen der anderen bezeugen aber noch nicht, daß die Fluchten geglückt sind.

des BdS oder RSHA: nachstehende Häftlinge sind als Geiseln zu erschießen oder zu erhängen.[41] Innerhalb weniger Stunden mußte auch bereits der Vollzug gemeldet werden. Die Betreffenden wurden von ihren Arbeitsplätzen weggeholt oder beim Appell herausgezogen und nach dem Arrest gebracht. Die bereits länger Einsitzenden wußten dann schon meist Bescheid, zumindest ahnten sie, was ihnen bevorstand. Im Arrest wurde ihnen der Exekutionsbefehl eröffnet. In der ersten Zeit 1940/41 wurden sie durch ein Exekutions-Kommando der Truppe erschossen. In späterer Zeit erhängt oder einzeln durch Genickschuß mit dem Kleinkaliber-Gewehr getötet.[42] Bettlägerige Kranke im Krankenbau durch Injektionen liquidiert. [43]

Das Standgericht Kattowitz kam gewöhnlich alle 4—6 Wochen nach Auschwitz und tagte im Zellenbau.[44] Die bereits meist schon Einsitzenden oder auch kurz vorher eingelieferten Standgerichtshäftlinge wurden vorgeführt, von den Vorsitzenden durch Dolmetscher über ihre Aussagen und ihr Eingeständnis befragt. Die Häftlinge, die ich dabei erlebte, gaben frei, offen und sicher ihre Tat zu. Besonders einige Frauen traten mutig für ihr Handeln ein. In den meisten Fällen wurde das Todesurteil ausgesprochen und auch anschließend sofort vollstreckt. Sie gingen alle genau so wie die Geiseln aufrecht und gefaßt in den Tod, überzeugt, sich für ihr Vaterland geopfert zu haben.[45] Oft sah ich in ihren Augen einen Fanatismus, der mich an die Bibelforscher und deren Sterben erinnerte.

Die Kriminellen aber, die vom Standgericht abgeurteilt wurden, die Raubüberfälle, Bandendiebstähle usw. verbrochen hatten, starben nicht so. Entweder stumpf, abgebrüht auch dem Letzten gegenüber, oder stöhnend, jammernd um Gnade winselnd. Auch hier dasselbe Bild, dieselbe Erscheinung wie bei den Exekutionen in Sachsenhausen: die für eine Idee Sterbenden tapfer und aufrecht, stark — die Asozialen dumpf oder sich dagegen wehrend.

Obwohl die allgemeinen Verhältnisse in Auschwitz doch wirklich alles andere als gut waren, wollte kein polnischer Häftling gern nach einem anderen Lager

---

[41] Hier kann u.a. die am 24. und 25. April 1942 im Lager eingelieferte Gruppe von 198 Malern, Schriftstellern, Rechtsanwälten und Militärs angeführt werden, die man im Zusammenhang mit dem Attentat auf einen höheren SS-Offizier auf dem Flugplatz in Rakowice bei Kraków im Krakauer Künstlercafé verhaftet hatte. Von dieser Gruppe wurden am 27. Mai 1942 168 Häftlinge an der „Todesmauer" auf dem Hof von Block 11 erschossen.

[42] Erstmalig wurde diese Art und Weise des Tötens am 11. November 1941 von Rapportführer SS-Hauptscharführer Gerhard Palitzsch angewandt.

[43] Nicht nur dort. Aus der Geschichte des KZ Auschwitz sind Hinrichtungen kranker Häftlinge auf dem Gelände von Block 11 bekannt. Anführen kann man z.B. die aufsehenerregende Erschießung von Prof. Marian Gieszczykiewicz, den seine Mithäftlinge vor der Hinrichtung zu retten versucht hatten. Sie hatten ihn als „Kranken" im Häftlingskrankenbau untergebracht. Auf Befehl der SS mußten sie den Professor jedoch am 31. Juli 1942 mit einer Tragbahre auf den Hof von Block 11 bringen, wo Palitzsch ihn mit einem Kleinkalibergewehr erschoß.

[44] Das Polizeistandgericht Kattowitz (Katowice) verurteilte polnische Zivilisten aus dem sog. Regierungsbezirk Kattowitz, die aus dem Untersuchungsgefängnis Mysłowice zur „Verhandlung" nach Auschwitz gebracht wurden. Diese Verhandlungen waren eine Farce. Anschaulich hat SS-Unterscharführer Pery Broad, Mitarbeiter der Politischen Abteilung des KZ Auschwitz, den Verlauf einer solchen Gerichtsverhandlung sowie Verkündung und Vollstreckung der Urteile beschrieben. Siehe die Abschnitte „Polizeistandgericht" und „Erschießungen im alten Krematorium" im Bericht Broads auf den Seiten 104—112

[45] s. Bericht Broads, S. 102 u. 110

überstellt werden. Sobald ihnen bekannt wurde, daß sie überstellt werden sollten, setzten sie alles in Bewegung, um davon ausgenommen, zurückgestellt zu werden. Als 1943 der generelle Befehl kam, daß alle Polen nach Lagern im Reich zu überführen seien, wurde ich überschüttet von Unabkömmlichkeitsgesuchen von seiten aller Betriebe. Keiner konnte die Polen entbehren. Es mußte einfach zwangsweise, prozentual der Austausch vorgenommen werden. Ich habe nie gehört, daß ein polnischer Häftling sich je freiwillig nach einem anderen Lager gemeldet hätte. Ich habe die Begründung für das Kleben an Auschwitz nie erfahren können.[46]

Unter den polnischen Häftlingen gab es drei große politische Gruppen, deren Anhänger sich heftig befehdeten. Die stärkste davon war die national-chauvinistische. Untereinander machten sie sich nun den Rang um die einflußreichsten Posten streitig. Hatte einer eine wichtige Stellung im Lager erreicht, so zog er schnell Anhänger seiner Gruppe nach und baute in seinem Machtbereich die anderen Gruppen-Angehörigen ab. Vielfach nicht ohne böse Intrigenspiele. Ja ich wage zu sagen, daß so manche Fleckfiebererkrankung oder Typhus mit tödlichem Ausgang o.ä. auf das Konto dieser Machtkämpfe zu setzen ist. Von den Ärzten hörte ich oft, daß gerade im Krankenbau stets heftig um die Vorherrschaft gerungen wurde. Ebenso im Bereich des Arbeitseinsatzes. Krankenbau und Arbeitseinsatz waren aber wohl die wichtigsten Machtpositionen im ganzen Häftlingsleben. Wer die innehatte, der regierte. Und es wurde regiert — und nicht zu knapp. Von wichtigen Stellungen aus konnte man schon seine Freunde hinbringen, wo man sie haben wollte. Aber auch Mißliebige entfernen oder gar ganz beseitigen. Das war in Auschwitz alles möglich.[47] — Diese politischen Macht-

---

[46] Diese Tatsache ist leicht zu erklären. Erstens lag das KZ Auschwitz auf polnischem Boden, und obgleich diese Gebiete dem Dritten Reich angeschlossen waren, erleichterte das Bewußtsein, sich trotz der Isolierung im eigenen Lande zu befinden, den Häftlingen das Überleben. Gleichzeitig bestand bei einer etwaigen Flucht größere Aussicht auf Unterstützung durch die Polen als durch die feindlich eingestellte deutsche Bevölkerung im Innern des Reiches. Zweitens war es von Bedeutung, daß sich die Häftlinge in gewissem Sinne an ihre Leidensgefährten gewöhnt hatten, und daher bedeutete jede Veränderung eine Verschlechterung der Lebensbedingungen und verringerte Überlebenschancen.

[47] Höß stellt dieses Problem ziemlich einseitig dar. Er berücksichtigt lediglich den Kampf und die Unstimmigkeiten zwischen den Vertretern der einzelnen Häftlinsgruppen. Bei der Erörterung dieser Frage darf man jedoch nicht vergessen, daß die Lagerwiderstandsbewegung einer ganzen Reihe von Häftlingen geholfen hat, und zwar durch die Unterbringung in „besseren" Kommandos, wo die Arbeit leichter und man vor Wind und Wetter geschützt war. Unter den Bemühungen um eine Erleichterung des Schicksals der politischen Häftlinge ist auch der Kampf zu erwähnen, um kriminelle Kapos, Vorarbeiter, Blockälteste usw. von ihren Posten zu entfernen, d.h. Funktionshäftlinge, die ihre Leidensgefährten mißhandelten, um sich bei den SS-Leuten beliebt zu machen. An ihrer Stelle versuchte man politische Gefangene einzusetzen, die sich bewußt waren, welche Rolle sie im Lager zu spielen hatten. Diese Hilfsaktion erfaßte dank der politischen Häftlinge viele Bereiche des Lagerlebens, u.a. auch den Krankenbau, wo viele wertvolle Menschen (Gelehrte, Künstler, Politiker, Funktionäre) vor der Vernichtung gerettet wurden, die bei der mörderischen körperlichen Arbeit das Lager nicht überlebt hätten. Die politischen Häftlinge trugen auch zur Beseitigung der Lagerspitzel bei, deren Tätigkeit zur Denunziation ihrer Mitgenossen führen konnte. Darüber schreibt Dr. Alfred Fiderkiewicz, einer der Häftlingsärzte, in seinen Erinnerungen über seine Arbeit im Häftlingskrankenbau. Siehe Alfred Fiderkiewicz, „Erinnerungen an die Arbeit eines Häftlingsarztes in den Tuberkuloseblocks des Krankenbaulagers in Birkenau während der Jahre 1943/1944", „Zeszyty Oświęcimskie" (Auschwitz-Hefte) Nr. 13, Oświęcim 1971, S. 127 f.

kämpfe spielten sich nicht nur unter den polnischen Häftlingen in Auschwitz ab. Diese politischen Gegnerschaften bestanden in allen Lagern unter allen Nationalitäten. Selbst unter den Rotspaniern in Mauthausen bestanden zwei sich heftig bekämpfende Gruppen. Ja selbst im Gefängnis und dann in der Strafanstalt habe ich damals selbst erlebt, wie Rechts und Links sich gegeneinander ausspielten.

Im KL wurden diese Gegensätze von der Führung eifrigst aufrechterhalten und geschürt, um so ein festes Zusammenschließen aller Häftlinge zu verhindern. Nicht nur die politischen, auch besonders die farbigen Gegensätze spielten dabei eine große Rolle.[48]

Keiner noch so starken Lagerführung wäre es sonst möglich, Tausende von Häftlingen im Zügel zu halten, zu lenken, wenn diese Gegensätze nicht dazu helfen würden. Je zahlreicher die Gegnerschaften und je heftiger die Machtkämpfe unter ihnen, um so leichter läßt sich das Lager führen.

Divide et impera![49] — ist nicht nur in der hohen Politik, sondern auch im Leben eines Konzentrationslagers ein wichtiger, nicht zu unterschätzender Faktor.

Das nächste größere Kontingent waren die russischen Kriegsgefangenen, die das KGL Birkenau aufbauen sollten.

Sie kamen aus dem Wehrmachts-Kriegsgefangenenlager Lambsdorf O/S[50] in einem völlig heruntergekommenen Zustand. Sie waren in wochenlangen Fußmärschen dorthin gebracht worden. Unterwegs gab es kaum Verpflegung, bei den Marschpausen wurden sie einfach auf die nächstliegenden Felder geführt und „fraßen" da, wie das Vieh, alles nur Geniebare. Im Lager Lambsdorf sollen ca. 200 000 russ. Kriegsgefangene gewesen sein. Zum größten Teil einfach im Planquadrat in Erdhütten, die sie sich selbst gebaut, hausend. Die Verpflegung völlig unzureichend und auch unregelmäßig. Sie kochten sich selbst in Erdlöchern. Die meisten „fraßen" — denn essen konnte man es ja nicht nennen —

---

48 Höß meint den Antagonismus zwischen politischen Häftlingen (gekennzeichnet durch rote Dreiecke) und Kriminellen (grüne Dreiecke).

49 „Teile und herrsche!" — Stifte Unfrieden unter denen, die du beherrschen willst. Dieser altrömische Grundsatz fand breiteste Anwendung in der internen Lagerpolitik der SS-Leute gegenüber den Häftlingen. So übertrug die Lagerführung den Posten des Blockältesten einem Häftling anderer Nationalität als die Häftlinge, die im jeweiligen Block untergebracht waren. Ähnlich gestalteten sich die Verhältnisse in den Arbeitskommandos.

50 Polnisch Łambinowice. Dort hatten die Nazis im zweiten Weltkrieg eines der größten Kriegsgefangenenlager eingerichtet, zu dem die Lager Stalag VIIIB, Stalag VIIIF und Stalag 344 gehörten. 1939 wurden dort über 40 000 polnische Kriegsgefangene eingeliefert, dann folgten Franzosen, Holländer, Jugoslawen, Engländer und andere. Nach dem Überfall Nazideutschlands auf die Sowjetunion begannen im Lager Lambsdorf in Massen Transporte mit sowjetischen Kriegsgefangenen einzulaufen. Die Gefangenen wurden im neuen Teil des Lagers (Stalag VIIIF), einem mit Stacheldraht eingezäunten Gelände, unter freiem Himmel untergebracht. Im Herbst 1944 trafen die letzten Transporte mit Kriegsgefangenen ein; es waren 4000 Teilnehmer am Warschauer Aufstand. Insgesamt sind über 300 000 Kriegsgefangene durch das Lager Lambsdorf geschleust worden. Sie gehörten 18 verschiedenen Nationen an; unter ihnen befanden sich etwa 200 000 sowjetische Kriegsgefangene. Durch unmenschliche Arbeit und Hunger sind etwa 100 000 Gefangene umgekommen. Vergleiche hierzu: Stanisław Łukowski, „Zbrodnie hitlerowskie w Łambinowicach i Sławięcicach na Opolszczyźnie w latach 1939—1945" (Naziverbrechen in Lambsdorf und Slawentzitz-Ehrenforst im Raum Opole in den Jahren 1939—1945), Wyd. „Śląsk", Katowice 1965, sowie „Łambinowice" (Lambsdorf), Wyd. „Sport i Turystyka", Warszawa 1967.

ihre Zuteilung gleich roh auf. Die Wehrmacht war auf die Kriegsgefangenen-Massen des Jahres 1941 nicht vorbereitet. Der Apparat des Kriegsgefangenen-Wesens war auch zu starr, zu unbeweglich, um schnell improvisieren zu können. Übrigens ging es dann beim Zusammenbruch im Mai 1945 den deutschen Kriegsgefangenen auch nicht anders. Diesem Massenanfall waren auch die Alliierten nicht gewachsen. Sie wurden einfach in passenden Geländestreifen zusammengetrieben, ein bißchen mit Stacheldraht umwickelt und dann sich selbst überlassen. Es ging ihnen da genauso wie den Russen.[51] — Mit diesen, oft sich kaum noch aufrechterhaltenden Gefangenen sollte ich nun das KGL Birkenau aufbauen. Nach der Anordnung der RFSS sollten nur besonders kräftige, voll einsatzfähige kriegsgefangene Russen überführt werden. Die Transportbegleitoffiziere sagten, das wäre das Beste, was in Lambsdorf zur Verfügung stünde. Willig zur Arbeit waren sie — aber sie konnten vor Entkräftung nichts leisten. Ich weiß noch genau, daß wir ihnen, als sie noch im Stammlager untergebracht waren, fortlaufend Essenzulagen gaben.[52] Aber ohne Erfolg. Die ausgemergelten Körper konnten nichts mehr verarbeiten. Der ganze Organismus war fertig, nicht mehr funktionsfähig. Sie starben wie die Fliegen dahin an allgemeiner Körperschwäche oder an der leichtesten Erkrankung, gegen die der Körper sich nicht mehr wehren konnte. Ich sah Unzählige sterben, während sie Rüben, Kartoffeln schluckten. Ich hatte ca. 5 000 Russen eine Zeitlang fast täglich beim Entladen der Kohlrübenzüge angesetzt. Der ganze Bahnkörper war schon verstopft. Zu Bergen lagen die Rüben an den Bahngeleisen. Es war kaum zu schaffen. Die Russen konnten physisch einfach nicht mehr. Stumpf trotteten sie sinn- und ziellos umher oder verkrochen sich irgendwo an einer geschützten Stelle, um irgend etwas Eßbares, das sie gefunden, zu verschlucken, hinunterzuwürgen oder still irgendwo zu sterben. Ganz schlimm wurde es während der Schlammperiode des Winters 41/42. Kälte konnten sie noch eher vertragen, aber die Nässe, das Nicht-mehr-trocken-werden, noch

---

[51] Höß scheint zu vergessen, oder er verschweigt absichtlich, daß die sowjetischen Kriegsgefangenen in der Absicht der Führung des Dritten Reiches zur Vernichtung verurteilt waren, während die nach der Kapitulation Deutschlands gefangengenommenen Deutschen nur für gewisse Zeit in Lagern festgehalten wurden. Wenn sich zeigte, daß sie keine Kriegsverbrecher waren, wurden sie aus der Gefangenschaft entlassen. Die deutschen Gefangenen hat niemand absichtlich hungern lassen oder ermordet. Die von Höß erwähnte Situation bezieht sich auf die Zeit unmittelbar nach der Kapitulation.

[52] Diese Information findet beim gegenwärtigen Stand der Untersuchungen über das Lager keine Bestätigung. Zwecks Massenausrottung der sowjetischen Kriegsgefangenen hatte das Oberkommando der Wehrmacht (OKW) gemeinsam mit dem Reichsministerium für Ernährung und Landwirtschaft quantitativ und qualitativ schlechtere Verpflegungssätze für sie festgelegt als für die Gefangenen anderer Länder. Am 6. August 1941 erließ das OKW eine Verordnung über die Lebensmittelzuteilungen für sowjetische Kriegsgefangene; darin waren für 28 Tage pro Person 6 kg Brot, 400 g Fleisch, 440 g Fett und 600 g Zucker vorgesehen. Das Brot durfte nur 50% Roggenmehl enthalten, der Rest sollte aus wertlosen Zusätzen bestehen. Das Fleisch durfte nur Pferdefleisch sein. Selbst wenn nichts davon gestohlen worden wäre, hätten die sowjetischen Kriegsgefangenen täglich also nur 515 Kalorien bekommen. Die Rationen der Kriegsgefangenen waren in Auschwitz schlechter als die der Häftlinge. Die sowjetischen Gefangenen bekamen pro Tag einen halben Liter Suppe aus meist verfaulten Rüben und 300—350 g Brot mit einer minimalen Beigabe von Margarine oder 50 g Wurst. Nach kurzer Zeit befanden sich die Gefangenen, die schon bei ihrer Einlieferung sehr erschöpft gewesen waren, körperlich in einem geradezu katastrophalen Zustand. Nach wenigen Wochen in Auschwitz konnten sie sich kaum noch auf den Beinen halten und waren vollkommen apathisch.

dazu in den halbfertigen, primitiven, schnell zusammengeschmierten Steinbaracken im Anfang von Birkenau, tat das übrige, um die Todesziffer ständig steigen zu lassen. Selbst bis dahin noch einigermaßen Widerstandsfähige wurden von Tag zu Tag weniger. Es half auch keine Essenzulage mehr. Sie würgten hinunter was sie erreichen konnten, sie wurden nicht mehr satt. — Ich erlebte, wie eine Russenkolonne von mehreren Hunderten auf dem Weg zwischen Auschwitz und Birkenau jenseits der Bahn plötzlich vom Weg nach den nächstliegenden Kartoffelmieten rannten, aber alle geschlossen, so daß die Posten völlig überrascht, zum Teil überrannt wurden und sich nicht zu helfen wußten. Zum Glück kam ich gerade angefahren, um wieder die Lage herzustellen. Die Russen wühlten in den Mieten herum und waren kaum davon abzubringen. Einige starben während des Herumwühlens, die Hand voll Kartoffeln, beim Kauen. — Aufeinander nahmen sie keine Rücksicht mehr, der krasseste Selbsterhaltungstrieb ließ keine menschlichen Regungen mehr zu. Die Fälle von Kanibalismus waren in Birkenau nicht selten. Ich selbst fand einen Russen zwischen den Ziegelsteinhaufen liegend, dem der Leib mit einem stumpfen Gegenstand aufgerissen und dem die Leber fehlte. Sie schlugen sich gegenseitig tot, um zu Eßbarem zu gelangen. Ich sah beim Vorbeireiten, wie ein Russe einen anderen, der ein Stück Brot kauend hinter einem Steinhaufen kauerte, mit einem Ziegelstein auf den Kopf schlug um ihm das Brot zu entreißen. Bis ich aber durch den Eingang, denn ich befand mich außerhalb der Umzäunung, an die Stelle hinkam, war der hinter dem Steinhaufen schon tot, den Schädel eingeschlagen. Den Täter konnte ich unter der Masse der herumwimmelnden Russen nicht mehr ausmachen. Beim Planieren des ersten Bauabschnittes, beim Gräbenziehen wurden mehrfach Leichen von Russen gefunden, die von anderen erschlagen, zum Teil angefressen, in irgendeinem Schlammloch verschwunden waren. So wurde uns das rätselhafte Verschwinden vieler Russen erklärlich. — Von meiner Wohnung aus sah ich wie ein Russe seinen Essenkübel hinter den Block an der Kommandantur schleppte und eifrig darin herumkratzte. Plötzlich kam ein anderer um die Ecke, stutzte einen Augenblick, stürzte sich auf den im Kübel herumkratzenden, stieß ihn ins geladene Hindernis und verschwand mit dem Kübel. Der Turmposten hatte dies auch beobachtet, konnte aber auf den Fliehenden nicht mehr schießen. Ich rief sofort den Blockführer vom Dienst an, ließ das Hindernis ausschalten und ging auch selbst ins Lager, um den Täter zu suchen. Der in den Draht Gestoßene war tot. Der andere konnte nicht mehr ausfindig gemacht werden. — Es waren keine Menschen mehr. Sie waren Tiere geworden, nur noch auf Nahrungssuche aus. Von den über 10 000 russischen Kriegsgefangenen, die die Hauptarbeitskraft für den Aufbau des KGL Birkenau darstellen sollten, waren bis zum Sommer 42 nur noch wenige Hundert am Leben.[53]

---

[53] Aus Lagerdokumenten geht hervor, daß 11 957 Kriegsgefangene ins KZ Auschwitz eingeliefert und in die Lagerkartei aufgenommen worden sind. Davon überstellte man 49 von Auschwitz ins KZ Flossenbürg, und 29 flohen. Am 17. Januar 1945, beim letzten Appell vor der Evakuierung, befanden sich 92 Kriegsgefangene im Lager. Wahrscheinlich war die Zahl der Flüchtlinge etwas größer, aber in den erhaltenen Unterlagen figurieren nur 29 Gefangene, die aus dem Lager geflohen sind. Außer den schon erwähnten 11 957 im KZ Auschwitz befindlichen Kriegsgefangenen hat man weitere 1818 im Lager eingeliefert, die nicht in die Lagerkartei aufgenommen, sondern sofort erschos-

Dieser Rest war dann die Auslese. Sie arbeiteten ausgezeichnet und wurden auch als fliegende Arbeitskommandos überall eingesetzt, wo schnell etwas fertig werden mußte. Ich wurde aber nie den Eindruck los, daß diese Übriggebliebenen nur auf Kosten ihrer Mitgefangenen durchgestanden hatten, weil sie rabiater, skrupelloser, „härter verpackt" waren. Im Sommer 42, glaube ich, gelang diesem Rest ein Massenausbruch.[54] Ein großer Teil wurde dabei erschossen, doch gelang es vielen zu entkommen. Als Grund zu diesem Massenausbruch gaben die Wiederergriffenen an, sie hätten Angst vor der Vergasung gehabt, die sie befürchteten, als man ihnen die Verlegung in einen neuen, fertig gewordenen Abschnitt ankündigte. Sie nahmen an, daß diese Verlegung nur eine Vortäuschung sein sollte. Es war aber nie beabsichtigt, diese Russen zu vergasen. Sicher war ihnen aber die Liquidierung der russischen Politruks und Kommissare bekannt.[55] Und so befürchteten sie, das gleiche Los würde ihnen bevorstehen. So kann eine Massenpsychose entstehen und sich so auswirken.

Das nächstfolgende Hauptkontingent stellten die Zigeuner. Schon lange vor dem Krieg waren bei den Asozialen-Aktionen auch Zigeuner in die KL gewandert. Beim Reichskriminalpolizeiamt befaßte sich eine Dienststelle nur mit der Überwachung der Zigeuner. In den Zigeunerlagern wurde laufend nach zugewanderten nichtzigeunerischen Personen gefahndet und diese in die KL als Arbeitsscheue bzw. als Asoziale eingeliefert. Weiter wurden die Zigeunerlager laufend biologisch überprüft. Der RFSS wollte die beiden großen Hauptstämme der Zigeuner unbedingt erhalten wissen — die Bezeichnung der Stämme ist mir nicht mehr geläufig.[56] Nach seiner Ansicht waren sie Nachfahren der indogermanischen Urvölker in direkter Linie und hatten sich in Art und Brauchtum noch ziemlich rein erhalten. Sie sollten nun zu Forschungszwecken alle erfaßt, genau registriert und unter Denkmalschutz gestellt werden. Sie sollten später in ganz Europa gesammelt und ihnen begrenzte Wohngebiete zugewiesen werden. 1937/38 wurden alle umherziehenden Zigeuner in sogenannten Wohnlagern bei größeren Städten zusammengezogen, um sie besser überwachen zu können. 1942 kam nun der Befehl, daß alle zigeunerischen Personen, auch die Zigeunermischlinge im Reichsgebiet verhaftet und nach Auschwitz transportiert werden

---

sen, vergast oder auf andere Weise umgebracht worden sind. Zu dieser Gruppe von Kriegsgefangenen gehörten 900 Kommissare der Sowjetarmee. Insgesamt sind demnach 13 775 Kriegsgefangene ins KZ Auschwitz eingeliefert worden.

[54] Nach Informationen von Andrej Alexandrowitsch Pogoshew, einem am Leben gebliebenen Teilnehmer an dieser Flucht, fand sie am 6. November 1942 statt. An diesem Massenausbruch beteiligten sich etwa 100 sowjetische Kriegsgefangene, denen es gelang, aus dem Lagergebiet zu entkommen. Das weitere Schicksal dieser Flüchtlinge ist unbekannt. Man weiß nur, daß es Pogoshew und Kusnezow, einem zweiten Gefangenen, gelungen ist, nach zwei Wochen die Umgebung von Rybnik zu erreichen, wo sie aber von der deutschen Polizei aufgegriffen und ins Kriegsgefangenenlager Lambsdorf in Łambinowice gebracht wurden.

[55] Vergleiche S. 63/64 und 77, wo Höß die Behandlung und das Schicksal der Politoffiziere und Kommissare der Sowjetarmee beschreibt.

[56] Martin Broszat, wissenschaftlicher Mitarbeiter des Instituts für Zeitgeschichte in München und Herausgeber der deutschen Ausgabe der Aufzeichnungen von Höß, ist der Ansicht, daß es sich um Zigeuner vom Stamm der Sinti und Lalleri handelte. Siehe „Kommandant in Auschwitz. Autobiographische Aufzeichnungen von Rudolf Höß", Deutsche Verlags-Anstalt, Stuttgart 1958, S. 104, Anm. 4.

sollten. Gleich welchen Alters und Geschlechts.[57] Ausgenommen waren davon nur die reinen, anerkannten Zigeuner der beiden Hauptstämme, diese sollten im Ödenburger Bezirk am Neusiedler See seßhaft gemacht werden. Die nach Auschwitz Transportierten sollten für die Dauer des Krieges in einem Familienlager untergebracht bleiben. Nun waren aber die Richtlinien, nach denen die Verhaftungen vorgenommen wurden, nicht präzise genug erteilt worden. Die einzelnen Kripostellen legten sie verschieden aus, und dadurch kam es zu Einweisungen von Personen, die auf keinen Fall zu dem Kreis der zu Internierenden gerechnet werden konnten. Man hatte vielfach Fronturlauber verhaftet, die hohe Auszeichnungen hatten, die mehrfach verwundet waren, deren Vater oder Mutter oder Großvater usw. aber Zigeuner oder Zigeuner-Mischlinge waren. Sogar ein uralter Parteigenosse war darunter, dessen Großvater als Zigeuner in Leipzig zugewandert war; er selbst hatte ein großes Geschäft in Leipzig und war mehrfach ausgezeichneter Weltkriegs-Teilnehmer. Auch war eine Studentin, die in Berlin BdM-Führerin war, darunter. Und dergleichen Fälle mehr.[58] Ich berichtete hierüber dem RKrPA[59]. Darauf wurde laufend das Zigeunerlager überprüft und zahlreiche Entlassungen vorgenommen, doch bei der Masse kaum spürbar.

Wieviel Zigeuner bzw. Mischlinge in Auschwitz waren, kann ich nicht mehr sagen.[60] Ich weiß nur, daß sie den Abschnitt[61], für 10 000 berechnet, voll besetzt hatten. Nun waren aber die allgemeinen Verhältnisse in Birkenau [für] alles andere — nur nicht für ein Familienlager geeignet. Es fehlte dazu jegliche Voraus-

---

[57] Es handelt sich um einen Befehl des Reichsführers SS Himmler vom 14. Dezember 1942, erlassen in Übereinstimmung mit einer am 18. September 1942 getroffenen Abmachung zwischen Reichsjustizminister Thierack und Himmler, die u.a. folgende Festlegungen beinhaltete: Ausgliederung asozialer Elemente aus dem gewöhnlichen Justizwesen und deren Überstellung an den Reichsführer SS zur Vernichtung durch Arbeit; überwiesen werden sollten alle Sicherungsverwahrten, Juden, Zigeuner, Russen und Ukrainer, ferner Polen mit mehr als dreijährigen Strafen sowie Tschechen und Deutsche mit mehr als achtjährigen Strafen, je nach Entscheidung des Reichsjustizministers (Pkt. 2); außerdem war vereinbart, mit Rücksicht auf die von der Staatsführung für die Bereinigung der Ostfragen beabsichtigten Ziele Strafverfahren von Juden, Zigeunern, Russen und Ukrainern nicht mehr vor ordentlichen Gerichten zu verhandeln, sondern sie der Zuständigkeit des Reichsführers SS zu unterstellen (Pkt. 14). Hierzu siehe die Dokumente des Nürnberger Prozesses Nr. IV, Dok. PS-654. Am 29. Januar 1943 ordnete das Reichssicherheitshauptamt an, alle im Dritten Reich und in den besetzten Gebieten wohnhaften Zigeuner zu verhaften und in Konzentrationslagern zu vernichten. Die ersten Zigeunertransporte trafen Ende Februar, Anfang März 1943 im KZ Auschwitz ein.

[58] Hierüber schreibt auch Broad. Vgl. den Abschnitt seines Berichts unter dem Titel „Liquidierung der Zigeuner", S. 131—133.

[59] Reichskriminalpolizeiamt. Als Amt V gehörte das RKrPA zum Reichssicherheitshauptamt.

[60] Gestützt auf letzte Untersuchungsergebnisse hat man festgestellt, daß insgesamt 22 667 Zigeuner ins Lager Birkenau eingeliefert worden sind, darunter 10 873 Frauen und 10 094 Männer. Alle waren unter der lagereigenen Nummernserie Z (Zigeuner) erfaßt, die gesondert für Männer und Frauen geführt wurde. Außerdem brachte man 1700 Zigeuner (Männer, Frauen und Kinder) ins Lager, die als Typhusverdächtige sofort vergast wurden.

[61] Das sog. Zigeunerlager befand sich in Birkenau im Abschnitt BIIe. Die in Auschwitz eingelieferten Zigeuner brachte man dort mit Familien, ohne Trennung in Frauen, Männer und Kinder, unter. Die Zigeuner vegetierten in diesem Lager unter verheerenden Bedingungen, wodurch zahlreiche Epidemien ausbrachen. Einer ansteckenden Krankheit verdächtige Personen wurden ins Gas geschickt. Ausführlich hat das Schicksal der Zigeuner in Birkenau beschrieben Jerzy Ficowski, „Cyganie na polskich drogach" (Zigeuner auf polnischen Wegen), Wydawnictwo Literackie, Kraków 1965, S. 117—129.

setzung — wenn man beabsichtigte, diese Zigeuner nur für die Dauer des Krieges aufzubewahren. Die Kinder richtig zu ernähren, war schon gar nicht möglich — obwohl ich mich eine Zeitlang — auf den RFSS-Befehl berufend bei den Ernährungsämtern durchschwindelte und Nahrungsmittel für die Kleinkinder erhielt. Dies fiel aber bald weg, als vom Ernährungsministerium jegliche Kindernahrungsmittel für KL abgelehnt wurden. Es kam der RFSS-Besuch im Juli 1942.[62] Ich zeigte ihm das Zigeunerlager eingehend. Er sah sich alles gründlich an, sah die vollgestopften Wohnbaracken, die ungenügenden hygienischen Verhältnisse, die vollbelegten Krankenbaracken, sah die Seuchenkranken, sah die Kinderseuche Noma [63] — die mich immer erschaudern ließ — sie erinnerte mich an die Leprakranken, an die Aussätzigen, die ich in Palästina einst sah [64] — diese abgezehrten Kinderkörperchen mit den großen Löchern in der Backenhaut, durch die man durchsehen konnte, dieses langsame Verfaulen bei lebendigem Leibe. Er hörte die Sterblichkeitsziffern, die gesehen am Gesamtlager, noch relativ niedrig waren. Doch die Kindersterblichkeit war außerordentlich hoch. Ich glaube nicht, daß von den Neugeborenen viele die ersten Wochen überstanden haben. Er sah alles genau und wirklichkeitsgetreu — und gab mir den Befehl, sie zu vernichten, nachdem die Arbeitsfähigen wie bei den Juden ausgesucht. Ich machte ihn darauf aufmerksam, daß der Personenkreis doch nicht ganz dem entspräche, den er für Auschwitz vorgesehen. Er befahl hierauf, daß das RKrPA schnellstens die Durchsiebung vorzunehmen hätte. Dies hat dann 2 Jahre gedauert. Die arbeitsfähigen Zigeuner wurden in andere Lager überstellt. Es blieben dann noch bis August 44 ca. 4000 Zigeuner übrig, die in die Gaskammern gehen mußten.[65] Bis zu diesem Zeitpunkt wußten

---

[62] Der zweite Besuch Himmlers im KZ Auschwitz erfolgte am 17./18. Juli 1942. Höß hat sich in seinen Aufzeichnungen aber geirrt, wenn er schreibt, Himmler im Juli 1942 das Zigeunerlager gezeigt zu haben. Zu jenem Zeitpunkt waren nämlich noch keine Zigeuner im Lager (s. Anm. 57, S. 46). Die von Höß beschriebene Besichtigung kann im Frühjahr 1944 stattgefunden haben, als Höß erneut die Funktion des SS-Standortältesten von Auschwitz übernommen hatte, weil sein Vorgänger, SS-Obersturmbannführer Arthur Liebehenschel, auf den Posten des Kommandanten des KZ Lublin (Majdanek) und der Arbeitslager in Warszawa, Radom, Budzyń und Bliżyn versetzt worden war.

[63] Wangenbrand oder Wasserkrebs (cancer aquaticus) ist die schwerste Form einer Geschwürsbildung, die vor allem bei Kindern als Folge schlechter Ernährung und geschwächten Organismus auftritt und meist zum Tode führt.

[64] Höß war im ersten Weltkrieg Soldat in Palästina. Diesen Abschnitt seines Lebens hat er in seinen Aufzeichnungen unter dem Titel „Kriegsfreiwilliger — 1916—1918" beschrieben; „Kommandant in Auschwitz...", S. 28—33.

[65] Die Auflösung des Zigeunerlagers in Birkenau begann im August 1944. Sie dauerte also keine zwei Jahre, sondern nur knapp drei Monate. Die Liquidierung verlief folgendermaßen: Am Nachmittag des 2. August wurde an der Rampe in Birkenau ein leerer Güterzug bereitgestellt. Dann brachte man 1408 Zigeuner und Zigeunerinnen (813 Männer, 105 Jungen von 9—14 Jahren und 490 Frauen) aus dem Stammlager. Sie sollten in Konzentrationslager im Innern des Reiches verlegt werden. Die in Birkenau zurückgebliebenen Zigeuner verabschiedeten sich durch die Drähte des Lagerzauns hindurch von ihnen. Der Zug fuhr um 16 Uhr ab. Die an diesem Tag abtransportierten Zigeuner kamen ins KZ Buchenwald. Abends um 19 Uhr verhängte die Lagerleitung im Zigeunerlager Birkenau (Abschnitt BIIe) Lagersperre, d.h. das Lager durfte weder betreten noch verlassen werden. Beim Zigeunerlager fuhren Lastwagen mit einer Gruppe von SS-Leuten vor, die an der „Liquidierung" der Zigeuner teilnehmen sollten. 2897 Frauen, Kinder und Männer wurden in die Krematorien gebracht und dort vergast. Das Zigeunerlager in Birkenau hörte auf zu bestehen.

diese nicht, was ihnen bevorstand. Erst als sie barackenweise nach dem Krematorium V[66] wanderten, merkten sie es. Es war nicht leicht, sie in die Kammern hineinzubekommen. Ich selbst habe es nicht gesehen, doch Schwarzhuber[67] sagte mir, daß keine Judenvernichtung bisher so schwierig gewesen sei — und ihm sei es besonders schwer geworden, weil er sie fast alle genau kannte und er in einem guten Verhältnis zu ihnen stand. Denn in ihrer ganzen Art waren sie eigentlich zutraulich wie Kinder. — Trotz der widrigen Verhältnisse hat das Gros der Zigeuner, so viel ich beobachten konnte, psychisch nicht besonders unter der Haft gelitten, wenn man von dem nun gefesselten Wandertrieb absieht. Die Enge der Unterbringung, die schlechten hygienischen Verhältnisse, zum Teil auch die mangelhafte Ernährung waren sie in ihrem primitiven bisher geführten Leben gewöhnt. Auch Krankheit und die hohe Sterblichkeit nahmen sie nicht so tragisch. Sie waren eben in ihrem ganzen Wesen nach Kinder geblieben. Sprunghaft in ihrem Denken und Handeln. Sie spielten gerne, auch bei der Arbeit, die sie nie ganz ernst nahmen. Sie suchten auch dem Schwersten die leichte Seite abzugewinnen. Sie waren Optimisten. Ich habe bei den Zigeuner nie finstere, haßerfüllte Blikke beobachtet. Kam man ins Lager, so kamen sie sofort aus ihren Baracken, spielten ihre Instrumente, ließen die Kinder tanzen, machten ihre üblichen Kunststückchen. Es gab einen großen Kindergarten,[68] wo die Kinder nach Herzenslust rumtollen konnten mit Spielzeug aller Art. Sprach man sie an, so antworteten sie unbeschwert und zutraulich, kamen mit allerlei Wünschen. Mir kam es immer so vor, als wenn ihnen die Haft so gar nicht so recht zum Bewußtsein gekommen wäre.

Untereinander befehdeten sie sich schwer. Die vielerlei Stämme und Sippen brachten das so mit sich, dazu das hitzige, streitlustige Blut an und für sich. In ihren Sippen hielten sie aber fest zusammen und waren sehr anhänglich. Als es an die Aussortierung der Arbeitsfähigen ging und dadurch die Trennung, das Auseinanderreißen der Sippen nötig wurde, gab es rührende Szenen, viel Leid und viel Tränen. Sie ließen sich aber doch einigermaßen beruhigen und trösten, als man ihnen sagte, daß sie später wieder alle zusammenkämen.

Eine Zeitlang hatten wir arbeitsfähige Zigeuner im Stammlager in Auschwitz; diese setzten alles dran, um ihre Sippe ab und zu sehen zu können, wenn nur von weitem. Oft mußten wir Jüngere beim Appell suchen, sie hatten sich mit Kunst und Tücke ins Zigeunerlager zu ihrer Sippe geschlichen aus Heimweh.[69] Ja als ich in Oranienburg bei der Inspektion KL war, wurde ich oft von Zigeunern, die mich von Auschwitz kannten, angesprochen und nach ihren Sippenangehö-

---

66 Die Aktion wurde in den Krematorien IV und V durchgeführt. Höß war damals nicht im Lager, weil er das KZ Auschwitz am 29. Juli 1944 verlassen hatte und wieder auf seinen Posten als Chef des Amtes DI in Oranienburg zurückgekehrt war, den er im November 1943 übernommen hatte.

67 Lagerführer des Männerlagers in Birkenau

68 Der „Kindergarten" im Zigeunerlager wurde im Juni 1944 eingerichtet, also erst einen Monat vor der Auflösung des Lagers. Dieser Kindergarten war ein Hohn auf die Lebensbedingungen im Lager, da die kranken und restlos ausgehungerten Kinder gar nicht mehr imstande waren, zu spielen oder zu turnen (s. J. Ficowski, op.cit., S. 125).

69 Äußerst unwahrscheinlich, da Auschwitz 3 km von Birkenau entfernt lag und die Häftlinge das Lagergelände nicht verlassen konnten.

rigen gefragt. Auch noch als diese lange schon vergast waren. Es fiel mir immer schwer, ihnen ausweichend zu antworten. Gerade wegen ihres großen Zutrauens. Obwohl ich in Auschwitz viel Ärger mit ihnen hatte, waren sie mir doch meine liebsten Häftlinge — wenn man das so überhaupt sagen kann. Sie brachten es nicht fertig, längere Zeit bei einer Arbeit zu bleiben. Sie „zigeunerten" zu gerne überall herum. Am begehrtesten war ihnen ein Transportkommando, da kamen sie überall hin, konnten ihre Neugier befriedigen — und hatten Gelegenheit zum Stehlen. Dieser Trieb zum Stehlen und zum Vagabundieren ist ihnen angeboren und nicht auszurotten. Sie haben auch ganz andere moralische Anschauungen. Stehlen bedeutet ihnen absolut nichts Böses. Es ist ihnen unverständlich, daß man dafür bestraft wird. — Ich spreche all dies vom Gros der Inhaftierten, von den wirklichen umherziehenden, immer auf ruheloser Wanderschaft befindlichen Zigeunern, auch der Mischlinge, die zigeunerische Personen geworden waren. Nicht von den seßhaft Gewordenen, in den Städten Verbliebenen. Sie hatten schon zuviel von der Zivilisation angenommen, aber leider nicht das Beste.

Ihr[em] Leben und Treiben zuzusehen, wäre interessant gewesen, hätte ich nicht dahinter das große Grauen gesehen — den Vernichtungsbefehl, den in Auschwitz außer mir bis Mitte 44 nur die Ärzte kannten. Diese hatten laut RFSS-Befehl die Kranken, besonders die Kinder unauffällig zu beseitigen. Und gerade die hatten solch Zutrauen zu den Ärzten. Nichts ist wohl schwerer als über dieses kalt, mitleidlos, ohne Erbarmen hinwegschreiten zu müssen.

Wie wirkte nun die Haft auf die Juden, die ab 1942 die Hauptmasse der Auschwitzer Häftlinge ausmachten,[70] wie war ihr Verhalten?

Juden gab es schon von Anfang an in den KL. Sie waren mir daher von Dachau her genügend bekannt. Doch die Juden der damaligen Zeit hatten die Möglichkeit, falls ihnen von irgendeinem Staat in der weiten Welt die Einreise-Erlaubnis erteilt wurde, auszuwandern. Es war also ihr Aufenthalt nur eine Frage der Zeit, bzw. des Geldes und der ausländischen Verbindungen. Viele brachten innerhalb weniger Wochen ihre benötigten Visa zusammen und konnten so der Haft entrinnen. Nur Rasseschänder[71] oder Juden, die sich in der Systemzeit besonders aktiv politisch betätigt hatten, die in den Skandalprozessen eine Rolle gespielt hatten, mußten weiter im Lager verbleiben. Diejenigen, die die Aussicht hatten, auswandern zu können, waren nun darauf bedacht, daß ihr Leben in der Haft möglichst „reibungslos" verlief. Sie arbeiteten fleißig, soweit sie es konnten — die meiste waren ja jeglicher körperlichen Arbeit ungewohnt — verhielten sich möglichst ruhig, erfüllten ihre Pflichten in ruhiger Geschäftigkeit. Die Juden in Dachau hatten es nicht leicht. Sie mußten die körperlich für sie sehr schwere Arbeit in der Kiesgrube machen. Die Bewachung war auf sie besonders scharf

---

[70] Eine Auswirkung der angelaufenen „Endlösung der Judenfrage". Von den in Auschwitz eintreffenden Transporten wurden nach der Selektion arbeitsfähige Männer und Frauen ins Lager geschickt. Die Zahl der im Lager befindlichen Häftlinge schwankte und war abhängig vom jeweiligen Arbeitskräftebedarf.

[71] Höß meint Vergehen gegen die Paragraphen 1 und 2 der Nürnberger Gesetze vom 15. September 1935 über den Schutz des deutschen Blutes und der deutschen Ehre. Die Nürnberger Gesetze verboten nicht nur Ehen zwischen Deutschen und Juden, sondern auch den Geschlechtsverkehr zwischen Vertretern dieser beiden Gruppen. Das Verletzen der Nürnberger Gesetze wurde als „Rassenschande" bezeichnet.

gemacht durch Eicke und den „ Stürmer"[72], der ja in den Kasernen, in den Kantinen überall aushing. Sie wurden als die „Verderber des deutschen Volkes" genug gehetzt und getrieben. Auch von ihren Mitgefangenen. Da auch im Schutzhaftlager ein „Stürmer"-Aushängekasten angebracht war, war die Wirkung auch unter den sonst absolut nicht antisemitischen Häftlingen doch spürbar. Doch die Juden wehrten sich dagegen, in typisch jüdischer Art durch Bestechung der Mitgefangenen. Sie hatten alle genügend Geld, konnten sich daher in der Kantine kaufen, was sie nur wollten. Sie fanden daher unter den Häftlingen, die kein Geld hatten, gegen Rauchwaren, Süßigkeiten, Wurst u.dgl. mehr, Bereitwillige genug, die dafür gerne zu einem Gegendienst bereit waren. Leichtere Arbeit durch die Capos, Revieraufenthalt durch das Häftlingspflegepersonal. Ein Jude ließ sich einmal gegen eine Schachtel Zigaretten von einem Häftlingspfleger die Nägel von den großen Zehen entfernen, um so ins Revier zu gelangen.

Doch am meisten wurden sie drangsaliert durch ihre eigenen Rassegenossen, ob Vorarbeiter oder Stubenältester. Besonders darin hat sich ihr Blockältester, Eschen, hervorgetan. Er hat sich später erhängt, als er in eine homosexuelle Angelegenheit verwickelt, fürchtete bestraft zu werden. Dieser Blockälteste quälte sie nicht nur physisch mit allen Schikaniererеien, sondern vor allem psychisch. Er hielt sie dauernd unter Druck. Verleitete sie zu Übertretungen der Lagerordnung und machte dann Meldung. Reizte sie zu Tätlichkeiten gegeneinander oder gegen die Funktionshäftlinge auf, um so Handhaben zu Strafmeldungen zu bekommen. Zeigte sie aber nicht an, sondern hielt sie durch die ständige Drohung mit der Anzeige unter Druck. Er war die Verkörperung des „Bösen". Gegenüber den SS-Angehörigen von einer widerlichen Diensteifrigkeit, gegenüber seinen Mithäftlingen, seinen Rassegenossen zu jeder Schandtat bereit. Ich wollte ihn etliche Male absetzen. Das war nicht zu machen. Eicke persönlich bestand darauf, daß er blieb. Eine besondere Kollektiv-Bestrafung erfand Eicke eigens für die Juden. Wenn wieder einmal eine Greuelkampagne in aller Welt gegen die KL gestartet worden war, mußten die Juden einen Monat oder ein viertel Jahr lang im Bett liegen bleiben, sie durften nur zu den Mahlzeiten und zu den Appellen aufstehen und außerhalb des Blockes antreten. Die Unterkunft durfte nicht gelüftet werden, die Fenster wurden verschraubt. Das war eine böse Strafe, besonders psychisch sich auswirkend. Durch dieses Dauer-Zwangsliegen wurden sie so nervös, so überreizt, daß einer den anderen nicht mehr sehen, nicht mehr ausstehen konnte. Es kam zu wüsten Schlägereien. Eicke war der Ansicht, daß nur Juden, die aus Dachau ausgewandert, diese Greuelhetze veranlaßt haben konnten, deshalb sollten die Juden dafür in der Gesamtheit empfindlich bestraft werden.

Hierzu muß ich sagen: Ich habe den „Stürmer", die antisemitische Wochenschrift Streichers stets abgelehnt, wegen ihrer üblen Aufmachung, mit der Wirkung auf niedrigste Instinkte berechnet. Dann die stete Hervorhebung des Sexuellen in oft pornographisch-wüster Art. Die Zeitung hat viel Unheil angerichtet, sie hat dem ernsthaften Antisemitismus nicht genützt, sondern im Gegenteil bösen Ab-

---

[72] „Der Stürmer", ein seit 1923 im Dritten Reich herausgegebenes antisemitisches Propagandablatt

bruch getan. Kein Wunder, wenn man nach dem Zusammenbruch erfuhr, daß ein Jude die Zeitung redigierte, die wüstesten Hetzartikel schrieb.[73]

Als fanatischer Nationalsozialist war ich fest davon überzeugt, daß unsere Idee in allen Ländern, der Eigenart der Völker entsprechend abgewandelt, Eingang fände und allmählich vorherrschend würde. Damit würde ja auch die Vorherrschaft des Judentums beseitigt werden. Der Antisemitismus war ja in der ganzen Welt nichts Neues. Er trat immer dann wieder stark in Erscheinung, wenn die Juden sich zu sehr an die Macht gedrängt hatten, wenn ihr übles Treiben der Öffentlichkeit zu auffallend sichtbar wurde. Nach meiner Ansicht diente man aber dem Antisemitismus nicht mit einer wüsten Hetze, wie es der „Stürmer" tat. Wenn man das Judentum geistig bekämpfen wollte, so mußte man sich schon besserer Waffen bedienen. Ich glaubte, daß die bessere, die stärkere Kraft unserer Idee sich durchsetzen würde. Von der Eickeschen Kollektivbestrafung erhoffte ich in Bezug auf die Greuelnachrichtenbekämpfung nicht das Geringste. Die Greuel-Hetze ging auch weiter, auch wenn man Hunderte, ja Tausende deswegen erschossen hätte. Daß man die Juden, die man in der Hand hatte, wegen der Greuelverbreitung ihrer Rassegenossen bestrafte, hielt ich damals für richtig.

Es kam die von Goebbels [74] inszenierte Kristallnacht im Nov. 38, wo, als Vergeltung für den von einem Juden in Paris erschossenen v. Rath[75], im ganzen Reich die jüdischen Geschäfte zerstört, zumindest die Fensterscheiben eingeschlagen wurden und in der überall in den Synagogen Feuer ausbrach. Die Feuerwehren aber an der Brandbekämpfung verhindert wurden. „Zu ihrem eigenen Schutz vor der Wut des Volkes" wurden alle Juden, die noch im Handel, in der Industrie, im Geschäftsleben eine Rolle spielten, verhaftet und in die KL gebracht als Schutzhaftjuden.

So lernte ich sie erst in der Masse kennen. Bis dahin war Sachsenhausen fast judenrein, nun auf einmal die Judeninvasion. Bis dahin waren Bestechungen für Sachsenhausen ein fast unbekannter Begriff. Jetzt ging es aber in gehäuften Fällen, in allen Formen los. Für die „Grünen" [die Kriminellen] waren die Juden mit Freuden begrüßte Ausbeutungsobjekte. Es mußte den Juden das Geld gesperrt werden, weil sonst eine nicht mehr zu bändigende Unordnung ins Lager gekommen wäre. Gegenseitig taten sie sich Abbruch, wo sie nur konnten. Jeder suchte sich ein Pöstchen zu ergattern, ja sie erfanden unter der Duldung willfährig gemachter Kapos immer neue Pöstchen, um sich von der Arbeit zu drücken. Um eine ruhige Stellung zu erobern, scheuten sie sich nicht, ihre Mithäftlinge durch falsche Anschuldigungen zu entfernen. Waren sie nun „etwas geworden", so schuhriegelten und drangsalierten sie ihre Rassegenossen mitleidslos und gemein. Sie übertrafen die „Grünen" in jeder Art. Viele Juden sind damals aus Verzweiflung vor dem Verhalten, um Ruhe zu haben vor den Quälereien, in den

---

73 Nach Martin Broszat hat diese Aussage von Höß bisher keine Bestätigung gefunden (s. „Kommandant in Auschwitz...", S. 109, Anm. 1).

74 Reichsminister für Propaganda und Volksaufklärung

75 Ernst vom Rath, Sekretär der Botschaft des Dritten Reiches in Paris. Am 7. November 1938 wurde er vom Juden Herschel Grynszpan angeschossen; zwei Tage später starb er an den Folgen der Verletzung. Dieser Vorfall bot den Führern des Dritten Reiches den willkommenen Anlaß für die Entfesselung unverhüllter antisemitischer Ausschreitungen.

Draht gegangen,[76] haben Fluchtversuche unternommen, um erschossen zu werden, haben sich erhängt. Der Kommandant meldete Eicke diese gehäuften Vorgänge. Eicke sagte darauf: „Laßt sie nur gewähren, die Juden sollen sich ruhig gegenseitig selber auffressen." — Ich möchte hier noch betonen. Ich selbst habe persönlich nie Juden gehaßt. Sie waren für mich zwar die Feinde unseres Volkes. Sie waren aber deswegen für mich gleich den anderen Häftlingen und ebenso zu behandeln. Ich habe da nie einen Unterschied gemacht. Im übrigen ist mir das Gefühl Haß nicht eigen. Aber ich weiß, was Haß ist und wie er aussieht. Ich habe ihn gesehen, und ich habe ihn selbst verspürt.

Als der RFSS seinen ursprünglichen Juden-Vernichtungsbefehl von 1941, nach dem alle Juden ausnahmslos zu vernichten waren, dahin abänderte, daß die Arbeitsfähigen für die Rüstungsindustrie herauszuziehen seien, wurde Auschwitz Judenlager. Ein Judensammellager in einem Ausmaß, das bis dahin nicht gekannt.[77]

Während die inhaftierten Juden der früheren Jahre doch damit rechneten, daß sie eines Tages wieder entlassen würden[78] und dadurch die Schwere der Haft ihnen psychisch doch viel leichter wurde — gab es für die Auschwitzer Juden in dieser Hinsicht keine Hoffnung mehr. Sie wußten, ausnahmslos, daß sie zum Tode verurteilt waren — daß sie nur solange am Leben blieben, als sie arbeiten konnten. Das Gros machte sich auch keine Hoffnung auf eine Änderung ihres traurigen Loses. Sie waren Fatalisten. Geduldig und stumpf ließen sie all das Elend, die Not und die Qual der Haft über sich ergehen. Die Aussichtslosigkeit, dem vorauszusehenden Ende zu entgehen, ließ sie psychisch an ihrer Umwelt völlig teilnahmslos werden. Dieser psychische Zusammenbruch beschleunigte den physischen. Sie hatten keinen Lebenswillen mehr — ihnen war alles gleichgültig geworden — die geringste körperliche Erschütterung brachte sie zum Erliegen. Ob früher oder später, der Tod war ihnen gewiß. Ich behaupte fest — nachdem was ich beobachtet habe — die hohe Sterblichkeit der Juden war nicht nur durch die für die meisten schwere, ungewohnte Arbeit, durch die unzureichende Ernährung, die vollgepreßte Unterkunft und all die anderen Widrigkeiten und Mißstände des Lagerlebens bedingt, sondern hauptsächlich und entscheidend durch den psychischen Zustand.[79] Denn die Sterblichkeit der Juden war auch an anderen Arbeitsstellen, an anderen Lagern, bei viel günstigeren Allgemeinverhältnissen nicht viel geringer. Immer relativ bedeutend höher als

---

[76] „In den Draht gehen" bedeutete im Lagerjargon Selbstmord durch Berühren des unter Hochspannung stehenden Zaunes. Oftmals erreichte ein Häftling gar nicht die Drähte selbst, weil er schon auf dem Wege dorthin von den Salven der SS-Leute auf den Wachtürmen getötet wurde.

[77] Der Wandel in der Entscheidung Himmlers war durch den ständig steigenden Bedarf an Arbeitskräften bedingt, die in Rüstungsbetrieben und Industriezweigen der Heeresversorgung dringend gebraucht wurden. Es mußten viele neue Arbeiter eingestellt werden, die die Deutschen ersetzen sollten, die zum Wehrdienst einberufen wurden.

[78] Diese Möglichkeit bestand im Prinzip nur in der Zeit vor der „Kristallnacht".

[79] Die hohe Sterblichkeit unter den jüdischen Häftlingen war auch auf die maßlos schweren Lebensbedingungen in den Ghettos zurückzuführen, wo sie nicht nur von den anderen Stadtbewohnern isoliert gewesen waren, sondern bei Hungerrationen die schwersten Arbeiten hatten ausführen müssen. Schon vor ihrer Einlieferung ins Lager waren die Juden ausgehungert und durch all das eingeschüchtert, was sie und ihre Familien in den Ghettos durchgemacht hatten,

die Sterblichkeit der anderen Häftlinge. Bei meinen Inspektionsreisen als DI [80] habe ich dies oft genug gesehen und gehört. Bei den jüdischen Frauen war dies noch viel deutlicher festzustellen. Sie verfielen noch viel rascher als die Männer, obwohl doch die Frauen nach meinen Beobachtungen psychisch wie physisch im allgemeinen viel zäher und ausdauernder sind als die Männer. Das Vorhergesagte war gültig für das Gros, die Masse der jüdischen Häftlinge. Anders und verschiedenartig verhielten sich die intelligenteren, die psychisch stärkeren und lebenswilligeren Juden, vorwiegend aus den Ländern des Westens. Gerade denen war, besonders wenn es Ärzte waren, doch das ihnen bevorstehende Ende eindeutig klar. Aber sie hofften und rechneten mit einem Glücksumstand, der doch irgendwie und irgendwann mal eintreten könne und der ihr Leben retten könne. Dazu kam, daß sie mit dem Zusammenbruch Deutschlands rechneten, denn die Feindpropaganda erreichte auch sie leicht. Für diese galt es nun, sich eine Stelle, einen Posten zu erobern, der sie aus der Masse herausholte, der ihnen besondere Vorteile brachte, der sie einigermaßen vor den Zufälligkeiten des Zu-Tode-Kommens schützte, der ihre ganzen physischen Lebensverhältnisse besserte. Um solch eine „Lebensstellung", im wahrsten Sinne des Wortes, zu erringen, setzten sie all ihr Können und ihren zähen Willen ein. Je sicherer die Stelle, je begehrter, je heftiger umkämpft. Da gab es keine Rücksicht, bei diesem Ringen ging es ums Ganze. Kein Mittel, und sei es noch so verwerflich, wurde gescheut, um solche sichere Stellen frei zu machen oder aber auch um sie zu halten. Meist siegte der oder die Skrupelloseste. Oft und oft hörte ich von den Verdrängungskämpfen.

In den verschiedenen Lagern war ich ja mit den Methoden der Vorherrschaftskämpfe zwischen den einzelnen Farben und den politischen Gruppen der Kämpfe und Intrigen um gehobene Stellungen genügend bekannt geworden. Doch von den Juden in Auschwitz konnte ich in dieser Hinsicht noch viel lernen. „Not macht erfinderisch", und hierbei ging es faktisch um das nackte Leben.

Doch kam es wiederholt vor, daß so in sicheren Stellungen Sitzende auf

---

wo sie bei den einzelnen Deportationen in Arbeits- und Vernichtungslager dezimiert worden waren. Beim Transport nach Auschwitz waren viele von ihnen infolge der entsetzlichen Bedingungen gestorben. Im Lager wurden sie selektiert, d.h. von ihren nächsten Angehörigen getrennt, die man sofort in die Gaskammern schickte. All das hatte ihre psychische Widerstandskraft geschwächt. Außerdem waren die jüdischen Häftlinge im Lager der Möglichkeit beraubt, zusätzlich Lebensmittel zu bekommen, weil sie keine Pakete erhalten durften. Ein anschauliches Bild vom Leben in den Ghettos sowie von den Bedingungen beim Transport nach Auschwitz und von den Selektionen auf der Rampe findet man in den Handschriften von Mitgliedern des Sonderkommandos (s. Anm. 119, S. 67f.), veröffentlicht im Sonderheft 1 der „Zeszyty Oświęcimskie" (Auschwitz-Hefte) unter dem Titel „Inmitten des grauenvollen Verbrechens" sowie in „Zeszyty Oświęcimskie" Nr. 14.

[80] Im November 1943 kam es auf Antrag Pohls zu einer Teilung des KZ Auschwitz in drei Lager und zu einem Wechsel des Lagerkommandanten. Am 11. November übernahm SS-Obersturmbannführer Arthur Liebehenschel, der bisherige Amtschef DI im Inspektorat Konzentrationslager in Oranienburg, den Kommandantenposten in Auschwitz, den bis dahin Höß bekleidet hatte, während der die Funktion Liebehenschels übernahm. Am 22. November erfolgte die Teilung des KZ Auschwitz in drei selbständige Lager: 1. Konzentrationslager Auschwitz I — Stammlager (Kommandant SS-Obersturmbannführer Arthur Liebehenschel), 2. Konzentrationslager Auschwitz II — Birkenau (Kommandant SS-Sturmbannführer Fritz Hartjenstein) bei gleichzeitiger Aufteilung von Birkenau in ein Männerlager (Lagerführer SS-Untersturmführer Johann Schwarzhuber) und ein Frauenlager (Lagerführer SS-Untersturmführer Franz Hößler), 3. Konzentrationslager Auschwitz III — Monowitz (Kommandant SS-Untersturmführer Heinrich Schwarz).

einmal immer weniger wurden, langsam eingingen, wenn sie den Tod nächster Familienangehöriger erfuhren. Trotzdem physisch kein Grund vorlag, weder Krankheit noch allgemein schlechte Lebensbedingungen. Die Juden haben allgemein ein starkes Familiengefühl, der Tod nächster Angehöriger ließ auch sie ihr Leben nicht mehr lebenswert erscheinen, sie hielten es nicht mehr wert, darum zu kämpfen. Ich habe aber auch Gegenteiliges erlebt — bei den Vernichtungen, doch davon später.

All das oben Gesagte gilt auch entsprechend für die weiblichen Häftlinge der einzelnen Kontingente. Nur für die Frauen war alles viel erschwerlicher, viel drükkender und fühlbarer, weil die allgemeinen Lebensbedingungen im Frauenlager ungleich schwerer waren. Sie waren noch viel mehr zusammengepfercht, die sanitären, hygienischen Verhältnisse waren bedeutend schlechter.[81] Auch war in das Frauenlager nie eine richtige Ordnung hineinzubekommen, durch die verheerende Überbelegung und deren Folgen von Anfang an. Es war alles viel mehr Masse als bei den Männern. Wenn die Frauen einmal einen gewissen Nullpunkt erreicht hatten, ließen sie sich vollkommen gehen. Als vollkommen willenlose Gespenster wankten sie durch die Gegend, mußten von den anderen überall hingeschoben werden — bis sie dann eines Tages still hinübergingen. Diese wandelnden Leichen waren ein fürchterlicher Anblick.

Die „Grünen" unter den weiblichen Häftlingen waren von einer besonderen Sorte. Ich glaube, daß damals Ravensbrück[82] das wirklich „Beste" für Auschwitz rausgesucht hatte.[83] Sie übertrafen ihre männlichen Pendants bei weitem, in

---

[81] Am 16. August 1942 wurden die weiblichen Häftlinge des Stammlagers Auschwitz, wo sie — durch eine Mauer vom Männerlager getrennt — die Blocks 1—10 eingenommen hatten, nach Birkenau (Abschnitt BIa) verlegt. Dort hausten die Frauen in gemauerten Baracken zu ebener Erde, ausgestattet mit dreistöckigen Boxen, die die Rolle von Pritschen spielten. Auf einer Handvoll verfaultem Stroh schliefen dort durchschnittlich 8 weibliche Häftlinge. Eine Baracke war im Prinzip für 550, später für 744 Personen bestimmt, aber in Wirklichkeit beherbergten sie etwa 1000 Frauen. Durch den undurchlässigen, lehmigen Boden des Birkenauer Geländes und wegen des feuchten, niederschlagreichen Klimas versank das Lager den größten Teil des Jahres hindurch in Schlamm, der sich buchstäblich in die Baracken ergoß und die untersten Schlafboxen überschwemmte. Anfangs war Birkenau nicht kanalisiert, wodurch die Häftlinge an Wassermangel litten. Die Frauen lebten unter unglaublichen sanitären Bedingungen, und dadurch wurden zahlreiche Typhusepidemien und Hautkrankheiten hervorgerufen. Kranke und ausgemergelte weibliche Häftlinge schickte man, nach den häufigen Selektionen, die sowohl in den Wohn- als auch in den Krankenbaracken stattfanden, in die Gaskammern.

[82] Das KZ Ravensbrück, angelegt 1939 als einziges Frauenkonzentrationslager im Dritten Reich, lag in Mecklenburg nahe Fürstenberg, ca. 85 km nördlich von Berlin, ungefähr 45 km vom KZ Sachsenhausen entfernt. Mit dem Bau des Lagers begann man im Herbst 1938; dabei wurden Häftlinge aus dem nahegelegenen KZ Sachsenhausen eingesetzt. 1942 richtete man unmittelbar neben dem Frauenlager ein Männerlager ein. Das Lager Ravensbrück war von seiner Gründung bis zum Ausbruch des zweiten Weltkrieges eine Haftstätte für deutsche Gegnerinnen des Nationalsozialismus und deutsche Jüdinnen. Vom Kriegsausbruch bis August 1944 hielt man Frauen verschiedener Nationalität aus den von Hitler besetzten Ländern im Lager gefangen. Im August 1944 setzte ein Massenzustrom weiblicher Häftlinge aus anderen Lagern und von verhafteten Teilnehmerinnen am Warschauer Aufstand ein. Im April 1945 wurde das Lager evakuiert. Im Frauen-KZ Ravensbrück haben die Nazis insgesamt etwa 132 000 weibliche Häftlinge gefangen gehalten. Kommandant des Lagers war zuerst SS-Obersturmführer Otto Koegel und dann SS-Hauptsturmführer Fritz Suhren, der zeitweise von SS-Sturmbannführer Sauer vertreten wurde.

[83] Höß hat den ersten Transport von 999 Frauen im Sinn, der am 26. März 1942 im KZ Auschwitz eintraf und in dem sich die künftigen Funktionshäftlinge für das Frauenlager befanden.

Unverwüstlichkeit, Niederträchtigkeit, Gemeinheit und Verworfenheit. Es waren meist Dirnen mit erheblichen Vorstrafen. Oft widerliche Weiber. Daß diese Bestien ihre Gelüste an den ihnen unterstellten Häftlingen ausließen, war zu verstehen, aber nicht zu vermeiden. Der RFSS hielt sie ganz besonders geeignet als Kapos für die Judenfrauen, als er 42 in Auschwitz war.[84] Von denen sind nicht viele gestorben, es sei denn an Seuchen. Seelisch hatten die keine Schmerzen.

Das Blutbad von Budy steht mir jetzt noch vor Augen. Ich glaube nicht, daß Männer je zu solchen Bestien werden könnten. Wie die Grünen die französischen Jüdinnen zugerichtet hatten, zerrissen, mit der Axt erschlagen, erwürgt hatten. Einfach grauenhaft.[85] Doch zum Glück waren nicht alle „Grünen" und „Schwarzen"[86] solch verkommene Geschöpfe. Es gab auch einige Brauchbare darunter, die noch ein Herz im Leibe hatten für ihre Mithäftlinge. Doch darob wurden sie von den Zuerstgenannten ihrer Farbengenossinen bös verfolgt. Auch hatten die meisten Aufseherinnen dafür kein Verständnis.

Ein erfreulicher Gegensatz waren die Bibelforscherinnen[87] — Bibelbienen oder Bibelwürmer genannt. Leider waren es zu wenig. Trotz ihrer mehr oder weniger fanatischen Einstellung waren sie sehr begehrt. Sie waren in den kinderreichen Haushalten der SS-Familien, im Haus der Waffen-SS, ja sogar im Führerheim zur Bedienung, und hauptsächlich in der Landwirtschaft tätig. So waren sie in der Geflügelzucht Harmense[88] und auf den verschiedenen Gutshöfen[89] beschäftigt. Man brauchte für sie keine Aufsicht, keine Posten. Sie verrichteten fleißig und willig ihre Arbeit, denn dies war ja Jehovahs Gebot. Zumeist waren es ältere deutsche Frauen, doch waren auch eine Reihe jüngerer Holländerinnen vertreten. Ich hatte zwei ältere Frauen über drei Jahre lang im Haushalt. Meine Frau sagte oft, sie selbst könne nicht besser um alles besorgt sein als die beiden Frauen. Besonders rührend waren sie um die Kinder besorgt, um alle, die großen wie die kleinen. Diese hingen auch an ihnen, als wenn sie zur Familie gehörten. In der ersten Zeit befürchteten wir, daß sie die Kleinen für Jehovah retten wollten. Aber nein, das taten sie nicht. Nie haben sie in religiösen Dingen zu den Kindern gesprochen. Dies war eigentlich verwunderlich bei ihrer fanatischen Einstellung. Es gab auch wunderliche Geschöpfe darunter. Eine war bei einem SS-Führer, die machte alles, was sie nur von den Augen ablesen konnte, aber sie weigerte sich

---

[84] Höß spricht vom zweiten Besuch Himmlers im KZ Auschwitz am 17. und 18. Juli 1942. Der Reichsführer SS besichtigte damals das Frauenlager, das sich zu jener Zeit im Stammlager Auschwitz befand, und ließ sich den Vollzug der Prügelstrafe an weiblichen Häftlingen zeigen. Anschließend behielt er sich die Genehmigung für den Vollzug dieser Strafe an weiblichen Häftlingen vor.

[85] Eine andere Darstellung der Ereignisse in Budy vermittelt Broad im „Revolte in Budy" betitelten Abschnitt seines Berichts (s. S. 112—115).

[86] asoziale weibliche Häftlinge, im Lager mit schwarzen Dreiecken und den Buchstaben ASO gekennzeichnet, vor allem Prostituierte

[87] Sie waren durch violette Dreiecke und die Buchstaben IBV (Internationaler Bibelforscherverein) gekennzeichnet.

[88] Die Geschichte der Geflügelfarm Harmense, wo am 8. Dezember 1941 ein Nebenlager angelegt wurde, ist in „Zeszyty Oświęcimskie" (Auschwitz-Hefte) Nr. 11, S. 37—67, veröffentlicht.

[89] Es handelt sich um die Nebenlager auf dem Gut Babice (Wirtschaftshof Babitz), den Vorwerken Budy (Wirtschaftshof Budy) und Pławy (Wirtschaftshof Pławy) sowie auf dem Gut Rajsko (Pflanzenzuchtstation Rajsko). Die Geschichte dieser Nebenlager (ausgenommen Pławy) ist in „Zeszyty Oświęcimskie" (Auschwitz-Hefte) Nr. 9—11 veröffentlicht.

grundsätzlich, die Uniformen, Mütze, Stiefel, alles was mit dem Militärischen zusammenhing, zu säubern, ja sie rührte sie nicht einmal an. Doch im ganzen gesehen waren sie zufrieden mit ihrem Los. Durch ihr Leiden in der Gefangenschaft für Jehovah hofften sie auf eine gute Stelle in seinem bald zu erwartenden Reich. Eigenartigerweise waren sie alle davon überzeugt, daß die Juden nun gerechterweise zu leiden und zu sterben hätten, weil ihre Vorväter einst Jehovah verrieten. Ich hab' die Bibelforscher immer für arme Irre gehalten, die aber doch in ihrer Art glücklich waren.

Die übrigen weiblichen Häftlinge, polnischer, tschechischer, ukrainischer, russischer Nationalität, wurden soweit sie dies konnten, zu landwirtschaftlichen Arbeiten verwendet. Dadurch waren sie dem Massenlager und seinen bösen Auswirkungen entronnen. In den Unterkünften der Gutshöfe und in Rajsko hatten sie es doch bei weitem besser. Ich habe stets gefunden, daß alle die Häftlinge, die in der Landwirtschaft arbeiteten und auch gesondert untergebracht waren, einen ganz anderen Eindruck machten. Sie waren eben psychisch nicht so unter Druck wie ihre Mithäftlinge in den Massenlagern. Sie hätten auch sonst nicht die von ihnen geforderte Arbeit so willig und selbstverständlich gemacht. Das von Anfang an vollgepfropfte Frauenlager bedeutete für die weiblichen Häftlinge in der Masse die psychische Vernichtung — und dieser folgte über kurz oder lang der physische Zusammenbruch.

Im Frauenlager waren in jeder Hinsicht stets die schlechtesten Verhältnisse. Schon gleich von Anfang an, als es noch ein Teil des Stammlagers war. Bei Beginn der Juden-Transporte aus der Slowakei [90] war es in wenigen Tagen bis unter die Dachböden vollgestopft. Wasch- und Abortanlagen waren kaum für ein Drittel, zum äußersten, ausreichend. Um eine rechte Ordnung in diesen durcheinanderwimmelnden Ameisenhaufen hineinzubringen, hätte es anderer Kräfte bedurft — als sie mir in den wenigen Aufseherinnen, die mir von Ravensbrück zugeteilt waren, zur Verfügung standen. Vorausschicken muß ich, daß man mir wiederum nicht das Beste zugewiesen hatte. Die Aufseherinnen waren in Ravensbrück sehr verwöhnt worden. Es war alles für sie getan worden, um sie am FKL [Frauenkonzentrationslager] zu halten und durch die sehr vorteilhaften Lebensmöglichkeiten neue Aufseherinnen zu gewinnen. Sie waren bestens untergebracht, wurden besoldet nach Sätzen, die sie draußen nie erreicht hätten. Dienstlich wurden sie auch nicht überanstrengt. Kurzum, der RFSS und besonders Pohl [91] wünschte, daß man auf die Aufseherinnen die größte Rücksicht zu nehmen hätte. Die Lagerverhältnisse waren in Ravensbrück bis zu dieser Zeit normal, noch war von einer Überbelegung nicht zu sprechen. Nun kamen diese Aufseherinnen nach Auschwitz — freiwillig keine —, sollten neu aufbauen unter den schwierigsten Ver-

---

[90] Vom 26. März bis 29. April 1942 trafen neun RSHA-Transporte mit insgesamt 6250 Jüdinnen aus der Slowakei in Auschwitz ein. Diese Jüdinnen waren vom Judenreferat B4 (Amt IV, Geheimes Staatspolizeiamt, des RSHA) ins Lager eingewiesen worden, das sich mit der Vernichtung der jüdischen Bevölkerung befaßte.

[91] Chef des Wirtschaftsverwaltungshauptamtes der SS (WVHA). Das WVHA war eines der zentralen Ämter in der Reichsführung SS und zugleich Abteilung des Reichsinnenministeriums. Eingerichtet 1942, war es in 5 Amtsgruppen gegliedert, von denen sich die Amtsgruppe D mit allem befaßte, was die Konzentrationslager betraf. Die Amtsgruppe W leitete und überwachte alle Unternehmen, die der SS gehörten.

hältnissen. Schon in der ersten Zeit wollten die meisten wieder weglaufen, wieder zurück in das ruhig-gemütliche und bequeme Leben von Ravensbrück.

Die damalige Oberaufseherin[92], Frau Langefeld[93], war der Situation in keiner Weise gewachsen, doch eigensinnig wies sie jede Unterweisung durch den Schutzhaftlagerführer ab. Auf eigene Faust unterstellte ich kurzerhand das FKL dem Schutzhaftlagerführer, als ich einsehen mußte, daß die Schlamperei so nicht weitergehen konnte. Kaum ein Tag verging, an dem nicht Unstimmigkeiten in den Zahlenstärken auftraten. Die Aufseherinnen liefen in diesem Durcheinander herum wie die aufgeregten Hühner und wußten sich nicht zu helfen. Die 3 bis 4 Guten wurden durch die anderen verrückt gemacht. Da sich aber die Oberaufseherin als selbständige Lagerführerin fühlte, beschwerte sie sich über die Unterstellung unter einen Gleichrangigen. Und ich mußte tatsächlich die Unterstellung zurücknehmen. Beim RFSS-Besuch im Juli 42 trug ich ihm in Gegenwart der Oberaufseherin die Mißstände vor und sagte ihm, daß Frau Langefeld[t] nie und nimmer in der Lage wäre, das FKL Auschwitz richtig zu führen und aufzubauen, und bat weiterhin um die Unterstellung unter den 1. Schutzhaftlagerführer. Er lehnte dies, trotz der treffendsten Beweise für die Unzulänglichkeit der Oberaufseherin und der Aufseherinnen im allgemeinen, strikt ab. Er wünsche, daß ein Frauenlager von einer Frau geführt würde, ich solle ihr einen SS-Führer zur Hilfe zuteilen. Wer aber von den Führern wollte sich einer Frau sozusagen unterstellen. Jeden, den ich dazu notgedrungen kommandieren mußte, bat mich, ihn baldmöglichst wieder abzulösen. Bei den größeren Zugängen war ich, wenn es mir die Zeit irgend erlaubte, selbst zugegen, um so den Ablauf dirigieren zu können.

So kam von vornherein das Frauenlager in die Hände der Häftlinge selbst. Und je größer das Lager wurde, je unübersichtlicher für die Aufseherinnen, je stärker trat die Selbstregierung der Häftlinge in Erscheinung. Da nun in dieser Regierung die „Grünen" vorherrschten und auch gerissener und skrupelloser waren, waren sie es, die eigentlich im Frauenlager herrschten, trotz der „roten" Figuren der Lagerältesten und sonstigen Spitzenfunktionäre. Die Anweiserinnen — so wurden die weiblichen Kapos bezeichnet — waren zumeist „Grüne" oder „Schwarze". So ist es nur möglich geworden, daß im FL [Frauenlager] stets die miserabelsten Zustände herrschten.[94] Diese alten Aufseherinnen waren aber doch noch turmhoch denen überlegen, die nachher kamen. Da sich freiwillig — trotz eifriger Werbung durch die NS-Frauenorganisationen — sehr wenig Anwärterinnen für den Dienst an einem KL meldeten, mußte der täglich sich steigernde Bedarf zwangsweise beschafft werden. Jede Rüstungsfirma, der weibliche Häftlinge zugewiesen werden sollten, mußte einen gewissen Prozentsatz an weiblichen Angestellten zur Verwendung als Aufseherinnen zur Verfügung stellen. Daß diese Firmen nicht das beste Material abgaben, ist nur zu verständlich bei dem allgemeinen, kriegsbedingten Mangel an brauchbaren weiblichen Kräften. Diese Aufseherinnen wurden nun einige Wochen in Ravensbrück „ausgebildet" und dann auf die Häftlinge losgelassen. Da die Auswahl und Zuteilung durch Ravens-

---

92 Dieser Posten entsprach der Funktion des Schutzhaftlagerführers im Männerlager.

93 erste Lagerführerin des Frauenlagers in Auschwitz, später in Birkenau

94 Höß versuchte, auf diese Weise die Verantwortung für die unmenschlichen Zustände im Frauenlager von der Lagerführung abzuwälzen.

brück geschah, war Auschwitz wieder am Ende. Ganz natürlich, daß Ravensbrück sich die am besten scheinenden Kräfte zurückbehielt, für die von dort neu aufzustellenden Frauen-Arbeitslager.

So sah die Beaufsichtigung des F.K.L.Au. aus. Die moralischen Qualitäten waren dementsprechend fast durchwegs sehr, sehr niedrig. Viele Aufseherinnen kamen vors SS-Gericht wegen den Diebstählen aus der Aktion Reinhardt[95]. Das waren aber nur die wenigen, die dabei erwischt wurden. Trotz der abschreckendsten Strafen wurde weiter gestohlen — wurden auch weiter Häftlinge als Mittelspersonen dazu benutzt. Ein krasser Fall zur Beleuchtung.

Eine Aufseherin ließ sich soweit herunter, daß sie sich mit männlichen Häftlingen, meist grünen Kapos, einließ und als Entlohnung für den bereitwilligst erlaubten Geschlechtsverkehr sich wertvollen Schmuck, Gold u. änl. geben ließ. Um ihr frivoles Treiben abzudecken, unterhielt sie ein Verhältnis mit einem Stabsscharführer der Truppe, bei dem sie auch die so schwer verdienten Einnahmen verschlossen und verpackt aufbewahrte. Dieser Trottel hatte von dem Treiben seiner Liebsten keine Ahnung und war sehr überrascht, als man bei ihm die netten Sachen fand. Die Aufseherin wurde vom RFSS auf Lebensdauer ins KL eingewiesen und mit 2 × 25 Stockhieben bestraft.

Ähnlich der Homosexualität in den Männerlagern, grassierte im FL die Seuche der lesbischen Liebe. Auch die härtesten Strafen, auch die Einweisung in die Strafkompanie [96] tat dem nicht Einhalt. Wiederholt wurden mir Fälle von Verkehr dieser Art zwischen Aufseherinnen und weiblichen Häftlingen gemeldet. Dies alles zeigt das Niveau der Aufseherinnen. Daß sie es mit ihrem Dienst, mit ihren Pflichten nicht sehr genau nahmen, zumeist unzuverlässig waren, liegt auf der Hand. Möglichkeiten zur Bestrafung für dienstliche Vergehen waren wenige. Stubenarrest war im Gegenteil als Vergünstigung aufzufassen, da sie dann bei schlechtem Wetter nicht hinaus brauchten. Alle Bestrafungen bedurften der Genehmigung des Inspekteurs KL bzw. Pohls. Es sollte möglichst wenig bestraft

---

[95] „Aktion Reinhard" — Deckname für die gesamte Aktion der Judenvernichtung und der Aneignung des Vermögens der in den Lagern ermordeten Personen durch die SS (s. S. ...). Der Name „Reinhard" war vom Vornamen SS-Obergruppenführer Heydrichs abgeleitet, den die tschechische Widerstandsbewegung durch ein Attentat in Prag getötet hatte.

[96] Die Frauen-Strafkompanie (SK) befand sich anfangs in Budy (Kommando Budy), ungefähr 7 km von Auschwitz entfernt. Dieses Strafkommando war 1942 als Vergeltungsmaßnahme für die Flucht von Joanna Nowak, eines weiblichen Häftlings aus Łódź, gegründet worden. Damals hatte man 200 politische Häftlinge, Polinnen, die am 27. April und 28. Mai 1942 mit Transporten aus Kraków im Lager eingetroffen waren, in die Strafkompanie eingewiesen. In der Strafkompanie befanden sich darüber hinaus Deutsche, Jüdinnen aus der Slowakei und später auch französische Jüdinnen. Insgesamt zählte das Strafkommando etwa 400 weibliche Häftlinge, die beim Säubern und Vertiefen der Teiche sowie bei Erdarbeiten eingesetzt waren. Am Abend des 16. August 1942, d.h. am selben Tag, an dem man das Frauenlager von Auschwitz nach Birkenau, Abschnitt BIa, verlegte, wies man auch die Frauen-Strafkompanie aus Budy dort ein. Von den 200 im Juni in die Strafkompanie versetzten Polinnen lebten damals nur noch 137. In Birkenau wurden sie in normale Blocks eingewiesen, und das bedeutete, daß sie aus der Strafkompanie entlassen waren. Das Strafkommando in Budy bestand noch bis Ende März oder Anfang April 1943, dann wurde es ebenfalls in den Birkenauer Abschnitt BIa verlegt. Im Oktober 1942 kam es in Budy zu einem Massaker unter den Häftlingen, bei dem etwa 90 Frauen getötet wurden. Dazu vergleiche den Bericht Broads (S. 112—115) und Teresa Cegłowska, „Karne kompanie w KL Auschwitz" (Strafkompanien im KZ Auschwitz), „Zeszyty Oświęcimskie" (Auschwitz-Hefte) Nr. 17, Oświęcim 1975, S. 193ff.

werden. Durch gütige Belehrung und geeignete Führung sollten diese „Unebenheiten" ausgeglichen werden. Den Aufseherinnen war dies natürlich alles bekannt, und sie verhielten sich auch in der Mehrzahl danach.

Ich habe immer eine große Achtung vor der Frau im allgemeinen gehabt. In Auschwitz lernte ich jedoch, daß ich meine allgemeine Anschauung zurückschrauben mußte, daß man sich auch eine Frau erst genau anschauen mußte, ehe man ihr mit voller Hochachtung begegnete.

Dies oben Gesagte trifft wohl für die Mehrzahl der weiblichen Aufsichtskräfte zu. Doch gab es auch, wenn auch nur wenige, gute zuverlässige und hochanständige Frauen darunter.[97] Daß diese unter der Umgebung, unter diesen Auschwitzer Verhältnissen böse litten, braucht nicht besonders betont zu werden. Aber sie konnten dem ja nicht entrinnen, sie waren ja kriegsdienstverpflichtet. Manche hat mir, mehr noch aber meiner Frau, ihre Not geklagt. Man konnte sie aber nur auf das Ende des Krieges vertrösten. Ein wahrlich wenig befriedigender Trost.

Zum Frauenlager gehörten zur Bewachung der Außenarbeitskommandos die Hundeführer. Schon in Ravensbrück waren zur Einsparung von Bewachungskräften den Aufseherinnen der Außenarbeitskommandos Hunde zugewiesen worden. Wohl waren die Aufseherinnen mit Pistolen bewaffnet, aber der RFSS versprach sich von dem Einsatz der Hunde abschreckendere Wirkung. Denn die Frauen haben vor Hunden meist gewaltigen Respekt, während die Männer sich weniger daraus machen. In Auschwitz war bei den Häftlingsmassen die Bewachung der Außenkommandos stets problematisch. Die Truppe reichte nie aus. Postenketten halfen dem, bei der Bewachung größerer Arbeitsgebiete, ab. Doch die ständig wechselnden Arbeitsstellen und auch sich während des Tages verschiebenden Plätze ließen dies in der Landwirtschaft, dem Grabenbau u.ä. Arbeitseinsätzen nicht zu. Es wurde daher der möglichst zahlreiche Einsatz von Hundeführern — da ja noch viel weniger Aufseherinnen zur Verfügung standen — notwendig. Doch selbst die ca. 150 Hunde reichten nicht aus.[98] Der RFSS

---

[97] Die bisherigen Erkenntnisse über das Lager sowie die Aussagen und Berichte ehemaliger weiblicher Häftlinge erlauben es nicht, auch nur eine einzige Aufseherin als anständig zu bezeichnen. Einer positiven Einschätzung einzelner Aufseherinnen widerspricht auch der Verlauf des Prozesses gegen die SS-Mannschaft des KZ Auschwitz-Birkenau vor dem Obersten Nationalgerichtshof in Kraków. Damals wurden Marie Mandel und Therese Brandl zum Tode, Louise Danz zu lebenslänglicher Haft und Alice Orlowski und Hildegard Marthe Louise Lächert zu je 15 Jahren Gefängnis verurteilt. Die meisten Aufseherinnen entgingen der Strafe, ein Teil wurde bei den Prozessen gegen die Mannschaften des KZ Bergen-Belsen und des KZ Ravensbrück verurteilt.

[98] Auf Befehl der Berliner Zentrale vom 16. Oktober 1942 wurde in Birkenau ein luxuriös eingerichteter Hundezwinger für 250 Diensthunde gebaut, dessen Errichtung 81 000 RM kostete. Aus den Unterlagen für den Bau des Zwingers geht hervor, daß ein Gutachten des Tierarztes des Lagers eingeholt und alles daran gesetzt wurde, daß der Hundezwinger in jeder Beziehung den neuesten sanitären Ansprüchen gerecht wurde. Selbst große Auslaufflächen waren nicht vergessen, und man errichtete eine erstklassig ausgestattete Tierklinik und eine besondere Küche für die Hunde. Im Zusammenhang mit einer Verzögerung beim Instandsetzen der Dächer der Hundeboxen drohte der Hundestaffelführer, seinen Posten niederzulegen, weil er nicht die Verantwortung dafür übernehmen könne, daß die Hunde wegen der undichten Dächer eventuell krank würden (s. Jan Sehn, „Obóz koncentracyjny Oświęcim-Brzezinka/Auschwitz-Birkenau", Wydawnictwo Prawnicze, Warszawa 1964, S. 49f.). Hier ist die geradezu unglaubliche Sorge der Lagerverwaltung um die Gesundheit der Tiere zu betonen, während sie gegenüber den unhygienischen sanitären

rechnete mit der Einsparung von zwei Posten bei dem Einsatz eines Hundes, bei Frauenkommandos wohl möglich durch die allgemeine Angst vor dem Vorhandensein eines Hundes. Die Auschwitzer Hundestaffel war wohl das prächtigste an Soldatenmaterial, was es je gab. Im negativen Sinne.

Als zur Ausbilung als Hundeführer Freiwillige gesucht wurden, meldete sich der halbe Sturmbann. Sie versprachen sich davon leichteren und abwechslungsreicheren Dienst. Da all die Freiwiligen nicht berücksichtigt werden konnten, verfielen die Kompanien auf den besonders schlau gedachten Ausweg, sie meldeten all die schwarzen Schafe der Kompanie, so waren sie die los. Mochte dann ein anderer sich mit ihnen herumärgern. Es gab wenige darunter, die nicht disziplinär bestraft waren. Hätte der Führer der Truppe sich diese Meldungen genau angesehen, so hätte er diese Männer nie und nimmer zu der Ausbildung schicken dürfen. Schon während der Ausbildung bei der Lehr- und Versuchsanstalt für das Hundewesen in Oranienburg wurden einige als gänzlich unbrauchbar zurückgeschickt. Als sie nun ausgebildet nach Auschwitz zurückkamen und zu einer Einheit, der Hundestaffel, zusammengefaßt wurden, sah man schon, welch herrliches Gebilde da zustandegekommen. Und nun erst beim Einsatz. Entweder sie spielten mit ihren Hunden oder lagen hinter einem Versteck und schliefen, der Hund weckte sie ja bei „Feindannäherung", oder sie unterhielten sich nett mit der Aufseherin oder den Häftlingen. Ein groß Teil hatte regelrechte Verhältnisse mit den „grünen" Anweiserinnen. Da die Hundeführer ja stets am FL eingesetzt wurden, war es für sie nicht schwer, auch stets zu „ihrem" Kommando zu kommen.

Aus Langeweile, um einen Spaß zu haben, hetzten sie auch die Hunde auf die Häftlinge. Wurden sie dabei erwischt, dann war eben der Hund auf sich auffällig benehmende Häftlinge von selbst losgegangen, sie hatten die Leine verloren usw. Ausreden hatten sie immer.[99] Nach ihrem Reglement mußten sie ja auch täglich an der Ausbildung ihres Hundes weiterarbeiten. Um sich die mühsame Neuausbildung von Hundeführern zu ersparen, durften sie nur bei besonders schweren Verfehlungen — etwa SS-gerichtlichen Bestrafungen oder wenn sie ihren Hund mißhandelten oder zu sehr vernachlässigten — abgelöst werden. Der Betreuer der Hunde — ein alter Polizeiwachtmeister, der über 25 Jahre lang schon im Hundewesen tätig war — war oft verzweifelt über das Verhalten der Hundeführer. Aber die wußten, es konnte ihnen nicht viel passieren, so leicht wurden sie nicht abgelöst. Ein anderer Truppenchef hätte auch diese Bande zur Raison gebracht. Aber die Herren hatten ja andere, viel wichtigere Aufgaben. Was habe ich mich mit der Hundestaffel herumgeärgert, welche Zusammenstöße deswegen mit dem Regimentskommandeur[100] gehabt. Ich hatte ja aber kein Verständnis für die wirklichen Truppenbelange — nach Ansicht Glücks. Daher auch von ihm nie die rechtzeitige Ablösung der für das Lager untragbar gewordenen Führer erreichen können.

Bedingungen, unter denen Tausende von Häftlingen des Auschwitzer Lagers zur selben Zeit lebten, vollkommen gleichgültig war (vergl. Anm. 81, S. 54).

[99] Höß scheint zu vergessen, daß die Hunde ja extra darauf abgerichtet waren, die Häftlinge anzufallen. Das Hetzen der Tiere auf wehrlose Frauen war keine vereinzelte, sondern eine allgemeine Erscheinung im Lager.

[100] zu jener Zeit SS-Obersturmbannführer Fritz Hartjenstein

Viel, viel Böses hätte vermieden werden können, wenn Glücks zu mir eine andere Einstellung gehabt hätte.

Der RFSS wollte während des Krieges die Bewachungskräfte immer mehr durch mechanische Mittel, wie leicht versetzbare Drahthindernisse, elektrisch geladene feste Drahthindernisse bei ständigen Arbeitsstellen, ja sogar durch Minenfelder und durch vermehrten Einsatz von Hunden, eingespart wissen. Der Kommandant, der eine wirklich brauchbare Methode der postensparenden Bewachung erfände, sollte sofort befördert werden. Herausgekommen ist dabei nichts. Ihm selbst schwebte dauernd vor, man müßte Hunde so abrichten können, daß sie die Häftlinge ähnlich wie eine Schafherde ständig umkreisen und eine Flucht so verhindern könnten. Ein Posten mit mehreren Hunden müßte so in der Lage sein, bis zu Hundert Häftlinge sicher zu bewachen. Die Versuche verliefen ergebnislos. Menschen sind keine Viecher. Auch wenn die Hunde noch so sehr auf die Häftlinge, Uniform, Massenausdünstung usw. scharfgemacht, noch so gründlich und präzise auf den Abstand, auf das Abwehren jeglicher Annäherung abgerichtet waren, es waren und blieben doch Tiere, die den menschlichen Überlegungen nicht gewachsen waren. Wurden sie von Häftlingen an einer Stelle zur Täuschung beschäftigt, ließen sie einen weiten Abschnitt ungedeckt, der zur Flucht benutzt werden konnte. Auch waren ja die Hunde nicht in der Lage, den Gesamtausbruch verhindern zu können. Sie hätten einige Häftlinge zwar bös zurichten können, wären dabei aber erschlagen worden mitsamt ihrem „Hirten".

Weiter wollte er [Himmler] die Turmposten durch Hunde ersetzt haben. Die Hunde sollten rings um das Lager oder die ständige Arbeitsstelle zwischen den beiden Drahthindernissen abschnittsweise frei laufen und so etwa sich nähernde Häftlinge melden und das Durchbrechen des Hindernisses verhindern. Auch das war ergebnislos. Entweder schliefen sie an irgendeiner Stelle oder sie ließen sich täuschen. Bei passendem Gegenwind merkte der Hund überhaupt nichts, oder das Verbellen war von dem Horchposten nicht zu hören.

Das Verminen war eine sehr zweischneidige Angelegenheit. Die Minen mußten genau gelegt und in einem Minenplan präzise eingetragen sein, da sie spätestens nach einem Vierteljahr unbrauchbar geworden und daher ausgewechselt werden mußten. Der Geländestreifen mußte aber auch aus irgendwelchen Gründen begangen werden. Die Häftlinge konnten sich daher die minenfreien Stellen merken. Globocnik [101] hatte dies Verminen bei den Vernichtungsstellen angewandt. Trotz der gründlichen Verminung von Sobibor konnten die Juden den Gewaltausbruch — wobei fast das ganze Bewachungspersonal erschlagen wurde — erzwingen, weil sie die minenfreien Wege wußten.[102] Gegen die menschliche Intelligenz kann man weder Mechanik noch Tiere einsetzen.

---

[101] Damals SS- und Polizeiführer des Distrikts Lublin. Distrikt — verwaltungsmäßige Einheit in jenen Teilen des besetzten Polens, die das sog. Generalgouvernement bildeten

[102] In März 1942 begannen die Nazis mit dem Bau des Massenvernichtungszentrums in Sobibór, Wojewodschaft Lublin, das im Mai 1942 in Betrieb genommen wurde. Anfangs war es 12 ha groß, später, im Laufe des Ausbaus des Lagers, vergrößerte es sich auf 58 ha. Sobibór bestand bis Mitte Oktober 1943. Dort kamen mindestens 250 000 Menschen ums Leben, die durch Abgase von Verbrennungsmotoren getötet wurden. Am 14. Oktober 1943 brach im Lager ein von der geheimen Häftlingsorganisation vorbereiteter Aufstand aus, der von dem sowjetischen Kriegsgefangenen Sascha Pjetscherski (Hauptmann der Sowjetarmee) und dem jüdischen Häftling Leon

Selbst das elektrisch geladene, doppelt gesicherte Hindernis ist zu überwinden bei einiger Überlegung und Kaltblütigkeit mit einfachsten Hilfsmitteln bei Trockenheit. Es ist mehrfach gelungen. Mehrfach haben aber auch Posten, die von draußen zu nahe an das Hindernis herankamen, diese Unvorsichtigkeit mit ihrem Leben bezahlen müssen.

An vielen Stellen habe ich schon von dem gesprochen, was ich als meine Hauptaufgabe ansah: den mit allen Mitteln vorwärtszutreibenden Aufbau aller zum Bereich des KL Auschwitz gehörenden Anlagen der SS. Glaubte ich in einer etwas ruhigeren Periode das Ende der für Auschwitz vom RFSS befohlenen Maßnahmen und Bauaufträge und der aus sich selbst heraus notwendig gewordenen Baumaßnahmen übersehen zu können — so kamen schon wieder neue Pläne, es wurde wieder Neues dringendst notwendig.

Dieses ewige Gehetztwerden — durch den RFSS selbst, durch die kriegsbedingten Schwierigkeiten, durch die fast täglich neu entstehenden Mißstände in den Lagern, überhaupt im ganzen Bereich eben durch den nicht abreißenden Häftlingszustrom — ließ mich nur noch an meine Arbeit denken, ließ mich nur noch von ihr aus sehen.

Selbst gehetzt durch all die Umstände, hetzte ich alle mir Unterstellten, ob SS, ob Zivilangestellte, ob beteiligte Dienststellen oder Firmen oder ob Häftlinge, weiter. Es galt für mich nur noch eines: vorwärtskommen, vorwärtstreiben, um allgemein bessere Verhältnisse zu schaffen, um die befohlenen Maßnahmen durchführen zu können. Der RFSS verlangte Pflichterfüllung, Einsatz der ganzen Person bis zur Selbstaufgabe. Jeder in Deutschland hatte sich voll und ganz einzusetzen, daß wir den Krieg gewinnen konnten. Nach dem Willen des RFSS waren die KL zur Rüstungsfertigung eingesetzt. Ihr war alles andere unterzuordnen. Alle Rücksichten mußten fallen. Eindeutig hierüber sprach sein bewußtes Hinwegschreiten über die unhaltbar gewordenen allgemeinen Verhältnisse der Lager. Die Rüstung ging vor — was im Wege war, mußte fallen.

Ich durfte keine anderen, dem entgegenstehenden Regungen aufkommen lassen. Noch härter, noch kälter, noch mitleidsloser mußte ich gegenüber der Not der Häftlinge werden. Ich sah alles noch genau, oft viel zu wirklich, aber ich durfte mich nicht davon unterkriegen lassen. Auf diesem Weg Zusammenbrechendes durfte mich nicht aufhalten. Es mußte gegenstandslos werden gegenüber dem Endziel: daß wir den Krieg gewinnen müssen. So sah ich zu jener Zeit meine Aufgabe. An die Front durfte ich nicht — ich hatte daher in der Heimat für die Front das Äußerste zu leisten.

Heute sehe ich, daß durch mein Hetzen und Vorwärtstreiben der Krieg auch nicht gewonnen werden konnte. Aber damals glaubte ich fest und überzeugt

---

Feldhandler aus Żółkiewka geleitet wurde. Der Organisation gehörten ungefähr 150 holländische, polnische und sowjetische Juden an. Der Termin des Aufstands wurde vorverlegt, weil die Einstellung der zur Vernichtung bestimmten Judentransporte darauf schließen ließ, daß das Lager einschließlich der restlichen Häftlinge in Kürze liquidiert werden sollte. Die Häftlinge töteten gut ein Dutzend SS-Leute und mehrere ukrainische Nationalisten der Lagermannschaft. Von den Häftlingen sind nur wenige am Leben geblieben. Es waren diejenigen, denen es gelang, die Minenfelder rings um das Lager zu überwinden und sich im Walde zu verstecken. Alle anderen wurden von der SS ermordet. Nach dem Aufstand ist das Vernichtungszentrum Sobibór nicht wieder in Betrieb genommen worden (Gerald Reitlinger, „Die Endlösung. Hitlers Versuch der Ausrottung der Juden Europas 1939—1945", Colloquium Verlag, Berlin 1956, S. 160f.).

an unseren Endsieg, und dafür glaubte ich arbeiten zu müssen, ja nichts versäumen zu dürfen.

Nach dem Willen des RFSS wurde Auschwitz die größte Menschen-Vernichtungs-Anlage aller Zeiten.

Als er mir im Sommer 1941 persönlich den Befehl erteilte, in Auschwitz einen Platz zur Massenvernichtung vorzubereiten und diese Vernichtung durchzuführen, konnte ich mir nicht die geringsten Vorstellungen über die Ausmaße und die Auswirkungen machen.[103] Wohl war dieser Befehl etwas Ungewöhnliches, etwas Ungeheuerliches. Doch die Begründung ließ mich diesen Vernichtungsvorgang richtig erscheinen. Ich stellte damals keine Überlegungen an — ich hatte den Befehl bekommen — und hatte ihn durchzuführen. Ob diese Massenvernichtung der Juden notwendig war oder nicht, darüber konnte ich mir kein Urteil erlauben, soweit konnte ich nicht sehen. Wenn der Führer selbst die „Endlösung der Judenfrage" befohlen hatte, gab es für einen alten Nationalsozialisten keine Überlegungen, noch weniger für einen SS-Führer. „Führer befiehlt, wir folgen" — war keinesfalls eine Phrase, kein Schlagwort für uns. Es war bitter ernst gemeint.

Es wurde mir seit meiner Verhaftung wiederholt gesagt, daß ich ja diesen Befehl hätte ablehnen können, ja daß ich Himmler hätte über den Haufen schießen können. Ich glaube nicht, daß unter den Tausenden von SS-Führern auch nur einer einen solchen Gedanken in sich hätte aufkommen lassen können. So etwas war einfach ganz unmöglich. Wohl haben viele SS-Führer über manchen harten Befehl des RFSS gemeckert, geschimpft, aber ausgeführt haben sie jeden.

Der RFSS hat manchem SS-Führer durch seine unerbittliche Härte bitter wehgetan, aber nicht einer, glaube ich fest, hätte es gewagt, sich an ihm zu vergreifen, auch nicht in den geheimsten Gedanken. Seine Person als RFSS war unantastbar. Seine grundsätzlichen Befehle im Namen des Führers waren heilig. An denen gab es keine Überlegungen, keine Auslegungen, keine Deutungen. Bis zur letzten Konsequenz wurden sie durchgeführt, und sei es durch bewußte Hingabe des Lebens, wie es nicht wenige SS-Führer im Kriege taten.

Nicht umsonst wurden in der SS-Schulung die Japaner als leuchtende Vorbilder der Selbstaufopferung für den Staat, den Kaiser, der ja gleichzeitig ihr Gott war, hervorgehoben. Die SS-Schulung war nicht etwa spurlos wie Hochschulvorlesungen an den SS-Führern vorbeigeglitten. Sie saß tief — und der RFSS wußte wohl, was er von seiner Schutzstaffel verlangen konnte.

Aber Außenstehende können es nicht verstehen, daß es nicht einen SS-Führer gab, der Befehle des RFSS verweigerte oder ihn gar wegen eines grausam-harten Befehles beseitigte. Was der Führer befahl — bzw. für uns sein ihm Nächststehender, der RFSS — war immer richtig.

Auch das demokratische England hat seinen Staatsgrundsatz: „right or wrong — my country!"[104], dem jeder nationalbewußte Engländer Folge leistet.

Bevor aber die Massenvernichtung der Juden begann, wurden in fast allen KL 1941/42 die russischen Politruks und politischen Kommissare liquidiert.

Gemäß einem geheimen Führererlaß wurden in allen Kriegsgefangenenlagern die russischen Politruks und politischen Kommissare herausgesucht durch

---

[103] Ausführlich hat Höß diese Frage im Abschnitt „Die Endlösung der Judenfrage" beschrieben (s. S. 75—94).

[104] Recht oder Unrecht, [es ist] mein Vaterland.

besondere Kommandos der Gestapo.[105] Die Herausgefundenen wurden zur Liquidation dem nächstgelegenen KL überstellt. Als Grund zu dieser Maßnahme wurde verlautbart, daß die Russen jeden deutschen Soldaten, der Parteimitglied sei oder einer Gliederung der NSDAP [106] angehöre, insbesondere SS-Angehörige, sofort niedermachten und daß die politischen Funktionäre der roten Armee den Auftrag hätten, im Falle der Gefangennahme, in den Gefangenenlagern und an den Arbeitsstellen Unruhe in jeder Form zu stiften bzw. die Arbeit zu sabotieren.

Solche herausgefundenen politischen Funktionäre der roten Armee kamen nun auch zur Liquidierung nach Auschwitz. Die ersten kleinen Transporte wurden durch Exekutionskommandos der Truppe erschossen.

Während einer Dienstreise hatte mein Vertreter, der Schutzhaftlagerführer Fritzsch, zur Tötung Gas verwendet.[107] Und zwar das Blausäurepräparat Zyklon B,[108] das zur Ungeziefervertilgung im Lager laufend gebraucht wurde und vorrätig lag. Nach meiner Rückkunft meldete er mir dies, und beim nächsten Transport wurde wiederum dies Gas benutzt. Die Vergasung wurde in den Arrestzellen

---

[105] Die Behandlung dieser Gruppe sowjetischer Kriegsgefangener war in den Grundsätzem für die Behandlung politischer Kommissare vom 6. Juni 1941 festgelegt, ausgearbeitet vom Oberkommando der Wehrmacht (OKW) nach Richtlinien Hitlers vom 30. März 1941. Auf dieser Grundlage erließ der Chef des Reichssicherheitshauptamtes, SS-Gruppenführer Reinhard Heydrich, am 17. Juli 1941, also bereits nach dem Überfall des Dritten Reiches auf die Sowjetunion, den Einsatzbefehl Nr. 8, der die Tötung jener sowjetischen Kriegsgefangenen anordnete, die für den Nationalsozialismus gefährlich werden konnten. Der Einsatzbefehl betraf hauptsächlich alle wichtigeren Partei- und Staatsfunktionäre, insbesondere „Berufsrevolutionäre", alle Volkskommissare der Sowjetarmee, Juden, Angehörige der sowjetischen Intelligenz sowie Personen, die als Aufwiegler oder „fanatische Kommunisten" eingestuft waren. Am 15. Januar 1942 befahl Glücks als Inspekteur Konzentrationslager, eine Selektion unter den zur Vernichtung in die Konzentrationslager eingelieferten sowjetischen Kriegsgefangenen durchzuführen. Aber schon weitaus früher, nämlich Mitte November 1941, war aus Katowice eine Sonderkommission der Gestapoleitstelle Kattowitz in Auschwitz eingetroffen, die die Aufgabe hatte, höchstwahrscheinlich auf der Grundlage des Befehls Heydrichs vom 17. Juli 1941, die Kriegsgefangenen zu verhören und in entsprechende Kategorien einzuteilen.

[106] Die Nationalsozialistische Deutsche Arbeiterpartei (NSDAP) war im Januar 1919 als Deutsche Arbeiterpartei entstanden und hatte dann den Namen NSDAP angenommen.

[107] Aus bisherigen Untersuchungen geht hervor, daß der erste Versuch, mit Gas zu töten, im Keller des Blocks Nr. 11 stattgefunden hat. Eine zweite Vergasung von Häftlingen in diesem Block hat man nicht nachweisen können. Obwohl Höß hier seine Anwesenheit beim ersten Versuch der Tötung durch Gas leugnet, bestätigt er seine Anwesenheit doch schon wenige Sätze weiter, wo er schreibt: „So recht zum Bewußtsein ist mir diese erste Vergasung von Menschen nicht gekommen, ich war vielleicht zu sehr von dem ganzen Vorgang überhaupt beeindruckt. Stärker erinnerlich ist mir die bald darauf erfolgte Vergasung von 900 Russen im alten Krematorium, da die Benutzung des Blocks 11 zuviel Umstände erforderlich machte."

[108] HCN — Zyanwasserstoff, Blausäure, eines der schnellwirkendsten Gifte. In Auschwitz wurde Zyklon B in Form mit Zyanwasserstoff gesättigter Kieselerde verwendet. Hergestellt wurde das Gift von der Deutschen Gesellschaft für Schädlingsbekämpfung Degesch, die zum IG-Farben-Konzern gehörte. Bei der Lieferung des Zyklon B an das Konzentrationslager vermittelte die Firma „Tesch und Stabenow" (Testa). Aus erhaltenen Dokumenten geht hervor, daß Lastwagen der SS das Zyklon B aus den Lagerräumen der Testa in Dessau abholten. Anhand der Umsatzlisten der Firmen Degesch und Testa hat man festgestellt, daß sie 1942 7478,6 kg und 1943 12174,09 kg Zyklon B an das KZ Auschwitz geliefert haben. Der Reingewinn der beiden Firmen aus dem Verkauf des Zyklon B belief sich 1942 auf 45 735,78 RM und 1943 auf 127 985,79 RM.

des Blocks 11 durchgeführt.[109] Ich selbst habe mir die Tötung, durch eine Gasmaske geschützt, angesehen. Der Tod erfolgte in den vollgepfropften Zellen sofort nach Einwurf. Nur ein kurzes, schon fast ersticktes Schreien, und schon war es vorüber. So recht zum Bewußtsein ist mir diese erste Vergasung von Menschen nicht gekommen, ich war vielleicht zu sehr von dem ganzen Vorgang überhaupt beeindruckt. Stärker erinnerlich ist mir die bald darauf erfolgte Vergasung von 900 Russen im alten Krematorium, da die Benutzung des Blocks 11 zuviel Umstände erforderlich machte.[110] Es wurden einfach noch während des Entladens mehrere Löcher von oben durch die Erd- und Betondecke des Leichenraumes geschlagen. Die Russen mußten sich im Vorraum entkleiden und gingen alle ganz ruhig in den Leichenraum, da ihnen gesagt wurde, sie würden da entlaust. Der ganze Transport ging gerade genau in den Leichenraum. Die Türe wurde zugeschlossen und das Gas durch die Öffnungen hineingeschüttet. Wie lange diese Tötung gedauert hat, weiß ich nicht. Doch war eine geraume Weile das Gesumme noch zu vernehmen. Beim Einwerfen schrieen einige „Gas", darauf ging ein mächtiges Brüllen los und ein Drängen nach den beiden Türen. Diese hielten aber den Druck aus. Nach mehreren Stunden erst wurde geöffnet und entlüftet. Da sah ich nun zum ersten Male die Gasleichen in der Menge.

Mich befiel doch ein Unbehagen, so ein Erschauern, obwohl ich mir den Gastod schlimmer vorgestellt hatte. Ich stellte mir darunter immer ein qualvolles Ersticken

---

[109] Am 3. September 1941 wurde im Keller von Block 11 der erste Versuch zur Massentötung von Menschen mit Hilfe von Zyklon B durchgeführt. Dieser Versuch verlief folgendermaßen: Lagerführer SS-Hauptsturmführer Karl Fritzsch suchte am 2. September unter 19 am Vortag im Bunker eingelieferten Häftlingen 9 Mann aus und ließ sie nach Block 11 bringen. Im Bunker blieben die 10 von Fritzsch zum Tode verurteilten Häftlinge zurück. Am Nachmittag des gleichen Tages befahl Fritzsch den 9 erwähnten Häftlingen sowie einigen anderen aus der Strafkompanie, die Betten aus dem ganzen Block 11 auf den Boden zu bringen. Am selben Tag abends wurde die bisher in Block 11 untergebrachte Strafkompanie direkt nach der Arbeit in den noch in Bau befindlichen Block 5a verlegt. Am nächsten Tag, d.h. am 3. September, brachten Krankenpfleger auf Befehl der SS ungefähr 250 kranke Häftlinge aus den Krankenblocks in den Bunker von Block 11. Anschließend trieb man ca. 600 sowjetische Kriegsgefangene (auf Grund des Einsatzbefehls Nr. 8 vom 17. Juli 1941 in Gefangenenlagern ausgesuchte Offiziere und politische Kommissare; vergl. Anm. 105, S. 64) in den Bunker und schüttete die Kellerfenster mit Erde zu. Nachdem SS-Leute das Gas eingeworfen hatten, schloß man auch die Türen. Am 4. September öffnete Rapportführer Palitzsch in einer Gasmaske die Bunkertür und stellte fest, daß einige Häftlinge noch lebten. Man warf also die nächste Portion Gas ein und verschloß die Tür wieder. Am nächsten Tag, d.h. am 5. September, holte man abends 12 Häftlinge der Strafkompanie aus Block 5a und brachte sie auf den Hof des Blocks 11. Man teilte ihnen mit, sie würden bei einer besonderen Arbeit eingesetzt, von der sie unter Androhung der Todesstrafe niemandem etwas erzählen dürften, und man versprach ihnen, daß sie nach Erfüllung dieser Aufgabe größere Lebensmittelrationen bekämen. Auf dem Hof von Block 11 befanden sich die SS-Offiziere Fritzsch und Maier sowie SS-Hauptscharführer Palitzsch und ein Lagerarzt. Die Häftlinge bekamen Gasmasken und mußten in den Keller des Blocks 11 gehen, um die Leichen der dort Vergasten auf den Hof zu bringen. Auf dem Hof zogen sie den ermordeten sowjetischen Kriegsgefangenen die Uniformen aus und luden die Leichen auf Wagen. Die Körper der vergasten Häftlinge waren nur mit Unterwäsche bekleidet. Der Abtransport der Leichen ins Krematorium dauerte bis spät in die Nacht.

[110] Dies geschah im September 1941, als ca. 900 sowjetische Kriegsgefangene eingeliefert wurden, an denen man dann in der Leichenhalle des Krematoriums I im Stammlager Vergasungsversuche durchführte. Ähnlich wie die 600 am 3.—5. September vergasten Gefangenen waren auch diese nicht in der Lagerkartei erfaßt. Mit dem Registrieren der im KZ Auschwitz eingelieferten sowjetischen Kriegsgefangenen begann man erst im Oktober 1941.

vor. Die Leichen waren aber durchweg ohne jegliche Verkrampfung. Wie mir die Ärzte erklärten, wirkte die Blausäure lähmend auf die Lunge, die Wirkung wäre aber so plötzlich und so stark, daß es nicht zu den Erstickungserscheinungen wie z.B. durch Leuchtgas oder durch allgemeine Entziehung des Sauerstoffs führe.

Über die Tötung der russischen Kriegsgefangenen an und für sich machte ich mir damals keine Gedanken. Es war befohlen, ich hatte es durchzuführen. Doch ich muß offen sagen, auf mich wirkte diese Vergasung beruhigend, da ja in absehbarer Zeit mit der Massenvernichtung der Juden begonnen werden mußte, und noch war weder Eichmann [111] noch mir die Art der Tötung dieser zu erwartenden Massen klar. Durch Gas sollte es wohl sein, aber wie und was für ein Gas? Nun hatten wir das Gas und auch den Vorgang entdeckt. Mir graute immer vor den Erschießungen, wenn ich an die Massen, an die Frauen und Kinder dachte. Ich hatte schon genug von den Geiselexekutionen, von den Gruppenerschießungen, die vom RFSS oder RSHA befohlen.[112] Nun war ich doch beruhigt, daß uns allen diese Blutbäder erspart bleiben sollten, daß auch die Opfer bis zum letzten Moment geschont werden konnten. Gerade dieses machte mir am meisten Sorge, wenn ich an die Schilderungen Eichmanns von dem Niedermähen der Juden mit MG und MP durch die Einsatzkommandos [113] dachte. Grauenhafte Szenen sollen sich dabei abgespielt haben: das Weglaufen von Angeschossenen, das Töten der Verwundeten, vor allem der Frauen und Kinder. Die häufigen Selbstmorde in den Reihen der Einsatzkommandos, die dies Im-Blut-Waten nicht mehr ertragen konnten. Einige sind auch verrückt geworden. Die meisten Angehörigen dieser Einsatzkommandos haben sich mittels Alkohol über diese schaurige Arbeit

---

[111] Leiter des Judenreferats im RSHA

[112] Diese Feststellung beweist, daß im KZ Auschwitz zahlreiche Hinrichtungen von Geiseln und Massenerschießungen von Zivilpersonen, besonders Mitgliedern der Widerstandsbewegung, sowie von Häftlingen und sowjetischen Kriegsgefangenen stattgefunden haben. Das bestätigt auch Broad in seinem Bericht (s. den Abschnitt „Erschießungen im alten Krematorium", S. 109—112).

[113] Die Einsatzkommandos waren, ähnlich wie Sonderkommandos, Teilkommandos und Vorkommandos, Einheiten der Einsatzgruppen. Die Aufstellung der Einsatzgruppen stand in Verbindung mit dem geplanten Überfall auf Polen. 1939 kam es zu einer Absprache zwischen dem Oberbefehlshaber des Heeres und dem Chef der Sicherheitspolizei und des Sicherheitsdienstes, damals Reinhard Heydrich. In diesem Übereinkommen war festgelegt, daß bei jeder Heeresgruppe eine besondere Einheit, bestehend aus Vertretern der verschiedenen Polizeidienste und der SS, tätig sein solle. Diese Einheiten sollten in den von der Wehrmacht eroberten Ostgebieten feindliche und schädliche Elemente beseitigen. Ihre volle Bezeichnung lautete „Einsatzgruppen der Sicherheitspolizei und des SD". Die Einsatzgruppen bestanden aus speziell abkommandierten Mitarbeitern der Geheimen Staatspolizei (Gestapo), des Sicherheitsdienstes (SD) und der Kriminalpolizei (Kripo). Bei jeder der fünf Heeresgruppen, die in Polen einfielen, gab es eine Einsatzgruppe, und außerdem existierte eine 6. Einsatzgruppe z.b.V., die die Industrieanlagen in Górny Śląsk (Oberschlesien) sichern sollte. Aufgestellt hatte man die Einsatzgruppen bereits im August 1939. Entsprechend der Reorganisation der Militärverwaltung in den eroberten polnischen Gebieten wurden weitere Einsatzgruppen gebildet. Besonders blutrünstig gingen die Einsatzgruppen vor, die fast die ganze Besatzungszeit hindurch in den besetzten Gebieten der Sowjetunion wüteten. Jede Einsatzgruppe war in zwei bis vier Einsatzkommandos gegliedert, die sich wiederum aus kleineren Abteilungen (von wenigen bis zu fast 20 Mann) zusammensetzten und Nebenstellen oder Außenstellen hießen. Vom Amerikanischen Militärtribunal in Nürnberg wurden die Befehlshaber der Einsatzgruppen (Prozeß Nr. IX) im Urteil vom 10. April 1948 für schuldig befunden, 2 Mill. Männer, Frauen und Kinder ermordet zu haben.

hinweggeholfen. Nach Höfles[114] Schilderungen haben auch die Männer der Globocnik'schen Vernichtungsstellen[115] unheimliche Mengen an Alkohol verbraucht.

Es kamen nun im Frühjahr 1942 die ersten Judentransporte aus Oberschlesien, die alle zu vernichten waren. Sie wurden nach dem Bauerngehöft — Bunker I[116] — von der Rampe über die Wiesen des späteren Bauabschnittes II[117] geführt. Aumeier[118], Palitzsch und noch einige Blockführer führten und unterhielten sich mit ihnen möglichst harmlos, frugen nach Berufen und Kenntnissen, um so zu täuschen. Am Gehöft angekommen, mußten sie sich ausziehen. Sie gingen auch zuerst ganz ruhig in die Räume, wo sie desinfiziert werden sollten. Bis dann einige doch stutzig wurden und von Ersticken, von Vernichten sprachen. Es entstand dann sofort eine Art Panik. Doch schnell wurden die noch draußen Stehenden in die Kammern hineingetrieben und [die Türen] zugeschraubt. Bei den nächsten Transporten wurde von vornherein nach den unruhigen Geistern gefahndet und diese nicht aus den Augen gelassen. Machte sich Unruhe bemerkbar, so wurden die Unruheverbreiter unauffällig hinter das Haus geführt und dort mit dem Kleinkalibergewehr getötet, das war von den anderen nicht zu vernehmen. Auch das Vorhandensein des Sonderkommandos[119] und dessen beruhigendes Verhalten besänftigte die Unruhigen, die Ahnenden. Weiterhin wirkte beruhigend, daß einige vom Sonderkommando mit in die Räume hineingingen und bis zum letzten Moment darinblieben, ebenso blieb bis zuletzt ein SS-Mann unter der Tür stehen. Wichtig war vor allen Dingen, daß bei dem ganzen Vorgang des Ankommens und Entkleidens möglichst größte Ruhe herrschte. Nur kein Geschrei,

---

[114] Stabsoffizier bei SS-Gruppenführer Globocnik

[115] Höß meint die Vernichtungslager Sobibór, Bełżec und Treblinka und teilweise auch Majdanek, jene Orte also, die der Massenvernichtung der jüdischen Bevölkerung dienten und im Distrikt Lublin lagen, wo Globocnik SS- und Polizeiführer war.

[116] Der Bunker Nr. 1 befand sich in einem Bauernhaus, das ähnlich wie der etwas weiter ab gelegene Bunker Nr. 2 speziell zu einer Vergasungsstätte umgebaut war. Es waren die ersten Vernichtungsstätten in Birkenau, in denen mit Zyklon B getötet wurde. Über das Vergasen in diesen Gebäuden berichten auch Broad im Abschnitt „Zwei kleine Bauernhäuser" (s. S. 123—128) und Lagerarzt SS-Obersturmführer Johann Paul Kremer in seinem Tagebuch (s. S. 159).

[117] Das Lager Birkenau sollte aus vier Bauabschnitten bestehen. 1942 wurde Abschnitt I (Männer- und Frauenlager) in Betrieb genommen, 1943—1944 übergab man die zum Bauabschnitt II gehörigen Lager (Zigeunerlager, Quarantänelager für Männer, Männerlager, Lagerkrankenbau, Familienlager für die Juden aus Theresienstadt, das „Kanada" genannte Effektenlager für die den Juden geraubten Sachen und das Depotlager für die ungarischen Juden). 1944 wurde der Bauabschnitt III in Angriff genommen. In den noch nicht fertiggestellten Baracken brachte man im Juni und Juli 1944 vorübergehend Jüdinnen unter, die nicht in die Lagerkartei aufgenommen wurden. Dieses Lager wurde ebenfalls Depotlager und später „Mexiko" genannt. Mit der Ausführung des Bauabschnitts IV wurde nicht mehr begonnen.

[118] nach der Versetzung Fritzsch' 1. Lagerführer des KZ Auschwitz

[119] Das Sonderkommando war bei Arbeiten eingesetzt, die mit dem Verbrennen der Leichen in den Krematorien oder auf Scheiterhaufen zusammenhingen. Die Mitglieder des Sonderkommandos rekrutierten sich aus zur Vernichtung eingelieferten jüdischen Häftlingen der RSHA-Transporte. Diese Häftlinge wurden unmittelbar nach ihrer Einlieferung dem Sonderkommando zugeteilt und hatten daher keine Ahnung vom Charakter ihrer künftigen Arbeit. Von Zeit zu Zeit liquidierte die Lagerleitung einen Teil des Sonderkommandos, um sich der Augenzeugen der begangenen Verbrechen zu entledigen; an ihrer Stelle suchte man neue Häftlinge aus frisch einge-

kein Gehetze. Wenn sich einige nicht ausziehen wollten, mußten schon Ausgezogene helfen oder die vom Sonderkommando. Mit gutem Zureden wurden auch Widerspenstige besänftigt und ausgezogen. Die Häftlinge des Sonderkommandos sorgten auch dafür, daß der Vorgang des Entkleidens schnell vor sich ging, damit den Opfern nicht lange Zeit zu Überlegungen blieb.

Überhaupt war die eifrige Mithilfe des Sonderkommandos bei dem Entkleiden und dem Hineinführen in die Gaskammern doch eigenartig. Nie habe ich erlebt, habe auch nie davon gehört, daß sie den zu Vergasenden auch nur das geringste von dem ihnen Bevorstehenden sagten. Im Gegenteil, sie versuchten alles, um sie zu täuschen, vor allem die Ahnenden zu beruhigen. Wenn sie den SS-Männern nicht glaubten, aber den eigenen Rassegenossen — schon aus Gründen der Verständigung und auch der Beruhigung wurden die Sonderkommandos immer aus den Juden zusammengesetzt, die aus den Ländern stammten, aus denen die Aktionen gerade anliefen — glaubten sie zuversichtlich. Sie ließen sich von dem Leben im Lager erzählen und fragten zumeist nach dem Verbleib Bekannter oder Familienangehöriger aus früheren Transporten. Was die vom Sonderkommando denen alles vorlogen, mit welcher Überzeugungskraft, mit welchen Gebärden sie das Gesagte unterstrichen, war interessant.[120]

---

troffenen Transporten aus. Bei den einzelnen Aktionen zur Vernichtung der Mitglieder des Sonderkommandos ließen die Nazis einen Teil des geschulten Personals am Leben, so z.B. Kapos und die Heizer der Krematoriumsöfen. Die Angehörigen des Sonderkommandos hatten weitaus bessere Lebensbedingungen als die anderen Häftlinge. Mit Rücksicht auf den Charakter der von ihnen ausgeführten Arbeiten waren sie streng von den anderen Häftlingen isoliert, und alle Kontakte mit dem Lager waren unter Todesstrafe verboten. Trotz all dieser Bemühungen der Lagerführung ist eine Reihe von Informationen über die vom Sonderkommando ausgeführten Arbeiten ins Lager und dann nach außen gelangt. Das Lager haben ungefähr ein Dutzend im Sonderkommando beschäftigte Häftlinge überlebt, die nach dem Krieg Aussagen niedergeschrieben (z.B. Stanisław Jankowski, eigentlich Alter Feinsilber, Szlama Dragon, Henryk Tauber, Henryk Mandelsbaum) oder sogar ihre Erinnerungen an das Lager Auschwitz veröffentlicht haben (z.B. Dr. Miklós Nyiszli in seinem Buch „Dr. Mengele boncolóorvosa voltam az auschwitzi krematóriumban" — Ich war als Arzt in Auschwitz —). Nach dem Krieg hat man im Lager Birkenau auch sechs Handschriften gefunden, geschrieben von Häftlingen des Sonderkommandos, Augenzeugen der von den Nazis verübten Massenvernichtung. Diese Handschriften waren auf dem Gelände der Birkenauer Krematorien II und III vergraben. Sie sind eine erschütternde Anklage aus dem Reich der Toten, denn alle Verfasser dieser Handschriften sind vor der Befreiung des Lagers umgebracht worden. Von den bisher aufgefundenen Handschriften sind jene Teile, die das Auschwitzer Lager betreffen, im Sonderheft 1 der „Hefte von Auschwitz" veröffentlicht worden. Sie ermöglichen einen genauen Einblick in Einzelheiten der Arbeit und des Lebens der Mitglieder des Sonderkommandos.

[120] Das Vorgehen und Verhalten, das Höß den Mitgliedern des Sonderkommandos zuschreibt, bezieht sich auf die SS-Leute, die den Dienst auf der Rampe versahen und die zur Vernichtung bestimmten Menschen zu den Gaskammern exkortierten. Von einem „Sich Drängen" der SS-Leute zu dieser Arbeit wegen Sonderrationen von Schnaps, Zigaretten, Wurst und Brot schreibt ausdrücklich Lagerarzt SS-Obersturmführer Johann Paul Kremer (s. S. 154, Eintragung vom 5. September 1942). Die Mitglieder des Sonderkommandos waren nicht am Prozeß des Tötens beteiligt, dagegen wurden sie beim Entfernen der Leichen aus den Gaskammern, beim Saubermachen der Gaskammern, beim Verbrennen der Leichen, beim Entaschen der Öfen und beim Abtransport der Asche aus den Krematorien eingesetzt. Außerdem waren Mitglieder des Sonderkommandos bei der sog. Nutzung der Leichen beschäftigt, d.h. beim Ausreißen von Goldzähnen, beim Abschneiden der Haare, bei der Suche nach verstecktem Schmuck in den Körpern der Getöteten und beim Einschmelzen des Goldes zu Stäben. Im letzten Zeitraum des Bestehens des Lagers (Dezember 1944, Januar 1945) setzte die Lagerleitung Häftlinge des Sonderkommandos ein, um die Spuren

Viele Frauen versteckten ihre Säuglinge in den Kleiderhaufen. Die vom Sonderkommando paßten da ganz besonders auf und redeten der Frau so lange zu, bis sie das Kind mitnahm. Die Frauen glaubten, daß die Desinfektion den Kindern nicht gut täte, daher das Verstecken. Die kleinen Kinder jammerten meist ob des Ungewohnten beim Ausziehen, doch wenn die Mütter gut zuredeten, oder die vom Sonderkommando, beruhigten sie sich und gingen spielend, sich gegenseitig neckend, ein Spielzeug im Arm, in die Kammern.

Ich habe auch beobachtet, daß Frauen, die ahnten oder wußten, was ihnen bevorstand, mit der Todesangst in den Augen die Kraft noch aufbrachten, mit ihren Kindern zu scherzen, ihnen gut zuzureden.

Eine Frau trat einmal im Vorbeigehen ganz nahe an mich heran und flüsterte mir zu, indem sie auf ihre 4 Kinder zeigte, die sich brav angefaßt hatten, um die Kleinsten über die Unebenheiten des Geländes zu führen: „Wie bringt ihr das bloß fertig, diese schönen lieben Kinder umzubringen? Habt ihr denn kein Herz im Leibe?" Ein alter Mann zischelte mir einmal im Vorbeigehen zu: „Diesen Massenmord an den Juden wird Deutschland schwer büßen müssen." Dabei glühten seine Augen vor Haß.[121] Trotzdem ging er mutig in den Gasraum, ohne sich um die anderen zu kümmern.

Eine junge Frau fiel mir auf, da sie übereifrig half die Kleinkinder, die älteren Frauen auszuziehen, immer hin und her rannte. Sie hatte bei der Aussortierung zwei kleine Kinder bei sich, sie fiel mir durch ihr aufgeregtes Wesen und durch ihre Erscheinung dort schon auf. Sie sah ganz und gar nicht nach einer Jüdin aus. Jetzt hatte sie keine Kinder mehr. Sie drückte sich bis zuletzt um die noch nicht mit dem Auskleiden fertigen Frauen mit mehreren Kindern herum, redete ihnen gut zu, beruhigte die Kinder. Mit den letzten ging sie in den Bunker. Im Türrahmen blieb sie stehen und sagte: „Ich habe von Anfang an gewußt, daß wir nach Auschwitz zur Vergasung kommen, vor der Aussortierung als Arbeitskräfte drückte ich mich, indem ich die Kinder an mich nahm. Ich wollte den Vorgang bewußt und genau erleben. Hoffentlich geht es schnell vorüber. Lebt wohl!"

Ab und zu kam es auch vor, daß Frauen während des Ausziehens plötzlich

---

der Verbrechen zu verwischen, also beim Abriß der Krematorien und beim Bepflanzen jener Gebiete, in denen sich Leichengruben und Scheiterhaufen befunden hatten.

121 Ähnliche Szenen beschreibt ein unbekanntes Mitglied des Sonderkommandos in seiner Handschrift: „Es war Passah 1944. Es kam ein Transport aus Vittel in Frankreich. Darunter befanden sich viele hochangesehene jüdische Persönlichkeiten, u.a. ein Rabbiner aus Bayonne, Rabbi Mosze Friedman, seligen Angedenkens, eine der größten wissenschaftlichen Autoritäten des polnischen Judentums, eine seltene Patriarchengestalt. Er entkleidete sich zusammen mit allen anderen. Später kam ein gewisser Obersturmführer herein. Der Rabbi ging auf ihn zu, hielt ihn am Aufschlag seiner Uniform fest und sagte auf Deutsch: 'Ihr gemeinen, grausamen Menschenmörder, glaubt doch nicht, daß es euch gelingen wird, unser Volk auszurotten! Das jüdische Volk wird ewig leben und nicht aus der Arena der Weltgeschichte verschwinden. Ihr niederträchtigen Mörder aber werdet sehr teuer mit zehn Deutschen für jeden unschuldigen Juden bezahlen müssen. Ihr werdet nicht nur als Macht, sondern auch als selbständiges Volk untergehen. Der Tag der Abrechnung wird kommen. Das vergossene Blut wird nach Vergeltung schreien. Unser Blut wird nicht ruhen, solange sich nicht der glühende Zorn der Vernichtung über euer Volk ergießt und euer tierisches Blut vernichtet.' Diese Worte sagte er mit löwenstarker Stimme und großer Energie." — Handschrift eines unbekannten Verfassers, „Hefte von Auschwitz", Sonderheft 1, Oświęcim 1972, S. 122f.

markerschütternd losschrieen, sich die Haare ausrissen und sich wie wahnsinnig gebärdeten. Schnell wurden sie herausgeführt und hinter dem Haus mit dem Kleinkalibergewehr durch Genickschuß getötet.

Es kam auch vor, daß Frauen in dem Augenblick, als die vom Sonderkommando aus dem Raum gingen und sie merkten, was nun geschehen würde, uns alle möglichen Verwünschungen zuschrieen. Ich erlebte auch, daß eine Frau aus der Kammer beim Zumachen ihre Kinder herausschieben wollte und weinend rief: „Laßt doch wenigstens meine lieben Kinder am Leben." So gab es viele erschütternde Einzelszenen, die allen Anwesenden nahegingen.

Im Frühjahr 42 gingen Hunderte von blühenden Menschen unter den blühenden Obstbäumen des Bauerngehöftes, meist nichtsahnend, in die Gaskammern, in den Tod. Dies Bild vom Werden und Vergeh'n steht mir auch jetzt noch genau vor den Augen.

Schon der Vorgang der Aussortierung an der Rampe war reich an Zwischenfällen. Durch das Auseinanderreißen der Familien, die Trennung der Männer von den Frauen und Kindern, kam schon eine große Aufregung und Unruhe in den ganzen Transport. Die weitere Trennung der Arbeitsfähigen vermehrte diesen Zustand noch. Die Familien wollten ja auf alle Fälle zusammenbleiben. So liefen dann Aussortierte wieder zu den Familienangehörigen zurück. Oder Mütter mit Kindern versuchten zu ihren Männern oder älteren, zur Arbeit ausgesuchten Kindern zu kommen. Es entstand so oft ein wüstes Durcheinander, daß oft noch einmal sortiert werden mußte. Die Enge des zur Verfügung stehenden Raumes ließ bessere Abtrennmaßnahmen nicht zu. Alle Beschwichtigungsversuche verhallten nutzlos in den aufgeregten Menschenmassen. Oft mußte mit Gewalt die Ordnung wiederhergestellt werden.[122]

Wie ich schon mehrfach sagte, haben die Juden einen stark ausgeprägten Familiensinn. Sie hängen aneinander wie die Kletten. Doch fehlt ihnen nach meinen Beobachtungen das Zusammengehörigkeitsgefühl untereinander. In der Situation, müßte man annehmen, müßte einer den anderen schützen. Nein, im Gegenteil, ich habe oft erlebt und auch gehört, daß Juden — besonders aus dem Westen — Anschriften von noch versteckten Rassegenossen angaben: Eine Frau rief einmal aus dem Gasraum noch eine Adresse einer Judenfamilie dem Unterführer zu. Ein Mann, seiner Kleidung und seinem Benehmen nach aus besten Verhältnissen, gab mir beim Entkleiden einen Zettel, auf dem eine Reihe Anschriften von holländischen Familien, bei denen Juden versteckt waren, verzeichnet war.

Was diese Juden zu diesen Angaben trieb, sie dazu veranlaßte, ist mir nicht erklärlich. Ob aus persönlicher Rache oder aus Mißgunst, weil sie den anderen das Weiterleben nicht gönnten?

Ebenso eigenartig war ja auch das ganze Verhalten der Sonderkommandos. Sie wußten doch alle ganz bestimmt, daß sie bei Beendigung der Aktionen selbst auch das gleiche Schicksal treffen würde wie die Tausende ihrer Rasse-

---

[122] Eine genaue Beschreibung der durchgeführten Selektionen und der Tragödien, die Tausende auf der Rampe getrennte Familien erlitten, vermittelt Zalmen Gradowski, ein anderes Mitglied des Sonderkommandos, in seiner Handschrift („Hefte von Auschwitz", Sonderheft 1, Oświęcim 1972, S. 98f.). Über die sich auf der Rampe abspielenden Dramen schreibt auch Broad in seinem Bericht (s. Abschnitt „Zwei kleine Bauernhäuser", S. 123—128).

genossen, zu deren Vernichtung sie beträchtlich behilflich waren. Und doch waren sie mit einem Eifer dabei, der mich immer verwunderte. Nicht nur, daß sie nie zu den Opfern über das Bevorstehende redeten, auch das fürsorgliche Behilflichsein beim Ausziehen, aber auch das gewaltsame bei sich Sträubenden. Dann das Wegführen der Unruhigen und das Festhalten beim Erschießen. Sie führten diese Opfer so, daß diese den mit dem Gewehr bereitstehenden Unterführer nicht sehen konnten und dieser so unbermerkt das Gewehr im Nacken ansetzen konnte. So verfuhren sie auch mit den Kranken und Gebrechlichen, die nicht in die Gasräume gebracht werden konnten. Alles mit einer Selbstverständlichkeit, als wenn sie selbst zu den Vernichtern gehörten.

Dann das Herausziehen der Leichen aus den Kammern, das Entfernen der Goldzähne, das Abschneiden der Haare, das Hinschleppen zu den Gruben oder an die Öfen. Das Unterhalten des Feuers bei den Gruben, das Übergießen des angesammelten Fettes, das Herumstochern in den brennenden Leichenbergen, um Luft zuzuführen.

All diese Arbeiten machten sie mit einer stumpfen Gleichmütigkeit, als wenn es irgend etwas Alltägliches wäre. Beim Leichenschleppen aßen sie oder rauchten. Selbst bei der grausigen Arbeit des Verbrennens der schon längere Zeit in den Massengräbern [123] Liegenden ließen sie sich nicht vom Essen abhalten. Es kam auch wiederholt vor, daß Juden vom Sonderkommando nächste Angehörige unter den Leichen entdeckten, auch unter denen, die in die Kammern gingen. Wohl ging ihnen das sichtbar nahe, aber nie ereignete sich dabei ein Zwischenfall.

Einen Fall erlebte ich selbst. Beim Herausziehen der Leichen aus einer Kammer der Freianlage stutzte plötzlich einer vom Sonderkommando. Stand einen Augenblick wie gebannt still, zog aber dann mit seinem Genossen mit der Leiche ab. Ich frug den Kapo, was mit dem los sei. Er stellte fest, daß der stutzende Jude seine Frau unter den Leichen entdeckt hätte. Ich beobachtete ihn noch eine Weile, ohne etwas Auffälliges an ihm zu bemerken. Er schleppte nach wie vor seine Leichen weiter. Als ich einige Zeit später wieder zu dem Kommando kam, saß er essend zwischen den anderen, als ob nichts vorgegangen wäre. Konnte dieser seine Erregung so verbergen, oder stand er selbst diesem „Erlebnis" zu stumpf geworden gegenüber? Was gab den Juden der Sonderkommandos die Kraft, diese schauderhafte Arbeit Tag und Nacht zu verrichten? Hofften sie auf einen besonderen Zufall, der sie knapp am Tod vorbeikommen ließ? Oder waren sie durch all das Grausige zu stumpf geworden oder zu schwach, um selbst ein Ende zu machen, um diesem „Dasein" zu entrinnen.[124] Ich habe sie doch wahrlich ge-

---

[123] Anfang 1942, beim Beginn der Massenvergasung der im Lager eintreffenden RSHA-Transporte in den Birkenauer Bunkern 1 und 2, wurden die Leichen der Ermordeten nicht verbrannt, sondern in extra zu diesem Zweck ausgehobenen Gruben verscharrt. Höß geht es also um das zweite Sonderkommando, das im Herbst 1942 beim Ausgraben und Verbrennen der vom vorigen Sonderkommando verscharrten Leichen beschäftigt war („Hefte von Auschwitz", Sonderheft 1, Oświęcim 1972, S. 149, Anm. 27).

[124] Die Psyche der Häftlinge des Sonderkommandos versucht Salmen Lewental, eines der Mitglieder dieses Kommandos, zu analysieren. Er ist bemüht, die gleichen Fragen zu beantworten, die auch Höß beschäftigten. Die Überlegungen Lewentals sind ein erschütterndes Zeugnis der unmenschlichen Einstellung der Lagerbehörden gegenüber den im Lager eingelieferten und dort gefangengehaltenen Personen. — Handschrift von Salmen Lewental, (22)—(36), „Hefte von Auschwitz", Sonderheft 1, Oświęcim 1972, S. 144—150.

nug beobachtet, doch vermochte ich ihr Verhalten nicht wirklich zu ergründen. Das Leben und das Sterben der Juden gaben mir wahrhaftig Rätsel genug, die ich nicht zu lösen imstande war.

Alle diese Erlebnisse, diese Vorkommnisse, die ich hier schilderte und die ich noch durch unzählige vermehren könnte, sind ja nur Ausschnitte aus dem gesamten Vorgang der Vernichtung, sie sind nur Streiflichter.

Diese Massenvernichtung mit allen Begleiterscheinungen ging nun nicht einfach so — zur Kenntnis genommen — über die dabei Beteiligten hinweg. Wohl allen — bis auf wenige Ausnahmen — der zu dieser ungeheuerlichen „Arbeit", zu diesem „Dienst" Kommandierten und wie auch mir selbst haben diese Vorgänge genug zu denken gegeben, haben tiefe Eindrücke hinterlassen. Die meisten der Beteiligten traten oft bei meinen Kontrollgängen durch die Vernichtungsstellen an mich heran, um ihre Bedrückungen ihre Eindrücke an mich los zu werden, um durch mich beruhigt zu werden. Aus ihren vertraulichen Gesprächen hörte ich immer und immer wieder die Frage heraus: Ist das notwendig, was wir machen müssen? Ist das notwendig, daß Hunderttausende Frauen und Kinder vernichtet werden müssen. Und ich — der ich mir unzählige Male im tiefsten Innern selbst diese Frage gestellt — mußte sie mit dem Führerbefehl abspeisen, damit vertrösten. Mußte ihnen sagen, daß diese Vernichtung des Judentums notwendig sei, um Deutschland, um unsere Nachkommen, für alle Zeit von den zähesten Widersachern zu befreien.

Wohl stand für uns alle der Führerbefehl unverrückbar fest, auch, daß die SS ihn durchführen mußte. Doch in allen nagten geheime Zweifel. Und ich selbst durfte auf keinen Fall meine gleichen Zweifel bekennen. Ich mußte mich, um die Beteiligten zum psychischen Durchhalten zu zwingen, felsenfest von der Notwendigkeit der Durchführung dieses grausam-harten Befehles überzeugt zeigen. Alle sahen auf mich. Welchen Eindruck machten solche Szenen, wie oben geschildert, auf mich, wie reagierte ich darauf. Daraufhin wurde ich genau beobachtet. Jede Äußerung meinerseits durchgesprochen. Ich mußte mich sehr zusammenreißen, um nicht einmal in der Erregung über eben Erlebtes meine inneren Zweifel und Bedrückungen erkennen zu lassen. Kalt und herzlos mußte ich scheinen bei Vorgängen, die jeden noch menschlich Empfindenden das Herz im Leibe umdrehen ließen. Ich durfte mich noch nicht einmal abwenden, wenn allzu menschliche Regungen in mir hochstiegen. Mußte kalt zusehen, wie die Mütter mit den lachenden oder weinenden Kindern in die Gaskammern gingen.

Einmal waren 2 kleine Kinder so in ihr Spiel vertieft, daß sie sich absolut nicht von ihrer Mutter davon wegreißen lassen wollten. Selbst die Juden des Sonderkommandos wollten die Kinder nicht aufnehmen. Den um Erbarmen flehenden Blick der Mutter, die bestimmt wußte, was geschieht, werde ich nie vergessen. Die in der Kammer wurden schon unruhig — ich mußte handeln. Alles sah auf mich — ich gab dem diensthabenden Unterführer einen Wink, und er nahm die sich heftig sträubenden Kinder auf die Arme und brachte sie mit der herzzerbrechend weinenden Mutter in die Kammer. Ich wäre am liebsten vor Mitleid von der Bildfläche verschwunden — aber ich durfte nicht die geringste Rührung zeigen.

Ich mußte alle Vorgänge mitansehen. Ich mußte, ob Tag oder Nacht beim Herausschaffen, beim Verbrennen der Leichen zusehen, mußte das Zahnausbrechen, das Haarabschneiden, all das Grausige stundenlang mitansehen. Ich mußte selbst bei der grausigen, unheimlichen Gestank verbreitenden Ausgrabung der

Massengräber und dem Verbrennen stundenlang dabeistehen. Ich mußte auch durch das Guckloch des Gasraumes den Tod selbst ansehen, weil die Ärzte mich darauf aufmerksam machten.

Ich mußte dies alles tun — weil ich derjenige war, auf den alle sahen, weil ich allen zeigen mußte, daß ich nicht nur die Befehle erteilte, die Anordnungen traf, sondern auch bereit war, selbst überall dabei zu sein — wie ich es von den von mir dazu Kommandierten verlangen mußte.

Der RFSS schickte verschiedentlich höhere Partei- und SS-Führer nach Auschwitz, damit sie sich die Vernichtung der Juden ansähen.[125] Alle waren davon tief beeindruckt. Einige, die vorher sehr eifrig über die Notwendigkeit dieser Vernichtung dozierten, wurden beim Anblick der „Endlösung der Judenfrage" doch ganz still und schwiegen sich aus. Stets wurde ich dabei gefragt, wie ich, wie meine Männer diesen Vorgang dauernd mitansehen könnten, wie wir dies aushalten könnten. Ich antwortete stets darauf, daß eben alle menschlichen Regungen zu schweigen hätten — vor der eisernen Konsequenz, mit der wir den Befehl des Führers durchzuführen hätten. Jeder der Herrn erklärte, er möchte diese Aufgabe nicht haben.

Selbst Mildner[126] und Eichmann, die bestimmt „hart verpackt" waren, hatten keinerlei Neigung, mit mir zu tauschen. Um die Aufgabe beneidete mich niemand.

Mit Eichmann sprach ich vielmals und ausführlich über all das, was mit der Endlösung der Judenfrage zusammenhing, ohne aber je meine inneren Nöte kundzutun. Ich habe versucht, aus Eichmann dessen innerste, wirklichste Überzeugung über diese „Endlösung" herauszubekommen. Mit allen Mitteln. Doch auch in der fortgeschrittensten Alkoholauflockerung — nur unter uns — trat er, besessen geradezu, für die restlose Vernichtung aller erreichbaren Juden ein. Ohne Erbarmen, eiskalt mußten wir so schnell wie möglich die Vernichtung betreiben. Jede Rücksicht, auch die geringste, würde sich später bitter rächen. Dieser harten Konsequenz gegenüber mußte ich meine menschlichen „Hemmungen" zutiefst begraben.

Ja, ich muß offen gestehen, diese menschlichen Regungen kamen mir — nach solchen Gesprächen mit Eichmann — beinah wie Verrat am Führer vor. Es gab für mich kein Entrinnen aus diesem Zwiespalt. Ich mußte den Vernichtungsvorgang, das Massenmorden weiter durchführen, weiter erleben, weiter kalt auch das innerlich zutiefst Aufwühlende mitansehen. Kalt mußte ich allen Vorkommnissen gegenüberstehen. Doch auch kleinere Erlebnisse, die vielleicht den anderen gar nicht so zum Bewußtsein kamen, kamen mir so schnell nicht aus den Gedanken. Und ich hatte mich doch in Auschwitz wahrhaftig nicht über Langeweile zu beklagen.

---

125 Ins KZ Auschwitz kamen und den Vernichtungsprozeß besichtigten u.a. SS-Gruppenführer Glücks, Inspekteur Konzentrationslager, am 16. Juni 1942, RFSS Himmler am 17. Juli 1942 (s. Anm. 62, S. 47), SS-Standartenführer Enno Lolling, Chef des Amtes DIII (Amt für sanitäre Angelegenheiten im WVHA), am 11. September 1942, SS-Gruppenführer Pohl, Chef des WVHA, am 23. September 1942, Reichsarzt SS-Gruppenführer Prof. Dr. med. Ernst Robert von Grawitz, Chef des SS-Sanitätshauptamtes und Vorsitzender des Deutschen Roten Kreuzes, am 25. September 1942 (vgl. unter dem entsprechenden Datum die Eintragungen im Tagebuch Kremers) sowie SS-Obersturmbannführer Adolf Eichmann, Leiter des Referats IVB4 im RSHA, SS-Grupenführer Globocnik, SS- und Polizeiführer des Distrikts Lublin, und andere.

126 Chef der Staatspolizeileitstelle Kattowitz in Katowice

Hatte mich irgendein Vorgang sehr erregt, so war es mir nicht möglich, nach Hause, zu meiner Familie zu gehen. Ich setzte mich dann aufs Pferd und tobte so die schaurigen Bilder weg, oder ich ging oft des Nachts durch die Pferdeställe und fand dort bei meinen Lieblingen Beruhigung.

Es kam oft vor, daß ich zu Hause plötzlich mit meinen Gedanken bei irgendwelchen Vorgängen, bei der Vernichtung war. Ich mußte dann raus. Ich konnte es nicht mehr im traulichen Kreis meiner Familie aushalten. Oft kamen mir so, wenn ich unsere Kinder glücklich spielen sah, meine Frau mit der Kleinsten überglücklich war, Gedanken: Wie lange wird euer Glück noch dauern? Meine Frau konnte sich meine trüben Stimmungen nie erklären, schob sie auf dienstlichen Ärger.

Wenn ich so nachts draußen bei den Transporten, bei den Gaskammern, an den Feuern stand, mußte ich oft an meine Frau und die Kinder denken, ohne aber sie näher mit dem ganzen Vorgang in Verbindung zu bringen. Auch von den Verheirateten unter den an den Krematorien oder den Freianlagen Diensttuenden hörte ich dies [auch] oft. Wenn man die Frauen mit den Kindern in die Gaskammern gehen sah — so dachte man unwillkürlich an die eigene Familie.

Ich war in Auschwitz seit Beginn der Massenvernichtung nicht mehr glücklich. Ich wurde unzufrieden mit mir selbst. Dazu noch die Hauptaufgabe, die nie abreißende Arbeit — und die Unzuverlässigkeit der Mitarbeiter. Das Nichtverstanden- und Nichtgehörtwerden von meinen Vorgesetzten. Wirklich kein erfreulicher und wünschenswerter Zustand. Und doch glaubten alle in Auschwitz: der Kommandant hat doch ein schönes Leben.

Ja, meine Familie hatte es in Auschwitz gut. Jeder Wunsch, den meine Frau, den meine Kinder hatten, wurde erfüllt. Die Kinder konnten frei und ungezwungen toben. Meine Frau hatte ihr Blumenparadies. Die Häftlinge taten alles, um meiner Frau, um den Kindern etwas Liebes zu tun, um ihnen eine Aufmerksamkeit zu erweisen. Es wird wohl auch kein ehemaliger Häftling sagen können, daß er je in unserem Haus irgendwie schlecht behandelt worden sei. Meine Frau hätte am liebsten jedem Häftling, der irgend etwas bei uns zu tun hatte, etwas geschenkt. Die Kinder bettelten dauernd bei mir um Zigaretten für die Häftlinge. An den Gärtnern hingen die Kinder besonders.

In der ganzen Familie war die Liebe für die Landwirtschaft, besonders für alle Tiere, hervorstechend. Jeden Sonntag mußte ich mit allen über die Felder fahren, durch die Ställe gehen, auch die Hundeställe durften nie versäumt werden. Unseren beiden Pferden und dem Fohlen galt die besondere Liebe. Immer hatten auch die Kinder im Garten besonderes Viehzeug, das die Häftlinge immer angeschleppt brachten. Ob Schildkröten oder Marder, ob Katzen oder Eidechsen, stets gab es was Neues, Interessantes im Garten. Oder sie panschten im Sommer im Planschbecken im Garten oder in der Sola. Ihre größte Freude war jedoch, wenn Vati mitbadete. Der hatte nur wenig Zeit für all' die Kinderfreuden. Heute bereue ich es schwer, daß ich mir nicht mehr Zeit für meine Familie nahm. Ich glaubte ja immer, ich müsse ständig im Dienst sein. Mit diesem übertriebenen Pflichtbewußtsein habe ich mir das Leben selbst immer schwerer gemacht, als es an und für sich schon war. Meine Frau hat mich oft und oft gemahnt: Denk nicht immer an den Dienst, denk auch an deine Familie. — Doch was wußte meine Frau von den Dingen, die mich bedrückten — sie hat es nie erfahren.

DIE „ENDLÖSUNG DER JUDENFRAGE" IM KL AUSCHWITZ

Im Sommer 1941 — den genauen Zeitpunkt vermag ich z.Zt. nicht anzugeben — wurde ich plötzlich zum Reichsführer SS nach Berlin befohlen, und zwar direkt durch seine Adjutantur. Entgegen seiner sonstigen Gepflogenheit eröffnete er mir, ohne Beisein eines Adjutanten, dem Sinne nach folgendes: Der Führer hat die Endlösung der Judenfrage befohlen, wir — die SS — haben diesen Befehl durchzuführen. Die bestehenden Vernichtungsstellen im Osten[1] sind nicht in der Lage, die beabsichtigten großen Aktionen durchzuführen. Ich habe daher Auschwitz dafür bestimmt, einmal wegen der günstigen verkehrstechnischen Lage und zweitens läßt sich das dafür dort zu bestimmende Gebiet leicht absperren und tarnen. Ich hatte erst einen höheren SS-Führer für diese Aufgabe ausgesucht; um aber Kompetenzschwierigkeiten von vornherein zu begegnen, unterbleibt das, und Sie haben nun diese Aufgabe durchzuführen. Es ist eine harte und schwere Arbeit, die den Einsatz der ganzen Person erfordert, ohne Rücksicht auf etwa entstehende Schwierigkeiten. Nähere Einzelheiten erfahren Sie durch Sturmbannführer Eichmann vom RSHA, der in nächster Zeit zu Ihnen kommt. Die beteiligten Dienstellen werden von mir zu gegebener Zeit benachrichtigt. Sie haben über diesen Befehl strengstes Stillschweigen, selbst Ihren Vorgesetzten gegenüber, zu bewahren. Nach der Unterredung mit Eichmann schicken Sie mir sofort die Pläne der beabsichtigten Anlage zu.

Die Juden sind die ewigen Feinde des deutschen Volkes und müssen ausgerottet werden. Alle für uns erreichbaren Juden sind jetzt während des Krieges ohne Ausnahme zu vernichten. Gelingt es uns jetzt nicht, die biologischen Grundlagen des Judentums zu zerstören, so werden einst die Juden das deutsche Volk vernichten. — Nach Erhalt dieses schwerwiegenden Befehles fuhr ich sofort nach Auschwitz zurück, ohne mich bei meiner vorgesetzten Dienststelle in Oranienburg gemeldet zu haben.

Kurze Zeit danach kam Eichmann zur mir nach Auschwitz. Er weihte mich in die Pläne der Aktionen in den einzelnen Ländern ein. Die Reihenfolge vermag ich nicht mehr genau anzugeben. Zuerst sollte für Auschwitz Ostoberschlesien und die daran angrenzenden Teile des Generalgouvernements in Frage kommen. Gleichzeitig, und dann je nach Lage fortgesetzt, die Juden aus Deutschland und der Tschechoslowakei. Anschließend der Westen, Frankreich, Belgien, Holland. Er nannte mir auch ungefähre Zahlen der zu erwartenden Transporte, die ich aber nicht mehr nennen kann. Wir besprachen weiter die Durchführung der Vernichtung. Es käme nur Gas in Frage, denn durch Erschießen die zu erwartenden Massen zu beseitigen, wäre schlechterdings unmöglich und auch eine zu große Belastung für die SS-Männer, die dies durchführen müßten im Hinblick auf die Frauen und Kinder.

Eichmann machte mich bekannt mit der Tötung durch die Motoren-Abgase

---

[1] Himmler meinte wahrscheinlich jene Stätten in den besetzten Gebieten der Sowjetunion, an denen Einsatzgruppen die als „unerwünschte Elemente" eingestufte Zivilbevölkerung „liquidierten". Anfangs erfolgte diese „Liquidierung" durch Massenerschießungen, später tötete man die Opfer durch Abgase von Verbrennungsmotoren in speziell umgebauten Lastwagen.

in Lastwagen[2], wie sie bisher im Osten durchgeführt wurde. Dies käme aber für die zu erwartenden Massentransporte in Auschwitz nicht in Frage. Die Tötung durch Kohlenoxyd-Gas durch Brausen in einem Baderaum, wie die Vernichtung der Geisteskranken [3] an einigen Stellen im Reich durchgeführt wurde, erfordere zuviel Baulichkeiten, auch wäre die Beschaffung des Gases für die großen Massen sehr problematisch. Wir kamen in dieser Frage zu keinem Entscheid. Eichmann wollte sich nach einem Gas, das leicht zu beschaffen wäre und keine besonderen Anlagen erfordere, erkundigen und mir dann berichten.[4] Wir fuhren ins Gelände, um den geeigneten Platz festzulegen. Wir hielten das Bauerngehöft an der Nord-West-Ecke des späteren Bau-Abschnittes III Birkenau [5] für geeignet. Es war abgelegen, gegen Einsicht durch umliegende Waldstücke und Hecken geschützt und nicht zu weit von der Bahn entfernt. Die Leichen sollten auf dem angrenzenden Wiesenplan in tiefen langen Gruben untergebracht werden. An ein Verbrennen dachten wir zu diesem Zeitpunkt noch nicht. Wir errechneten, daß man in den dort vorhandenen Räumlichkeiten ungefähr 800 Menschen gleichzeitig nach Gasdichtmachung durch ein geeignetes Gas töten könne. Dies entsprach auch der späteren Kapazität. Den Zeitpunkt des Beginnes der Aktionen konnte mir Eichmann noch nicht sagen, da alles noch in Vorbereitung wäre und der RFSS noch nicht den Anfang befohlen hätte.

Eichmann fuhr nach Berlin zurück, um dem RFSS über unsere Besprechung zu berichten. Einige Tage später schickte ich durch Kurier einen genauen Lageplan und eine genaue Beschreibung der Anlage an den RFSS. Eine Antwort bzw. einen Entscheid hierüber habe ich nie bekommen. Späterhin sagte mir Eichmann einmal, daß der RFSS damit einverstanden sei.

---

[2] Der offizielle Name lautete „Sonderwagen". Gaskammer-Wagen waren im sog. Warthegau schon im März 1940 eingesetzt. Man benutzte sie damals zum Töten von Geisteskranken aus dem Spital „Kochanówka" bei Łódź und im September 1941 bei der Massenvernichtung von Juden im Wald bei Kazimierz Biskupi, ungefähr 40 km von Chełmno entfernt. Diese Lastwagen wurden aus Berlin geliefert. Aus nach dem Krieg durchgeführten Untersuchungen geht hervor, daß es zwei Arten dieser Wagen gegeben hat, einen kleineren für 80—100 Personen und einen größeren, der ca. 150 Personen faßte. Die Karosserien dieser Wagen waren aus schmalen Spundbrettern zusammengefügt und innen mit Blech beschlagen. Die hinten angeordnete Tür war abgedichtet, so daß keine Frischluft einströmen konnte. Das Auspuffrohr des Motors verlief unter dem Wagen und hatte in der Mitte einen Abzweig zum Fußboden im Innern der Karosserie. Um ein Zustopfen des Rohres zu verhindern, war die Öffnung der Abzweigung mit einem durchlöcherten Blech abgedeckt. Auf dem Fußboden des Wagens lagen Holzroste. Die Chauffeure der „Sonderwagen" waren extra geschult.

[3] Nicht nur von Geisteskranken. Am 28. Juli 1941 traf auf Befehl Himmlers eine Sonderkommission in Auschwitz ein, der Dr. med. Horst Schumann angehörte. Dieser Kommission wurden alle Invaliden, Krüppel und chronisch Kranken zugeleitet, die man unter dem Vorwand, sie zu leichterer Arbeit in ein anderes Lager verlegen zu wollen, unter den Häftlingen ausgesucht hatte. Dieser Transport mit 575 Häftlingen wurde auf Anweisung Dr. Schumanns vom damaligen Rapportführer Hößler in die Irrenanstalt Sonnenstein gebracht. Nach Hößlers Bericht für Höß sind die Häftlinge dort im Baderaum durch Kohlenoxid getötet worden, das man über die Brausen einströmen ließ.

[4] Aus Hößens Aufzeichnungen geht hervor, daß dieser Besuch Eichmanns in Auschwitz vor dem 3. September 1941, d.h. vor dem ersten Versuch des Tötens mit Gas im Keller des Blocks 11, stattgefunden haben muß.

[5] Es handelt sich um den Bunker Nr. 1, die erste Gaskammer, in der mit Zyklon B getötet wurde. Das zu diesem Zweck umgebaute Gehöft gehörte den ausgesiedelten Polen Józef Wichaj und Rydzoń.

Ende November war in Berlin bei der Dienststelle Eichmann eine Dienstbesprechung des gesamten Judenreferates, zu der auch ich hinzugezogen wurde. Die Beauftragten Eichmanns in den einzelnen Ländern berichteten über den Stand der Aktionen und über die Schwierigkeiten, die der Durchführung der Aktionen entgegenstanden, wie Unterbringung der Verhafteten, Bereitstellung der Transport-Züge, Fahrplankonferenz u.ä. Den Beginn der Aktionen konnte ich noch nicht erfahren. Auch hatte Eichmann noch kein geeignetes Gas aufgetrieben.[6]

Im Herbst 1941 wurden durch einen geheimen Sonderbefehl in den Kriegs-Gefangenen-Lagern die russischen Politruks, Kommissare und besondere[n] politischen Funktionäre durch die Gestapo ausgesondert und dem nächstgelegenen Konzentrationslager zur Liquidierung zugeführt.[7] In Auschwitz trafen laufend kleinere Transporte dieser Art ein, die durch Erschießen in der Kiesgrube[8] bei den Monopol-Gebäuden oder im Hof des Block 11 getötet wurden. Gelegentlich einer Dienstreise hatte mein Vertreter, der Hauptsturmführer Fritzsch, aus eigener Initiative Gas zur Vernichtung dieser russischen Kriegsgefangenen verwendet,[9] und zwar derart, daß er die einzelnen im Keller gelegenen Zellen mit den Russen vollstopfte und unter Verwendung von Gasmasken Zyklon B in die Zellen warf, und das den sofortigen Tod herbeiführte. Das Gas Zyklon B wurde in Auschwitz durch die Firma Tesch & Stabenow laufend zur Ungezieferbekämpfung verwendet, und es lagerte daher immer ein Vorrat dieser Gasbüchsen bei der Verwaltung. In der ersten Zeit wurde dieses Giftgas, ein Blausäurepräparat, nur durch Angestellte der Firma Tesch & Stabenow unter größten Vorsichtsmaßnahmen angewandt, später wurden einige SDG — Sanitätsdienstgrade — als Desinfektoren[10] bei der Firma ausgebildet, und es haben dann diese die Gasverwendung bei der Entseuchung und Ungezieferbekämpfung durchgeführt.

Beim nächsten Besuch Eichmanns berichtete ich ihm über diese Verwendung von Zyklon B, und wir entschlossen uns, bei der zukünftigen Massenvernichtung dieses Gas zur Anwendung zu bringen.

Die Tötung der oben bezeichneten russischen Kriegsgefangenen durch Zyklon B wurde fortgesetzt, aber nicht mehr im Block 11, da nach der Vergasung das ganze Gebäude mindestens 2 Tage gelüftet werden mußte. Es wurde daher der Leichenraum des Krematoriums beim Revier[11] als Vergasungsraum benutzt, indem die Tür gasdicht und einige Löcher zum Einwurf des Gases in die Decke geschlagen wurden.

---

[6] Höß scheint die Daten der in diesem Teil seiner Aufzeichnungen beschriebenen Ereignisse verwechselt zu haben. Falls die Konferenz im November stattgefunden hat, hat Höß Eichmann vielleicht nicht über den am 3. September durchgeführten ersten Versuch mit Zyklon B informiert. Möglich ist aber auch, daß die Konferenz Anfang September stattgefunden hat, weil Höß etwas später schreibt: „Beim nächsten Besuch Eichmanns berichtete ich ihm über diese Verwendung von Zyklon B, und wir entschlossen uns, bei der zukünftigen Massenvernichtung dieses Gas zur Anwendung zu bringen."

[7] Vergleiche die Aufzeichnungen von Höß auf S. 63/64 sowie Anm. 105.

[8] s. Lageplan

[9] Dieser Versuch, das erste Experiment mit Gas in Abwesenheit von Höß darzustellen, ist schon früher kommentiert worden (s. Anm. 107, S. 64).

[10] geschulte oder als Sanitäter ausgebildete SS-Leute

[11] Die Rede ist vom sog. alten Krematorium, das als Krematorium I bezeichnet wurde. Es befand sich im KZ Auschwitz I gegenüber dem SS-Revier.

Ich erinnere mich aber nur noch an einen Transport von 900 russischen Kriegsgefangenen, die dort vergast wurden und deren Verbrennung mehrere Tage dauerte. In dem nun zur Vernichtung der Juden hergerichteten Bauerngehöft sind Russen nicht vergast worden.

Zu welcher Zeit nun die Judenvernichtung begann, vermag ich nicht mehr anzugeben. Wahrscheinlich noch im Dezember 1941, vielleicht aber auch erst im Januar 1942. Es handelte sich zuerst um Juden aus Oberschlesien. Diese Juden wurden durch die Stapoleitstelle [12] Kattowitz verhaftet und in Transporten mit der Bahn auf einem Abstellgleis auf der Westseite der Bahnstrecke Auschwitz-Dziedzice [13] gebracht und dort ausgeladen. Soviel ich mich noch erinnere, waren diese Transporte nie stärker als 1000 Menschen.

An der Bahnrampe wurden die Juden von einer Bereitschaft des Lagers von der Stapo übernommen und in zwei Abteilungen durch den Schutzhaftlagerführer nach dem Bunker, wie die Vernichtungsanlage bezeichnet wurde, gebracht. Das Gepäck blieb an der Rampe und wurde dann nach der Sortierstelle — Kanada genannt — zwischen DAW [14] und dem Bauhof [15] gebracht. Die Juden mußten sich bei dem Bunker ausziehen, es wurde ihnen gesagt, daß sie zur Entlausung in die auch so bezeichneten Räume gehen müßten. Alle Räume — es handelte sich um fünf — wurden gleichzeitig gefüllt, die gasdicht gemachten Türen zugeschraubt und der Inhalt der Gasbüchsen durch besondere Luken in die Räume geschüttet.

Nach Verlauf 1/2 Stunde wurden die Türen wieder geöffnet — in jedem Raum waren 2 Türen — die Toten herausgezogen und auf kleinen Feldbahnwagen auf einem Feldbahngeleis nach den Gruben gefahren. Die Kleidungsstücke wurden mit Lastwagen nach der Sortierstelle gebracht. Die ganze Arbeit, Behilflichsein beim Ausziehen, Füllen des Bunkers, Räumung des Bunkers, Beseitigung der Leichen sowie das Ausschachten und Zuschütten der Massengräber wurde durch ein besonderes Kommando von Juden durchgeführt, die gesondert untergebracht waren und laut Anordnung Eichmanns nach jeder größeren Aktion ebenfalls vernichtet werden sollten.

Während der ersten Transporte schon brachte Eichmann einen Befehl des RFSS, wonach den Leichen die Goldzähne [16] auszuziehen und bei den Frauen die Haare abzuschneiden seien.[17] Diese Arbeit wurde ebenfalls von dem Sonder-

---

[12] Staatspolizei (Stapo), Bezeichnung der politischen Polizei im Gegensatz zur Kriminalpolizei (Kripo) und zur Ordnungspolizei. Im Dritten Reich war es die Geheime Staatspolizei (Gestapo) und später, ab 1936, die Sicherheitspolizei (Sipo), die durch Zusammenlegung von Gestapo und Kripo entstanden war.

[13] Güterbahnhof von Oświęcim (Auschwitz)

[14] Gebäude des Konzerns Deutsche Ausrüstungswerke (DAW). Dieser Konzern, der der SS gehörte, beschäftigte Häftlinge aus dem Lager Auschwitz.

[15] s. Lageplan

[16] Vor dem Verbrennen in den Krematoriumsöfen wurden den vergasten Opfern von Mitgliedern des Sonderkommandos die Goldzähne ausgerissen. Anfangs schmolzen SS-Leute, Zahnärzte, diese Goldzähne zu Stäben um. Nach Inbetriebnahme des Krematoriums III wurde eine besondere Werkstatt zum Umschmelzen des Goldes gebaut. Die Goldstäbe wurden an das Hauptsanitätsamt der SS geschickt.

[17] Das Haar der vergasten Frauen wurde abgeschnitten, auf dem Boden des Krematoriums getrocknet, in Säcke verpackt und an Fabriken im Innern des Reiches versandt. Dort verarbeitete man das Haar u.a. zu Filz und Matratzenfüllung. Aus bisherigen Untersuchungen geht hervor, daß sich folgende Fabriken mit der Verarbeitung von Menschenhaar befaßt haben: die Firma Held

kommando durchgeführt. Die Aufsicht bei der Vernichtung hatte zu der Zeit jeweils der Schutzhaftlagerführer [18] bzw. der Rapportführer.[19] Kranke Personen, die man nicht in die Gasräume bringen konnte, wurden durch Genickschuß mit dem Kleinkalibergewehr getötet. Ein SS-Arzt mußte ebenfalls zugegen sein. Das Einwerfen des Gases erfolgte durch die ausgebildeten Desinfektoren — SDG's.

Während es sich im Frühjahr 1942 noch um kleinere Aktionen handelte, verdichteten sich die Transporte während des Sommers, und wir waren gezwungen, noch eine weitere Vernichtungsanlage zu schaffen. Es wurde das Bauerngehöft [20] westlich der späteren Krematorien III [IV] und IV [V] [21] ausgewählt und hergerichtet. Zur Entkleidung waren beim Bunker I 2 und beim Bunker II 3 Baracken entstanden. Der Bunker II war größer, er faßte ca. 1200 Personen. Noch im Sommer 42 wurden die Leichen in die Massengräber gebracht. Erst gegen Ende des Sommers fingen wir an mit der Verbrennung; zuerst auf einem Holzstoß mit ca. 2000 Leichen, nachher in den Gruben mit den wieder freigelegten Leichen aus der früheren Zeit. Die Leichen wurden zuerst mit Ölrückständen, später mit Methanol übergossen. In den Gruben wurde fortgesetzt verbrannt, also Tag und Nacht. Ende November 1942 waren sämtliche Massengräber geräumt. Die Zahl der in den Massengräbern vergrabenen Leichen betrug 107 000. In dieser Zahl sind nicht nur die vergasten Judentransporte vom Anfang bis zu Beginn der Verbrennungen enthalten, sondern auch die Leichen der im Lager Auschwitz verstorbenen Häftlinge des Winters 1941/42, als das Krematorium beim Revier längere Zeit ausgefallen war. Ebenso sind darin enthalten sämtliche verstorbenen Häftlinge des Lagers Birkenau.

Der Reichsführer SS sah sich anläßlich seines Besuches im Sommer 1942 den gesamten Vorgang der Vernichtung genau an, angefangen von der Ausladung bis zur Räumung des Bunkers II. Zu der Zeit wurde noch nicht verbrannt. Er hatte nichts zu beanstanden, hat sich aber auch nicht darüber unterhalten. Zugegen waren der Gauleiter Bracht und Obergruppenführer Schmauser [22].

Kurze Zeit nach dem Reichsführerbesuch kam Standartenführer Blobel [23] von der Dienststelle Eichmann und brachte den RFSS-Befehl, wonach sämtliche Massengräber freizulegen und die Leichen zu verbrennen seien. Ebenso sollte

---

in Friedland (Mieroszów bei Wrocław), die Firma Alex Zink in Roth bei Nürnberg, die Färberei AG Forst in der Lausitz und die Filzfabrik in Katscher (Kietrz). Wahrscheinlich hat das KZ Auschwitz auch an andere Fabriken in Śląsk (Schlesien) Haar geliefert. Die Firmen zahlten 0,50 RM für 1 kg Menschenhaar. Nach der Befreiung hat man auf dem Gelände des Auschwitzer Lagers 7000 kg in Säcken verpacktes Haar gefunden, das die Lagerleitung nicht mehr hat abschicken können.

[18] damals SS-Hauptsturmführer Hans Aumeier

[19] damals SS-Hauptscharführer Gerhard Arno Max Palitzsch

[20] Die Rede ist vom Bunker Nr. 2, der zweiten Gaskammer. Zu diesem Zweck hatte man ein Gehöft umgebaut, das dem ebenfalls ausgesiedelten Landwirt Harmata gehörte.

[21] Um die in den Originaldokumenten das Lagers verwendete Numerierung der Krematorien beizubehalten und die einheitliche Nomenklatur in den bisherigen Veröffentlichungen des Staatlichen Auschwitz-Museums zu wahren, wird in den Aufzeichnungen von Höß neben den von ihm verwendeten Nummern der Krematorien in eckigen Klammern die auf den Originalplänen benutzte Numerierung angegeben.

[22] der Höhere SS- und Polizeiführer Süd-Ost in Breslau (Wrocław)

[23] Führer eines Sonderkommandos, das zu den im Osten operierenden Einsatzgruppen gehörte

die Asche so beseitigt werden, daß man in späterer Zeit keinerlei Rückschlüsse über die Zahl der Verbrannten ziehen könne.

Blobel machte in Kulmhof[24] bereits Versuche verschiedener Verbrennungsarten. Er hatte den Auftrag von Eichmann, mir diese Anlage zu zeigen.

Ich fuhr mit Hößler nach Kulmhof zur Besichtigung.[25] Blobel hatte verschiedene behelfsmäßige Öfen aufbauen lassen und verbrannte mit Holz und Benzinrückständen. Er versuchte auch, durch Sprengungen die Leichen zu vernichten, dies gelang aber nur sehr unvollständig. Die Asche wurde in dem ausgedehnten Waldgelände verstreut, zuvor durch eine Knochenmühle zu Staub zermahlen.

Standartenführer Blobel war beauftragt, alle Massengräber im gesamten Ostraum ausfindig zu machen und zu beseitigen. Sein Arbeitsstab hatte die Deckbezeichnung „1005".[26] Die Arbeiten selbst wurden durch Judenkommandos durchgeführt, die nach Beendigung eines Abschnittes erschossen wurden. KL Auschwitz hatte laufend Juden für das Kommando „1005" zur Verfügung zu stellen.

Bei dem Besuch von Kulmhof sah ich auch die dortige Vernichtungsanlage mit den Lastwagen, die zur Tötung durch die Motorenabgase hergerichtet waren. Der dortige Kommandoführer bezeichnete aber die Art als sehr unzuverlässig, da das Gas sehr unregelmäßig sich bilde und oft zur Tötung gar nicht ausreiche. Wieviel Leichen in Kulmhof in den Massengräbern lagen bzw. schon verbrannt waren, konnte ich nicht in Erfahrung bringen. Standartenführer Blobel wußte ziemlich genau die Zahlen der Massengräber im Ostraum, war aber zu strengstem Schweigen verpflichtet.

Ursprünglich waren laut RFSS-Befehl alle durch die Dienststelle Eichmann nach Auschwitz transportierten Juden ausnahmslos zu vernichten. Dies geschah auch bei den Juden aus dem Gebiet Oberschlesien,[27] aber schon bei den ersten

---

[24] Chełmno am Ner (Wojewodschaft Poznań). Im November 1941 hatte man begonnen, dort ein Vernichtungslager aufzubauen, das vom 8. Dezember 1941 bis Januar 1945 in Betrieb war. Die Opfer wurden in speziell zu diesem Zweck umgebauten Lastwagen mit Auspuffgasen getötet. Die Leichen verbrannte man dann in den Rzuchowskie-Wäldern an der Landstraße von Koło nach Dąbie. Insgesamt sind in Chełmno etwa 360 000 Menschen ermordet worden, hauptsächlich Juden aus den Wojewodschaften Łódź und Poznań, ferner Kinder aus dem Raum Zamość, aus dem tschechischen Dorf Lidice, bei Straßenrazzien festgenommene Polen und Insassen des Altersheims in Włocławek. — „Stätten des Kampfes und des Märtyrertums 1939—1945. Jahre des Krieges in Polen. Guide 1939—1945", Wydawnictwo Rady Ochrony Pomników Walki i Męczeństwa, Warszawa 1965, S. 265f.

[25] Die Abfahrt erfolgte am 16. September 1942. SS-Untersturmführer Hößler und SS-Untersturmführer Walter Dejaco von der Mannschaft des KZ Auschwitz begleiteten Höß auf dieser Reise.

[26] Das „Sonderkommando 1005", die sog. „Todesbrigade", hatte die Aufgabe, die Massengräber im Raum Lwow (Lemberg) zu beseitigen, die dort befindlichen Leichen zu verbrennen und alle Spuren der in jener Gegend begangenen Morde zu verwischen. Eine Beschreibung des Wirkens dieser Brigade enthält das Tagebuch von Leon Weliczker, eigentlich Arje Lejb, der zusammen mit anderen Juden dem „Sonderkommando 1005" zugeteilt war und dort vom 15. Juni bis zum 20. November 1943, d.h. bis zum Tag der Flucht aus dem Krzywicki-Wald, gearbeitet hat. — Leon Weliczker, „Brygada śmierci (Sonderkommando 1005). Pamiętnik" (Die Todesbrigade [Sonderkommando 1005]. Tagebuch), Wydawnictwo Centralnej Żydowskiej Komisji Historycznej przy Centralnym Komitecie Żydów Polskich, Łódź 1946

[27] Die Judentransporte aus Górny Śląsk (Oberschlesien), die im Januar 1942 im Lager eintrafen, wurden im Bunker Nr. 1 in Birkenau vergast.

Transporten deutscher Juden kam der Befehl, alle arbeitsfähigen Juden — Männer und Frauen — auszusuchen und im Lager für Rüstungszwecke einzusetzen. Dies geschah noch vor der Einrichtung des Frauenlagers,[28] denn die Notwendigkeit, ein Frauenlager in Auschwitz zu errichten, entstand erst durch diesen Befehl.

Durch die umfangreichen Rüstungsbetriebe, die in den KL erstanden waren und weitergetrieben wurden und den nun beginnenden Einsatz der Häftlinge in Rüstungswerken außerhalb der Lager, war plötzlich ein erheblicher Mangel an Häftlingen entstanden, während früher oft die Lagerkommandanten in den alten Lagern im Reich nach Arbeitsmöglichkeiten suchen mußten, um alle Häftlinge beschäftigen zu können.

Die Juden sollten aber nur im Lager Auschwitz eingesetzt werden. Auschwitz-Birkenau sollte ein reines Judenlager werden, alle anderen Nationalitäten sollten nach anderen Lagern abtransportiert werden. Restlos ist dieser Befehl nie durchgeführt worden, auch wurden späterhin die Juden auch in den Rüstungsbetrieben außerhalb des Lagers eingesetzt aus Mangel an anderen Arbeitskräften.

Die Aussuchung der arbeitsfähigen Juden hatte durch SS-Ärzte zu erfolgen. Es ist aber wiederholt vorgekommen, daß auch Führer des Schutzhaftlagers bzw. Arbeitseinsatzes dies durchführten, ohne mein Wissen oder gar meine Billigung. Dadurch entstanden stets Reibereien zwischen den SS-Ärzten und den Arbeits-Einsatzführern. Der Gegensatz der Anschauungen bei den Führern in Auschwitz war entstanden und wurde stets weiter genährt durch die gegensätzliche Auffassung des RFSS-Befehles bei den höchsten Dienststellen in Berlin. Das RSHA — Gruf. Müller[29]-Eichmann hatte aus sicherheitspolizeilichen Gründen das größte Interesse daran, möglichst viele Juden zu vernichten. Der Reichsarzt SS[30] — der ja den SS-Ärzten die Richtlinien über die Aussortierung gab — war der Anschauung, daß nur wirklich voll arbeitsfähige Juden für den Arbeitseinsatz in Frage kämen, da schwächliche, ältere und nur bedingt taugliche in kurzer Zeit arbeitsunfähig würden, den ohnehin schon überlasteten allgemeinen Gesundheitszustand weiter verschlechterten, die Reviere unnötig vermehrten, dadurch weiteres ärztliches Personal und Medikamente erforderlich machten und schließlich doch getötet werden müßten. Das WVHA — Pohl-Maurer[31] — hatten Interesse daran, möglichst viele Arbeitskräfte, auch wenn sie später arbeitsunfähig wurden, für den Rüstungs-Einsatz zu erhalten. Weiter verschärft wurden diese Interessen durch die sich ins Unermeßliche steigernden Anforderungen von Häftlings-Arbeitskräften durch das Rüstungsministerium[32] bzw. der Organi-

---

[28] Höß irrt sich. Das Frauenlager in Birkenau (BIa) bestand bereits ab August 1942. Die ersten Judentransporte aus dem Reich trafen erst später, nämlich im Oktober jenes Jahres, im Lager ein. Es waren Juden aus den verschiedensten Konzentrationslagern in Deutschland, die im Zusammenhang mit der Aktion „Judenrein", d.h. mit der Säuberung der reichsdeutschen Lager von jüdischen Häftlingen, nach Auschwitz gebracht wurden. Transporte mit jüdischer Zivilbevölkerung aus dem Reich begannen dagegen erst im Februar 1943 im KZ Auschwitz einzutreffen.

[29] Chef des Amtes IV (Geheime Staatspolizei) im Reichssicherheitshauptamt

[30] damals SS-Obergruppenführer Prof. Dr. med. Ernst Robert Grawitz

[31] Chef des Amtes DII (Häftlingsarbeitseinsatz) im Inspektorat Konzentrationslager

[32] Das Rüstungsministerium wurde von Fritz Todt geleitet. Nach dessen Tod (er kam bei einem Flugzeugunfall ums Leben) wurde im Februar 1942 Architekt Albert Speer zum Chef dieses Ministeriums ernannt.

sation Todt[33]. Beiden Dienststellen machte der RFSS dauernd Versprechungen mit Zahlen, die nie zu erfüllen waren. Standartenführer Maurer — Amtschef D II — hatte nun die schwierige Aufgabe, dem steten Drängen obiger Stellen auch nur einigermaßen nachzukommen, und so wurden durch ihn die Arbeits-Einsatzführer scharfgemacht, möglichst viele Arbeitskräfte zu erhalten. Eine klare Entscheidung des RFSS herbeizuführen, war nicht möglich.

Ich selbst war der Anschauung, daß nur wirklich gesunde und kräftige Juden für den Arbeitseinsatz ausgesucht werden durften.

Die Aussortierung ging so vor sich. Die Waggons wurden nacheinander entladen. Nach Ablegung des Gepäcks mußten die Juden einzeln an einem SS-Arzt vorbeigehen, der im Vorbeimarschieren die Tauglichkeit entschied. Die Arbeitseinsatzfähigen wurden in kleineren Abteilungen sofort ins Lager abgeführt. Der Tauglichkeitsprozentsatz war 25—50% im Gesamtdurchschnitt aller Transporte, schwankte aber sehr. So war z.B. der Durchschnittsprozentsatz der arbeitsfähigen griechischen Juden nur 15%, und es gab Transporte aus der Slowakei, die 100% arbeitsfähig waren.[34] Juden-Ärzte und Pflegepersonal wurde[n] ausnahmslos dem Lager zugeführt.

Schon bei den ersten Verbrennungen im Freien zeigte es sich, daß auf die Dauer dies nicht durchzuführen sei. Bei schlechtem Wetter oder starkem Wind trieb der Verbrennungsgeruch viele Kilometer weit und führte dazu, daß die ganze umwohnende Bevölkerung von den Juden-Verbrennungen sprach, trotz der Gegenpropaganda von Seiten der Partei und Verwaltungsdienststellen. Es waren zwar alle an der Vernichtungsaktion beteiligten SS-Angehörigen besonders streng verpflichtet, über die gesamten Vorgänge zu schweigen.[35] Spätere SS-Gerichtsverhandlungen aber zeigten, daß von Seiten der Beteiligten doch nicht geschwiegen wurde. Auch erhebliche Strafen konnten die Schwatzhaftigkeit nicht verhindern.

---

[33] Die „Organisation Todt" war vom Reichsminister für Bewaffnung und Munition Fritz Todt gegründet worden. Es war eine paramilitärische Arbeitsorganisation, die hauptsächlich Fremdarbeiter beschäftigte.

[34] Trotz der — nach Höß — so guten körperlichen Verfassung der Häftlinge starben sie sehr schnell. Aus den Gerichtsakten des Höß-Prozesses geht hervor, daß sich die Sterblichkeit unter den jüdischen Häftlingen aus der Slowakei, die ohne Selektion ins Lager gebracht worden waren, in der Zeit vom 17. April bis 20. Juni 1943 folgendermaßen gestaltete:
von 973 am 17. April eingelieferten Personen starben binnen 17 Wochen 885 (91%),
von 464 am 19. April eingelieferten Personen starben binnen 16 Wochen 454 (98%),
von 543 am 23. April eingelieferten Personen starben binnen 16 Wochen 502 (92,5%),
von 442 am 24. April eingelieferten Personen starben binnen 16 Wochen 419 (94,8%),
von 423 am 29. April eingelieferten Personen starben binnen 15 Wochen 403 (95,3%),
von 404 am 20. Juni eingelieferten Personen starben binnen 8 Wochen 359 (88,9%).

Von 3249 ohne Selektion auf der Rampe ins Lager eingewiesenen slowakischen Juden lebten am 15. August 1943 also nur noch 227.

[35] Im Archiv des Staatlichen Auschwitz-Museums befindet sich die Fotokopie einer von SS-Unterscharführer Gerhard Appel, einem Angehörigen der Lagermannschaft, unterschriebenen Erklärung: „1. Mir ist bekannt und ich bin heute darüber belehrt worden, daß ich mit dem Tode bestraft werde, wenn ich mich an Judeneigentum jeglicher Art vergreife. 2. Über alle während der Judenevakuierung durchzuführenden Maßnahmen habe ich unbedingte Verschwiegenheit zu bewahren, auch gegenüber meinen Kameraden. 3. Ich verpflichte mich, mich mit meiner ganzen Person und Arbeitskraft für die schnelle und reibungslose Durchführung dieser Maßnahmen einzusetzen." (Höß-Prozeß, Bd. 12, Bl. 178)

Weiterhin erhob die Luftabwehr Einspruch gegen die weithin in der Luft sichtbaren nächtlichen Feuer. Es mußte aber auch nachts weiter verbrannt werden, um die eintreffenden Transporte nicht abstoppen zu müssen. Das Fahrplanprogramm der einzelnen Aktionen, das in einer Fahrplankonferenz durch das Reichsverkehrsministerium genau festgelegt war, mußte unbedingt eingehalten werden, um eine Verstopfung und Verwirrung der betr. Bahnlinien zu vermeiden, insbesondere aus militärischen Gründen. Obige Gründe führten nun zu der mit allen Mitteln vorwärtsgetriebenen Planung und schließlichem Bau der beiden großen Krematorien, und 1943 zum Bau der 2 weiteren kleineren Anlagen.[36] Eine später noch beabsichtigte, die im Bau befindlichen bei weitem übertreffenden Anlage kam nicht mehr zur Durchführung,[37] da im Herbst 1944 der RFSS die sofortige Einstellung der Juden-Vernichtung befahl.[38]

Die beiden großen Krematorien I [II] und II [III][39] wurden im Winter 1942/43 gebaut und im Frühjahr 1943 in Betrieb genommen.[40] Sie hatten je 5 3-Kammer-Öfen und konnten innerhalb 24 Stunden ca. 2000 Leichen verbrennen. Die Verbrennungskapazität zu steigern, war feuerungstechnisch nicht möglich. Versuche führten zu schweren Schäden, die mehrere Male zum gänzlichen Außerbetriebsetzen führten. Die beiden Krematorien I [II] und II [III] hatten unterirdisch gelegene Auskleide- und Vergasungsräume, die be- und entlüftet werden konnten. Die Leichen wurden durch einen Aufzug nach den oben befindlichen Öfen gebracht. Die Vergasungsräume faßten je 3000 Menschen, diese Zahlen wurden aber nie erreicht, da die einzelnen Transporte ja nie so stark waren.

Die beiden kleineren Krematorien III [IV] und IV [V] sollten nach der Berechnung durch die bauende Firma Topf Erfurt je 1500 innerhalb 24 Stunden verbrennen können. Durch die kriegsbedingte Materialknappheit war die Bauleitung gezwungen, III [IV] und IV [V] materialsparend zu bauen, daher die Auskleide- und Vergasungsräume oberirdisch und die Öfen in leichterer Bauart. Es stellte sich aber bald heraus, daß die leichtere Bauart der Öfen — je 2 4-Kammer-Öfen — den Anforderungen nicht gewachsen waren. III [IV] fiel nach kurzer Zeit gänzlich aus und wurde später überhaupt nicht mehr benutzt. IV [V] mußte wiederholt stillgelegt werden, da nach kurzer Verbrennungsdauer von 4—6 Wochen die Öfen oder der Schornstein ausgebrannt waren. Meist wurden die Vergasten in Gruben hinter dem Krematorium IV [V] verbrannt.

---

[36] Höß hat sich bei den Fertigstellungsterminen der Krematorien in Birkenau geirrt. Sie sind alle 1943 in Betrieb genommen worden. Als „große" Krematorien bezeichnet Höß die Krematorien II und III, als „kleine" hingegen die Krematorien IV und V. Sie wurden zu folgenden Zeitpunkten in Betrieb genommen: am 31. März 1943 das Krematorium II, am 25. Juni 1943 das Krematorium III, am 22. März 1943 das Krematorium IV und am 4. April 1943 das Krematorium V. Bleibt man bei den Bezeichnungen von Höß, dann müßte zuerst ein „kleines", das Krematorium [IV], und danach ein „großes" [II] in Betrieb genommen worden sein, dann das zweite „kleine" [V] und erst zum Schluß das zweite „große" [III].

[37] Höß meint den schon 1943 geplanten Bau des Krematoriums VI. Mit der Ausführung dieses Verhabens ist jedoch nicht mehr begonnen worden.

[38] Nach Angaben von SS-Standartenführer Kurt Becher hat Himmler diese Entscheidung am 26. November 1944 getroffen.

[39] s. Anm. 36

[40] s. Anm. 36

Die provisorische Anlage I [41] wurde bei Beginn des Bauabschnittes III des Lagers Birkenau abgerissen. Die Anlage II [42] — später als Freianlage oder Bunker V bezeichnet — war bis zuletzt im Betrieb und zwar als Ausweichmöglichkeit bei Pannen in den Krematorien I [II] bis IV [V].[43] Bei Aktionen mit dichterer Zugfolge wurden die Vergasungen bei Tage in V durchgeführt, die nachts ankommenden Transporte in I bis IV. Die Verbrennungsmöglichkeit bei V war praktisch fast unbegrenzt, als noch Tag und Nacht verbrannt werden konnte. Wegen der feindliche[n] Lufttätigkeit ab 1944 durfte nachts nicht mehr gebrannt werden. Die erreichte höchste Zahl innerhalb 24 Stunden an Vergasungen und Verbrennungen war etwas über 9000 an allen Stellen außer III [IV] im Sommer 1944 während der Ungarn-Aktion[44], als durch Zugverspätungen anstatt der vorgesehenen 3 Züge 5 Züge innerhalb 24 Stunden einliefen und diese außerdem noch stärker belegt waren.

Die Krematorien waren am Ende der beiden großen Achsen des Lagers Birkenau errichtet worden, um 1. die Ausweitung des Lagers nicht noch mehr zu vergrößern und dadurch auch noch die Sicherung und 2. nicht zu weit vom Lager entfernt, da nach Einstellung der Vernichtungsaktionen die Gas- und Auskleideräume als Badeanlagen benutzt werden sollten.

Gegen Einsicht sollten die Anlagen durch eine Mauer bzw. Hecken geschützt werden. Aus Materialmangel unterblieb dies. Provisorisch waren alle Vernichtungsstellen durch Tarnzäune gesichert.

---

41 der Bunker Nr. 1; s. Anm. 116, S. 67

42 der Bunker Nr. 2; s. Anm. 20, S. 79

43 erneut in Betrieb genommen bei der Vernichtung der ungarischen Juden 1944

44 Die Ungarn-Aktion wurde auch „Aktion Höß" genannt, weil Himmler den ehemaligen Lagerkommandanten Höß zum Bevollmächtigten der Aktion zur Vernichtung der ungarischen Juden ernannt und ihn für diese Zeit vom Inspektorat Konzentrationslager in Oranienburg ins KZ Auschwitz abkommandiert hatte. Am 8. Mai 1944 übernahm Höß in Auschwitz die Funktion des SS-Standortältesten und befaßte sich mit der Vorbereitung der Vernichtungsanlagen in Birkenau auf die Transporte aus Ungarn. Er überwachte persönlich die erneute Inbetriebnahme der ausgefallenen Krematoriumsöfen im Krematorium V, das Ausheben von fünf Gruben zum Verbrennen der Leichen neben dem Krematorium, die erneute Inbetriebnahme des inzwischen nicht mehr zum Vergasen benutzten Bunkers Nr. 2, den Bau einer Baracke zum Ausziehen und das Ausschachten der Verbrennungsgruben sowie den beschleunigten Ausbau der Entladerampe und des dreigleisigen Bahnanschlusses im Innern des Lagers. Darüber hinaus rief Höß den ehemaligen Chef der Krematorien, SS-Hauptscharführer Otto Moll, aus dem Nebenlager Gleiwitz I in Gliwice ab und ernannte ihn zum Kommandoführer in Auschwitz. Moll war verantwortlich für das Verbrennen der vergasten Häftlinge unter freiem Himmel. Höß wies an, das Sonderkommando der in den Krematorien beschäftigten Häftlinge und das beim Sortieren der den Ermordeten geraubten Sachen beschäftigte Kommando „Kanada" zu vergrößern. Im Laufe der Ungarn-Aktion fuhr Höß häufig nach Budapest, um das Eintreffen der Transporte zu koordinieren. Als die ersten Judentransporte aus Ungarn in Auschwitz eintrafen, kam auch Eichmann, um den Verlauf der Vernichtungsaktion persönlich zu überwachen und zu beschleunigen. Die ersten Transporte liefen am 16. Mai 1944 ein. Täglich trafen zwei bis fünf Züge ein. Jeder von ihnen bestand aus ca. 40—50 Waggons. In einem Waggon befanden sich etwa 100 Personen. Ein Teil der Transporte wurde ohne Selektion direkt in die Gaskammern gebracht. Es gab Tage, an denen eine größere Zahl von Transporten eintraf. Dann standen die Waggons mit den eingepferchten Menschen stundenlang auf dem Abstellgleis. In einigen Transporten waren die Ankömmlinge schon nach Alter und Geschlecht sortiert. Die ungarischen Juden wurden unter dem Vorwand nach Auschwitz gebracht, sie sollten im Osten angesiedelt werden. Man hatte ihnen daher empfohlen, Bauholz mitzunehmen. In Wirklichkeit sollte das Holz aber zur Verbrennung der Leichen dienen. Die Ungarn-Aktion dauerte ununterbrochen bis Mitte September 1944.

Die 3 Geleise zwischen Bauabschnitt I und II des Lagers Birkenau sollten als Bahnhof umgebaut und überdacht und bis zu Krematorium III [IV] und IV [V] weitergeführt werden, so daß auch die Entladung gegen Einsicht Unberufener geschützt wäre. Materialmangel zwang ebenfalls, den Plan fallen zu lassen.

Durch den vom RFSS immer stärker forcierten Einsatz von Häftlingen in der Rüstungsindustrie sah sich Obergruppenführer Pohl gezwungen, auch auf die arbeitsunfähig gewordenen Juden zurückzugreifen. Es kam der Befehl, daß alle arbeitsunfähigen Juden, die innerhalb 6 Wochen wieder gesund und einsatzfähig gemacht werden konnten, besonders gut zu pflegen und zu ernähren seien.[45] — Bisher wurden alle arbeitsunfähig gewordenen Juden mit den nächsten Transporten vergast oder, falls sie in den Revieren krank lagen, durch Injektion getötet. — Der Befehl war für Auschwitz-Birkenau der reine Hohn. Es fehlte ja an allem. Medikamente gleich Null, Unterbringung so, daß selbst kaum die Schwerstkranken ein Lager hatten. Die Ernährung völlig unzureichend und von Monat zu Monat durch das Ernährungs-Ministerium immer weiter gekürzt.

Alle Gegenvorstellungen halfen nichts, es mußte versucht werden. Dadurch entstand für das Lager eine Unterbringungsnot für die Gesunden, die nicht mehr zu beseitigen war. Der allgemeine Gesundheitszustand wurde dadurch verschlechtert und die Seuchen wüteten. Der Befehl brachte fast sprunghaft das Steigen der Totenziffern, eine maßlose Verschlechterung des Gesamtzustandes — ich glaube nicht, daß auch nur ein arbeitsunfähig gewordener Jude wieder der Rüstung zugeführt worden war.

*

„Transport-Juden"[46] war die Bezeichnung für alle Juden, die von der Dienststelle Eichman — RSHA IV B4 — dem Lager zugeführt wurden. Die Ankündigungsmeldungen trugen den Vermerk: „Der Transport entspricht den gegebenen Richtlinien und ist der SB (Sonderbehandlung) [47] zuzuführen."

Alle anderen Juden aus der früheren Zeit, also vor dem Vernichtungs-Befehl waren „Schutzhaft[48]-Juden" oder Juden anderer Häftlings-Kategorien[49].

---

[45] Diese Anordnung wurde erst am 9. und 14. Dezember 1944 erlassen, zu einer Zeit also, da die Vernichtungsaktion wegen der allgemeinen Lage an den Fronten und des immer größeren Bedarfs an Rüstungsarbeitern im Prinzip schon eingestellt war.

[46] Dieser Teil der Aufzeichnungen von Höß ist bis zum Wort „Häftlings-Kategorien" in der von Martin Broszat herausgegebenen deutschen Ausgabe ausgelassen.

[47] Die Bezeichnungen „Sonderaktion", „Sonderbehandlung" (SB) und „gesonderte Unterbringung" (GU) benutzte die Führung des Dritten Reiches als Decknamen für Maßnahmen gegen zur Vernichtung verurteilte Menschen. Die genannten Bezeichnungen bedeuteten unweigerlich den Tod.

[48] Von der Schutzhaft war die Bezeichnung „Schutzhäftling" für die Insassen der Konzentrationslager abgeleitet.

[49] Zu welcher Kategorie die Häftlinge zählten, hing vom Grund ihrer Verhaftung ab. Die grundlegende Handhabe für die Einweisung eines Häftlings in ein Konzentrationslager war ein schriftlicher Schutzhaftbefehl der Ämter IV (Gestapo) oder V (Kripo) im RSHA. In diesem Haftbefehl war

Die Zahl der in Auschwitz zur Vernichtung eingelieferten Juden gab ich in früheren Vernehmungen mit 2 1/2 Millionen an.[50] Diese Zahl stammt von Eichmann, der sie kurz vor der Einschließung Berlins, als er zum Rapport zum RFSS befohlen war, meinem Vorgesetzten, Gruppenführer Glücks, gab. Eichmann bzw. sein ständiger Vertreter Günther[51] waren die einzigen, die überhaupt Unterlagen für die Gesamtzahl der Vernichteten besaßen. Nach jeder größeren Aktion mußten in Auschwitz alle Unterlagen, die Aufschluß über die Zahl der Vernichteten geben konnten, laut RFSS-Befehl verbrannt werden. Als Amtschef D I vernichtete ich persönlich alle Unterlagen, die überhaupt in meinem Amt vorhanden waren. Die anderen Ämter taten dasselbe. Nach Eichmanns Aussage waren auch beim RFSS und RSHA alle Unterlagen vernichtet worden. Lediglich seine Handakte konnte noch Aufschluß geben. Es mögen durch Nachlässigkeit bei der einen oder anderen Dienststelle noch einzelne Schriftstücke, FS [Fernschreiben] oder Funksprüche liegengeblieben sein, über die Gesamtzahlen können sie keinen Aufschluß geben.

Ich selbst wußte nie die Gesamtzahl, habe auch keine Anhaltspunkte, um sie wiedergeben zu können.

Es sind mir lediglich noch die Zahlen der größeren Aktionen in Erinnerung, die mir wiederholt von Eichmann oder dessen Beauftragten genannt worden waren.

---

der für die Häftlingskategorie ausschlaggebende Verhaftungsgrund angegeben. Das Amt IV entschied über die Einweisung von politischen Häftlingen, Homosexuellen (die zur Kategorie der Asozialen zählten), Bibelforschern, Personen, die zur „Erziehung" festgenommen waren (Erziehungshäftlinge), und Personen fremder Staatsangehörigkeit, die eventuell an andere Staaten auszuliefern waren. Das Amt V war zuständig für die Vorbeugungshaft von gewöhnlichen Kriminellen, Zigeunern, Asozialen (ausgenommen Homosexuelle) und einigen „Erziehungshäftlingen" und „Sicherungsverwahrten". Letztere wurden nach Verbüßen einer vom Gericht verhängten Gefängnisstrafe ins Konzentrationslager eingewiesen. Eine weitere Gruppe bildeten die „Polizeihäftlinge", die für die Zeit der Untersuchungshaft ins Lager gebracht wurden. Vergleiche J. Sehn, op.cit., S. 40f., sowie den Abschnitt „Polizeistandgericht" im Bericht von Pery Broad, S. 104—109.

[50] Das Staatliche Auschwitz-Museum besitzt keine vollständige Dokumentation, auf deren Grundlage man genaue Berechnungen und Festlegungen bezüglich der Zahl der Opfer des KZ Auschwitz und seiner Nebenlager anstellen könnte. Die Schätzungen der staatlichen sowjetischen Sonderkommission zur Untersuchung der Naziverbrechen der Aggressoren, des Internationalen Militärtribunals in Nürnberg beim Prozeß gegen die Hauptkriegsverbrecher und des Obersten Nationalgerichtshofes in Polen beruhen auf teilweise erhaltenen Dokumenten übergeordneter SS-Behörden, der Kommandantur des KZ Auschwitz und der Lagerwiderstandsbewegung, auf Zeugenaussagen, Berichten, Gerichtsexpertisen, Gutachten von Sachverständigen und auf Aussagen von SS-Leuten im Laufe der gegen sie durchgeführten Prozesse. In der bisherigen, KZ Auschwitz gewidmeten Literatur war man mit diesen Schätzungen einverstanden, und die Opferzahl wurde auf 3—4 Mill. berechnet. Die Geschichtswissenschaftler aus verschiedenen Ländern stellen dagegen auf Grund der Analyse der teilweise erhaltengebliebenen hitlerfaschistischen Dokumentation fest, daß sich die Zahl der Opfer des KZ Auschwitz auf mindestens 1,5 Mill. belief.

[51] SS-Hauptsturmführer Hans Günther. In der dritten polnischen Ausgabe ist er irrtümlich als Rolf Günther angeführt, der ebenfalls mit der Vernichtung der Juden zu tun hatte.

[52] Die zur Vernichtung vorgesehenen RSHA-Judentransporte aus Górny Śląsk (Oberschlesien) trafen Ende 1941, Anfang 1942 im Lager Auschwitz ein. Die ersten schlesischen Juden wurden in der Gaskammer des Krematoriums I im Stammlager getötet.

[53] RSHA-Transporte mit jüdischer Bevölkerung aus dem Generalgouvernement trafen im Laufe der Jahre 1943 und 1944 im Lager ein.

Aus Oberschlesien[52] und GG [Generalgouvernement][53] . .	250 000
Deutschland [54] und Theresienstadt [55]	100 000
Holland [56]	95 000
Belgien [57]	20 000
Frankreich [58]	110 000
Griechenland [59]	65 000
Ungarn [60]	400 000
Slowakei [61]	90 000

Die Zahlen der kleineren Aktionen sind mir nicht mehr in Erinnerung, sie waren aber im Vergleich zu obigen Zahlen unbedeutend.[62]

Ich halte die Zahl 2 1/2 Millionen für viel zu hoch. Die Möglichkeiten der Ver-

---

54 Die ersten RSHA-Transporte mit Juden aus dem Reich kamen im Februar 1943.

55 Im November 1941 richteten die Nazis in der böhmischen Stadt Terezin (Theresienstadt) ein Ghetto ein, das als Durchgangslager für die jüdische Bevölkerung aus dem sog. Protektorat Böhmen und Mähren diente. Vom 6. Februar 1942 an schickten die Nazis auch Juden aus Mischehen aus dem Reich, aus Österreich und Holland nach Theresienstadt. Insgesamt sind dort ungefähr 140 000 Juden (darunter ca. 70 000 allein aus dem Protektorat) gefangengehalten worden, von denen etwa 34 000 durch die unmenschlichen Existenzbedingungen ums Leben gekommen sind. Nur 17 000 sind dem Tode entronnen. Alle anderen, d.h. rund 90 000, haben die Nazis in Konzentrationslager und Vernichtungszentren verschleppt, darunter auch ins KZ Auschwitz. Der erste RSHA-Transport aus Theresienstadt traf am 28. Oktober 1942 in Auschwitz ein. Am 9. September 1943 wurde im Birkenauer Abschnitt BIIb ein spezielles Lager für die Juden aus Theresienstadt, das „Familienlager Theresienstadt", eröffnet. Die in diesem Lager untergebrachten Juden wurden besser behandelt als die anderen Häftlinge. Es war ihnen erlaubt, ihre persönlichen Sachen zu behalten. Sie wohnten zusammen mit ihren Familien. Die Haare wurden ihnen nicht geschoren. Sie durften alle 14 Tage an ihre Familien schreiben und auch Pakete erhalten. Für die Kinder wurde ein Kindergarten eingerichtet, und sie bekamen anfangs bessere Verpflegung. Trotzdem war die Sterblichkeit unter den Häftlingen dieses Lagerabschnitts hoch. 1944 wurden die noch am Leben gebliebenen Häftlinge in zwei Aktionen ausgerottet. Das geschah am 9. März und am 11./12. Juli. Bereits nach der Auflösung des „Familienlagers Theresienstadt" wurde am 30. September ein neuer RSHA-Transport aus dem Ghetto Theresienstadt eingeliefert. Transporte aus Theresienstadt trafen bis Ende Oktober 1944 in Auschwitz ein.

56 Der erste RSHA-Transport aus Holland traf am 17. Juli 1942 im Lager ein. Transporte mit holländischen Juden kamen bis September 1944.

57 Der erste RSHA-Transport aus Belgien traf am 5. August 1942 in Auschwitz ein. Transporte mit belgischen Juden kamen bis August 1944.

58 Der erste RSHA-Transport aus Frankreich traf am 30. März 1942 im Lager ein. Transporte mit französischen Juden kamen bis September 1944.

59 Der erste Transport mit griechischen Juden traf am 20. März 1943 im KZ Auschwitz ein. Seitdem trafen bis zum 16. August 1944 mindestens 22 Transporte mit insgesamt 54 533 Personen ein, von denen 41 776 in die Gaskammern und 12 757 zur Arbeit ins Lager gebracht wurden. In den genannten Zahlen sind nicht alle griechischen Juden erfaßt, die nach Auschwitz gebracht wurden, sondern nur jene Transporte, bei denen man Selektionen durchgeführt hat. Daher ist es möglich, daß mehr Transporte eingetroffen sind, die man aber gleich ganz vernichtet hat. — Danuta Czech, „Deportation und Vernichtung der griechischen Juden im KZ Auschwitz" in „Zeszyty Oświęcimskie" (Auschwitz-Hefte) Nr. 11, Oświęcim 1969, S. 22f.

60 s. Anm. 44, S. 84

61 Der erste RSHA-Transport aus der Slowakei traf am 26. März 1942 im Lager ein. Transporte mit Juden aus der Slowakei kamen bis Oktober 1944.

62 Nicht angeführt hat Höß in seiner Aufstellung solche Staaten wie Österreich, Jugoslawien, Litauen, Lettland, Norwegen, die Sowjetunion, Triest, die Ukraine und Italien.

nichtung hatten auch in Auschwitz ihre Grenzen. Die Zahlenangaben ehemaliger Häftlinge sind Phantasiegebilde und entbehren jeder Grundlage.

„Aktion Reinhard" war die Deckbezeichung für die Erfassung, Sortierung und Verwertung aller Dinge, die durch die Judentransporte und deren Vernichtung anfielen.

Jeder SS-Angehörige, der sich an diesem Judeneigentum vergriff, war laut RFSS-Befehl mit dem Tode zu bestrafen. Unvorstellbare und nicht abzuschätzende Werte von Hunderten von Millionen sind erfaßt worden. Ungeheure Werte sind gestohlen worden von SS-Angehörigen und Polizisten, von Häftlingen, Zivilangestellten und Arbeitern, vom Bahnpersonal. Vieles davon wird heute noch versteckt und vergraben im Bereich des Lagers Auschwitz-Birkenau liegen.

Beim Entladen der angekommenen Judentransporte blieb das gesamte Gepäck auf der Rampe liegen, bis alle Juden nach den Vernichtungsstellen bzw. ins Lager gebracht waren. Danach wurde durch ein besonderes Transportkommando das gesamte Gepäck in der ersten Zeit nach der Sortierstelle, Kanada I[63], gebracht, um dort sortiert bzw. desinfiziert zu werden. Auch die Kleidung der in den Bunkern I und II bzw. Krematorien I bis IV Vergasten wurde nach der Vergasung nach der Sortierstelle gebracht. Schon 1942 war Kanada I lange schon nicht mehr in der Lage, die Sortierung laufend zu erledigen. Trotz immer wieder neu erstellter zusätzlicher Schuppen und Baracken, Tag- und Nachtarbeit der sortierenden Häftlinge, andauernder Verstärkung dieser Kommandos, türmte sich das noch unsortierte Gepäck, obwohl täglich mehrere Waggons, oft bis zu 20, mit sortiertem Material verladen wurden. 1942 wurde mit dem Aufbau von dem Effektenlager Kanada II[64], westlich an den Bauabschnitt II Birkenau angrenzend, begonnen. Ebenso mit der Entwesungsanlage und dem Bad für die Neuzugänge.[65] Kaum waren die 30 Baracken aufgestellt, so waren sie auch schon voll. Berge von unsortiertem Gepäck türmten sich zwischen den Baracken.[66] Die Arbeitskommandos konnten noch so verstärkt werden, während des Ablaufes der einzelnen Aktionen — immer ca. 4—6 Wochen dauernd — war an ein Nachkommen nicht zu denken. Erst in längeren Pausen wurde annähernd aufgeräumt.

Die Bekleidung einschließlich des Schuhwerks wurde nach versteckten Wertsachen durchsucht — bei der Masse natürlich nur flüchtig — und nach Sorten gelagert, bzw. dem Lager zugeführt zur Vervollständigung der Häftlingsbekleidung, in späterer Zeit auch an andere Lager verschickt. Ein großer Teil der Bekleidung wurde der NSV für die Umsiedler, später auch für Bombengeschädigte zur Verfügung gestellt. Erhebliche Bestände erhielten wichtige große Rüstungsbetriebe für die Fremdarbeiter.

---

[63] „Kanada I" lag in der Nähe des Stammlagers Auschwitz.

[64] „Kanada II" lag im Abschnitt BIIg.

[65] im Lager „Sauna" genannt

[66] Das Effektenlager „Kanada" in Birkenau zählte einschließlich der Räumlichkeiten in allen Lagerabschnitten 35 Baracken. Am 23. Januar 1945, fünf Tage vor der Befreiung des Lagers durch die Sowjetarmee, setzten SS-Leute 30 Magazinbaracken mit Sachen der ermordeten Häftlinge in Brand. Anscheinend hatte man es nicht mehr geschafft, diese Sachen rechtzeitig abzutransportieren. Die Baracken brannten mehrere Tage lang. In sechs nur zum Teil ausgebrannten Baracken hat man nach der Befreiung 1 185 345 vollständige Herrenanzüge und Damenkleider, 43 255 Paar Herren- und Damenschuhe, 13 694 Teppiche sowie eine riesige Zahl von Bürsten, Rasierpinseln und anderen Gegenständen des täglichen Bedarfs gefunden.

Decken, Betten u.ä. erhielt wiederum die NSV. Soweit das Lager derartige Sachen benötigte, wurden die Bestände hiervon vervollständigt, auch andere Lager erhielten größere Sendungen.

Die Wertsachen wurden durch eine besondere Abteilung der Standortverwaltung erfaßt und durch Fachleute nach Werten sortiert. Ebenso die gefundenen Geldsorten.

Bei den gefundenen Wertsachen handelte es sich meist — besonders bei den Judentransporten aus dem Westen — um wertvollste Dinge. Edelsteine von Millionenwert, brillantenbesetzte Uhren, Gold- und Platinuhren von unermeßlichem Wert, ebenso Ringe, Ohrringe, Halsschmuck von erheblichen Seltenheitswerten. Geldsorten aller Herren Länder in Millionen. Es fand sich oft bei einer Person Geld in Hunderttausenden, meist in 1000-Dollar-Scheinen. Es gab keine Versteckmöglichkeit in den Kleidern, im Gepäck, im menschlichen Körper, die nicht benutzt worden war.

Nach Sortierung nach Abschluß größerer Aktionen wurden die Wertsachen und das Geld in Koffern verpackt, mit Lastwagen nach Berlin zum WVHA gebracht, von da zur Reichsbank. Eine besondere Abteilung der Reichsbank befaßte sich nur mit diesen Sachen aus den Juden-Aktionen. Wie ich einmal von Eichmann hörte, wurden die Pretiosen und Devisen in der Schweiz verhandelt, ja man beherrschte damit den gesamten Schweizer Pretiosen-Markt.

Die gewöhnlichen Uhren wurden ebenfalls zu Tausenden nach Sachsenhausen gebracht. Dort war eine große Uhrmacherwerkstatt mit Hunderten von Häftlingen unter der direkten Regie von DII — Maurer — errichtet, die diese Uhren sortierten bzw. reparierten. Der größte Teil davon wurde der Front — Waffen-SS und Heer — zu dienstlichen Zwecken zur Verfügung gestellt.

Das Zahngold wurde im SS-Revier von den Zahnärzten zu Barren eingeschmolzen und monatlich dem Sanitätshauptamt zugeführt. Auch in den plombierten Zähnen fand man Edelsteine von ungeheurem Wert.

Die abgeschnittenen Frauenhaare wurden einer Firma in Bayern für Rüstungszwecke zugeführt.

Alle nicht mehr brauchbaren Kleidungsstücke wurden der Textilverwertung zur Verfügung gestellt. Unbrauchbares Schuhwerk zerlegt, soweit wie möglich verwertet, der Rest als Ledermehl verarbeitet.

Für das Lager selbst entstanden durch diese Juden-Wertsachen nicht abzustellende ungeheure Schwierigkeiten. Demoralisierend für die SS-Angehörigen, die nicht immer so stark waren, um sich den Verlockungen der leicht zu erreichenden jüdischen Wertsachen zu entziehen. Auch die Todesurteile und schwersten Freiheitsstrafen konnten nicht genug abschrecken.[67] Den Häftlingen eröffneten sich durch die Juden-Wertsachen ungeahnte Möglichkeiten.[68] Die meisten Fluchten sind wohl damit in Verbindung zu bringen. Durch das leicht zu erlangende Geld oder Uhren, Ringe usw. wurde mit SS-Angehörigen und Zivilarbeitern alles

---

67 Über die Tätigkeit einer Sonderkommission, die die Veruntreuungen unterbinden sollte, schreibt Pery Broad im Abschnitt „Ehre eines SS-Manns" (s. S. 137—139). Nach bisherigen Untersuchungen ist kein Fall bekannt, daß irgendein SS-Mann der Wachmannschaft des KZ Auschwitz wegen Diebstahl von jüdischem Gut aus den Magazinen „Kanada" zum Tode verurteilt worden ist.

68 Diese Behauptung entbehrt jeder Grundlage, denn Zugang zu den den Juden abgenommenen Wertsachen hatten nur sehr wenige Häftlinge, hauptsächlich diejenigen, die im Kommando „Kanada" arbeiteten.

eingehandelt. Alkohol, Rauchwaren, Lebensmittel, falsche Papiere, Waffen und Munition waren das Alltägliche. In Birkenau verschafften sich die männlichen Häftlinge nachts den Zugang ins Frauenlager, sie erkauften sich sogar einige Aufseherinnen. Dadurch litt natürlich auch die allgemeine Lagerdisziplin. Die im Besitz von Wertsachen waren, konnten sich bessere Arbeitsplätze, konnten sich die Zuneigung der Kapos und Blockältesten erkaufen, ja sogar Daueraufenthalt im Revier mit bester Versorgung. Trotz schärfster Kontrollen konnten diese Zustände nicht abgestellt werden. Das Judengold wurde dem Lager zum Verhängnis.

Es bestanden — nach meiner Kenntnis — außer Auschwitz folgende Juden-Vernichtungsstellen:

Kulmhof bei Litzmannstadt [69] — Motorenabgase
Treblinka a Bug [70] bei Malinka — Motorengase
Sobibor bei Lublin [71] — Motorenabgase
Belezets bei Lemberg [72] — Motorenabgase
Lublin (Maydanek) [73] — Zyklon B.

Mehrere Stellen im Bereich Ostland, so bei Riga. An diesen Orten wurden die Juden erschossen und auf Holzstößen verbrannt.

---

69 Chełmno am Ner, s. Anm. 24, S. 80

70 Im Sommer 1941 legten die Nazis auf dem Gelände einer Kiesgrube in der Nähe des Bahnhofs Treblinka ein Strafarbeitslager an, in das Polen und später Juden eingewiesen wurden. Im Durchschnitt war das Lager mit 1000—1200 Häftlingen belegt. Sie waren hauptsächlich in der Kiesgrube und in den Werkstätten des Lagers beschäftigt. Weibliche Häftlinge waren auch in einem landwirtschaftlichen Betrieb der SS eingesetzt. In diesem Lager sind etwa 10 000 Häftlinge umgekommen. Im späten Frühjahr 1942 begann man in der Nähe des Strafarbeitslagers mit dem Bau eines neuen, gesonderten Lagers, das Treblinka II genannt wurde. Es war ein Lager für die sofortige Massenvernichtung. Am 23. Juli 1942 traf in Treblinka II der erste Transport mit Juden aus dem Warschauer Ghetto ein. Die Opfer wurden in Gaskammern getötet, und ihre Leichen in einer riesigen Grube auf besonderen Rosten verbrannt. Während des Bestehens von Treblinka II, d.h. von Juli 1942 bis August 1943, haben die Hitlerfaschisten dort über 800 000 Juden aus vielen Ländern Europas ermordet. Am 2. August 1943 brach ein von den Häftlingen der Lager Treblinka I und Treblinka II gemeinsam organisierter Aufstand aus. Nach der Niederschlagung des Aufstands begannen die Nazis mit der systematischen Auflösung des Lagers, die im November 1943 abgeschlossen war („Treblinka", Verlag „Sport i Turystyka", Warszawa 1967).

71 s. Anm. 102, S. 61f.

72 Im Herbst 1941 begannen die Nazis in Bełżec (Wojewodschaft Lublin) mit dem Bau eines Vernichtungslagers für die jüdische Bevölkerung. Ungefähr Mitte März 1942 wurden die ersten Transporte mit Juden aus der Umgebung des Lagers eingeliefert, die man in Gaskammern mit Abgasen von Verbrennungsmotoren tötete. Die Leichen wurden anfangs in Gruben verscharrt und ab Herbst 1942 auf Scheiterhaufen verbrannt. Die Vernichtung dauerte bis zum Frühjahr 1943, d.h. bis zur Auflösung des Lagers. Insgesamt sind in Bełżec etwa 600 000 Juden aus den verschiedensten Ortschaften Polens und anderer Länder Europas umgebracht worden. In diesem Lager hat man auch rund 1500 Polen wegen Unterstützung von Juden ermordet („Stätten des Kampfes und des Märtyrertums...", op.cit., S. 218).

73 Das KZ Lublin (Majdanek) wurde im Frühherbst 1941 als Kriegsgefangenenlager angelegt. Die ersten Häftlinge waren ungefähr 2000 sowjetische Kriegsgefangene. Im November/Dezember 1941 traf eine Gruppe von über 100 Häftlingen aus anderen Lagern ein. Darunter befanden sich 50 deutsche Kriminelle, die Funktionshäftlinge des Lagers wurden. Dann kamen Polen und schließlich Vertreter von 51 Nationalitäten (Männer, Frauen und Kinder), darunter viele Häftlinge jüdischer Abstammung. Mitte 1943 wurde Majdanek in Konzentrationslager umbenannt. Gleichzeitig spielte es seit Herbst 1942 bereits die Rolle eines Massenvernichtungslagers. Zu dieser Zeit wurden die Gaskammern in Betrieb genommen, in denen man die Opfer mit Kohlenoxid und Zyklon B um-

Ich selbst habe nur Kulmhof und Treblinka gesehen. Kulmhof war nicht mehr im Betrieb. In Treblinka sah ich den gesamten Vorgang. Es waren dort mehrere Kammern, einige hundert Personen fassend, unmittelbar am Bahngeleis erbaut. Über eine Rampe in Höhe der Waggons gingen die Juden direkt — noch bekleidet — in die Kammern. In einem daneben erbauten Motorenraum befanden sich verschiedene Motoren größerer Lastwagen und Panzer, die angeworfen wurden. Durch Rohrleitungen wurden die Abgase der Motoren in die Kammern geführt und die darin Befindlichen getötet. Es dauerte über 1/2 Stunde, bis es in den Kammern still wurde. Nach 1 Stunde öffnete man die Kammern und zog die Leichen heraus, entkleidete sie und verbrannte sie auf einem Schienengestell. Das Feuer wurde durch Holz unterhalten, die Leichen ab und zu mit Benzinrückständen überschüttet. Während meiner Besichtigung waren alle so Vergasten tot. Es wurde mir aber gesagt, daß die Motoren nicht immer gleichmäßig arbeiteten, daher die Abgase oft nicht so stark seien, um alle in den Kammern zu töten. Viele seien nur bewußtlos und müßten noch erschossen werden. Dasselbe hörte ich auch in Kulmhof. Auch sagte mir Eichmann, daß an den anderen Stellen dieselben Mängel beständen. Auch ist es in Kulmhof vorgekommen, daß die im Lastwagen sich befindlichen Juden die Wände durchbrachen und versuchten zu flüchten.

Die Erfahrung hat gezeigt, daß das Blausäurepräparat ‚Zyklon B' unbedingt sicher und schnell den Tod verursacht, insbesondere in trockenen und gasdichten Räumen mit voller Belegung und möglichst zahlreichen Gaseinwurfstellen. Ich habe nie erlebt, auch nie davon gehört, daß auch nur ein einziger Vergaster in Auschwitz beim Öffnen der Gasräume 1/2 Stunde nach dem Einwurf des Gases noch am Leben war.[74]

Der Vernichtungsvorgang verlief in Auschwitz wie folgt.

Die zur Vernichtung bestimmten Juden wurden möglichst ruhig — Männer und Frauen getrennt — zu den Krematorien geführt. Im Auskleideraum wurde ihnen durch die dort beschäftigten Häftlinge des Sonderkommandos in ihrer Sprache gesagt, daß sie hier nun zum Baden und zur Entlausung kämen, daß sie ihre Kleider ordentlich zusammenlegen sollten und vor allem den Platz zu merken hätten, damit sie nach der Entlausung ihre Sachen schnell wiederfinden könnten. Die Häftlinge des Sonderkommandos hatten selbst das größte Interesse daran, daß der Vorgang sich schnell, ruhig und reibungslos abwickelte.[75] Nach der

---

brachte. Die Leichen der Ermordeten verbrannte man im Krematorium sowie auf Scheiterhaufen auf dem Gelände des Lagers bzw. im nahegelegenen Wald. In das KZ Lublin ist über 1/2 Mill. Häftlinge eingewiesen worden, von denen etwa 360 000 den Tod erlitten haben. Ungefähr 200 000 sind den verheerenden Existenzbedingungen im Lager zum Opfer gefallen, während der Rest unmittelbar nach der Einlieferung vernichtet worden ist. — Zofia Murawska u. Edward Gryń, „Obóz koncentracyjny Majdanek" (Konzentrationslager Majdanek), Staatliches Majdanek-Museum, Lublin 1972

[74] Einen solchen Fall beschreibt der ehemalige Häftling des Sonderkommandos Dr. Miklós Nyiszli, Augenzeuge des Vorfalls, in seinem Buch „Dr. Mengele boncolóorvosa voltam az auschwitzi krematóriumban".

[75] An diesem Ablauf der Vernichtungsaktion waren vor allem die Lagerbehörden interessiert, weil es notwendig war, die Waggons rasch zu entladen und eine reibungslose Arbeit der

Entkleidung gingen die Juden in die Gaskammer, die, mit Brausen und Wasserleitungsröhren versehen, völlig den Eindruck eines Baderaumes machte. Zuerst kamen die Frauen mit den Kindern hinein, hernach die Männer, die ja immer nur die wenigeren waren. Dies ging fast immer ganz ruhig, da die Ängstlichen und das Verhängnis vielleicht Ahnenden von den Häftlingen des Sonderkommandos beruhigt wurden. Auch blieben diese Häftlinge und 1 SS-Mann bis zum letzten Moment in der Kammer.

Die Tür wurde nun schnell zugeschraubt und das Gas sofort durch die bereitstehenden Desinfektoren in die Einwurfluken durch die Decke der Gaskammer in einen Luftschacht bis zum Boden geworfen. Dies bewirkte die sofortige Entwicklung des Gases. Durch das Beobachtungsloch in der Tür konnte man sehen, daß die dem Einwurfschacht am nächsten Stehenden sofort tot umfielen. Man kann sagen, daß ungefähr 1/3 sofort tot war. Die anderen fingen an zu taumeln, zu schreien und nach Luft zu ringen. Das Schreien ging aber bald in ein Röcheln über, und in wenigen Minuten lagen alle. Nach spätestens 20 Minuten regte sich keiner mehr. Je nach Witterung, feucht oder trocken, kalt oder warm, weiter je nach Beschaffenheit des Gases — das nicht immer gleich war — nach Zusammensetzung des Transportes, viel Gesunde, Alte oder Kranke, Kinder, dauerte die Wirkung des Gases 5—10 Minuten. Die Bewußtlosigkeit trat schon nach wenigen Minuten ein, je nach Entfernung von dem Einwurfschacht. Schreiende, Ältere, Kranke, Schwächliche und Kinder fielen schneller als die Gesunden und Jüngeren.

Eine halbe Stunde nach dem Einwurf des Gases wurde die Tür geöffnet und die Entlüftungsanlage eingeschaltet. Es wurde sofort mit dem Herausziehen der Leichen begonnen. Eine körperliche Veränderung konnte man nicht feststellen, weder Verkrampfung noch Verfärbung, erst nach längerem Liegen, also nach mehreren Stunden, zeigten sich an den Liegestellen die üblichen Totenflecken. Auch waren Verunreinigungen durch Kot selten. Verletzungen irgendwelcher Art wurden nicht festgestellt. Die Gesichter zeigten keinerlei Verzerrung.

Den Leichen wurden nun durch das Sonderkommando die Goldzähne entfernt und den Frauen die Haare abgeschnitten. Hiernach durch den Aufzug nach oben gebracht vor die inzwischen angeheizten Öfen. Je nach Körperbeschaffenheit wurden bis zu 3 Leichen in eine Ofenkammer gebracht. Auch die Dauer der Verbrennung war durch die Körperbeschaffenheit bedingt. Es dauerte im Durchschnitt 20 Minuten. Wie schon an früherer Stelle gesagt, konnten die Krematorien I [II] und II [III] innerhalb 24 Stunden ca. 2000 Leichen verbrennen, mehr war, ohne Schäden zu verursachen, nicht möglich. Die Anlagen III [IV] und IV [V] sollten 1500 Leichen innerhalb 24 Stunden verbrennen können, meines Wissens sind diese Zahlen dort nie erreicht worden.[76] Die Asche fiel während des ohne Unter-

---

Gaskammern und Krematoriumsöfen zu garantieren, die z.B. beim Eintreffen der Ungarn-Transporte Tag und Nacht in Betrieb waren. Den Mitgliedern des Sonderkommandos konnte es lediglich darum gehen, den in die Gaskammern geführten Menschen die Qual des Wartens auf den Tod zu ersparen. Daher war ihnen daran gelegen, daß die Opfer ahnungslos in die Gaskammern gingen.

[76] Nach einem Gutachten des Sachverständigen Dr.-Ing. Roman Dawidowski, Professor an der Berg- und Hüttenakademie in Kraków, belief sich die Zahl der binnen 24 Stunden in den 30 Retorten der Krematorien II und III verbrannten Leichen im Schnitt auf 5000 und in den 16 Retorten der Krematorien IV und V auf 3000. Bei diesen Berechnungen hat Prof. Dawidowski eine dreistündige Pause pro 24 Stunden zum Entschlacken der Generatoren sowie für verschiedene

brechung fortgesetzten Verbrennens durch die Roste und wurde laufend entfernt und zerstampft. Das Aschenmehl wurde mittels Lastwagen nach der Weichsel gefahren und dort schaufelweise in die Strömung geworfen, wo es sofort abtrieb und sich auflöste. Auch mit der Asche aus den Verbrennungsgruben bei Bunker II und Krematorium IV [V] wurde so verfahren.

Die Vernichtung in den Bunkern I und II war genauso wie in den Krematorien, nur waren die Witterungseinflüsse dort noch stärker spürbar.[77]

Die gesamten Arbeiten bei dem Vernichtungsvorgang wurden von Juden-Sonderkommandos verrichtet.

Mit sturer Gleichmütigkeit verrichteten sie ihre grausige Arbeit. Ihr ganzes Trachten war, möglichst schnell mit der Arbeit fertig zu werden, um eine größere Pause zu erreichen und die Kleidung der Vergasten nach Rauchwaren und Eßwaren zu durchsuchen. Obwohl gut verpflegt und mit Zulagen reichlich versehen, sah man sie oft mit der einen Hand Leichen schleppen in der anderen Hand etwas Eßbares haltend und kauend.

Selbst bei der schauerlichen Arbeit das Ausgrabens und Verbrennens der Massengräber ließen sie sich nicht stören beim Essen. Selbst das Verbrennen nächster Angehöriger konnte sie nicht erschüttern.[78]

*

Gelegentlich meiner Dienstreise zu Eichmann nach Budapest im Sommer 1943 gab dieser mir die weiter geplanten Judenaktionen bekannt. Zu diesem Zeitpunkt waren in Ungarn etwas über 200 000 Juden der Karpatho-Ukraine verhaftet und warteten dort, in Ziegeleien untergebracht, auf den Abtransport nach Auschwitz.

Aus Ungarn erwartete Eichmann, nach Schätzung der ungarischen Gendarmerie, die auch die Verhaftungen durchführte, ca. 3 Millionen Juden.

Verhaftung und Abtransport sollte noch 1943 durchgeführt werden. Durch politische Schwierigkeiten in der ungarischen Regierung wurde dies aber immer wieder hinausgezögert. Insbesondere war die ungarische Wehrmacht, d.h. die höheren Offiziere, gegen die Auslieferung und verschaffte den meisten männlichen Juden Unterschlupf in den Arbeitsabteilungen der Frontdivisionen und entzog sie so dem Zugriff der Gendarmerie. Im Herbst 1944 als endlich Budapest selbst in die Aktion fiel, gab es nur noch alte und kranke männliche Juden.

Insgesamt sind aus Ungarn wahrscheinlich nicht mehr als 1/2 Million Juden abtransportiert worden.

Als nächstes Land war Rumänien vorgesehen. Von da erwartete Eichmann nach Angabe seines Beauftragten in Bukarest ca. 4 Millionen Juden. Die Ver-

---

kleinere, beim Dauerbetrieb unvermeidliche Unterbrechungen und Betriebsstörungen berücksichtigt. Die gleichen Zahlen nennen in ihren Aussagen auch Augenzeugen, die in vier Birkenauer Krematorien eingesetzten ehemaligen Häftlinge des Sonderkommandos Henryk Tauber und Stanisław Jankowski, eigentlich Alter Feinsilber.

[77] An dieser Stelle endet in den von Martin Broszat herausgegebenen „Aufzeichnungen von Rudolf Höß" das Kapitel „Endlösung der Judenfrage".

[78] Den seelischen Zustand der Häftlinge des Sonderkommandos und die Erlebnisse im Laufe ihrer Arbeit im Rahmen der Vernichtungsaktion geben am besten die Erinnerungen der Mitglieder des Sonderkommandos im Sonderheft Nr. 1 der „Auschwitz-Hefte" wieder.

handlungen mit den rumänischen Regierungsstellen seien aber sehr schwierig. Die judenfeindlichen Kreise wollten die Judenvernichtung im eigenen Land durchführen. Es gab auch schon erhebliche judenfeindliche Ausschreitungen, und die verschleppten Juden wurden in den einsamen tiefen Schluchten der Karpathen durch Absturz getötet. Ein Teil der Regierung war aber für den Abtransport unerwünschter Juden nach Deutschland.

Gleichzeitig oder zwischenzeitlich sollte Bulgarien mit schätzungsweise 2 1/2 Millionen Juden folgen. Die dort zuständigen Stellen waren mit dem Abtransport einverstanden, wollten aber erst den Verlauf der Verhandlungen mit Rumänien abwarten.

Weiter sollte Mussolini die Auslieferung der italienischen Juden u. [aus] dem von den Italienern besetzten Teil Griechenlands — Zahlen waren auch nur schätzungsweise nicht zu erhalten — versprochen haben. Vatikan und das Königshaus und somit all die Gegner Mussolinis wollten diese Auslieferung aber auf jeden Fall verhindern. Eichmann rechnete auch auf keinen Fall damit.

Zuletzt Spanien. Einflußreiche Kreise waren an die deutsche Vertretung herangetreten, um die Juden loszuwerden. Franco u. sein Einflußbereich waren aber dagegen. Eichmann glaubte kaum an ein Zustandekommen der Auslieferung.

Der Verlauf des Krieges hat diese Pläne zerrissen und Millionen von Juden das Leben gerettet.[79]

Krakau i. Nov. 1946 Rudolf Höß

---

79 Die von Höß genannten Zahlen weichen von den offiziellen Festlegungen im Protokoll der Wannsee-Konferenz über die „Endlösung der Judenfrage" vom 20. Januar 1942 ab. Dieses Protokoll enthält folgende Angaben über die zur Vernichtung vorgesehenen Juden in den einzelnen Ländern: Bulgarien 40 000, Spanien 6000, Rumänien 342 000, Ungarn 742 800 und Italien (einschließlich Sardinien) 58 000.

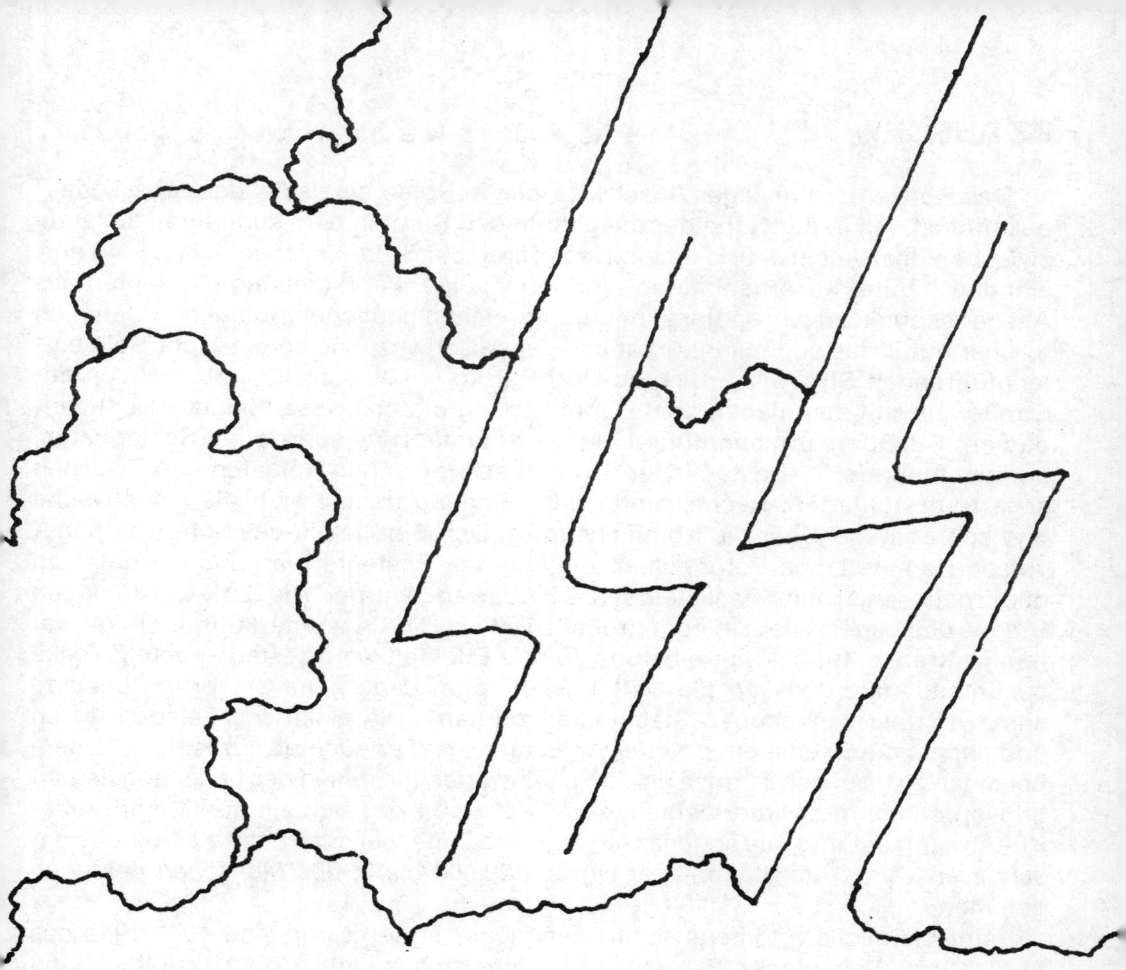

BERICHT

Pery Broad

KZ AUSCHWITZ [1]

Das Konzentrationslager Auschwitz, das in Polen als das „Lager des Todes" bekannt ist, lag in der Nähe der gleichnamigen Stadt in dem sumpfigen Gelände zwischen der Weichsel und einem Nebenfluß, der Sola. Es ist im Jahre 1940 entstanden. [2] Alte Kasernenbauten und ehemalige Fabrikgebäude [3] dienten als Ausgangspunkt zu den später sehr umfangreichen baulichen Anlagen. Anfänglich existierte nur das sogenannte Stammlager Auschwitz, das an einer der Sola entlangführenden Straße lag, die das Dorf Rajsko mit Auschwitz verband. Von der Straße aus sah man neben dem Haupteingang die luxuriöse Villa des Kommandanten, SS-Obersturmbannführer Höß. Die Einfahrt versperrte ein Schlagbaum, an dem mehrere SS-Posten jeden ein und aus gehenden Soldaten und Zivilisten scharf kontrollierten. Rechts hinter dem Eingang befand sich die Hauptwache und schräg gegenüber die Kommandantur. Den Einblick in das Schutzhaftlager versperrte eine lange Betonmauer, die von den Postentürmen und den Giebeln der trostlosen, roten Backsteinbauten überragt wurde. Die 28 zweistöckigen Blöcke des Lagers dienten zum größten Teil als Häftlingsunterkünfte. Einige waren für Kranke, für die Schreibstube, für die Effektenkammer und andere Zwecke bestimmt. Außerdem lag die Häftlingsküche im Lager. Die Sicherung bestand aus zwei übermannshohen Stacheldrahtzäunen [4], die elektrisch geladen waren und nachts durch eine enge Kette von Lampen hell erleuchtet wurden. Außerdem befanden sich auf den Türmen große Scheinwerfer, mit denen das Lager abgeleuchtet werden konnte. Hinter dem inneren Drahtzaun zog sich ein drei Meter breiter Kiesstreifen entlang, die sogenannte neutrale Zone, bei deren Betreten bereits geschossen wurde. Im Stammlager wurden 20 000 bis 25 000 Menschen gefangen gehalten.

Fünf bis sechs Kilometer vom Stammlager entfernt entstand 1941/1942 das berüchtigte Nebenlager Birkenau [5], in dem sich später 30 000 weibliche und 50 000 bis 60 000 männliche Insassen befanden. Wenn man abends mit dem Zug von Bielitz nach Auschwitz fuhr, dann sah man auf der linken Seite die unendlich lange Perlenschnur von grellen Lampen und die Reihe weißgetünchter Betonpfosten des Zaunes vom Birkenauer Lager. Hunderte von fensterlosen Pferdestallbaracken und primitive Steinhäuser waren die Häftlingsunterkünfte.[6] Drei Bauabschnitte bildeten das Lager. Der zuerst fertiggestellte Bauabschnitt 1 stellte das Frauenlager dar. Der Bauabschnitt 2 war in 6 Lager unterteilt, die für verschiedene Zwecke verwendet wurden. Ein Lager dieses Abschnitts war beispielsweise Krankensammellager, ein anderes das Zigeunerlager und ein Zugangsquarantä-

---

[1] Das in deutscher Sprache verfaßte Dokument trägt im Original keinen Titel und ist nicht in Kapitel gegliedert. Der besseren Übersichtlichkeit halber hat es der Herausgeber in betitelte Abschnitte unterteilt.

[2] Die ersten Häftlinge wurden am 14. Juni 1940 ins Lager eingewiesen. Es waren polnische Häftlinge aus dem Gefängnis in Tarnów. Noch vor der Einlieferung dieses Transports waren im Lager 30 deutsche Kriminelle eingetroffen.

[3] Gebäude des früheren polnischen Tabakmonopols

[4] Die Zäune waren 4 m hoch.

[5] auch Auschwitz II genannt

[6] In Birkenau wurden Holzbaracken und gemauerte Baracken errichtet.

nelager [7]. Der Bauabschnitt 3 war noch im Bau, als am 17. Januar 1945 Auschwitz und Birkenau in überstürzter Flucht geräumt wurden. Die bereits fertigen Baracken dienten teilweise als Weberei und waren zeitweilig auch mit Häftlingen belegt.[8] Die Verhältnisse in Birkenau waren noch bei weitem unerträglicher, als es schon in Auschwitz der Fall war. Mit jedem Schritt sank man tief in den zähen Morast ein. Es gab so gut wie kein Waschwasser. Die Häftlinge schliefen auf Holzpritschen in drei Etagen, je sechs auf einer Pritsche und zum großen Teil ohne Strohsäcke. Der täglich zweimal durchgeführte Zählappell bedeutete für die Gefangenen stundenlanges Stehen in Nässe, Kälte und Sumpf. Hatte es tagsüber geregnet, dann mußten die Häftlinge in den nassen Kleidungsstücken auf den Pritschen liegen. Es war kein Wunder, daß täglich viele hunderte starben. Die Wachtürme, die das Stammlager und das Lager Birkenau umgaben, bildeten die sogenannte „kleine Postenkette". Tagsüber wurde sie eingezogen, dafür stand in einem gewaltigen Umkreis die „große Postenkette", in deren Bereich der größte Teil der Häftlinge von Capos und Vorarbeitern beaufsichtigt in Fabrikbetrieben und auf Feldern arbeiten mußte. Der großen Postenkette entlang waren Schilder aufgestellt mit einem drohenden Totenkopf und der Aufschrift „Interessengebiet des KL-Auschwitz — Weitergehen verboten — Es wird ohne Anruf scharf geschossen!"

Aber auch ohne diese Tafeln vermieden es alle Zivilisten tunlichst, sich diesem unheimlichen Gelände zu nähern, denn nur allzu leicht konnte man in den Verdacht geraten, irgendwie mit Häftlingen in Verbindung treten gewollt zu haben oder ein Spion zu sein und selbst im Lager verschwinden. Die außerhalb der großen Postenkette arbeitenden Außenkommandos wurden von einer der Häftlingszahl entsprechenden Anzahl von Posten begleitet. Waren abends alle im Bereich der großen Postenkette eingesetzten Arbeitskommandos vollzählig eingerückt, so verließen die Posten die Türme der großen Kette und die kleine Postenkette zog auf. Die Zählung der ins Lager zurückkehrenden Häftlinge wurde von den Blockführern an der Blockführerstube vor jedem Lagereingang vorgenommen. Stellte es sich heraus, daß ein Häftling fehlte, dann blieb die große Postenkette stehen und eine Suchaktion wurde mit Hunden durchgeführt. Manchmal gelang es jedoch Häftlingen, die sich in dem teilweise sehr unübersichtlichen Gelände innerhalb der großen Postenkette unbemerkt von ihren Arbeitskommandos entfernt und ein Versteck aufgesucht hatten, während der Nacht zwischen den im Abstand von 30 bis 40 Metern von einander entfernt stehenden Posten hindurchzuschleichen und zu entkommen. Zur Strafe mußten dann alle Häftlinge eine Nacht im Freien stehen.[9] Am Morgen nach einer solchen qual-

---

7 Neuankömmlinge (Zugänge) wurden mehrere Wochen in Quarantäne gehalten und erst dann ins allgemeine Lager eingewiesen und zur Arbeit eingesetzt. Eine Quarantäne mußten auch die wenigen aus dem Lager Entlassenen durchmachen (sog. Abgangsquarantäne).

8 Von Juli bis zum 3. Oktober 1944 waren in diesem Abschnitt in nicht fertiggestellten Baracken ungarische Jüdinnen untergebracht (sog. Depotlager). Die Weberei wurde erst später eingerichtet, wahrscheinlich im November jenes Jahres.

9 Stehappelle waren nur eine der Strafen, mit denen die Häftlinge als Vergeltung für eine Flucht belegt wurden. 1941 suchte die Lagerführung (Kommandant, Lagerführer) bei der Flucht eines Häftlings 10 oder sogar 20 Häftlinge aus dem Block bzw. aus dem Arbeitskommando des Flüchtigen aus, die in den Keller des Blocks 11 gesperrt wurden, wo sie nach Tagen verhungerten.

vollen Nacht begann dann gleich die Arbeit. Die barbarischen hygienischen Mißstände und die völlig unzureichende Verpflegung bewirkten neben der schweren Arbeit und sonstigen Quälereien, daß die meisten Menschen wenige Wochen oder wenigstens Monate nach ihrer Einlieferung ein elendes Ende fanden. Selbst Frauen mußten, mit Russenkitteln oder Fetzen bekleidet, die schwersten Arbeiten wie Steinetragen und Ausschachtungen ausführen. Nur Häftlinge, denen es gelang, eine Funktionsstellung oder Beschäftigung in einem der wenigen besseren Kommandos zu finden, konnten sich längere Zeit am Leben halten. Auschwitz war ein Vernichtungslager! Das größte, das jemals in der Weltgeschichte existierte. 2 bis 3 Millionen Juden [10] wurden im Laufe der Zeit dort ermordet. Außerdem Tausende von Polen, Russen, Tschechen, Jugoslawen usw.

Schon der Anblick der enggespannten Stacheldrahtsicherung mit den Schildern „Achtung! Lebensgefahr!", der Turmposten mit ihren Maschinengewehren und Maschinenpistolen und der leblosen kahlen Backsteinhäuser versetzten jeden Neuankömmlig in den hoffnungslosen Gemütszustand, daß er aus diesem Lager wohl niemals mehr in die Freiheit zurückkehren werde. Menschen, deren Vitalität diesem lähmenden Eindruck nicht gewachsen war, suchten schon nach wenigen Tagen freiwillig den Tod. Sie liefen auf Außenkommandos durch die Postenkette und ließen sich dabei erschießen oder „sie gingen an den Draht", wie es in der Lagersprache hieß.[11] Ein Starkstromschlag, eine Maschinengewehrgarbe und der Tod bewahrte sie vor bevorstehenden weiteren Qualen. Wenn nachts Schüsse fielen, dann wußte jeder, daß die Verzweiflung wieder einen Menschen an den Draht getrieben hatte, der nun als lebloses Bündel regungslos in der neutralen Zone lag. Unzählige, die die brennende Sehnsucht nach der Freiheit und den Angehörigen, Hunger, die Schmerzen einer kaum behandelten Krankheit oder grausame Schläge zu dem Entschluß brachten, diesem menschenunwürdigen Dasein ein freiwilliges Ende zu bereiten, haben im Laufe der Zeit dort gelegen. Andere fand man eines Morgens mit ihrem Gürtel am Bettgestell erhängt auf. Lakonisch meldete dann der Blockälteste bei dem Rapport dem Lagerführer die Anzahl der Selbstmorde. Der Erkennungsdienst [12] stürzte dann zum Tatort, um die Leiche von allen Seiten zu photographieren, umständliche Zeugenvernehmungen wurden getätigt, um festzustellen, ob der betreffende Häftling nicht etwa von anderen Lagerinsassen ermordet wurde. Ein nicht zu überbietender Zynismus sprach aus diesem Theater! [13] Als ob den SS-Dienststellen in einem Lager, in dem täglich Tausende systematisch zu Tode gequält wurden, an dem Schicksal eines Unglücklichen etwas gelegen wäre.

---

[10] s. Anm. 50, S. 86

[11] „In den Draht gehen" konnte man in jenen Gebieten des Lagers, die mit hochspannungsgeladenem Stacheldraht eingezäunt waren.

[12] eines der Referate der Politischen Abteilung; untergebracht im Block 26

[13] Broad wußte sehr wohl, daß die SS-Leute für das Töten eines Häftlings, der sich dem Zaun genähert hatte, drei oder sogar mehr Tage Sonderurlaub bekamen. Das war die offizielle Belohnung für die „Verhinderung einer Häftlingsflucht".

[BLOCK 11]

Jedem, der das ehemalige Konzentrationslager Auschwitz kennt, ist der Block 11 ein Begriff. Äußerlich unterschied er sich kaum von den übrigen Blöcken. Zu dem Eingang, der an einer Stirnseite lag, führten ein paar Steinstufen, rechts neben der Türe, durch deren Glasfenster man in einen das Gebäude durchlaufenden Mittelgang sah, hing ein unscheinbares, kleines schwarzes Schild mit der Zahl 11. Im Unterschied zu den anderen Blöcken des Lagers war die Tür von Block 11 stets verschlossen. Wenn man schellte, erschien ein SS-Posten, dessen Schritte in dem ausgestorben wirkenden Bau widerhallten. Durch das Fenster betrachtete er mißtrauisch jeden Ankömmling, um ihn dann durch eine kleine Klappe abzufertigen oder falls unbedingt erforderlich einzulassen. In dem Halbdunkel des Gebäudes erkannte man jetzt ein mächtiges Eisengitter mit einer Gittertüre, das den hinteren Teil des Gebäudes abgrenzte. Schon von außen mag einem als unheimlich aufgefallen sein, daß die Fenster fast ganz vermauert waren und nur durch einen handbreiten Spalt Licht spendeten. Selbst die Kellerfenster waren stark vergittert.[14] An einigen Stellen entdeckte man in Höhe der Kellerfenster eigentümliche Blechkästen, deren Bedeutung man sich auch nicht klar zu machen vermochte.[15] Der Platz, der zwischen Block 11 und dem parallel angrenzenden Block 10[16] lag, war durch beiderseitige, die Stirnseiten der beiden Gebäude verbindende hohe Steinmauern vor den Blicken unerwünschter Neugieriger geschützt. Ein massives Holztor mit einem von innen verschließbaren Guckloch versperrte die Einfahrt zu diesem Hof. Wenn man dann noch sah, daß die Fenster des Nebenblockes durch schräge Bretterverschalungen abgedeckt waren,[17]

[14] Die Gitter waren auf der Innenseite der Fenster eingemauert. Außen waren die Fenster zusätzlich durch gemauerte Schächte abgeschirmt, die es den Häftlingen in den Zellen unmöglich machten, irgend etwas von dem wahrzunehmen, was um den Block herum vor sich ging. Die Fenster im Erdgeschoß waren ebenfalls vergittert, und später wurden auch die Fenster im ersten Stock zu zwei Dritteln zugemauert.

[15] Diese Blenden, die wie Körbe aussahen, waren Verkleidungen der Luftlöcher für Dunkelzellen und Stehbunker.

[16] 1940—1942 diente Block 10 als Wohnblock. 1941 war dort kurze Zeit die neugegründete Strafkompanie für „Erziehungshäftlinge", die Erziehungskompanie, untergebracht. Von März bis August 1942 diente Block 10 als Wohnblock des Frauenlagers, das die Blocks 1—10 einnahm. Ende 1942 wurden dort medizinische Geräte gesammelt, ein Röntgenraum und Operationssäle eingerichtet, gynäkologische Tische und andere Apparate aufgestellt, die zur Eröffnung einer gynäkologischen Abteilung notwendig waren. Im April 1943 wurde Block 10 Prof. Dr. Carl Clauberg zur Verfügung gestellt, der dort an von ihm ausgesuchten weiblichen Häftlingen, meist Jüdinnen, Sterilisierungsversuche vornahm. Gleichzeitig führte SS-Sturmbannführer Dr. Eduard Wirths, Standortarzt des KZ Auschwitz, dort Krebsuntersuchungen durch und nahm operative Eingriffe an krebsverdächtigen weiblichen Häftlingen vor. Dort führte auch Dr. Horst Schumann Eingriffe an weiblichen Häftlingen durch, die vorher im Versuchslabor von Birkenau durch Röntgenbestrahlung sterilisiert worden waren. Im April 1943 wurde ein Raum des Blocks 10 der Hygiene-Bakteriologischen Untersuchungsstelle der Waffen-SS Südost zugewiesen, die sich mit bakteriologischen, chemischen, pathologisch-anatomischen und anderweitigen Forschungen befassen sollte. Einen Monat später, d.h. im Mai 1943, wurde die Untersuchungsstelle nach Rajsko bei Auschwitz verlegt.

[17] Die Fenster des Blocks 10, der nur durch den Hof von Block 11 getrennt war, waren mit Brettern verschalt, um es den Häftlingen unmöglich zu machen, die Vorgänge auf dem Hof von Block 11 zu verfolgen, vor allem die dort durchgeführten Hinrichtungen. Trotzdem beobachteten die Häftlinge unter Lebensgefahr durch Ritzen in der Bretterverschalung Erschießungen ihrer Mithäftlinge.

war man überzeugt, daß es auch mit diesem Hof eine besondere Bewandtnis haben müsse. Aber auch wenn der Ankömmling in dem unmittelbar rechts hinter der Eingangstüre des Blockes eingerichteten Geschäftszimmer seine dienstliche Angelegenheit erledigt hatte und den Block 11 wieder verließ, wußte er eigentlich nur, daß er in dem berüchtigten KA., d.h. Kommandanturarrest war, in dem irgendwo Häftlinge in Zellen eingesperrt wurden, und schöpfte, wenn er die stickige Atmosphäre des Blockes verlassen hatte, unwillkürlich im Freien erst einmal tief Luft.

Im Dienstzimmer des Leiters der Abteilung II der Kommandantur [18] sind alle Sachbearbeiter und Schreiber versammelt. Der Chef, SS-Untersturmführer Max Grabner, hält eine Dienstbesprechung ab. Wichtigtuerisch schwadroniert der mittelgroße Mann hinter seinem Schreibtisch herum. Seine unzusammenhängenden Sätze und sein falsches Deutsch lassen erkennen, daß man trotz der silbernen Schulterstücke vor einem völlig ungebildeten Menschen steht. Eingeweihte wissen, daß er im Zivilberuf auf irgendeiner Alm Kühe hütete. Jetzt trägt er stolz die Uniform des SD [19] und ist seines Zeichens Kriminalsekretär der Geheimen Staatspolizei. Er ist unzufrieden mit der Arbeit der Abteilung. Es werden ihm zu wenig Strafmeldungen gegen Häftlinge und zu wenig Exekutionsanträge unterbreitet. Weichheit wirft er seinen Untergebenen vor, die vor sich hin starren und keine Entgegnung oder gar Rechtfertigung wagen. Sein Befehl, in Zukunft noch mehr Härte walten zu lassen, wird mit einem stummen Hackenzusammenklappen entgegengenommen. Grabner ist wegen seiner skrupellosen Brutalität, seines krankhaften Ehrgeizes und Geltungsbedürfnisses und seiner sprichwörtlichen Falschheit der erste Mann in Auschwitz geworden. Selbst der Kommandant, SS-Sturmbannführer Höß, der Grabner an sich weder an sadistischer Grausamkeit noch an Gewissenlosigkeit nachsteht, vermeidet es möglichst, sich mit diesem gewiegten Stapomann auf Kriegsfuß zu stellen. Die Dienstbesprechung findet wie üblich an einem Sonnabendvormittag statt. Grabner pflegt, wie er sich zynisch ausdrückt, jedes Wochenende zu benutzen, um „den Bunker auszustäuben". [20] Die gesamte Abteilung hat sich nach der Besprechung ins Lager, Block 11, zu begeben. Eigentlich sind nur drei oder vier Sachbearbeiter erforderlich. Grabner trommelt aber alles zusammen, weil er sich inmitten eines großen Stabes wohl fühlt. Im Block 11 erwartet man im Geschäftszimmer das Erscheinen des Lagerführers, SS-Hauptsturmführer Aumeier. Nach einer seiner Wichtigkeit entsprechenden Wartezeit betritt der kleine Bayer mit wuchtigen Schritten das Zimmer. Seine scharfe, krächzende Stimme verrät, daß man es mit einem Säufer zu tun hat. Die Grausamkeit, die aus seinen Gesichtszügen und Augen spricht, erspart ihm jede Visitenkarte. Er prahlt damit, ein persönlicher Freund Himmlers und Träger des goldenen Parteiabzeichens zu sein. Diensteifrig folgt ihm sein Rapportführer, SS-Unterscharführer Stiwitz. Dann erscheint noch ein SS-Arzt. Die Aufseher des Zellenbaues und einige Blockführer vervollständigen die Kommission, die sich nun in den Keller begibt, um mit dem „Ausstauben" zu beginnen. Von dem breiten Mittelgang, der wie der im oberen Stockwerk durch starke Eisengitter mit Gittertüren unterteilt ist, zweigen kurze, parallele Seitengänge ab. Je-

---

[18] Politische Abteilung

[19] Sicherheitsdienst der SS; vgl. Anm. 10, S. 27

[20] im Lagerjargon „Säuberung" des Bunkers

weils drei bis fünf Zellen, deren dicke Eichentüren mit Stahlverschlägen und Gucklöchern versehen sind, liegen an so einem Gang. Die Luft in dem Kellergewölbe ist so stickig, daß man kaum zu atmen vermag. Das unterdrückte Gemurmel hinter den Zellentüren, das grelle Licht der Glühbirnen, das den scharfen Kontrast zwischen dem schwarz gestrichenen Fußboden und den weiß getünchten Wänden hervorhebt, und die an den Mützen der SS-Leute blinkenden Totenköpfe schaffen eine unheilvolle Atmosphäre.

Ein Arrestaufseher öffnet mit einem umfangreichen Schlüsselbund die erste Zellentüre. Außerdem müssen noch zwei Eisenriegel zurückgeschoben werden. Eine Flucht ist aus diesem Gefängnis, das sich außerdem noch innerhalb der das Lager umgebenden Starkstromhindernisse befindet, ausgeschlossen. Aus der überfüllten, engen Zelle strömt einem ein würgender Gestank entgegen. Ein Gefangener ruft „Achtung!" und mit teilnahmsloser Miene nehmen die ausgemergelten Gestalten in ihren schmutzigen blau-weißen Lumpen in einer Reihe in der Zelle Aufstellung. Einigen sieht man an, daß sie sich nur mit Mühe aufrecht halten. Mit der Gleichgültigkeit von Menschen, deren Lebenswille bereits gebrochen ist, lassen sie die folgende Prozedur über sich ergehen, die sie vielleicht schon einige Male glücklich überstanden haben und die über Leben und Tod entscheidet. Aumeier hält eine Liste aller Arrestanten gegen die Tür, über die er nun mit Grabner zusammen hier unten Gericht halten will. Der erste nennt seinen Namen und gibt an, wie lange er schon im Zellenbau sitzt. Der Lagerführer fragt kurz den Rapportführer nach dem Einlieferungsgrund. Falls der Häftling von der Abteilung II eingesperrt wurde, was namentlich bei Fluchtversuchen der Fall war, ist Grabner zuständig. Die beiden Lagergewaltigen entscheiden dann: Strafmeldung 1 oder Strafmeldung 2. Die Häftlinge, die zu diesen beiden Kategorien bestimmt werden, verlassen die Zelle und müssen in zwei Gruppen auf dem Mittelgang antreten. Die übrigen bleiben in „Untersuchungshaft" zurück. Die „Straftaten" derjenigen Häftlinge, für die Strafmeldung 1 verfügt wird, bestanden beispielsweise darin, daß sie sich irgendwo ein paar Kartoffeln genommen hatten, ein Wäschestück zu viel besaßen, während der Arbeitszeit eine Zigarette rauchten und dererlei Bagatellen mehr. Sie haben das Glück, mit einer Prügelstrafe oder einer gewissen Zeit Strafkompanie[21], das bedeutet besonders schwere Arbeit, davonzukommen.[22] Anders ergeht es den Unglückseligen, deren weiteres Schicksal durch den Tarnausdruck „Strafmeldung 2" bestimmt wird. Für alle deutlich sichtbar malt Aumeier hinter den betreffenden Namen mit Blaustift ein dickes Kreuz und begrenzt die Ecken sorgfältig mit kleinen Querstrichen. Es war wirklich niemandem mehr ein Geheimnis, was „Strafmeldung 2" bedeutete. Die Gruppe der leichteren Fälle, denen für dies Mal noch das Leben geschenkt wird, bringt man

---

[21] Die Strafkompanie (SK) wurde ungefähr im August 1940 gegründet. Anfangs war sie in einem Raum des heutigen Blocks 3a und dann im Erdgeschoß des Blocks 11 untergebracht. Am 8. Mai 1942 wurde sie nach Birkenau, Abschnitt BIb, verlegt. Nach der Unterbringung weiblicher Häftlinge in diesem Abschnitt verlegte man die Strafkompanie nach Block 11 im Männerlager, Abschnitt BIId.

[22] Die Strafkompanie war u.a. beim Ausheben des Entwässerungsgrabens in Birkenau, des sog. Königsgrabens, eingesetzt. Die Strafkompanie mußte den ganzen Tag über ununterbrochen arbeiten, auch dann, wenn sich die anderen Häftlinge ausruhen konnten. Die Aufsicht über die Strafkompanie übten die vertiertesten SS-Leute (z.B. SS-Hauptscharführer Otto Moll), Kapos und Blockältesten aus.

nun ins Lager, um die ihnen zugedachten Strafen zu vollstrecken. Die großen Gemeinschaftszellen, die sich im Erdgeschoß und im ersten Stock des Blockes befinden und in denen oftmals über hundert Menschen in einem Raum zusammengepfercht wurden, entleert man, soweit sie Aussicht auf den Hof gestatten, und führt die Insassen, Häftlinge und von einander getrennt männliche und weibliche Zivilgefangene in Zellen auf der anderen Seite. Die Todeskandidaten werden in einen im Erdgeschoß liegenden Waschraum geführt. Häftlinge, die im Block 11 als Reiniger und Schreiber tätig sind, verhängen mit einer Decke das Fenster und sorgen dafür, daß sich ihre unglücklichen Leidensgenossen ausziehen. Mit Kopierstift malen sie diesen Menschen, die sichtlich mit dem Leben abgeschlossen haben und vielleicht mit einer gewissen Erleichterung wissen, daß sie in wenigen Minuten für immer von ihren Peinigern befreit und von den erduldeten Leiden erlöst sein werden, mit großen Zahlen ihre Häftlingsnummer auf den Oberkörper, um die Registrierung der Leichen in der Leichenhalle oder im Krematorium zu ermöglichen.[23] Unterdessen haben sich Aumeier, Grabner und ein Teil der übrigen SS-Leute auf den Hof begeben. Der größte Teil war jedoch inzwischen gegangen. Die Anwesenheit von Grabner ist niemand angenehm, denn von einem Stapomann dauernd wegen angeblicher Weichheit getadelt zu werden, ist gefährlich. Dabei befanden sich unter seinen Leuten in der Mehrzahl Fanatiker, die alles andere als weichherzig veranlagt waren.

An der einen Steinmauer im Hof des Blockes 11 steht die schwarze Wand. Für Tausende unschuldiger Menschen, Patrioten, die nicht um materieller Vorteile willen ihre Vaterlandsliebe zu verraten bereit waren, für Menschen, denen es geglückt war, aus der Hölle von Auschwitz zu entfliehen und die das bittere Los betraf, wieder ergriffen zu werden, für nationalbewußte Männer und Frauen aus allen einst von den Deutschen besetzten Ländern ist diese Wand aus schwarzen Isolierplatten zum Endmeilenstein ihres Daseins geworden. Der Rapportführer oder ein Arrestaufseher vollzieht die Erschießung.[24] Um nicht die Aufmerksamkeit der Passanten zu erregen, die auf der nicht weit hinter der Steinmauer vorbeiführenden Landstraße entlanggehen, wird ein Kleinkalibergewehr mit einem Magazin für 10 bis 15 Schuß verwendet. Aumeier, Grabner und der jeweilige Henkersknecht der bereits das schußfertige Gewehr hinter dem Rücken verborgen hält, stehen im Vollgenuß ihres Machtbewußtseins in Positur. Im Hintergrund warten verängstigt einige Totenträger mit Bahren auf ihre traurige Beschäftigung.[25] Sie können das Grauen nicht bezähmen, das aus ihrem Gesichtsausdruck spricht. Neben der schwarzen Wand steht ein Häftling mit einer Schaufel. Ein ausgesucht starker Gefangener des Reinigungspersonals bringt im Laufschritt die ersten beiden Opfer. Er hält sie an den Oberarmen fest und drückt sie mit dem Gesicht gegen die Wand. „Proste" (geradeaus), kommandiert jemand, falls sie die Köpfe seitwärts drehen. Obwohl diese wandelnden Skelette, von denen manch einer monatelang in den stinkenden Kellerzellen ein Dasein fristete, wie man es keinem Tier zumuten würde, kaum noch auf den Beinen stehen können, rufen viele von ihnen in dieser letzten Sekunde „Es lebe Polen" oder „Es lebe

---

[23] Das geschah vor der Einführung des Tätowierens der Häftlinge, d.h. vor März 1942.

[24] Broad sagt nicht die volle Wahrheit. Hinrichtungen nahmen auch Mitarbeiter der Politischen Abteilung vor, in der Broad tätig war.

[25] Broad meint die Häftlinge, die die Leichen wegtragen mußten.

die Freiheit!" Der Henkersknecht beeilt sich dann jedesmal mit dem Genickschuß oder sucht sie durch brutale Schläge zum Schweigen zu bringen. Die so machtbewußten SS-Leute stoßen dann zwar ein krampfhaftes Lachen aus, hören aber solche Zeugnisse durch keinen Terror zu brechenden Nationalstolzes und unbeugsamer Freiheitsliebe nicht gerne. So starben Polen und Juden, von denen die Nazipropaganda doch immer behauptete, daß sie um Gnade winselnde Sklavenkreaturen seien, denen keine, bezw. keine auch nur im entferntesten den Deutschen entsprechende Lebensberechtigung zukäme! Ob bei Männern oder Frauen, Jugendlichen oder Greisen, fast ausnahmslos mußten sie das gleiche Bild sehen, daß diese Menschen sich mit letzter Kraft zusammenrissen, um aufrecht zu sterben. Kein Winseln um Gnade, oftmals ein letzter Blick abgrundtiefer Verachtung, den diese primitiven Mordgesellen mit sadistischer Wut zu beantworten wußten. Kaum hörbar fällt Schuß auf Schuß. Röchelnd brechen die Opfer zusammen. Der Henker stellt fest, ob seine Genickschüsse, die er aus wenigen Zentimetern Entfernung abgibt, gut sitzen. Er tritt den am Boden Liegenden auf die Stirne, zieht die Haut zurück, um auf diese Weise festzustellen, ob ihr Blick gebrochen ist. Aumeier und Grabner sehen sachverständig zu. Wenn ein Erschossener noch röchelt, dann befiehlt einer dieser beiden SS-Führer: „Der muß noch einen kriegen!" Ein Schuß in die Schläfe oder ins Auge bereitet dann diesem unglücklichen Leben ein endgültiges Ende. Im Laufschritt eilen die Leichenträger mit den Bahren hin und her, laden die Toten auf und werfen sie am anderen Ende des Hofes auf einen Haufen. Immer mehr blutüberströmte Leiber liegen dort. Noch minutenlang strömt den Erschossenen in einem feinen Strahl das Blut aus der Einschußwunde am Hinterkopf und ergießt sich über den Rücken. Stumm und ohne äußerliches Zeichen einer inneren Bewegung tritt jedesmal, wenn zwei Erschossene abtransportiert werden, der Häftling mit Schaufel heran und bedeckt die schaumigen Blutlachen mit Sand. Mechanisch lädt der Henker jedesmal sein Gewehr durch und führt Exekution auf Exekution durch. Entsteht einmal eine Verzögerung, dann setzt er die Waffe ab, pfeift sich ein Liedchen oder unterhält sich mit den Umstehenden über betont gleichgültige Themen. Er will mit dieser zynischen Haltung zeigen, wie wenig es ihm ausmacht, „dieses Pack umzulegen" und wie „hart" er ist. Er ist stolz darauf, ohne jede Gewissensempfindung diese unschuldigen Menschen umzubringen. Wenn einer nicht den Kopf stillhält, dann preßt er ihm die Gewehrmündung ins Genick und drückt ihn mit dem Gesicht an die Wand. Das geschieht vor allem auch bei patriotischen Rufen, denn die SS-Leute ahnen, welche moralische Stärkung und Aufrichtung des Nationalbewußtseins diejenigen Häftlinge empfangen, die jenseits der Steinmauer diese letzten Kundgebungen fanatischen Glaubens zu Tode gequälter Märtyrer hören. Oft wird die letzte Sekunde der an der schwarzen Wand stehenden Menschen qualvoll verlängert. Sie spüren, wie ihnen die kalte, mit Blut besudelte Gewehrmündung ins Genick gehalten wird, hören das Knacken des Gewehrhahns... Ladehemmung! Gelangweilt setzt der Henker ab, bastelt umständlich an der Waffe herum, spricht mit den Anwesenden darüber, daß es Zeit sei, ein neues Gewehr zu beschaffen. Um die Todesqualen des an der Wand wartenden Opfers kümmert sich niemand. Ein eiserner Griff umklammert seinen Arm und hält ihn fest. Schließlich wird das Gewehr wieder angesetzt. Diesmal kann es funktionieren, es können sich aber noch weitere Ladehemmungen einstellen. Nach etwa einer Stunde ist dieses unbeschreiblich grauenhafte Schauspiel vorbei. Grabner hat seinen Bunker

„ausgestaubt" und sitzt nun bei einem guten Frühstück. Der Hof von Block 11 liegt wieder wie ausgestorben da. Der Sand vor der unbeteiligt dastehenden schwarzen Wand ist frisch geharkt. Über ein paar großen schwarzroten Flecken am anderen Ende des Hofes brummt ein Fliegenschwarm. Durch das Lager führt eine breite, dunkle Spur. Sie kommt von dem massiven Holztor mit dem Guckloch, das die Einfahrt zum Hof des Blockes 11 versperrt und zieht sich zum Lagerausgang hin in Richtung Krematorium. Am Lagertor spielt gerade die Häftlingskapelle einen flotten deutschen Marsch zum Aufbruch der Nachmittagsschicht der Arbeitskommandos. Es ist nicht leicht, mit den unförmigen Holzschuhen und den wundgeriebenen Füßen Gleichschritt zu halten, aber wer auffällt, bekommt einen unbarmherzigen Fußtritt oder einen Faustschlag ins Gesicht. Im Waschraum des Blockes 11 sortieren die Reiniger die armseligen Kleidungsstükke der Ermordeten. Der Henker entfernt in bester Laune einige Blutflecken von seiner Kleidung und macht sich fertig zu einem Truppenbetreuungsvortrag. Thema: „Die europäischen Aufgaben der SS"...

[POLIZEISTANDGERICHT]

Ein bis zweimal tagte monatlich im KZ-Auschwitz das „Polizei- und Standgericht" der Staatspolizeistelle Kattowitz. Dann erschien der Allgewaltige von Oberschlesien, SS-Obersturmbannführer und Oberregierungsrat Dr. Mildner. Dieser Mann war einer der blutrünstigsten Schlächter, die im dritten Reich existierten. Er stellte schon rein äußerlich die Verkörperung eines Despoten dar. Auffallend war besonders sein wuchtiger, stiernackiger Schädel, aus dem einen ein Paar eiskalte, grausame Augen prüfend betrachteten. Er leitete die Staatspolizeistelle Kattowitz und war Vorsitzender des Standgerichts. Die Sitzungen fanden stets im KZ-Auschwitz statt, weil dort auch gleich die Urteilsvollstreckung durchgeführt werden konnte. Es hieß ja in einem an die Gestapo gerichteten Befehl des Reichssicherheitshauptamtes, daß nicht aus abschreckenden Gründen öffentlich durchzuführende Exekutionen innerhalb von Konzentrationslagern vollstreckt werden sollten. Von dem Standgericht wurden Polen und Volksdeutsche verurteilt wegen politischer und krimineller „Verbrechen". Die politischen Delikte bestanden beispielsweise im Abhören feindlicher Sender und in der Unterhaltung über diese Nachrichten, im Verdacht der Zugehörigkeit zu einer der polnischen Widerstandsorganisationen, Kurierdienste geleistet oder sie durch Geldspenden unterstützt zu haben. Als kriminelle Verbrecher wurden u.a. Menschen abgeurteilt, denen vorgeworfen wurde, daß sie sich mit Schleichhandel befaßt hätten. Die drakonischsten Strafen vermochten jedoch den Schleichhandel nicht einzudämmen, da die Polen nur etwa die Hälfte von den Deutschen zustehenden Lebensmittelrationen erhielten und damit natürlich nicht existieren konnten.

Die organisatorischen Vorbereitungen für eine Standgerichtssitzung führte der Kriminalsekretär Kauz durch, der auch der Gestapo Kattowitz angehörte. Er trug eine SD-Uniform. Man sah dem ziemlich unbedeutend wirkenden Büromenschen mit seinen harmlosen dicken Brillengläsern nicht an, mit was für einer Sonderaufgabe er betraut war. Mit Lastwagen wurden aus den Gefängnissen, in erster Linie aus dem Gerichtsgefängnis Myslowitz, die Opfer des Standgerichts nach Auschwitz transportiert.[26] Ihre abgemagerten, krankhaft bleichen Gesichter berichten von einer langen Haftzeit und den Qualen der Vernehmungstorturen. Sie trugen Zivilkleidung und waren trotz ihres erbärmlichen körperlichen Zustandes alle schwer gefesselt. Bei manchen Transporten wurden die SS-Leute, die die Übernahme und Einlieferung in die Gemeinschaftszellen des Blockes 11 zu vollziehen hatten, vor Ansteckung gewarnt. Unter den Standgerichtsgefangenen befanden sich nämlich häufig Fleckfieberkranke, wie überhaupt Fleckfieber und andere epidemische Krankheiten sowohl in den Gefängnissen als auch im Lager an der Tagesordnung waren. Im allgemeinen waren die gefangenen Männer und Frauen, die dem Standgericht vorgeführt werden sollten, schon vernommen worden und hatten schon ihre ,,Geständnisse" abgelegt. Von Zeit zu Zeit trafen aber auch in Auschwitz Kommissionen ein, um dort Ermittlungen für die Stapo durchzuführen. Die Personen, die sie vernehmen wollten, waren nach ihrer Festnahme direkt nach Auschwitz gebracht worden und saßen dort als Polizeihäftlinge im Zellenbau. Kauz brachte auch vor jeder Tagung des Standgerichts eine Liste von Leuten, die bereits als Schutzhäftlinge im Lager einsaßen und schon hofften, mit dem Leben davongekommen zu sein. Diese mußten dann von den Arbeitskommandos weggeholt und im Block 11 eingesperrt werden. Jeder Häftling mußte also damit rechnen, plötzlich Grabners Willkür oder dem Standgericht zum Opfer zu fallen. Seine Erwähnung bei einer anderen Einvernahme, irgendein vager Verdacht oder ein sonstiger Zufall konnte sein Schicksal besiegeln.

Mitte 1943 konnte man im KZ-Auschwitz jeden Morgen eine eigenartige Prozession beobachten. Sie bewegte sich vom Lagertor, über dem in großen Buchstaben stand: ,,Arbeit macht frei", zu einer für Vernehmungszwecke geräumten ehemaligen Postbaracke. Die Spitze des Zuges bildeten acht Polizeihäftlinge, die zwei rätselhafte Holzgerüste trugen, die mit Hürden eine gewisse Ähnlichkeit aufwiesen. Dann folgten 60 bis 80 weitere Polizeihäftlinge, die sich nur noch mühsam zu der Vernehmungsstätte zu schleppen vermochten und sich teilweise zur gegenseitigen Unterstützung eingehakt hatten. Eine größere Anzahl von Gestapobeamten in Uniform beendeten den trostlosen Aufzug. Einige trugen am Koppel Reitpeitschen oder die in allen Konzentrationslagern wohlbekannten getrockneten und besonders präparierten Bullenschläuche. Schreibmaschinen und dicke Aktenmappen gehörten außerdem noch zu ihrer Ausrüstung. Posten mit Maschinenpistolen eskortierten die ohnehin zu jeglicher Gegenwehr zu schwachen Gefangenen. Die Stapobeamten verschwanden mit den Holzgerüsten und den Häftlingen, die sie zuerst vernehmen wollten, im Innern der Baracke. Das Gros mußte draußen von den Posten bewacht warten. Es dauerte nicht lange, da hörte man aus der Baracke das Brüllen der vernehmenden Stapoleute, das Gepolter umfallender Stühle und klatschender Schläge. Weithin schallten die furchtbaren Schreie der barbarisch gefolterten Unglücklichen. Jeden, der nicht sogleich bereit war, seine ,,Schuld" einzugestehen, oder von dem man vermutete,

---

[26] Im Erdgeschoß von Block 11 hielt man Häftlinge gefangen, die meist aus dem Polizeigefängnis in Mysłowice eingeliefert wurden. Wahrscheinlich wegen der in Mysłowice herrschenden Überfüllung diente das Erdgeschoß des Blocks 11 gewissermaßen als Ausweich-Untersuchungsgefängnis. In der offiziellen Korrespondenz hieß der mit Häftlingen aus dem Zuständigkeitsbereich des Polizeistandgerichts belegte Teil des Erdgeschosses von Block 11 ,,Polizei-Ersatz-Gefängnis Myslowitz in Auschwitz".

daß er etwas über Waffenverstecke sowie über die Namen von „Bandenmitgliedern" wisse, erwarteten grausame Drangsalierungen. Es gab in Auschwitz nicht allzu viele, die die Bedeutung der Holzgerüste kannten. Eingeweihte wußten, daß es „Schaukeln" waren, wie diese Inquisitionsinstrumente zynisch genannt wurden. Ein Gestapobeamter gab den Anlaß zum Bau der Schaukel in Auschwitz.[27] Er war von einer Stapodienststelle gekommen, um im Lager einen Schutzhäftling zu vernehmen. Man hörte plötzlich aus dem ihm zur Verfügung gestellten Zimmer ein eigentümliches, unterdrücktes Stöhnen. Als man das Zimmer betrat, bot sich ein Bild, das selbst die schon vieles gewöhnten Konzentrationslagerleute überraschte. Zwei Tische standen in 1 Meter Abstand nebeneinander. Das Opfer hatte sich auf den Boden setzen und die Hände vor den angezogenen Knien falten müssen. Mit Handschellen wurden ihm dann die Handgelenke vor den Beinen zusammengeschlossen. Eine massive Stange ist ihm zwischen Ellenbogen und Knie geschoben worden, deren Enden auf den Tischen aufliegen. Er pendelte nun hilflos mit dem Kopf nach unten zwischen den Tischen. Mit einem Ochsenschlauch wurde er nun auf das Gesäß und die nackten Fußsohlen geschlagen. Die Schläge waren so heftig, daß der Gefolterte beinahe ganze Umdrehungen ausführte. Jedesmal, wenn das Gesäß in die entsprechende Stellung pendelte, fiel ein mit aller Kraft niedersausender Schlag. Als seine Schreie zu gellend wurden, setzte ihm der sadistische Stapoteufel eine Gasmaske auf. Nun war nur noch das unterdrückte Stöhnen zu hören. Von Zeit zu Zeit wurde die Maske abgenommen, und er wurde gefragt, ob er endlich gestehen wolle. Ihm wurde vorgeworfen, eine Waffe besessen zu haben. Ein Opfer irgendeines gewissenlosen Denunzianten war er geworden. Nach etwa 15 Minuten erstarben die konvulsi[vi]schen Bewegungen des Gequälten. Er vermochte nicht mehr zu sprechen und schüttelte nur noch schwach den Kopf, wenn wieder die Gasmaske entfernt und er zum Geständnis aufgefordert wurde. Seine Hose hatte sich tiefrot gefärbt, und das Blut tropfte auf den Fußboden. Schließlich hing sein Kopf regungslos herab, er war ohnmächtig geworden. Den Stapobeamten erschütterte das jedoch keinesfalls. Mit sachverständigem Grinsen zog er aus der Tasche ein Fläschchen mit einer stechend riechenden Flüssigkeit, das er dem Gefangenen vor die Nase hielt. Nach einigen Minuten kehrte dessen Bewußtsein auch tatsächlich zurück. Da sein Gesäß schon derart zerschlagen war, daß die Schläge kaum noch die Schmerzen gesteigert hätten, dachte sich der Inquisitor etwas Neues aus. Er träufelte seinem Deli[n]quenten heißes Wasser in die Nase. Der brennende Schmerz muß unbeschreiblich gewesen sein. Er hatte sein Ziel erreicht. Auf eine erneute Frage, die mit höhnischer Siegessicherheit gestellt wurde, nickte der so teuflisch Mißhandelte bejahend mit dem Kopf. Nun wurde die Stange von den Tischen heruntergenommen und mit dem einen Ende auf den Boden gestellt, so daß der Gefesselte herunterrutschte, und herausgezogen. Nur mit Schwierigkeiten gelang es, die Handschellen von den violett gefärbten und dick angeschwollenen Handgelenken zu entfernen. Wie leblos lag der Gefangene auf dem Fußboden. Als er auf Zurufe, zur Unterschriftsleistung unter sein „Geständnis" an den Tisch heranzutreten, nicht zu reagieren vermochte, wurde er mit dem Ochsen-

---

[27] Beim Auschwitz-Prozeß in Frankfurt a/M sagten die Zeugen aus, daß die „Schaukel" eine Erfindung Bogers von der Politischen Abteilung gewesen sei. Unbestritten ist, daß Boger die Verwendung der „Schaukel" in Auschwitz eingeführt hat.

schlauch wahllos auf den geschorenen Kopf und den Rücken geschlagen und mit Fußtritten traktiert. Schließlich gelang es ihm, sich mühsam aufzurichten und mit Fingern, die kaum schreiben konnten, seine „Aussagen" zu unterzeichnen. Die zittrigen Schriftzüge und die auf dem Protokoll sichtbaren Schweißflecke der Hand verrieten einem Kenner, daß es sich um eine „verschärfte", „mit allen zur Verfügung stehenden Mitteln" durchgeführte Vernehmung oder, wie es auch oft in den Vernehmungsersuchen hieß, um eine „eindringliche Befragung" gehandelt hatte. In Auschwitz fand diese Vernehmungsmethode Anklang. Man empfand aber die Anordnung mit den beiden Tischen, auf denen die Stange herumrutschte und auch mit dem in der unglücklichen Stellung Gefesselten auf den Boden fiel, als zu primitiv. Aus diesem Grunde ließ man zwei Holzgestelle von Häftlingen der Bauleitungs-Werkstätten bauen, die mit abnehmbaren Stahlstangen versehen waren. Das bedeutete sogar noch eine Steigerung der Quälerei, weil der Gefolterte nun sogar im Kreis um die Stange geschleudert werden konnte.

Mit solchen Mitteln wurden nun die Vernehmungen in der Postbaracke durchgeführt. Zwei bis drei Wochen lang trieb die Stapokommission ihr Unwesen. Es handelte sich um eine besondere Aktion. 600 Personen, Männer und Frauen, Polen und Volksdeutsche [28] waren wegen „reichsfeindlicher Bestrebungen" oder „politischer Umtriebe zu Ungunsten der Reiches" schlagartig festgenommen und, da das Gerichtsgefängnis Myslowitz wegen Fleckfieberverseuchung und Überfüllung gesperrt war, direkt nach Auschwitz gebracht worden.[29] Der erste Stock des Blockes zwei, der einen einzigen Raum ohne Zwischenwände darstellte, war mit kaum gefüllten Strohsäcken ausgelegt worden und diente als Aufenthaltsort. Man wollte vermeiden, daß die Standgerichtskandidaten mit den übrigen Lagerinsassen in Berührung kamen. Wochenlang mußten alle 600 Personen in diesem Raum auf dem Bauch liegen. Sie hatten auch in dieser Stellung zu essen. Posten mit Maschinenpistolen hatten Befehl, jeden sofort zu erschießen, der zu sprechen oder sich aufzurichten wagen sollte. Die durchstandenen und noch bevorstehenden Leiden und der vielen sichere Tod hatten aber eine regungslose Apathie bei den meisten zur Folge. Selbst schwangere Frauen lagen im Block zwei. Auch die Posten waren recht ungern bei diesen Delinquenten. Abgesehen davon, daß sie sich langweilten, wimmelte der 1. Stock des Blockes von kriechenden und hüpfenden Quälgeistern.

Schließlich kam der Tag, an dem 210 der Polizeihäftlinge dem Standgericht vorgeführt werden sollten. Dem Ergebnis der vorbereitenden Ermittlungen zufolge, war für die übrigen Schutzhaft verhängt worden. Die Standgerichtskandidaten wurden in einen Raum des Blockes 11 geführt. Gegenüber war ein großes Zimmer für das Gericht zurecht gemacht worden. Eine lange Tafel mit Wassergläsern und dahinter eine Stuhlreihe, in deren Mitte ein Präsidialsitz für Mildner vorgesehen war, bildeten die Einrichtung. Von den Wänden sahen wohlgefällig Himmler und Hitler herab. Durch die beiden vergitterten Fenster, die nicht wie die übrigen des Blockes fast zugemauert waren, blickte man unmittelbar auf die hohen Stacheldrahtumzäunungen. Die weitere Aussicht versperrte eine Betonmauer. Endlich fuhr der hellblaue Opel Admiral vor dem Block 11 vor und Mildner

---

[28] In Śląsk (Schlesien) hatte man viele Polen gezwungen, die deutsche Volksliste zu unterschreiben.

[29] Der von Broad beschriebene Fall ereignete sich am 12. Februar 1943.

stieg aus. Gravitätisch mit erhobener Hand die ehrfurchtsvoll stillstehenden SS-Leute grüßend, ging er die Steinstufen hinauf und betrat den Block. Er begrüßte Grabner und Aumeier, die an der Sitzung teilnehmen durften. Kauz schleppte die Akten hinterher. „Geheime Staatspolizei Kattowitz" stand drohend auf den Deckeln. Mildner nahm auf seinem Sessel Platz. Neben ihm saß Sturmbannführer Dr. Eisenschmidt. Die übrigen Anwesenden tauschten heitere Begrüßungsworte und Erinnerungsanekdoten aus und hatten sich währenddessen auch an den Tisch gesetzt. Man fachsimpelte noch etwas, prahlte von den letzten Erfolgen, kritisierte mißgünstig die Tätigkeit einiger nicht anwesender Berufskollegen und erstarrte dann zu einer möglichst harten und wichtigen Pose, als Mildner die Sitzung eröffnete. Mit selbstzufriedenem Lächeln beglückwünschte er das Standgericht zu seiner zweihundertsten Sitzung. Dann winkte er dem an der Tür stehenden SS-Posten, mit der Vorführung der Angeklagten zu beginnen.

Kauz ruft den ersten Namen auf. Der SS-Posten gibt ihn an einen Schreiber weiter, der in dem anderen Raum bei den Standgerichtshäftlingen steht. Aus der leise murmelnden Menge der Menschen, die nach langen, unsäglichen Qualen nun auf ihr Todesurteil warten, ruft eine schwache Stimme „hier", und eine der hohläugigen Gestalten kommt hervorgetaumelt. Der Schreiber hilft ihm zur Tür des Verhandlungsraumes. Er ist selbst Häftling, und wer weiß, ob ihm nicht in nächster Zukunft das gleiche Schicksal blüht. Dicht neben der Tür muß der Delinquent sich aufstellen. Mildner verliest die Urteilsbegründung. „Nach dem Ergebnis der staatspolizeilichen Ermittlungen hat sich der Pole... gegen die Gesetzte des Deutschen Reiches vergangen, indem er...", so fing es im allgemeinen an, und der Schluß bestand in dem monoton und empfindungslos heruntergeleierten Satz: „Das Polizei- und Standgericht der Staatspolizeileitstelle Kattowitz verurteilt ihn zum Tode!" Mit einer Miene, die sowieso keine Kritik zuließ, blickte der Despot, der so mutig im Töten war, nach links und rechts und nahm als selbstverständlich das zustimmende Nicken der Beisitzer entgegen. Der Verurteilte kam nicht mehr zu Wort. Kaum eine Minute nimmt jeder Fall in Anspruch. Kauz kann oft nicht so schnell die Akten heraussuchen. Ein mißmutiger Blick von Mildner und ein ungeduldiges Trommeln auf der Tischplatte treibt ihm den Schweiß aus der Stirne. Wenn sich im Warteraum auf den Ruf des Schreibers hin nicht gleich der Betreffende meldet, dann wiederholen andere Häftlinge ungeduldig seinen Namen. Sie haben kein Interesse mehr daran, die letzten Minuten unnötig zu verlängern. Ein sechzehnjähriger Junge wird hereingeführt. Er hat sich aus unerträglichem Hunger aus irgendeinem Laden etwas zu essen gestohlen, gehörte also zu den wenigen „kriminellen" Fällen, die verhandelt werden. Nachdem Mildner ihm sein Todesurteil vorgelesen hat, legt er langsam das Blatt auf den Tisch und richtet seine durchbohrenden Blicke auf die kleine, bleiche Gestalt, die da in dem fadenscheinigen Anzug an der Tür steht. Langsam und jedes Wort betonend sagt er: „Hast Du eine Mutter?" — Der Junge senkt den Blick und antwortet kaum vernehmlich mit tränenerstickter Stimme: „Ja". „Hast Du Angst vor dem Tod?", forscht der stiernackige Menschenschlächter und weidet sich mit sadistischem Genuß an seinem Opfer. Der Junge gibt keinen Ton mehr von sich, er zittert nur etwas. „Wir wollen dich heute erschießen", spricht Mildner und ist bemüht, seiner Stimme einen schicksalsschweren Ausdruck beizulegen, „du wirst sonst doch nur eines Tages aufgehängt. In einer Stunde bist du tot!" — Mildner „unterhält" sich von Zeit zu Zeit in dieser Weise mit den Menschen, die er zum Tode verurteilt. Er kann seine Genugtuung darüber nicht verbergen, daß er die Macht hat, über Leben und Tod zu entscheiden. Namentlich Frauen gegenüber läßt er seiner sadistischen Veranlagung freien Lauf. In drastischer Weise spricht er mit ihnen über die unmittelbar bevorstehende Erschießung.

[ERSCHIESSUNGEN IM ALTEN KREMATORIUM]

Nach knapp zwei Stunden ist die Sitzung beendet. Von den 210 Personen wurden 206 zum Tode verurteilt und für 4 Schutzhaft angeordnet. Mildner beeilt sich, zur Exekutionsstelle zu kommen. Er würde es sich um keinen Preis nehmen lassen, der Urteilsvollstreckung persönlich beizuwohnen. Die Verurteilten haben auf dem Hof des Blockes 11 in Fünferreihen Aufstellung genommen. Die Erschießung soll heute, weil es besonders viele sind, nicht an der schwarzen Wand des Blockes 11, sondern gleich im Krematorium erfolgen. Ein Lastwagen mit Verdeck fährt rückwärts an das Tor, das nun geöffnet wird. Wie ein symbolischer Abschied vom Leben wirken die Medaillons und anderen letzten und teuersten Andenken, die die Verurteilten so kurz vor dem Tode fortgeworfen haben [30] und die jetzt unbeachtet auf dem Hof verstreut umherliegen. An Widerstand denkt niemand mehr. Jetzt, unmittelbar vor dem Tod, beschäftigt sich jeder mit den Gedanken an sein vergangenes Leben und an seine Angehörigen, die er zurückläßt. Der Lastwagen fährt hin und her. Mit aller Gewalt werden jedesmal möglichst viele hineingepreßt. Der große blaue Wagen von Mildner steht schon vor dem Krematorium. Das alte Krematorium in Auschwitz stand in etwa 100 Meter Entfernung vom Lager. Es soll ursprünglich eine Lagerhalle für Rüben gewesen sein.[31] Man hatte das Steinbauwerk auf drei Seiten mit Erdanschüttungen umgeben, die mit Rasen, kleinen Bäumchen und lieblichen Blumen bepflanzt waren. Das Dach war eine ebene Betondecke. Eine hohe Mauer mit einem mächtigen Einfahrts- und einem Ausfahrtstor umschloß einen Platz vor dem eigentlichen Eingang, wo jeden Abend die hochbeladenen Karren, die aus dem Leichenkeller des Blockes 28 [32] die Leichen brachten, von den Blicken unerwünschter Zuschauer ferngehalten, entladen wurden. Ein Fremder konnte so [nicht] ohne weiteres entdecken, daß dieser rechteckige, bunt bewachsene Hügel ein Krematorium war. Vielleicht wäre ihm das dicke, winkelförmige Metallrohr aufgefallen, das aus dem Dach herausragte und monoton brummte. Er wäre allein aber kaum auf den Gedanken gekommen, daß das der Exhaustor war, der die Luft in der Leichenkammer wenigstens einigermaßen erträglich machen sollte. Auch an dem quadratischen Schornstein, der in einigen Metern Entfernung stand und durch eine unterirdische Zuleitung mit den vier Öfen verbunden war, konnte man normalerweise nichts Außergewöhnliches feststellen. Anders war es jedoch,

---

30 Sehr zweifelhaft. Eher sind sie ihnen weggerissen worden.

31 Der Raum war auf dem Kasernengelände des polnischen Heeres, das sich bis September 1939 hier befunden hatte, eine Lagerhalle für Gemüse gewesen. Die Lagerführung baute die Halle zum Krematorium und zur Gaskammer um.

32 Im Keller dieses Blocks befand sich die Leichenhalle, in die man die Leichen der im Lager verstorbenen, erschossenen oder ermordeten Häftlinge brachte. Leichen von bei Hinrichtungen erhängten oder erschossenen Häftlingen wurden dort nicht aufbewahrt.

wenn der Wind den meist in durchsichtigen bläulichen Wölkchen dem Schlot entströmenden Rauch herabdrückte. Der unverkennbare, penetrante Gestank von verbrannten Haaren und verbranntem Fleisch war dann kilometerweit zu spüren. Wenn die Öfen, in denen vier bis sechs Leichen gleichzeitig verbrannt wurden, neu angeheizt worden waren und dicke, pechschwarze Qualmwolken aus dem Schornstein emporstiegen oder wenn er nachts eine weithin sichtbare, mehrere Meter hohe Stichflamme ausstieß, dann wurde jedem die Bedeutung dieses Hügels klar. An der der Straße abgelegenen Seite war die Erdanhäufung unterbrochen, um dem Brennraum durch ein kreuzweise mit Eisenstäben vergittertes Fenster Frischluft zuzuführen. Aus dem dunklen Raum hörte man das unheimliche Rumoren von Stahlstangen und Schippen, mit denen Koks in die Öfen geschippt und die Leichen in die Muffeln geschoben wurden. Das Innere des Krematoriums bestand im wesentlichen aus dem Brennraum, einem Vorraum und der großen Leichenkammer, in deren Decke außer dem Exhaustor sechs mit Deckeln verschlossene Luftlöcher eingebaut waren.

Die Verurteilten standen in dem Hof vor dem Krematorium. Die schmiedeeiserne Lampe über der Türe erinnerte an den Eingang zu einem gemütlichen Häuschen und wirkte wie Ironie an dieser Pforte, die Unzählige durchschritten ohne zurückzukehren und über deren Schwelle täglich Wagenladungen von Leichen hereingezerrt wurden. In Abteilungen von je vierzig Personen werden die Standgerichtshäftlinge in den Vorraum geführt, um sich auszuziehen. Ein SS-Posten steht an der Tür zur Leichenkammer, in der die Exekution stattfindet. Immer zehn führt er zur Richtstätte. Im Vorraum hört man die Schüsse und den Aufschlag der Köpfe auf dem Zementboden. Erschütternde Szenen spielen sich ab. Mütter trennen sich von ihren Töchtern. Männer, an deren Haltung man ehemalige Offiziere erkennt, reichen sich zum letzten Mal die Hände, andere verrichten ein letztes Gebet. Währenddessen vollzieht sich in der Leichenkammer ein Morden, wie es schändlicher nicht sein kann. Die zehn Gefangenen betreten nackend den Raum. Die Wände sind mit Blut besudelt. Im Hintergrund liegen die bereits Erschossenen. Ein breiter Blutstrom zieht sich zu dem Ablauf in der Mitte der Halle. Sie müssen bis dicht an die Leichen herantreten und sich nebeneinander aufstellen. Ihre Füsse färben sich rot von dem Blut, in dem sie stehen. Manch einer erkennt mit einem Aufschrei unter den teilweise noch röchelnd Daliegenden einen nahen Verwandten, vielleicht seinen Vater. Die rechte Hand des Lagerführers, SS-Hauptscharführer Palitzsch, vollzieht die Erschießung. Einen nach dem anderen bringt er mit einem geübten Genickschuß ums Leben. Immer voller wird die Leichenhalle. Mit eiskalten Augen sieht Mildner, der mit seinem Stab anwesend ist, dem Vollstrecker seiner Urteile bei der Arbeit zu. Um ihn herum liegen auch schon Leichen. Schließlich ruft der SS-Posten aus dem Vorraum, daß niemand mehr draußen sei. Palitzsch macht sich nun daran, zwischen den Leichen herumzusteigen und denjenigen, die noch stöhnen oder sich regen, einen Fangschuß zu geben. Dann setzt er das Gewehr ab, wendet sich seinem Meister zu und steht still zum Zeichen, daß er seinen Willen ausgeführt hat. Mildner sieht ihn mit vielsagendem dämonischen Lächeln an, hebt langsam die Hand zum Hitlergruß und verharrt in dieser Stellung mehrere Sekunden. Er zollte auf diese Weise seinem Henkersknecht seine Anerkennung. Schließlich wendet sich Mildner ab und steigt, immer wieder jovial mit erhobener Hand nach rechts und links die SS-Leute zur Verabschiedung grüßend, über die Leichen hinweg dem Ausgang zu.

In der Abteilung II ist man unterdessen emsig dabei, die Exekutionsprotokolle zu schreiben. Todesursache: Mehrere Brustdurchschüsse, darunter ein Herz- und zwei Lungenschüsse... so heißt es im allgemeinen. Man ist sehr vorsichtig und wird auch in diesen Geheimprotokollen niemals schriftlich festlegen, daß [es] im nationalsozialistischen Deutschland die von der Propaganda so erfolgreich ausgeschlachteten Genickschüsse gibt.

Auf diese Weise starben die von SS-Obersturmbannführer Dr. Mildner zum Tode Verurteilten. Es gab aber auch viele Exekutionen, die durch den Strang auszuführen waren. Im Hof von Block 11 befanden sich für diese Zwecke 12 versenkbare Galgen.[33] Sie konnten in die Erde geschoben und die Öffnungen mit Holzdeckeln verschlossen werden, wie Reckpfosten in einer Turnhalle. Um Menschen zu vernichten, entwickelte man in Auschwitz viel Erfindungsgeist. Bei einer öffentlichen Erhängung von dreizehn polnischen Ingenieuren,[34] die als „Sühnemaßnahme" für einen Fluchtversuch eines Häftlings der Bauleitung[35] vor den angetretenen Häftlingen im Lager auf dem Platz vor der Häftlingsküche ausgeführt wurde, leistete sich SS-Hauptsturmführer Aumeier einen Beweis seiner beispiellosen Roheit. Eine Eisenbahnschiene lag auf zwei Pfosten. Die Stricke, mit denen die Häftlinge an die Schiene gehängt worden waren, sind zu kurz gewesen, so daß die Fallstrecke nicht ausreichte, um durch den Bruch der Halswirbel einen schnellen Tod herbeizuführen. Die Schemel waren schon vor mehreren Minuten unter den Füßen der Opfer weggezogen worden, und noch immer verkrampften sich ihre Körper in konvulsi[vi]schen Bewegungen. Obwohl Aumeier die Meinung vertrat, daß man sie „ruhig eine Weile zappeln lassen" sollte, war das ihm diesmal doch zu lange. Er gab dem Exekutionskommando den Befehl: „Ranhängen!" — Die umstehenden Häftlinge ballten heimlich die Fäuste und der Anblick, wie diese einer „Vergeltungsmaßnahme" zum Opfer gefallenen Menschen zu Tode gemartert wurden, trieb ihnen Tränen der Wut in die Augen.

Nach Erschießungen im Krematorium oder im Block 11 konnte man häufig beobachten, daß selbst den Toten keine Ruhe gelassen wurde. Ein SS-Arzt, meist SS-Hauptsturmführer Kitt oder SS-Obersturmführer Dr. Weber, stürzte sich auf die noch warmen Leichen und schnitt aus den Schenkeln und dem Gesäß Fleisch für die bakteriologischen Kulturen des Hygieneinstitutes[36]. Dieses Institut, das vom Lager abgesetzt an der Straße nach Raiske lag, wurde von SS-Obersturmführer Dr. Weber geleitet. Weber war vor allem Bakteriologe. Im allgemeinen war von diesem Institut nur bekannt, das dort Häftlinge, die zum größten Teil Experten auf dem Gebiet der Chemie und der Bakteriologie waren, in mehreren

---

33 Auf dem Hof von Block 11 befanden sich zwei transportable Galgen, an denen Häftlinge erhängt wurden, sowie einige Pfähle, die wie Galgen aussahen. An diesen Pfählen wurde die Strafe des sog. Pfahlbindens vollzogen.

34 Am 19. Juli 1943 erhängte man beim Abendappell die zwölf Häftlinge Zbigniew Foltański, Józef Gancarz, Mieczysław Kulikowski, Czesław Marcisz, Bogusław Ohrt, Leon Rajzer, Tadeusz Rapacz, Edmund Sikorski, Janusz Skrzetuski-Pogonowski, Stanisław Stawiński, Józef Wojtyga und Jerzy Woźniak.

35 Diese Flucht war am 20. Mai 1943 erfolgt. Damals waren drei Häftlinge des Vermessungskommandos geflohen — Stanisław Chybiński, Kazimierz Jarzębowski und Józef Rotter.

36 Die Rede ist von der Hygiene-Bakteriologischen Untersuchungsstelle der Waffen-SS in Rajsko.

Laboratorien tätig waren. Zu dem Hygieneinstitut gehörte der Block 10 im Stammlager, in dem mehrere hundert Jüdinnen für Versuchszwecke untergebracht waren. Der Block 10 wurde hermetisch von der Umwelt abgeschlossen. Im Erdgeschoß waren Laboratorien und Krankenzimmer mit Betten. Der erste Stock, der einen durchgehenden großen Raum bildete, war mit dreistöckigen Betten eingerichtet für die nicht fest liegenden „Versuchsobjekte". Von Zeit zu Zeit wurden die gehfähigen Gefangenen in geschlossener Ordnung unter Bewachung im Lagerbereich spazieren geführt. Sorgfältig wurde darauf geachtet, daß sie nicht mit anderen Häftlingen in Berührung kamen, um das Geheimnis der Dinge, die sich im Block 10 abspielten, möglichst zu wahren. In diesem Block führten Professor Glauberg und der Leutnant Dr. Schumann mit einigen gefangenen jüdischen Spezialwissenschaftlern Forschungen über Fleckfieber, Sterilisation auf dem Strahlenwege und künstliche Befruchtung aus. Namentlich das Sterilisationsverfahren kostete zahlreichen Menschen, an denen es ausprobiert wurde, das Leben. Die Versuche über künstliche Befruchtung waren mit äußerst schmerzhaften operativen Eingriffen verbunden, die bei klarem Bewußtsein der betreffenden Person vorgenommen wurden. Keiner der SS-Ärzte empfand die Experimente im Block 10 als das, was sie darstellten, nämlich als ein bestialisches Verbrechen. Die Versuchsobjekte waren ja Juden, die vogelfrei waren und kein Lebensrecht besaßen.

[REVOLTE IN BUDY]

Budy ist ein kümmerliches kleines Dörfchen, das etwa 4 Kilometer vom KZ-Auschwitz entfernt liegt und aus nur wenigen armseligen Bauernhäusern besteht. Der größte Teil von ihnen ist unbewohnt und verfallen, weil sich die polnische Bevölkerung zum Teil „freiwillig" zum Arbeitseinsatz in Deutschland gemeldet hatte und teilweise in Konzentrationslagern steckte, weil sie irgendwie „den friedlichen Neuaufbau des Ostens" sabotiert haben sollte.[37] Für Arbeiten auf den Feldern, die nun zum Interessengebiet des Lagers gehörten, wurde dort ein Außenlager von Auschwitz errichtet.[38] Das abseits gelegene Schulhaus und [eine] große Baracke dienten als Häftlingsunterkünfte. Der das Ganze umgebende einfache Stacheldrahtzaun, der weder nachts elektrisch geladen noch ausreichend beleuchtet war, ließ vermuten, daß hier weniger gefährlich scheinende Häftlinge gefangen gehalten wurden. Es handelt sich um ein Frauenlager. Im Erdgeschoß des Schulgebäudes wohnten die Block- und die Lagerälteste, beide Reichsdeutsche und ehemalige Prostituierte. Außerdem war dort die Küche und das Krankenrevier eingerichtet. Oben in dem mit zwei Fenstern versehenen Dachboden befanden sich die Schlafstätten von mehreren deutschen Anweisungshäftlingen und einer größeren Anzahl von Jüdinnen. Die meisten Häftlinge waren in der Baracke untergebracht. Es handelte sich um Jüdinnen, Ukrainerinnen

---

[37] In Wirklichkeit waren die Polen einfach aus dem Interessengebiet ausgesiedelt worden. Einen Teil hatte man ins sog. Generalgouvernement (nach Tarnów und Gorlice) gebracht, einen anderen Teil hingegen ins sog. Sudetenland bzw. zur Arbeit im Innern des Reiches.

[38] Anfangs arbeiteten auf den verlassenen Bauernhöfen Häftlingskommandos, die aus dem Lager dorthin gebracht wurden. Später richtete man dort ein Außenlager ein.

und Polinnen, insgesamt 300 bis 400. Die landschaftliche Umgebung des Lagers mit ihren Wiesen, Wäldern und Seen ist zu schön, als daß man auf den Gedanken kommen könnte, hier Hunger, Grausamkeit und Verzweiflung zu vermuten. Und doch sind diese mit jedem Konzentrationslager unzertrennlich verbundenen Erscheinungen mit dem Außenkommando auch in dieses idyllische Fleckchen Erde eingezogen.

Grabners Vertreter, Kriminalassistent Wesnitza, ein weiterer Vernehmungssachbearbeiter und zwei Schreiber müssen an einem Herbstmorgen des Jahres 1942 sofort Schreibmaschinen und Papier zusammenpacken und in den vor dem Kommandanturgebäude wartenden geräumigen Kübelwagen einsteigen. Es wird nicht gesagt, was eigentlich los ist, aber nach Grabners Miene zu urteilen, muß es etwas Besonderes sein. Der Wagen fährt in schnellem Tempo in Richtung Budy. Einige Meter vor dem Lager versperrt ein Posten den Weg. Als er Grabner erkennt, entschuldigt er sich und erklärt, daß der Kommandant ihm befohlen habe, keine Unbefugten die Straße passieren zu lassen. Der Wagen fährt weiter bis zum Lager, wo Grabner alles aussteigen läßt. Er hatte schon unterwegs beiläufig angedeutet, daß sich in Budy eine Revolte ereignet hätte.[39] Neugierig treten die Angehörigen der Abteilung II durch das Lagertor. Der Posten erweist eine Ehrenbezeugung. Ein undefinierbares Singen und Summen schwingt in der Luft. Da erblicken die Augen etwas so Grauenhaftes, daß es geraume Zeit dauert, ehe das Bewußtsein es aufnehmen kann. Auf dem Platz hinter und neben dem Schulgebäude liegen kreuz und quer Dutzende verstümmelter und blutverkrusteter Frauenkörper. Sie sind alle nur mit Häftlingshemden bekleidet. Zwischen den bereits Toten winden sich Halbtote. Ihr Stöhnen mischt sich mit dem Brummen gewaltiger Fliegenschwärme, die über klebrigen Blutlachen und zerschmetterten Schädeln kreisen, zu jenem eigentümlichen Singen, das sich die Ankömmlinge zuerst nicht zu erklären vermochten. Mehrere Leichen hängen in verkrampften Stellungen in dem Stacheldrahtzaun. Andere sind offensichtlich aus dem noch geöffneten Bodenfenster herausgestürzt worden.

Grabner gibt den Befehl, einige noch einigermaßen Vernehmungsfähige von den am Boden liegenden herauszusuchen und als Zeugen über das Geschehene zu vernehmen. Wesnitza steigt zwischen den Körpern herum und sucht vergeblich nach Opfern dieser Bluttat, die noch zu sprechen vermögen. Er kann aber niemand finden, und so nimmt man als Zeugen einige leichter Verletzte, die gerade am Brunnen ihre Wunden reinigen. Die Ermittlungen ergeben folgendes Bild.

Die für dieses Außenkommando als ständige Wachposten abgestellten SS-Leute pflegten während der Arbeit die reichsdeutschen Anweisungshäftlinge immer wieder dazu aufzustacheln, die Jüdinnen zu schlagen. Den deutschen Häftlingen wurde angedroht, daß sie anderenfalls selber durch die Postenkette gejagt und „auf der Flucht erschossen" würden. Diese vertierten SS-Posten emp-

---

[39] Das geschah wahrscheinlich in den ersten Oktobertagen 1942. Höß hat die Ereignisse im Laufe seines Untersuchungsverfahrens folgendermaßen beschrieben: „Diese Aktion fand spät in der Nacht statt. Nach Meldung des Vorfalls begab ich mich sofort ins Lager und stellte fest, daß die Französinnen mit Stangen und Äxten getötet worden waren. Etlichen hatte man die Köpfe abgeschnitten, andere hatten den Tod durch Hinauswerfen aus den Fenstern des ersten Stocks gefunden." — Höß-Prozeß, Bd. 21, Bl. 43

fanden es als eine angenehme Art des Zeitvertreibs, sich an den Qualen der mißhandelten Juden zu weiden. Die Folge dieses unerträglichen Zustandes war nun, daß die deutschen Anweiserinnen in ständiger Furcht des bösen Gewissens lebten, einmal bei günstiger Gelegenheit der strafenden Rache der Gepeinigten zum Opfer zu fallen, die nur noch ein Schreckensdasein führten. Die Jüdinnen, die zum großen Teil aus gebildeten Kreisen stammten, beispielsweise einst Studentinnen der Sorbonne oder Künstlerinnen waren, dachten jedoch mit keinem Gedanken daran, sich auf das Niveau dieser groben, deutschen Sittendirnen zu stellen und einen Vergeltungsanschlag anzuzetteln, der nur zu verständlich gewesen wäre.

Als am vergangenen Abend eine Jüdin vom Abort in den Schlafraum oben im Schulhaus zurückkehrte, glaubte eine Deutsche, einen Stein in ihrer Hand erkannt zu haben. Natürlich war das eine hysterische Einbildung. Unten am Tor hatte ein Posten Wache, mit dem sie, wie allgemein den anderen Häftlingen bekannt war, ein Liebesverhältnis unterhielt. Sie rief aus dem Fenster um Hilfe, da sie angeblich von einem jüdischen Häftling geschlagen würde. Alle Posten, die als Wache das Lager umstanden, stürzten daraufhin die Treppe herauf und schlugen, gemeinsam mit den entmenschten deutschen Anweiserinnen, wahllos auf die Jüdinnen ein. Sie warfen sie die winkelige Treppe hinunter, so daß eine über die andere fiel. Einige wurden aus dem Fenster geschleudert und blieben leblos draußen liegen. Die Posten trieben auch einen Teil der jüdischen Häftlinge aus der Baracke auf den Hof. Die Anstifterin dieses Gemetzels blieb im Schlafraum alleine mit ihrem Geliebten zurück. Wahrscheinlich war das ihre eigentliche Absicht gewesen. Mit Knüppeln, Gewehrkolben und Schüssen wurde unterdessen auf dem Hof die „Revolte" niedergeschlagen. Sogar eine Axt diente einem der weiblichen Capos als Mordwerkzeug. In ihrer Todesangst versuchten ein paar Jüdinnen durch den Stacheldraht zu kriechen und dem Gemetzel zu entrinnen. Sie blieben jedoch hängen und wurden umgebracht. Als schon alles am Boden lag, hieben die in einen Blutrausch geratenen Teufel immer noch auf die Wehrlosen ein. Sie wollten vor allen Dingen auch alles töten, um zu verhindern, daß ihre Greueltaten später von Zeugen berichtet werden könnten. Gegen fünf Uhr morgens wurde der Kommandant von der angeblichen Meuterei, die erfolgreich erstickt wurde, in Kenntnis gesetzt. Er fuhr nach Budy und besah sich die Spuren der Blutorgie. Ein paar Leichtverletzte, die sich Schutz suchend unter Leichen verkrochen hatten, standen nun auf und wähnten sich gerettet. Nach einem kurzen Umblick verließ SS-Sturmbannführer Höß jedoch wieder diesen Schreckensort. Als er kaum fort war, wurden sie niedergeschossen. In den Vormittagsstunden des folgenden Tages erschien der SS-Erkennungsdienst und SS-Sanitäter, „um sich der Verletzten anzunehmen". Sie nahmen sich auch der Leichtverletzten an, denen es gelungen war, sich zu Beginn des Dramas irgendwo zu verstecken, und die nicht voreilig wieder zum Vorschein gekommen waren, sobald deren Vernehmung abgeschlossen war. Vom Erkennungsdienst wurde die Szenerie von allen Seiten photografiert. Unter strengster Kontrolle ist später im Entwicklungsraum von jedem Bild nur ein Abzug hergestellt worden. Die Platten mußten in Gegenwart des Kommandanten vernichtet werden. Die Bilder wurden ihm zur Verfügung gestellt.

In einem freigemachten Zimmer walteten die SS-Sanitäter ihres Amtes. Ein Opfer nach dem anderen, in dem noch etwas Leben steckte, wurde hereingezerrt.

Ein geübter Griff setzte unter der linken Brust eine Spritze an. In Sekundenschnelle brach die so „behandelte" Patientin tot zusammen. Zwei Kubikzentimeter Phenol, ein billiges Desinfektionsmittel, waren ins Herz gespritzt worden. Draußen auf der Treppe hockte regungslos eine ältere Frau. Seit Jahren war sie schon wegen ihrer religiösen Überzeugung in Konzentrationslagern, um dort im nationalsozialistischen Sinne erzogen und zu der Erkenntnis gebracht zu werden, daß „die Internationale Bibelforscher-Vereinigung eine Irrlehre verbreite". Sie war unfähig, über das Erlebte hinwegzukommen. Voller Entsetzen sahen die übrigen Häftlinge, wie man auf der einen Seite des Hauses die Halbtoten und auch durchaus Lebensfähige hineinschleifte und auf der anderen Seite Tote heraustrug, die auf einen Holzwagen geworfen wurden.

Sechs deutsche Anweiserinnen, die sich mehr oder weniger an der Untat beteiligt hatten, vor allem die „Axtkönigin", die Elfriede Schmidt hieß und eine Schlächtermamsell war, wurden in den Block 11 eingeliefert. Nach ihrem Verhör und dem Schuldbekenntnis lagen sie, für immer zum Schweigen gebracht, in der Leichenhalle des Krematoriums. Kaum sichtbar[e] rote Einstichpunkte unter der linken Brust verrieten, auf welche Weise sie ihr Ende gefunden hatten.[40] Die Eltern bekamen, wie das so üblich war, vom Kommandanten tief empfundene Beileidsschreiben. Ihnen wurde mitgeteilt, daß ihre Tochter am Soundsovielten mit der und der Krankheit in den Häftlingskrankenbau eingeliefert wurde und daß es „trotz bester medikamentöser Pflege und ärztlicher Behandlung nicht gelungen sei, der Krankheit Herr zu werden". Ein nicht zu überbietender Zynismus sprach aus dem Schluß eines solchen schablonenmäßig hergestellten Briefes, in dem es hieß, daß die Verstorbene keine letzten Wünsche geäußert habe und den Angehörigen das Beileid des Kommandanten zu „diesem schmerzlichen Verlust" ausgesprochen wurde. Sogar die Urne wurde auf Verlangen übersandt. Jeder, der die Verbrennungsmethode in Auschwitz kannte und der wußte, daß stets mehrere Leichen gleichzeitig in einem Ofen eingeäschert wurden, empfand diese Farce als Hohn. Die Personalakten der sechs getöteten Frauen schloßen sich mit einem ärztlichen Bericht über den Verlauf der „Krankheit" und die näheren Umstände, die den Tod herbeiführten. Der SS-Lagerarzt[41] setzte seine Unterschrift unter diese Urkunden. Die Berichte waren von einem medizinisch geschulten Häftling abgefaßt worden, der nichts anderes im Krankenbau zu tun hatte, als für jeden im Lager auf irgendeine Weise verstorbenen Schutzhäftling einen derartigen Text mehr oder weniger zusammenzudichten. Alle die unzähligen Opfer, die mit „Strafmeldung 2" in Block 11 erschossen oder als Kranke mit Phenolspritzen „geimpft" wurden, die verhungerten oder an den Folgen einer bestialischen Vernehmung starben, waren — wie aus den Totenakten hervorging — durch ganz natürliche Krankheiten bedauerlicherweise ums Leben gekommen, für deren tückischen Verlauf natürlich niemand etwas konnte.

Durch den Tod der sechs Anweiserinnen war nach Ansicht der Lagerführung das Verbrechen von Budy in ausreichendem Maße gesühnt. Der Postenführer wurde verwarnt, und die Posten durften in Zukunft das Lager nicht mehr betreten. Der Häftlingsbestand wurde aufgefüllt, es kamen ja täglich Juden!

---

[40] vgl. die Eintragung im Tagebuch Kremers vom 24. Oktober 1942 (s. S. 161)

[41] Vorgesetzter aller SS-Ärzte des Lagers

[DAS MASSAKER AN DEN SOWJETISCHEN KRIEGSGEFANGENEN]

Im Winter 1941/42 wurden etwa 12 000 russische Kriegsgefangene nach Auschwitz transportiert.[42] Aus trockenen Ziffern der Registratur ging hervor, daß von diesen kaum ein halbes Jahr später nur noch 150 lebten. Diesen restlichen gelang es allerdings, das Vertrauen der SS-Leute, speziell der Schutzhaftlagerführung, zu erwerben und in Arbeitskommandos unterzukommen, die Lebensmöglichkeiten boten. Mit der Zeit vertraute man ihnen sogar in solchem Maße, daß sie bei Fluchten aus dem Bereich der großen Postenkette als Suchkommando eingesetzt wurden. Daß sie niemals einen Häftling ausfindig zu machen vermochten, der sich versteckt hatte, um dann in der Dunkelheit das Weite zu suchen, ist niemand als eigenartig aufgefallen. Betroffen erhielt die Lagerführung eines Abends die Meldung, daß 90 Russen geschlossen bei einer Suchaktion die Postenkette durchbrochen hätten und entflohen seien.[43] Die sofort mit Spürhunden und der gesamten verfügbaren Truppe durchgeführte Verfolgung brachte keinen nennenswerten Erfolg. Aber wie verschwindend wenigen gelang es, lebend aus dem Lager Birkenau herauszukommen im Vergleich zu den vielen Tausenden, die verhungert sind oder ermordet wurden. Aber um Russen machte man sich ebensowenig Sorgen wie um Juden. Abgesehen von diesen 12 000 Kriegsgefangenen wurden laufend Russen und Ukrainer eingeliefert, die entweder den Kommandanten irgendwelcher Kriegsgefangenenlager als politisch zu aktiv oder widerspenstig erschienen oder sogar von Einheiten überstellt wurden, die aus Russen bestanden und auf deutscher Seite kämpften. Die letzteren kamen wegen „politischer Unzuverlässigkeit" oder weil sie verdächtigt wurden, früher sowjetische Komissare gewesen zu sein, nach Auschwitz. In der Regel wurden diese, ehe sie recht begriffen hatten, wo sie überhaupt hingekommen waren, schon im Block 11 erschossen. So erging es auch denjenigen Russen, Kosaken und Kaukasiern, die den dem SD unterstehenden, für politischen Einsatz hinter den russischen Linien ausgebildeten Einheiten angehörten. Sobald einer irgendwie unangenehm auffiel, landete er in Auschwitz. Völlig ahnungslos kamen diese Russen oftmals mit einem Wagen angefahren. Sie fielen aus allen Wolken, wenn ihnen der Fahrer, ein deutscher SD-Mann, mitteilte, daß sie da zu bleiben hätten, und er alleine wieder abfuhr. So ging es namentlich vielen Russen des sogenannten Kommandos „Zeppelin" [44], das dicht bei Auschwitz von einem SS-Untersturmführer ausgebildet wurde für nachrichtendienstliche Verwendung. Niemand, am allerwenigsten ihre ehemaligen Kameraden, wußte etwas von ihrem Verbleib. Russische Zwangsarbeiter, die aus Hunger oder Sehnsucht nach der Heimat ihre Arbeitsstellen verließen, um ostwärts zu wandern, wurden im Ergreifungsfalle auch in Schutzhaft genommen.[45] Der Haftgrund hieß kurz und bündig „Arbeitsvertragsbruch", und ein quer über die erste Seite ihrer Personalakte gedruckter roter Stempel lautete: „Vereinfachtes Verfahren! Sowjetische Arbeitskraft!" Das hieß, daß auf

---

[42] Der erste Massentransport mit sowjetischen Kriegsgefangenen, die man im Lager festsetzte, traf am 7. Oktober 1941 im KZ Auschwitz ein (s. auch Anm. 53, S. 44).

[43] Das geschah am 6. November 1942 (s. Anm. 54, S. 45).

[44] Der volle Name lautete „Sonderkommando Zeppelin".

[45] Das bedeutete Konzentrationslager.

ihre Entlassung kein Wert gelegt wurde. Auch, ob sie schuldig oder unschuldig, spielte keine Rolle, es waren eben „sowjetische Arbeitskräfte". Davon waren ja genug da, und es war absolut gleichgültig, ob einige Tausend mehr oder weniger starben.

Die 1941/42 nach Auschwitz eingelieferten Russen kamen in das zu dieser Zeit neu entstehende Nebenlager Birkenau. Ein unglaubliches Elend hat sich dort abgespielt. Der Hunger ließ die Menschen wahnsinnig werden.[46] Über jeden Fraß, jede Runkelrübe stürzten sie sich gierig. Leiterwagenweise wurden jeden Abend die Toten in das Krematorium nach Auschwitz gefahren. Die Halbtoten, die diese unbeschreiblichen Qualen nicht mehr zu ertragen vermochten, krochen freiwillig auf die Wagen und wurden dann wie das Vieh totgeschlagen. Ein Russe lag einmal auf dem Leichenhaufen eines Leiterwagens. Es war kaum noch Leben in ihm. Der Kopf baumelte kraftlos über die eine Seitenstange. Ein SS-Mann griff daraufhin zu einem Knüppel und schlug ihn mit aller Gewalt gegen den Kopf. Der Russe wurde zurückgeworfen, fiel aber wieder nach vorne, und sein Kopf hing nun unter der Stange heraus. Ein zweiter Schlag schleuderte den Kopf des schon Leblosen wieder über die Seitenstange. Dem SS-Mann schien das Spaß zu machen. Obwohl der unglückliche Gefangene tot war, setzte er die Schläge fort, bis der Kopf nur noch eine formlose, blutige Masse war. Ein anderer SS-Mann empfand ein Vergnügen dabei, sich auf den Körper halbtot am Boden Liegender zu stellen und ihnen mit dem Gewehrkolben die Kehle oder das Genick abzuquetschen. Schließlich beschloß die Lagerführung, auf ihre Weise diesem Elend ein Ende zu bereiten. Tausende von Kriegsgefangenen wurden in einem Wäldchen bei Birkenau erschossen und in mehreren Schichten übereinander in großen Massengräbern vergraben. Die Gräber waren etwa 50 bis 60 Meter lang, 4 Meter tief und mochten ebenso breit sein. Die Lagerführung hatte das Russenproblem zu ihrer Zufriedenheit gelöst! Dann kam aber der Zeitpunkt, wo in allen deutschen Zeitungen das Geschrei um Katyn losging. Die Lagerführung erinnerte sich unangenehm berührt ihrer Russengräber. Gleichzeitig beschwerten sich die Fischereien, daß in den großen Fischteichen in der Umgebung von Birkenau, beispielsweise bei Harmense, die Fische eingingen. Sachverständige sahen die Ursache dieser Erscheinung in der Vergiftung des Grundwassers durch Leichengift. Aber damit nicht genug. Die Sommersonne brannte auf den Boden von Birkenau, die nicht verwesten, sondern nur faulenden Leichen begannen sich zu regen, und aus der aufbrechenden Erdkruste brodelte eine schwarzrote Masse, die einen mit Worten nicht zu beschreibenden Gestank verbreitete. Es mußte also beschleunigt etwas geschehen. Angesichts Katyns konnte man sich nicht solche Massengräber gestatten, in denen sich die Leichen offensichtlich nicht zersetzten und darüberhinaus wieder zum Vorschein kamen. Der SS-Hauptscharführer und spätere Obersturmführer Franz Hößler, der in Belsen 1945 dingfest gemacht werden konnte, bekam den Auftrag, unter Aufbietung aller Geheimhaltungsmöglichkeiten die Leichen ausgraben und verbrennen zu lassen. Er suchte sich zur Durchführung dieser Aufgaben etwa 20 bis 30 besonders zuverlässige SS-Leute aus, die eine Erklärung unterschreiben mußten, gemäß welcher sie im Falle

---

[46] Das Lager Birkenau wurde Ende 1941, Anfang 1942 von sowjetischen Kriegsgefangenen errichtet, die dort durch Hunger und Entkräftung in Massen umkamen (s. Aufzeichnungen von R. Höß, S. 42—44).

der Verletzung ihrer Geheimnispflicht oder irgendwelcher Andeutungen bezüglich der Art ihres Dienstes mit dem Tode bestraft wurden. Natürlich mutete man diesen SS-Männern nicht zu, auch nur einen einzigen Spatenstich zur Beseitigung dieser Schandtaten selbst auszuführen. Dazu hatte man ja genügend Häftlinge. Mit einigen Hundert Menschen jüdischen Glaubens aus allen von den Deutschen besetzten Ländern ging Hößlers Sonderkommando [47] in zwei Schichten an die Arbeit. Viele von den Häftlingen weigerten sich, durch Pistolenschüsse wurden sie liquidiert. Die SS-Männer, unter deren Aufsicht die Ausgrabung und Verbrennung der faulenden, aber noch einigermaßen erhaltenen Kadaver durchgeführt wurde, konnten sich jeden Abend in der SS-Küche eine Sonderverpflegung abholen: 1 Liter Milch, Wurst, Zigaretten und natürlich auch Schnaps. Die Häftlinge des Sonderkommandos wohnten im Birkenauer Lager in durch Bretterzäune von den übrigen Häftlingsunterkünften getrennten Blöcken. Wochenlang sah man aus dem vom Lager etwas entfernter liegenden Gelände, das nicht mehr so sumpfig, sondern landschaftlich sehr reizvoll war, an mehreren Stellen dicke, weißliche Qualmwolken zum Himmel emporsteigen. Obwohl niemand ohne besonderen Ausweis auch nur in die Nähe dieser Stellen kommen durfte, verriet doch der Geruch, daß die die weißen Wolken über Birkenau umgebenden Gerüchte zu Recht bestanden. Schwere Strafen hatten die SS-Leute zu erwarten, falls Häftlinge dieses blutigen Kommandos entfliehen sollten. In einer Nacht trieb der Wind den unerträglichen Qualm dicht über der Erde hin. Auf der betreffenden Seite hielt es kein Posten aus. Diesen Umstand hatten sich zwei Häftlinge zu Nutze gemacht, die wußten, daß sie nur noch etwas zu gewinnen, aber nichts mehr zu verlieren hatten, und waren im Schutze des Qualms von der Brandstelle in den dicht angrenzenden Wald gesprungen. Ihr Fehlen fiel erst anläßlich einer zwei Stunden später durchgeführten Zählung auf. Mehrere Häftlinge wurden als Zeugen vernommen, eine großangelegte Suchaktion wurde gestartet, aber umsonst, die Häftlinge waren entkommen. Der Kommandant tobte. Wie sollte man das dem Reichsführer [48] beibringen? Was könnte geschehen, wenn die beiden Häftlinge, ein französischer und ein griechischer Jude, ins Ausland gelangten oder auch der deutschen Bevölkerung von diesen Vorgängen in Birkenau etwas erzählen würden? Es war nicht auszudenken! Die Posten, die man für die Flucht verantwortlich machte, wanderten für viele Monate nach Matzkau, dem Straflager für Angehörige der Waffen-SS bei Danzig. Ein anderes Mal rannten in einem Moment, wo ein Posten durch die Mittagshitze und den betäubenden Qualm schläfrig geworden war, von einer anderen Brandstelle zwei Häftlinge in verschiedenen Richtungen davon. Der Posten, SS-Schütze Strutz, war so verblüfft, daß er nicht wußte, auf welchen er schießen sollte. Ehe er sich besonnen hatte, waren die beiden Flüchtlinge im Unterholz verschwunden. Er wäre rettungslos auch für längere Zeit nach Matzkau gekommen und saß schon mit bangem Gesicht bei der Abteilung II zur Vernehmung, als eine ihn rettende Meldung eintraf. Die beiden armen Teufel hatten sich in dem dichten Wald verlaufen, einen Kreis beschrieben und waren in der Nähe von Auschwitz in einer Scheune überrascht worden, wo

---

[47] Das Sonderkommando zählte damals ungefähr 400 Häftlinge. Nach Abschluß der Leichenverbrennungsaktion wurde es am 3. Dezember 1942 ebenfalls im Auschwitzer Krematorium I vergast.

[48] Heinrich Himmler

sie vor Hunger und Erschöpfung eingeschlafen waren. Nach eingehenden Verhören, die in erster Linie klären sollten, ob noch weitere Häftlinge des Sonderkommandos zu fliehen beabsichtigten und ein erschütterndes Bild menschlicher Verzweiflung ergaben, wurden sie beide in den Block 11 gebracht, aus dem es für sie keine Rückkehr mehr gab. Der SS-Schütze Strutz nahm mit leichtem Herzen wieder seinen Dienst auf und nahm sich vor, künftig besser aufzupassen.

Hössler stand bei seinen Aufgaben in Birkenau auch ein sehr eifriger Gehilfe zur Seite, der SS-Hauptscharführer Moll. Moll und Palitsch dürften wohl zu den größten Schlächtern dieses vergangenen Krieges gehören. Palitzsch's Karriere endete in Matzkau. Seine natürlich nur zum Wohle Großdeutschlands und aus tiefempfundener weltanschaulicher und rassischer Überzeugung begangenen Massenmorde hinderten ihn nicht daran, ruhig mit verschiedenen — unter anderen auch jüdischen — Staatsfeinden intime Beziehungen anzuknüpfen, soweit sie weiblich, jung und hübsch waren. Die nachher ausgestoßenen Drohungen, daß er sie im Falle, daß sie „undicht" würden, umlegen werde, vermochten sein Schicksal nicht aufzuhalten. Sein Verhältnis mit einer Jüdin kam zu seinem Glück nicht heraus. Statt dessen brachte ihm ein Liebesverhältnis mit dem lettischen Schutzhäftling Vera Lukans und die in Auschwitz sehr verbreitete Sitte, sich von den Häftlingen bei ihrer Einlieferung abgenommenen Wertsachen einige zur Sicherung des Lebensabends beiseite zu legen, eine mehrjährige Freiheitsstrafe ein. SS-Hauptscharführer Moll bekam für seine aufopfernde Tätigkeit in Birkenau das Kriegsverdienstkreuz erster Klasse. Auch Hößlers Brust zierte das KVK [49]. Grabner und der Kommandant überlegten ernsthaft, ob sie nach den Fluchtfällen beim Sonderkommando nicht alle dazugehörenden Häftlinge „sonderbehandeln" [50] — wie man sich offiziell auszudrücken pflegte, wenn Mord gemeint war — sollten. Es erschien ihnen dann aber doch fürs erste noch nicht erforderlich, das Kommando war auch gut eingearbeitet! Außerdem starben ja durch Infektion mit Leichengift sowieso dauernd welche, die dann durch neue Häftlinge, ausschließlich Juden, ersetzt wurden. Nach mehrwöchiger Arbeit waren schließlich die Spuren des Birkenauer Russenschlachtens getilgt. [51] Das Sonderkommando sollte jedoch nicht zur Ruhe kommen! [52]

*

Im Block 11 gab es neben den Zellen mit einem kleinen Fensterchen, durch das man zwar nicht hinaussehen konnte, weil es tiefer als die Erdoberfläche lag, aber immerhin doch Luft spendete, auch Dunkelzellen. Ein schmaler Luftkanal, der in den an der Außenwand befestigten mysteriösen Blechkästen endete, gewährte kaum die notwendige Atmungsluft. Vierzig Russen erstickten einmal

---

49 Kriegsverdienstkreuz

50 Sonderbehandlung bedeutete Tod in der Gaskammer.

51 Damals wurde auch das Sonderkommando liquidiert, das beim Beseitigen und Verbrennen der Leichen aus den Massengräbern eingesetzt gewesen war.

52 Broad spricht vom neuen, im Dezember 1942 aufgestellten Sonderkommando.

in so einer Zelle, die man mit aller Gewalt hineingepreßt hatte und die sich buchstäblich nicht zu rühren vermochten.[53] Außer diesen Dunkelzellen, die immerhin etwa acht Quadratmeter Grundfläche aufwiesen, vervollständigten die menschenquälenden Einrichtungen dieses Gebäudes vier Stehzellen. In einer solchen Kammer, deren Grundfläche etwas über einen halben Quadratmeter betrug und in die natürlich auch kein Lichtstrahl fiel, haben viele Gefangene furchtbare Stunden und sogar Wochen verlebt. Es war unmöglich, sich hinzusetzen. In kauernder Stellung hockten sie in der Finsternis. Wenn im Winter grimmige Kälte herrschte, war dieser Aufenthaltsort, in dem man sich nicht einmal durch Bewegung zu wärmen vermochte, besonders qualvoll. „Stehbunker" gab es für Häftlinge, die man „vernehmungsreif" werden lassen wollte, und — ebenso wie Dunkelzelle — als offizielle Strafvollziehung. Um bei Vernehmungen positive Ergebnisse zu erzielen, bediente man sich auch oft einer mittelalterlichen Folter. Auf dem Dachboden dieses furchtbaren Blockes 11 wurden die Delinquenten an den auf den Rücken zusammengebundenen Handgelenken aufgehängt. An den Füssen wurde ebenfalls ein Strick befestigt, so daß der an den nach hinten verdrehten Armen hängende Körper gestreckt werden konnte. Da jedoch die auf diese Weise an „dem Pfahl" gefolterten Häftlinge nach einer Viertelstunde im allgemeinen ohnmächtig wurden, sind nach der Einführung der „Schaukel" die Einvernahmen nur noch mit ihrer Hilfe durchgeführt worden.

[GAS]

Eines Tages zerrte man aus einer Dunkelzelle die Leichen russischer Kriegsgefangener.[54] Sie sahen, als sie auf dem Hof lagen, eigentümlich aufgedunsen und bläulich aus, obwohl sie noch verhältnismäßig frisch waren. Einige ältere Häftlinge, die den Weltkrieg mitgemacht hatten, erinnerten sich, schon während des Krieges solche Leichen gesehen zu haben. Plötzlich wurde es ihnen klar, um was es sich hier handelte... Gas!

Der erste Versuch zu dem größten Verbrechen, das Hitler und seine Helfershelfer vorhatten und auch zu einem erschreckenden und nicht mehr gut zu machenden Teil ausgeführt haben, war zufriedenstellend geglückt. Das größte Drama, dem Millionen glücklicher und unschuldig sich ihres Daseins freuender Menschen zum Opfer fallen sollten, mochte beginnen!

Bei der ersten Kompanie des SS-Totenkopfsturmbannes KL-Auschwitz sucht der Spieß, SS-Hauptscharführer Vaupel, sechs besondere zuverlässige Männer heraus. Er bevorzugt Leute, die schon lange Angehörige der schwarzen Allgemeinen SS waren. Sie müssen sich bei SS-Hauptscharführer Hößler melden. Er empfängt sie und macht sie eindringlich darauf aufmerksam, daß sie gegen jedermann über alles, was sie in den nächsten Minuten zu sehen bekommen werden, strengstes Stillschweigen zu bewahren haben. Andernfalls droht ihnen Todes-

---

[53] Der Zeitpunkt des von Broad beschriebenen Vorfalls ist unbekannt. Dagegen weiß man, daß im März 1942 in der Zelle Nr. 20 im Keller von Block 11 39 Häftlinge eingepfercht wurden, von denen 24 starben.

[54] Broad meint den ersten Versuch mit Zyklon B, den Höß eingehender beschrieben hat (s.S. 64f.).

strafe. Die Aufgabe dieser sechs Männer besteht darin, in einem gewissen Umkreis um das Auschwitzer Krematorium alle Wege und Straßen hermetisch abzusperren. Ohne Berücksichtigung des Dienstgrades darf niemand durch. Die Büroräume der Gebäude, von denen man aus das Krematorium sehen kann, müssen geräumt werden. Im SS-Truppenrevier, das im ersten Stock eines dicht beim Krematorium stehenden Hauses eingerichtet ist, darf sich niemand ans Fenster begeben, da man von dort aus sowohl auf das Dach als auch in den Vorhof dieser finsteren Stätte Ausblick hat. Als alle Vorbereitungen getroffen sind und Hößler sich davon überzeugt hat, daß in dem abgesperrten Gebiet keine unbefugten Personen mehr anzutreffen sind, bewegt sich ein trauriger Zug durch die Straßen des Lagerbereiches. Er kommt von der Rampe, die sich zwischen dem Truppenwirtschaftslager und den Deutschen Ausrüstungswerken [55] neben dem ins Lagergebiet führenden Eisenbahngleis entlangzieht. Dort wurden die Menschen, die nun langsam einem unbekannten Ziel entgegen ziehen, aus den Viehwaggons ausgeladen. Alle tragen große gelbe Judensterne an der armseligen Kleidung. Ihren verhärmten Gesichtern sieht man an, daß sie schon vieles durchgemacht haben. Meist sind es Ältere. Aus ihren Gesprächen geht hervor, daß sie bis zu dem überraschenden Abtransport irgendwo in Fabriken an Maschinen gearbeitet haben, daß sie arbeitswillig sind und sich auch weiterhin mit allen Kräften nützlich machen wollen. Von wenigen Posten, die keine Gewehre, sondern nur unauffällig Pistolen in den Taschen tragen, wird der Zug zum Krematorium geleitet. Die SS-Leute versprechen den hoffnungsvoll aufatmenden Menschen, daß sie alle ihrem Beruf entsprechend eingesetzt würden. Sie handeln streng nach den ihnen von Hößler erteilten Instruktionen. Während bisher bei Zugängen, die ins Lager eingeliefert wurden, jeder Wachmann durch rohe Stockschläge dafür sorgte, daß „der Abstand beibehalten wurde", fiel diesmal nicht ein böses Wort. Umso teuflischer war das Ganze! Die beiden Flügel des großen Einfahrtstores zum Krematorium öffnen sich. Nichts Böses ahnend, geht die Kolonne in Fünferreihen in den Vorhof. Drei- bis vierhundert Menschen waren es. Etwas nervös wartet der am Tor stehende SS-Mann, bis der Letzte eingetreten ist. Hastig schließt er das Tor und schiebt die Riegel vor. Grabner und Hößler stehen auf dem Dach des Krematoriums. Grabner spricht zu den völlig ahnungslos im Hof ihr weiteres Geschick abwartenden Juden. „Ihr werdet jetzt gebadet und desinfiziert, damit wir im Lager keine Seuchen bekommen. Dann kommt ihr in eure Unterkünfte, wo euch eine warme Suppe erwartet, und werdet euren Berufen gemäß zur Arbeit eingesetzt. Zieht euch jetzt hier auf dem Hof aus und legt eure Kleidungsstücke vor euch auf den Boden." Willig leistet alles dieser in freundlichem, warmherzigem Ton gehaltenen Aufforderung Folge. Einige freuen sich auf die warme Suppe, andere sind froh darüber, daß die nervenzermürbende Ungewißheit über das weitere Schicksal von ihnen genommen ist und daß sich ihre schlimmen Ahnungen nicht erfüllt haben. Alle fühlen sich nach den Sorgen etwas geborgen. Grabner und Hößler geben vom Dach aus beruhigend klingende Ratschläge. „Stellen Sie ihre Schuhe dicht neben das Kleiderbündel, damit Sie sie nach dem Baden wiederfinden können!" — „Ob das Wasser warm ist? Aber natürlich, warme Brausen". — „Was sind Sie von Beruf? Schuster? Brauchen wir dringend, melden

[55] kurz DAW

Sie sich nachher mal gleich bei mir!" — Solche und ähnliche Redensarten beseitigen den letzten Zweifel etwa noch Mißtrauischer. Die ersten begeben sich durch den Vorraum in die Leichenhalle. Alles ist peinlichst gesäubert. Nur der eigenartige Geruch wirkt auf einige beklemmend. Vergebens suchen sie an der Decke nach Brausen oder Wasserleitungen. Unterdessen füllt sich die Halle. Scherzend und sich harmlos unterhaltend, kommen einige SS-Leute mit hinein. Unauffällig behalten sie den Eingang im Auge. Als der Letzte hereingekommen ist, setzen sie sich ohne Aufhebens ab. Plötzlich fliegt die mit Gummiabdichtungen und Eisenverschlägen versehene Tür zu, und die Eingeschlossenen hören schwere Riegel fallen. Mit Schraubverschlüssen wird sie luftdicht zugepreßt. Ein bleiernes, lähmendes Entsetzen packt alle. Sie pochen gegen die Türe, hämmern in ohnmächtiger Wut und Verzweiflung mit den Fäusten dagegen. Höhnisches Gelächter ist die Antwort. „Verbrennt euch nicht beim Baden", ruft irgendeiner durch die Türe. Einige bemerken, daß die Verschlußdeckel von den sechs Löchern an der Decke abgenommen werden. Sie stoßen einen lauten Schrei des Grauens aus, als in dem Ausschnitt ein Kopf mit einer Gasmaske erscheint. Die „Desinfektoren" sind am Werk. Einer ist der bereits mit dem KVK geschmückte SS-Unterscharführer Teuer. Mit einem Ringeisen und einem Hammer öffnen sie ein paar ungefährlich aussehende Blechbüchsen. Die Aufschrift lautet: „Zyklon, zur Schädlingsbekämpfung. Achtung, Gift! Nur von geschultem Personal zu öffnen!" Bis an den Rand sind die Dosen mit blauen, erbsengroßen Körnern gefüllt. Schnell nach dem Öffnen wird der Inhalt der Büchsen in die Löcher gefüllt. Der Verschluß wird jedesmal schnell auf die Öffnung gedeckt. Grabner hat unterdessen einem Lastwagen, der neben dem Krematorium vorgefahren ist, ein Zeichen gegeben. Der Fahrer hat den Motor angeworfen, und ein ohrenbetäubender Lärm übertönt den Todesschrei hunderter den Gastod erleidender Menschen. Grabner betrachtet mit wissenschaftlichem Interesse den Sekundenzeiger seiner Armbanduhr. Zyklon wirkt schnell. Es besteht aus Zyanwasserstoff in gebundener Form. Wenn man die Büchsen ausschüttet, entweicht den Körnern das Blausäuregas. Einer der Teilnehmer dieses bestialischen Unternehmens läßt es sich nicht nehmen, für Bruchteile einer Sekunde noch einmal den Deckel einer Einfüllöffnung abzunehmen und in die Halle zu spucken. Nach etwa zwei Minuten ebben die Schreie [ab] und gehen in ein summendes Stöhnen über. Die meisten sind schon ohne Bewußtsein. Nach weiteren zwei Minuten senkt Grabner die Uhr. Alles ist vorbei. Tiefe Stille herrscht. Der Lastwagen ist abgefahren. Die Posten werden eingezogen, und ein Aufräumungskommando sortiert die Anzüge, die säuberlich zusammengelegt im Vorhof des Krematoriums liegen. Geschäftig laufen wieder SS-Leute und im Lagerbereich beschäftigte Zivilarbeiter an dem grün bewachsenen Hügel vorbei, auf dessen künstlichen Hängen sich kleine Bäumchen friedlich im Winde wiegen. Nur verschwindend wenige wissen, welch grauenerregendes Geschehen sich vor Minuten hier abspielte und welches Bild sich hinter der grünen Rasenfläche in der Leichenkammer bietet. Das im Krematorium arbeitende Häftlingskommando öffnet, nachdem einige Zeit später das Gas durch den Exhaustor abgesaugt worden ist, die Türe zur Leichenkammer. Mit weit aufgerissenem Mund lehnen etwas in sich zusammengesackt die Leichen aneinander. An der Türe sind sie besonders eng aneinander gepreßt. Dorthin hatte sich in der Todesangst alles gedrängt, um sie zu sprengen. Die völlig apathisch und empfindungslos gewordenen Häftlinge des Krematoriums verrichten wie Roboter ihre Arbeit. Es ist schwer, die ineinander verkrampften Leichen aus der Kammer zu zerren, weil durch das Gas die Glieder steif geworden sind. Dicke Qualmwolken quellen aus dem Schornstein. So fing es an im Jahre 1942!

Transport auf Transport verschwand im Auschwitzer Krematorium. Jeden Tag! Es kamen immer mehr Opfer, und das Morden mußte in größerem Stil organisiert werden. Die Leichenhalle faßte zu wenig. Die Verbrennung der Leichen dauerte zu lange. Und Hitler wartete ungeduldig auf die Vernichtung von Millionen französischer, belgischer, holländischer, deutscher, polnischer, griechischer, italienischer, slowakischer, tschechischer und ungarischer Juden, die in Viehwagen aus Sammellagern wie zum Beispiel Verne bei Paris, Westerberg in Holland, Theresienstadt in der Tschechoslowakei und aus Antwerpen, Warschau, Saloniki, Krakau, Berlin, später auch Budapest usw. herbeitransportiert wurden. Birkenau war ausbaufähig! Nach einem Jahr sah es schon anders aus.

[ZWEI KLEINE BAUERNHÄUSER]

In einiger Entfernung von dem sich lawinenartig vergrößernden Birkenauer Lager standen durch ein Wäldchen voneinander getrennt inmitten einer lieblichen Landschaft zwei hübsch und sauber aussehende Bauernhäuser. Sie waren blendend weiß getüncht, mit gemütlichen Strohdächern bedeckt und heimischen Obstbäumen umgeben. So war der erste, flüchtige Eindruck! Daß in diesen unscheinbaren Häuschen so viele Menschen ermordet wurden, wie der Bevölkerungsziffer einer Großstadt entspricht, würde niemand für möglich halten. Dem aufmerksamen Betrachter dieser Häuser würden erst einmal Schilder in verschiedenen Sprachen auffallen, auf denen stand „zur Desinfektion". Dann würde er bemerken, daß die Häuser keine Fenster und unverhältnismäßig viele und merkwürdig starke Türen mit Gummidichtungen und Schraubverschlüssen besaßen, neben denen kleine Holzklappen angebracht waren, daß in ihrer Nähe und kaum zu ihnen passend mehrere große Pferdestallbaracken errichtet waren, wie sie auch im Birkenauer Lager als Häftlingsunterkünfte dienten und daß die Zufahrtswege offenbar von schwer beladenen Lastautos ausgefahren worden waren. Wenn der Besucher dann noch die Entdeckung machte, daß von den Türen zu irgendwelchen durch Reisigzäune abgedeckten Gruben im Hintergrund eine Lorenbahn führte, dann vermutete er wohl eine besondere Bedeutung dieser Stätte.

Durch die Baracken des Kommandanturstabes des KZ-Auschwitz poltert der U.v.D[56]. Die Trillerpfeife gellt durch die nächtliche Stille. „Transport ist da!" Müde und fluchend springen die SS-Männer der Fahrbereitschaft, der Aufnahmeabteilung, der Gefangenen-Eigentumsverwaltung, der Schutzhaftlagerführung und die Desinfektoren, die während dieser Nacht Transport-Bereitschaftsdienst haben, aus den Betten, die mit feinsten Daunendecken ausgestattet sind. „Verdammt nochmal! Das geht aber mit den Transporten wie am laufenden Band, keinen Augenblick kommt man mehr zur Ruhe, was ist denn jetzt für einer?" — „Ich glaube Paris. Im Bahnhof steht aber schon der aus Westerbork, den wollen

---

[56] Unteroffizier vom Dienst

sie in kurzer Zeit auf die Rampe schieben. Für morgen früh ist übrigens ein großer Transport aus Theresienstadt gemeldet." — „Donnerwetter! Die in Lublin [57] machen wohl überhaupt nichts mehr. Alles kommt jetzt zu uns. Na, hoffentlich haben die Franzosen wenigstens eine Menge Ölsardinen mitgebracht!" — Währenddessen hat man sich angezogen. Vor der Baracke werden Motorräder angetreten und starten in die Nacht. Aus der großen Garage der Fahrbereitschaft rollen sechs große Lastwagen und fahren in Richtung zur Transportrampe in Birkenau davon. Das Sanitätspersonal fährt in einem Sanitätskraftwagen. Durch das Rütteln auf den ausgefahrenen Straßen fallen immer wieder ein paar Blechbüchsen um und kollern durch den Wagen. „Zyklon" steht auf den Etiketten. Schläfrig hocken die Desinfektoren auf den Seitenbänken. Über ihren Köpfen hängen runde Gasmaskenbehälter, die klappernd aneinanderschlagen. Vorne neben dem Fahrer sitzt SS-Oberscharführer Klehr. Sein ständiger Einsatz beim Transportdienst hat ihm das KVK eingebracht. Während der Sanitätswagen gleich zu den harmlos aussehenden Bauernhäusern fährt, den „Bunkern", wie diese Gaskammern allgemein bezeichnet werden, sind die Lastwagen und die Motorräder an der Rampe angelangt. Auf einem Nebengleis des Rangierbahnhofes steht ein langer Zug geschlossener Güterwagen. Die Schiebetüren sind mit Draht plombiert. Scheinwerfer überfluten den Zug und die Rampe mit grellem Licht. Aus kleinen, mit Stacheldraht vergitterten Luken sehen ängstliche Gesichter aus den Wagen. Die Bereitschaft der Truppe hat um den Zug und die Rampe Aufstellung genommen. Der Führer der Bereitschaft meldet dem für die Abwicklung des ganzen Transportes verantwortlichen SS-Führer, daß die Posten aufgezogen sind. Die Wagen können jetzt entladen werden. Der Führer des Begleitkommandos, das den Zug während der Fahrt zu bewachen hatte, fast immer ein Polizeioffizier, übergibt dem SS-Mann der Aufnahmeabteilung die Transportliste. Auf dieser Liste steht, woher der Transport kommt, die Zugnummer und die Namen, Vornamen und Geburtsdaten aller Juden, die mit ihm nach Auschwitz gebracht wurden. Die SS-Männer der Schutzhaftlagerführung sorgen unterdessen dafür, daß die Gefangenen aussteigen. Ein buntes Durcheinander herrscht auf der Rampe. Elegante Französinnen in Pelzmänteln und mit seidenen Strümpfen, hilflose Greise, Kinder mit Lockenköpfen, alte Mütterchen, Männer in den besten Jahren, teilweise in eleganten Gesellschaftsanzügen und teilweise in Arbeiterkleidung. Mütter mit Säuglingen auf dem Arm und Kranke, die von hilfsbereiten Menschen getragen werden, verlassen den Zug. Als erstes werden Männer von Frauen getrennt. Herzzerreißende Abschiedsszenen spielen sich dabei ab. Ehegatten trennen sich, Mütter winken ihren Söhnen zum letzten Male zu. Die beiden Kolonnen stehen in Fünferreihen mehrere Meter voneinander entfernt auf der Rampe. Wen der Abschiedsschmerz überwältigt und wer noch einmal hinüberstürzt, um dem geliebten Menschen die Hand zu geben, ihm noch ein paar trostspendende Worte zu sagen, den schleudert der Schlag eines der SS-Männer zurück. Nun beginnt der SS-Arzt, die Arbeitsfähigen von den seiner Meinung nach Arbeitsunfähigen zu trennen. Mütter mit kleinen Kindern sind prinzipiell auch arbeitsunfähig, ebenso alle Menschen, die auf ihn einen schwächlichen oder kränklichen Eindruck machen. Transportable Holztreppen werden hinten an die Lastwagen

[57] Gemeint ist das Konzentrationslager Majdanek in Lublin.

geschoben, und die von dem SS-Arzt als arbeitsunfähig aussortierten Leute müssen einsteigen. Die SS-Männer der Aufnahmeabteilung zählen jeden einzelnen, der über diese Treppe geht. Ebenso zählen sie dann alle Arbeitsfähigen, die zum Marsch in das Männer- bzw. in das Frauenlager antreten müssen. Das gesamte Gepäck muß auf der Rampe zurückgelassen werden. Den Gefangenen wird erklärt, es würde mit Autos nachgefahren. Das stimmt schon, aber die Gefangenen sehen von ihrem Eigentum nichts wieder, sondern ihr gesamter Besitz wandert in die Tresore, Magazine und Küchen der SS-Verwaltung. Kleinere Beutel mit dem Notwendigsten und das, was sie auf dem Leibe tragen, verlieren sie dann noch bei der Aufnahme im Lager. Ein Bild unsäglichen Jammers bieten diese armseligen Opfer eines wahnsinnigen Vernichtungswillens, wenn sie die Aufnahme in der Sauna[58] des Lagers hinter sich haben. Einst elegante, lebenslustige Frauen und junge Mädchen sind nun geschoren, auf dem linken Unterarm mit einer Häftlingsnummer tätowiert und mit einem sackartigen, blau-weiß gestreiften Kittel bekleidet. Die meisten brachen nach kurzer Zeit unter der Schwere dieses Schicksals zusammen.

Unterdessen sind die Lastwagen mit allen denen, die nicht zum Arbeitseinsatz im Lager vorgesehen sind, abgefahren. Die SS-Leute werden gefragt, was die in der Ferne sichtbaren, großen Feuer zu bedeuten hätten. Mürrisch geben sie wenig überzeugende Antworten. Sie geben sich meistens keine große Mühe mehr, die Gefangenen über ihr weiteres Schicksal hinwegzutäuschen. Die ständigen Enthüllungen ausländischer Sender über Deutschland haben bewirkt, daß die Unglücklichen ahnen, was ihnen in Auschwitz bevorsteht. Viele können es jedoch bis zur letzten Sekunde nicht für möglich halten, daß die Deutschen, die sich doch vor der Welt in der Rolle der stets wegen ihrer Humanität zu kurz kommenden Denker und Dichter gefallen, zu solchen barbarischen Taten fähig sind.

Auf der Rampe ist ein Häftlingskommando damit beschäftigt, die herumliegenden Koffer und Kisten auf Wagen zu verladen und fortzuschaffen. Der Lokomotivführer, der den Leerzug schon längst hätte wegziehen können, ist bemüht, sich möglichst lange bei der Rampe aufzuhalten. Er hämmert im Gestänge der Lokomotive herum und paßt eine günstige Gelegenheit ab, um rasch von den auf der Rampe herumliegenden Lebensmitteln oder Wertsachen etwas zu stehlen. Die SS-Leute der Aufnahmeabteilung vergleichen geschäftsmäßig das Ergebnis ihrer Zählungen mit den Zahlen auf der Transportliste. Kleinere Differenzen spielen keine Rolle. Am nächsten Morgen liegt unter der Glasplatte von Grabners Schreibtisch ein kleiner Zettel. Lakonisch steht darauf: Zugänge am... mit Transport Nr. ... 4722, davon Arbeitsfähige: 612, nicht Arbeitsfähige: 4110. Jeder SS-Mann bekommt dann noch einen Bon für Sonderverpflegung und Schnaps.[59] Ein Fünftelliter für jeden Transport. Kein Wunder, daß Alkohol beim Kommandanturstab in Strömen fließt. Die höheren Persönlichkeiten, also prominente Führer des Lagers, bekommen für jeden Transport automatisch einen Bon, auch wenn sie sich nicht im geringsten darum gekümmert hatten. Die Rampe ist nach kurzer Zeit wieder leer, und es stehen nur noch die Holztreppen herum, über die

---

58 der Duschraum

59 Vergleiche die Eintragung vom 5. September 1942 im Tagebuch Kremers (S. 154).

hunderttausend von Menschen gestiegen sind, deren Leben nur noch nach Minuten befristet war.

Die Lastwagenkolonne ist mehrmals hin und her gefahren, um die zum Sterben verurteilten Menschen alle zu den Bunkern zu fahren. In den Pferdestallbaracken müssen sie sich ausziehen. Dann werden sie in die Gaskammern gepreßt. Oftmals haben die auf eine Desinfektion hindeutenden Beschriftungen, die Redereien der SS-Leute und vor allem das vertraueneinflößende Aussehen der Häuschen bei den Todeskandidaten die Hoffnung und den Glauben erstarken lassen, daß sie tatsächlich auch zur Arbeit, nur eben ihrer körperlichen Verfassung entsprechend leichterer, verwendet werden sollten. Oftmals wußten aber auch ganze Transporte genau, was man mit ihnen vorhatte. In solchen Fällen müssen sich die Mörder vorsehen. Sonst könnte es ihnen so ergehen, wie dem SS-Unterscharführer Schillinger, der mit seiner eigenen Pistole erschossen wurde.[60] Mit dem Moment, wenn alle in den Gaskammern eingesperrt und die Riegel hinter ihnen vorgeschoben sind, ist für die meisten SS-Leute ihr Dienst beendet. Genau wie bei den Vergasungen, die früher im alten Krematorium in Auschwitz vorgenommen wurden, waltet dann der „Desinfektor" seines Amtes. Nur den ratternden Lastwagen glaubt man hier draußen nicht nötigt zu haben. Wahrscheinlich wußten die maßgeblichen SS-Dienststellen nicht, daß die Bewohner des kleinen nicht weit ab liegenden Dörfchens Wohlau[61], das jenseits der Weichsel liegt, oftmals nachts Zeugen dieser Schreckensszenen waren. Beim hellen Schein der in den Gruben brennenden Leichen vermochten sie den Zug nackter Gestalten zu erkennen, der aus den Auskleidebaracken in die Gaskammern schritt. Sie hörten die Schreie der bestialisch Geschlagenen, die nicht in diese Todesräume hineingehen wollten, hörten die Schüsse, mit denen alles niedergemacht wurde, was aus Platzmangel nicht hineingedrückt werden konnte. Tagsüber sahen polnische Zivilarbeiter, die im Lagerbereich in einigen hundert Metern Entfernung von den als Gaskammern verwendeten Bauernhäusern neue große Krematorien bauten, wie Häftlinge irgend etwas aus den Türen zerrten, auf platte Lorenwagen luden und damit zu den Gruben fuhren, aus denen immer und ewig Rauchwolken emporstiegen. Tausend und mehr Leichen wurden in so einer Grube von Spezialisten aufeinandergeschichtet. Dazwischen kamen Holzschichten. Mit Methanol wurde dann die „Freilichtbühne" in Brand gesetzt. Genauso, wie die SS-Leute von Auschwitz mit System und Freude mordeten, waren sie aber auch eifrig dahinter her, ihre Kassen zu füllen. Wenn eine Gaskammer geöffnet wurde und die Leichen nach Abzug des Gases von den zu dieser furchtbaren Arbeit gezwungenen Häftlingen herausgezogen worden waren, dann begann ein zu dieser schauerlich-

---

[60] Broad denkt an folgenden Zwischenfall: Am 24. Oktober 1943 traf aus dem KZ Bergen-Belsen ein RSHA-Transport mit 1700 Juden verschiedener Staatsangehörigkeit ein. Den Ankömmlingen hatte man gesagt, sie würden in die Schweiz gebracht. Auf der Rampe in Birkenau erfuhren sie jedoch, daß man sie belogen hatte und daß sie sich in einem Vernichtungslager befanden. Eine Frau entriß daraufhin einem SS-Mann den Revolver, erschoß SS-Oberscharführer Schillinger und verletzte SS-Unterscharführer Emmerich. Andere Frauen gingen mit bloßen Fäusten auf die SS-Leute los, so daß diese Verstärkung anfordern mußten. Als die eintraf, wurde ein Teil der Häftlinge erschossen bzw. mit Handgranaten ermordet, den Rest vergaste man in der Gaskammer des Krematoriums III. Die Leichen dieser Opfer wurden in den Krematorien II und III verbrannt.

[61] Wola

sten Tätigkeit bestimmter Unglücklicher mit besonderen Instrumenten den Toten die Goldzähne aus dem Mund zu brechen und sie in einem Topf zu sammeln. Selbst die Haare der in der Sauna geschorenen Zugänge wurden in Geld umgesetzt! Fragte man einen SS-Mann angesichts der auf dem Boden umherliegenden Leichen von Männern und Frauen, von Kindern mit schlafenden Mienen, warum denn diese Menschen ausgerottet werden müssen, dann bekam man im allgemeinen die ihm völlig genügende Erklärung zu hören: ,,Das muß so sein!" Die Propaganda, die bei diesen Menschen auf einen allzu aufnahmebereiten Boden fiel, ihre sadistischen und größenwahnsinnigen Veranlagungen und ihre geistige Beschränktheit hatten bewirkt, daß sich diese nicht die Bezeichnung Mensch verdienenden Kreaturen als Repräsentanten einer höchstentwickelten Rasse fühlten, der das Recht zustand, einer anderen alle Lebensberechtigung abzusprechen und sie sogar mit allen Mitteln auszurotten. Sie sahen in einem Juden einfach keinen Menschen. Vor allem fand das Sprichwort: ,,Des einen Tod ist des anderen Brot" wohl nirgends eine so zutreffende Anwendung, wie in diesem Vernichtungslager. Die Mordbuben von Auschwitz lebten bis zum 17. Januar 1945, als die vordringende russische Armee diesem Spuk ein Ende bereitete, in Saus und Braus.

Himmler war unzufrieden geworden mit den Auschwitzer Vernichtungsmethoden. Es ging in erster Linie viel zu langsam. Auf der anderen Seite verbreiteten die großen Scheiterhaufen einen solchen Gestank, daß die Gegend im Umkreis von vielen Kilometern verpestet wurde. Nachts sah man meilenweit den über Auschwitz rot gefärbten Himmel. Ohne die riesigen Scheiterhaufen wäre es ja undenkbar gewesen, die Unzahl der Toten, die im Lager verstorben waren, und die Leichen aus den Gaskammern zu beseitigen. Der Schornstein des Auschwitzer Krematoriums hatte sowieso schon durch Überhitzung gefährliche Risse bekommen. Obwohl man geschwätzige Posten drakonisch bestrafte und ihnen die Schuld daran zuschrieb, daß der Schleier des Geheimnisses nicht mehr dicht war, konnte man doch nicht verhindern, daß der eindeutige, süßliche Geruch und der nächtliche Flammenschein die Kunde von den Vorgängen in dem Todeslager Auschwitz zumindest der näheren Umgebung zutrug. Eisenbahner erzählten der Zivilbevölkerung, daß täglich Tausende nach Auschwitz transportiert würden und sich das Lager doch nicht dem entsprechend vergrößerte. Die Transportbegleiter der Polizei bestätigten diese Berichte. Der Erfolg war, daß ein Gauredner in der Stadt Auschwitz vor einem zum größten Teil renitenten Publikum die Segel streichen mußte. Im Lager selbst empfanden viele SS-Leute die Empörung der deutschen Presse über Katyn und die Gegenüberstellungen mit der eigenen Ethik, Moral und sittlich hochstehenden Art der Kriegsführung als eine ausgesprochene Belustigung, über die man ehrlich amüsiert lachte. Die Wachtruppe hatte einen zu tiefen Einblick in die Vergasungsaktionen erhalten, die ja eigentlich nur das Sonderkommando wissen sollte. Der Leiter der Abteilung VI, SS-Oberscharführer Knittel, der für Truppenbetreuung und weltanschauliche Erziehung verantwortlich war und wegen seiner theatralischen Art von der Wachmannschaft ablehnend als Truppenheiland bezeichnet wurde, mußte in Vorträgen mit aller Kraft gegen eine um sich greifende üble Stimmung anrennen. Immer wieder hörte man aus dem Munde einfacher Wachsoldaten, daß sie sich nicht vorstellen könnten, jemals wieder entlassen und freie Menschen zu werden. Um das Geheimnis zu wahren, würden sie wohl als letzte in die Gaskammern marschieren, mutmaßten einige. Es ist bezeichnend, daß jeder es als eine Selbstverständlichkeit ansah, daß Himmler die einem solchen Schritt notwendige Charakterlosigkeit und Brutalität aufbrachte. Die Stimmung wurde dadurch verschärft, daß angeblich wegen der Gefahr der Verbreitung von Seuchen annähernd ein Jahr lang Lagersperre [62] verhängt wurde. Jeder wußte aber, daß der eigentliche Grund darin bestand, nicht so viele Geheimnisträger mit der Zivilbevölkerung in Berührung kommen zu lassen.

[EMPÖRUNG DER UKRAINISCHEN SS]

In Auschwitz war auch eine Kompanie Ukrainer zum Wachdienst eingesetzt worden. Diese waren besonders empfänglich für die Ansicht, daß die Wachtruppe eines Tages liquidiert würde, zumindestens sie als Ausländer. Zum ersten Mal traten Symptome dieser Einstellung klar zu Tage, als die Ukrainer in die Truppensauna zur Entlausung gehen sollten. Sie weigerten sich und betraten die Sauna erst, nachdem ein reichsdeutscher SS-Unterscharführer vorangegangen war. Das Mißtrauen und die feindselige Gesinnung gegen die Deutschen geriet in Kreisen der ukrainischen Wachkompanie immer mehr in Gärung. Eines Nachts war die Katastrophe da! Etwa 20 Ukrainer waren mit Gewehren, Maschinenpistolen und Munition bewaffnet entflohen.[63] Die verfügbare Truppe wurde mobilisiert und hinterhergejagt. Die Ukrainer hatten sich, als sie von der SS erreicht wurden, in einem Steinbruch verbarrikadiert und lagen in günstigen Stellungen. Der Feuerkampf dauerte einen Tag und endete damit, daß die SS zwei und die Ukrainer sieben Tote hatten. Sechs Ukrainer hatten Selbstmord einer Gefangennahme vorgezogen. Einer wurde leicht verwundet und ergriffen, der Rest entkam. Da man sich aber in Auschwitz auch nach der Hinrichtung des Wiederergriffenen und drei angeblicher Mitwisser vor erneuten Komplotten nicht sicher fühlte, wurden alle ukrainischen Wachleute in das KZ Buchenwald versetzt.

[TODESFABRIK]

Diese ganzen Vorkommnisse deuteten darauf hin, daß es höchste Zeit sei, die öffentlichen Scheiterhaufen verschwinden zu lassen, um die für die Zukunft noch viel umfangreicher geplanten Judenaktionen unter strengerer Geheimhaltung durchzuführen. Der Bau der vier neuen Krematorien in Birkenau wurde mit allen Mitteln forciert. Zwei waren mit unterirdischen Gaskammern ausgestattet, in denen man je ca. 4000 Menschen gleichzeitig töten konnte. An die beiden anderen, etwas kleineren Krematorien waren zwei dreiteilige Gaskammern zu ebener Erde angebaut worden. Außerdem befand sich in jeder dieser Mordfabriken

---

[62] Das bedeutete für die SS Urlaubs- und Ausgangssperre.

[63] In der Nacht vom 3. zum 4. Juli 1943 flohen aus der Wachkompanie 16 SS-Leute ukrainischer Abstammung. Bei der Verfolgung der Flüchtlinge wurden acht ukrainische SS-Leute getötet und einer gefangengenommen. Von den Verfolgern kamen SS-Scharführer Karl Rainicke und SS-Mann Stephan Rachberger ums Leben. Zu diesem Scharmützel kam es in der Gegend von Chełm Śląski bei Bieruń.

eine gewaltige Halle, wo sich die „Ausgesiedelten” zu entkleiden hatten. Im Krematorium eins und zwei waren diese Hallen ebenfalls unterirdisch. Eine etwa zwei Meter breite Steintreppe führte hinab. Bevor jedoch alle vier Krematorien überhaupt fertiggestellt waren, war bei dem bereits in Betrieb genommenen Krematorium eins der Schornstein wegen Beanspruchung geborsten und reparaturbedürftig. Die Krematorien eins und zwei waren mit je fünfzehn Öfen für je vier bis fünf Leichen ausgestattet. Die Zentral-Bauleitung des KZ Auschwitz war so stolz auf ihre Leistung, daß im Vestibül ihres Hauptgebäudes eine Zusammenstellung von Bildern aus dem Krematorium öffentlich ausgehängt wurde. Man ließ vollkommen außer acht, daß die Zivilisten, die dort aus- und eingingen, durch eine Großaufnahme von fünfzehn säuberlich nebeneinander liegenden Verbrennungsöfen wohl weniger zu Betrachtungen über das technische Können der Bauleitung als vielmehr zum Nachdenken über die doch sehr zweifelhaften Einrichtungen des Dritten Reiches angeregt werden würden. Grabner sorgte zwar sehr bald dafür, daß diese eigenartige Propaganda sofort eingestellt wurde, konnte jedoch nicht verhindern, daß die Bauleitung dieses Bauvorhaben mit zahlreichen Zivilarbeitern durchführte, die natürlich die Anlagen der Krematorien genauestens kannten und draußen von dem Gesehenen berichteten.

Im Frühjahr 1944 erlebte Auschwitz seinen Höhepunkt. Lange Eisenbahnzüge pendelten zwischen dem Nebenlager Birkenau und Ungarn hin und her. Alle ungarischen Juden sollten schlagartig vernichtet werden. Der frühere Kommandant von Auschwitz, SS-Sturmbannführer Höß, der nun Chef der Amtsgruppe DI des SS-Wirtschafts-Verwaltungshauptamtes in Berlin war, leitete als verantwortlicher Mann die Aktion. In Birkenau war zu jener Zeit SS-Hauptsturmführer Kramer Kommandant, der später in Belsen sein Wesen trieb. Eine bis zu den neuen Krematorien führende dreigleisige Eisenbahnanlage ermöglichte es, daß ein Zug entladen wurde und der nächste schon einfuhr. Im Durchschnitt trafen täglich 10 000 Menschen in Birkenau ein. Der Prozentsatz der zur „gesonderten Unterbringung” [64] — wie man seit einiger Zeit an Stelle von „Sonderbehandlung” sagte — Bestimmten war[en] bei diesen Transporten besonders hoch. Viele waren während der Reise vor Durst und seelischen Depressionen wahnsinnig geworden. Zu dieser Zeit war der Ruf von Auschwitz schon weit verbreitet. Wenn die in den Viehwagen eingepferchten Menschen durch die kleine Luke beim Durchfahren des Auschwitzer Bahnhofes das Schild mit dem so berüchtigten Namen dieser Stadt gelesen hatten, dann konnte man ihnen keine Märchen mehr erzählen. Alle vier Krematorien arbeiteten auf Hochdruck. Doch bald waren von der pausenlosen Höchstbeanspruchung wieder die Öfen durchgebrannt, und nur das Krematorium drei rauchte noch. Es half nichts, die Scheiterhaufen mußten wieder errichtet werden, um die sich hinter den Krematorien zu tausenden türmenden Leichen verbrennen zu können. Die Gaskammern wurden zur Entlüftung wieder aufgerissen, wenn kaum das letzte Stöhnen verstummt war. Die Lagerstraßen waren schon wieder verstopft mit unendlichen Kolonnen neuer Opfer. Die Sonderkommandos waren verstärkt worden und arbeiteten fieberhaft daran, die Gaskam-

[64] „Gesonderte Unterbringung” bedeutete den Tod in der Gaskammer.

mern immer wieder zu entleeren.[65] Auch eins der weißen Bauernhäuschen war wieder in Betrieb genommen worden. Es trug die Bezeichnung Bunker 5, und Moll trieb dort sein blutiges Handwerk. Die Krematorien eins und zwei leitete SS-Oberscharführer Hussfeld, der schon in Lublin die notwendigen Erfahrungen im Massenmord gesammelt hatte. SS-Oberscharführer Voss war für die Vergasungen und Verbrennung der Leichen in den Krematorien drei und vier verantwortlich. Es ging pausenlos. Man hatte kaum die letzte Leiche aus den Kammern gezogen und über den mit Kadavern übersäten Platz hinter den Krematorien zur Brandgrube geschleift, als schon in der Halle die nächsten zur Vergasung ausgezogen wurden... Es war kaum möglich, in der Geschwindigkeit die zahllosen Kleidungsstücke aus den Auskleidungsräumen abzutransportieren. Manchmal krähte noch unter einem Kleiderbündel das Stimmchen eines Kindes, das man vergessen hatte. Es wurde herausgezerrt, hochgehalten und von irgendeinem der völlig vertierten Henkersknechte durch den Kopf geschossen. Höß trieb die meist betrunkenen SS-Leute, die in diesen fünf Vernichtungsstellen Dienst hatten, zu höchster Eile an. Die Russen hatten schon ganz Ostungarn besetzt. Es war keine Zeit zu verlieren. Lublin, das berüchtigte Schwesterunternehmen von Auschwitz, befand sich schon in russischer Hand, fiel also bei dieser Aktion mit seinen Gaskammern aus. Man sprach davon, daß Höß schon das Ritterkreuz zum Kriegsverdienstkreuz winke. Wenn man die Zahl derjenigen, die innerhalb dieser wenigen Wochen ermordet wurden, mit einer halben Million angibt, dann dürfte das eher zu tief als zu hoch gegriffen sein. Dazwischen kamen natürlich immer noch die regulären Transporte aus Polen, Theresienstadt usw. Die Stimmung der Häftlinge aller Nationalitäten im Lager war angesichts dieses Massenmordens völlig niedergeschlagen. Dieses furchtbare Sterben, das selbst Auschwitz in dieser Form noch nicht erlebt hatte, löste bei allen Depressionen aus. Viele verloren ihre letzten Anverwandten, die sich aus der Slowakei oder aus Polen in das bis 1944 verschont gebliebene Ungarn gerettet hatten. Die reichsdeutschen Schutzhäftlinge mußten diesem Verbrechen in ohnmächtiger Wut und Scham zusehen und wußten, daß diese einmalige Kulturschande als unauslöschbares Brandmark in die deutsche Geschichte eingehen werde. Die Wochen der Ungarnaktion waren aber der wahnwitzigste Höhepunkt und zugleich die Wende in der Geschichte dieses Vernichtungslagers. Es dauerte nicht mehr allzu lange, und die Judenvergasungen mußten eingestellt werden. Die Deutschen waren aus allen einst besetzten Gebieten wieder zurückgedrängt worden. Die Zeit, während der die Häftlinge in grauer Trostlosigkeit in die Zukunft blickten, war vorbei. Sie wußten, daß der Tag ihrer Befreiung nicht sehr lange auf sich warten lassen würde, und diese Gewißheit ließ sie mit aller Energie durchhalten. Auch die SS-Leute empfanden teilweise schon manchmal ein leises Unbehagen bei der Mahlzeit von Restbeständen griechischer Feigen oder ungarischer Würste. Sie begannen innerlich die Tätowierung unter dem Arm zu verfluchen und wurden im Umgang mit Häftlingen sanft. Das Geschehene ließ sich jedoch nicht mehr ungeschehen machen. Aus den Personalakten wurden alle Schreiben herausgerissen, die irgend etwas mit „Sonderbehandlung" oder „gesonderter Unter-

---

[65] Bei Beginn der Vernichtung der ungarischen Juden vergrößerte man die Zahl der Häftlinge im Sonderkommando auf 1000 Mann.

bringung" zu tun hatten. Ebenso wurde auf Befehl des Reichssicherheitshauptamtes in Berlin mit Schriftstücken verfahren, in denen etwas von Prügelstrafen stand.

[AUFSTAND IM SONDERKOMMANDO]

Im Herbst 1944 [66] ereignete sich in Birkenau noch ein furchtbares Blutbad. Die Sonderkommandos der Krematorien waren nicht mehr zu beschäftigen und sollten verringert werden. Mehrere Hundert waren für einen „Transport nach Gleiwitz" bestimmt. Sie wußten, was das zu bedeuten hatte! Man hätte sie einmal im Lastwagen um das Birkenauer Lager herumgefahren, um den anderen Häftlingen im Lager eine Abfahrt vorzutäuschen, und dann wären sie in die Gaskammern transportiert worden. Es gelang den zum letzten entschlossenen Häftlingen, sich aus den Weichsel-Union-Werken[67], in denen von Gefangenen [68] Geschoßzünder fabriziert wurden, Sprengstoff zu bekommen, mit dessen Hilfe sie sich primitive Handgranaten anfertigten. Aus allen Krematorien war ein gleichzeitiger Ausbruch geplant. Das Signal sollte der Brand des Krematoriums drei geben. Diese Verzweiflungstat scheiterte. Das Krematorium drei ging zwar in Flammen auf und es glückte auch etwa 80 Häftlingen, aus dem mit Stacheldraht gesicherten Krematorium eins auszubrechen, aber sowohl diese 80 als auch Hunderte aus den anderen Krematorien, namentlich aus Krematorium drei, lagen am Abend dieses Unglückstages erschossen vor der verkohlten Ruine. Was bei dem Ausbruchsversuch aus dem brennenden Krematorium drei nicht ums Leben gekommen war, wurde in die unbeschädigte Gaskammer getrieben. Je 10 der Unglücklichen ließ man heraus. Sie mußten sich auf dem Vorplatz auf den Bauch legen und bekamen den Genickschuß. Der „Transport nach Gleiwitz" war erledigt. Einige Tage später liefen fünf SS-Männer aufgeblasen mit frisch verliehenen Eisernen Kreuzen umher. In einer Ansprache vor der Truppe wies der Kommandant von Auschwitz, SS-Sturmbannführer Beer [69] darauf hin, daß dies der erste Fall sei, wo KZ-Truppen für „heldenhaftes Verhalten bei der Verhinderung eines Massenausbruches" vom Reichsführer Eiserne Kreuze verliehen bekämen.

[LIQUIDIERUNG DER ZIGEUNER]

Auf dem Ausrottungsprogramm des Dritten Reiches standen jedoch nicht nur die Juden und die Völker des Ostens, sondern auch die Zigeuner, die als „minderwertige Rasse aus Europa beseitigt werden müßten". Im Februar 1943 erhielt

---

[66] am 7. Oktober 1944

[67] 1943 wurde auf dem Gelände innerhalb der großen Postenkette mit Hilfe von Häftlingen eine Rüstungsfabrik erbaut, die anfangs der Firma Krupp und dann den Union-Werken gehörte.

[68] genauer: weiblichen Häftlingen

[69] Baer

der Kommandant des KZ Auschwitz ein Fernschreiben des Amtes V vom Reichssicherheitshauptamt, das den Namen Reichskriminalpolizeiamt trug, in dem die Ankunft von mehreren tausend Zigeunern angekündigt wurde. In dem Fernschreiben wurde betont, daß die Zigeuner „einstweilen nicht wie Juden zu behandeln seien". Ein buntes Völkchen von französischen, ungarischen, tschechischen, polnischen und deutschen Zigeunern traf im Verlaufe der nächsten Wochen in Auschwitz mit Kindern und ihrem tragbaren Hab und Gut ein. Sie wurden in einem besonderen Abschnitt des Lagers Birkenau, dem Zigeunerlager, untergebracht. In Form rot umrandeter Schnellbriefe kamen dann im März die näheren Befehle. Sie besagten, daß auf Befehl des Reichsführers alle Zigeuner „ohne Rücksicht auf den Mischlingsgrad" zum Arbeitseinsatz in Konzentrationslager einzuliefern seien. Ausgenommen werden sollten Zigeuner und Zigeunermischlinge, die feste Wohnsitze hatten, sozial angepaßt lebten und in festen Arbeitsverhältnissen standen. Diese Klausel stand nur auf dem Papier und wurde nirgends beachtet. Da man gerade dieser Zigeuner am leichtesten habhaft werden konnte, bildeten sie den größten Prozentsatz der Lagerinsassen. Mädchen, die in Wehrmachtsdienststellen als Stenotypistinnen tätig waren, Arbeiter der OT, Schüler von Konservatorien und andere Menschen, die eine solide Existenz besaßen und ihr Leben lang ordentlich gearbeitet hatten, befanden sich plötzlich mit geschorenen Haaren, eintätowierter Häftlingsnummer und blau-weißer Kleidung als Häftlinge in einem Konzentrationslager. Aber damit nicht genug, ging der Wahnsinn noch weiter. Hunderte von Soldaten, die nicht einmal wußten, daß sie Zigeunermischlinge waren, wurden vom Fronteinsatz herausgeholt, mußten ihre Uniform ausziehen und kamen ins Konzentrationslager, nur weil sie zwölf oder noch weniger Prozent Zigeunerblut hatten. Träger des Eisernen Kreuzes und anderer Tapferkeitsauszeichnungen waren von heute auf morgen als „Asoziale"[70] hinter den Stacheldrähten von Auschwitz eingesperrt worden. Den Geheimbefehlen entsprechend hätte auch das nicht geschehen sollen. Zigeunermischlinge, die in diesem Krieg als Soldaten Verdienste erworben hatten, sollten von der Einweisung verschont bleiben, sofern sie bereit waren, sich sterilisieren zu lassen. Die meisten waren aber gar nicht danach gefragt worden, sondern man hatte sie einfach inhaftiert. Allen war eingeredet worden, sie kämen in ein Zigeunerdorf. Die Schreiben, die in Zigeunerfragen vom Reichskriminalpolizeiamt und von der „Reichszentrale zur Bekämpfung des Zigeunerunwesens" kamen, waren vom Kriminalrat Otto, Dr. Ritter und Böhlhoff unterzeichnet. Etwa 16 000 Zigeuner wurden nach Auschwitz transportiert.[71] Schon nach wenigen Monaten hatte eine Fleckfieberepidemie mehr als ein Drittel dahingerafft. Man wollte die Zigeuner vernichten, hatte aber in Berlin allem Anschein nach Angst vor der eigenen Courage und zögerte lange mit einer endgültigen Entscheidung. Im Juli 1944 fielen die Würfel. Himmler hatte befohlen, daß alle Arbeitsfähigen in Lagern verbleiben und die übrigen vergast werden sollten.[72] Die Familien wurden auseinandergerissen. Von ihren Eltern und Kindern haben die zum Arbeitseinsatz bestimmten Mischlinge niemals mehr etwas gehört oder gesehen. Diese Zigeuneraktion war selbst einigen SS-Leuten von

---

[70] Die „Asozialen" waren durch schwarze Dreiecke gekennzeichnet.
[71] s. Anm. 60, S. 46
[72] s. Anm. 65, S. 47

Auschwitz zu viel. Sie trafen Bekannte aus ihren Heimatorten und konnten nicht begreifen, warum man bewährte und ausgezeichnete Soldaten ohne jedes Vergehen, nur wegen ihrer rassischen Beschaffenheit in Schutzhaft nahm. Dazu noch ohne Hoffnung auf Entlassung. In vereinzelten, besonders harten Fällen, die im Gegensatz zu den Erlassen standen, leitete man Entlassungsgesuche der Betreffenden an die Reichszentrale und wies in schonendster Form in dem Begleitschreiben auf den Widerspruch zwischen den Erlassen und der Ausführung hin. Die Kriminalpolizei war auf jeden Fall bestrebt, daß sie ihre den Verfügungen zuwiderlaufenden Maßnahmen nicht zugeben mußte, und lehnte die Gesuche ab. Die Angaben der Zigeuner seien frei erfunden, und die Ermittlungen hätten eindeutig bewiesen, daß er die ihm angeblich verliehenen Auszeichnungen nie besessen hätte. Allgemeine Phrasen, daß er in seiner Gegend weit und breit als Raufbold bekannt gewesen sei, daß häufig Diebstähle, deren Täter man nie habe feststellen können, nach der Inhaftierung des betreffenden Zigeuners aufgehört hätten, sollten den ablehnenden Bescheid überzeugender färben. Die Reichszentrale wußte, daß es der Wille des allmächtigen Reichsführers war, die Zigeuner vom Erdboden verschwinden zu lassen, soweit man sie erfassen konnte. Man wußte, daß die Ausnahmeklauseln nur papierne Dekorationen dieser Ausrottungserlasse waren und daß man sich wegen Milde sehr leicht in Ungnade setzen könnte. Kriminalrat Otto schrieb dann auch nach Auschwitz, er bäte, „dafür zu sorgen, daß in Zukunft derartige Gesuche unterblieben". Für einzelne Träger hoher Auszeichnungen bequemte man sich allerdings, die Entlassung zu verfügen, falls sie sich sterilisieren lassen würden. Dazu konnte man aber kaum jemand überreden, weil die Sterilisationsmethoden des Hygieneinstituts allzu bekannt geworden waren. Es war etwas von den zahllosen Todesopfern unter den Versuchsobjekten durchgesickert. Andere verzich[te]ten freiwillig auf ihre Entlassung, weil man ihre Frauen und Kinder in Lagerhaft behalten wollte oder weil kurz nach der Zustellung der Entlassungsverfügung ihre bisher noch in Freiheit lebende Familie im KZ eintraf. Ein drastischer Fall ist das Schicksal der Zigeunerfamilie Tikulitsch-Todorowitsch. Bei der neunköpfigen Familie handelt es sich um kroatische Staatsangehörige. Die kroatische Gesandtschaft hatte beim Reichskriminalpolizeiamt ihre Entlassung bewirkt. Da das gesamte Vermögen der Zigeuner, ebenfalls wie das der Juden, „zu Gunsten des Reiches verfallen war", mußten erst langwierige Verhandlungen vorausgehen, um die Familie in den Besitz ihres Eigentums zu setzen. Im Sommer 1943 sollten sie endlich nach Kroatien überstellt werden. Grabner glaubte das nicht mit seiner Besorgnis um das Staatswohl vereinbaren zu können. Diese harmlosen Zigeuner würden seiner Meinung nach durch ihre Erzählungen über Zustände in Auschwitz die Deutschfreundlichkeit in Kroatien trüben. Er hintertrieb einfach die Entlassungsverfügung, indem er immer wieder nach Berlin berichtete, daß die Familie wegen angeblicher Fleckfieberepidemie in der Entlassungsquarantäne diese nicht verlassen dürfte. Ein Mitglied nach dem anderen fiel den schweren Lebensbedingungen des Lagers zum Opfer. Schließlich lebte nur noch ein kleiner vierjähriger Junge, der der Liebling aller Häftlinge war und den alle pflegten. Um seine Freilassung aus dem Lager kümmerte sich jedoch niemand mehr. Bei der Auflösung des Zigeunerlagers, bei der die Arbeitsfähigen in die Konzentrationslager Buchenwald, Mittelbau und Ravensbrück überstellt wurden, ist er mit den arbeitsunfähigen Kindern und älteren Menschen in den Gastod getrieben worden.

[„LASST ALLE HOFFNUNG FAHREN!"]

Oftmals trafen wenige Stunden nach der Abwicklung eines Transportes in Auschwitz Blitz-Fernschreiben vom Reichssicherheitshauptamt oder vom SS-Wirtschafts-Verwaltungshauptamt ein, die von SS-Sturmbannführer Eichmann oder SS-Obersturmbannführer Liebehenschel, dem späteren Kommandanten von Auschwitz und schließlich von Berlin, unterzeichnet worden [waren]. Es handelte sich darum, daß, während der Transport schon von Paris oder einem anderen Ausgangspunkt nach Birkenau rollte, durch Interventionen der Auslandspresse einer befreundeten oder verbündeten Macht oder durch eigene Feststellungen sich ergeben hatte, irgendeine Person sei arisch oder dürfte aus anderen Gründen auf keinen Fall mit dem RSHA-Transport in das Vernichtungslager. Alle Personen standen auf der vom Transportführer der Abteilung Aufnahme übergebenen Liste, die auch in dem Büro der Aufnahme aufbewahrt wurde. Diejenigen, die als Häftlinge ins Lager zum Arbeitseinsatz eingeliefert worden waren, wurden in der Registratur der Abteilung II erfaßt. Für diese Personen wurden Personalbögen oder nur Karteikarten ausgestellt. Hinter der Rubrik „Einweisungsgrund" stand „gemäß Erlaß des RSHA Nr. ..." Die Nummer war abhängig von dem betreffenden Land, aus dem der Transport kam. Außerdem wurden die Neuaufgenommenen in einer Zugangsliste zusammengestellt, die nach Haftnummern geordnet war. Die Personen, nach deren Verbleib in derartigen Blitz-Fernschreiben gefahndet wurde, suchte man zuerst in der Zugangsliste. Wenn sie dort unauffindbar blieb, dann war es schon zu spät. Eine Gegenprobe auf der Transportliste bei der Aufnahmeabteilung bestätigte, daß sie mit dem Transport eingetroffen und als arbeitsunfähig sonderbehandelt wurde. Man darf sich nun nicht etwa unter den Arbeitsunfähigen nur Krüppel, Greise und Schwerkranke vorstellen. Bei dem Gedränge auf der Rampe, wo der diensthabende Arzt die Sondierung vornahm, ging es ziemlich willkürlich zu. Höchstens 10 bis 15 Prozent eines jeden Transportes blieben durchschnittlich als Arbeitsfähige am Leben. Trotz allen Lamentos um die angeblich allen am Herzen liegende Erhaltung der Arbeitskräfte erblickte man doch in erster Linie seine Aufgabe darin, in einem Vernichtungslager möglichst viele „Staatsfeinde" auszumerzen. Sonst würden wohl auch kaum täglich [Wagen] mit Würsten und Fleisch, die an sich für die ohnehin kläglichen Rationen von Häftlingen bestimmt waren, aus dem von SS-Unterscharführer Egersdörfer verwalteten Magazin der Häftlingsküche zur SS-Küche rollen. Es war direkt [eine] auffallende Verschlechterung der SS-Kost feststellbar, als sich Egersdörfer mit dem Küchenchef der SS-Küche, SS-Oberscharführer Scheffler, überworfen hatte und aus diesem Grunde die „Sonderzuteilungen" ausblieben. Die Unlogik, daß man auf der einen Seite die Arbeitskraft und die Produktion auf Höchsttouren bringen will und andererseits die Lebensbedingungen der Häftlinge in jeder Beziehung unerträglich gestaltet und massenhaft gesunde Menschenleben vernichtet, ist bezeichnend für die Zustände in Konzentrationslagern gewesen.

Wenn Anfragen des Reichssicherheitshauptamtes eintrafen, die längere Zeit zurückliegende Transporte betrafen, dann war in der Regel gar nichts mehr festzustellen. Ältere Transportlisten wurden nämlich vernichtet. Über das Schicksal der betreffenden Person war dann in Auschwitz nichts mehr in Erfahrung zu bringen. Der Nachgefragte „sitzt nicht ein und hat auch nicht eingesessen" oder „ist nicht karteimäßig erfaßt", wie es in der Antwort allgemein formuliert wurde. Jetzt, nach der Räumung von Auschwitz und der Verbrennung aller Schriftstücke und Akten, ist über den Verbleib von Millionen Menschen undurchdringliches Dunkel gebreitet. Es existieren keine Transport- oder Zugangslisten mehr. [73]

Während die RSHA-Transporte einzig und allein der Ausrottung von Juden in allen von Deutschland einstmals [besetzten] europäischen Ländern dienten, wurde in allen anderen Fällen aus politischen Gründen gegen irgendwelche Personen Schutzhaft, bezw. aus kriminellen [Gründen] Vorbeugungshaft von der geheimen Staatspolizei oder der Kriminalpolizei verfügt. Das ganze System war eine Schöpfung des nationalsozialistischen Regims und hatte den Sinn, unliebsame Volksgenossen und aus irgend einem Grunde verdächtig oder gefährlich scheinende Ausländer ohne viel Aufhebens und ohne gerichtliche Verhandlungen auf beliebig lange Zeit oder für immer verschwinden lassen zu können. Für keinen KZ-Insassen, abgesehen von einem verschwindend kleinen Prozentsatz krimineller Häftlinge, hatte nach den Paragraphen des Deutschen Rechts die Rechtfertigung einer Inhaftierung vorgelegen. Reine Willkür konnte hier unkontrollierbar schalten und walten. In zahllosen Fällen wußte der Schutzhäftling gar nicht, weshalb er überhaupt eingesperrt worden war. Namentlich bei den Terrormaßnahmen im besetzten Ausland war es an der Tagesordnung, daß haltlose Verdächtigungen und persönliche Mißgunst der Stapobeamten Menschen in Konzentrationslager brachte, die sich keiner Schuld bewußt waren. Für die oftmals aus privaten Interessen höherer Stapo- und SS-Führer erfolgte Einlieferung in Schutzhaftlager sei der Fall Koch erwähnt. Der Ingenieur Georg Koch aus Breslau war als angeblicher Kriegsgewinnler nach Auschwitz überführt worden. Zu einer ordentlichen Gerichtsverhandlung hatte das gegen ihn vorliegende Material natürlich nicht gereicht, und daher war „bis auf weiteres" Schutzhaft über ihn verhängt worden. Nach einigen Monaten wurde von der Gestapo Breslau, die für ihn die einweisende Dienststelle war, bei der Kommandantur in Auschwitz die Ankunft eines Gerichtsreferendars namens Horawa angekündigt, dem eine Unterredung mit Koch zu ermöglichen sei. Der Häftling wurde in ein Zimmer der Kommandantur geholt, wo ihm Horawa erklärte, daß ein SS-Brigadeführer sein einen Wert von rund einer Million Reichsmark repräsentierendes Gut zu kaufen wünsche. Koch weigerte sich und entgegnete, daß er das Gut für seinen kriegsbeschädigten Sohn erworben hatte, der als Landwirt umgeschult werden solle. Eindringlich und in unmißverständlich drohendem Tone wies Horawa darauf hin, daß eine Weigerung den sehr einflußreichen Brigadeführer verstimmen und für einen Schutzhäftling wenig erfreuliche Folgen haben könne. Koch wußte, daß er auf Gnade und Ungnade dieser Willkür ausgeliefert war und daß er sich gegen diese gemeine Erpressung in keiner Weise zu schützen vermochte. Er [er]klärte sich schließlich in seiner hilflosen Situation zu dem Verkauf bereit, falls sein Sohn ebenfalls damit einverstanden sei. Siegessicher zog Horawa ab. Er wußte, daß die Zustimmung des Sohnes, der in Sorge war um das Leben seines Vaters, mit einem geschickten Hinweis auf dessen abhängige Lage von der SS ohne Schwierigkeiten zu erhalten sein werde.

---

[73] Eine geringe Zahl von Transport- und Zugangslisten befindet sich heute im Archiv des Staatlichen Auschwitz-Museums.

Hin und wieder hatte die einweisende Dienststelle einen Haftprüfungstermin festgestellt, der aber fast ebensowenig beachtet wurde, wie eine eventuell angeordnete Behandlung der Gefangenen entsprechend der Lagerstufe 1, 2 oder 3. Diese unterschiedliche Einstufung existierte nur auf dem Papier. In der Wirklichkeit war es so, daß es den Unschuldigen am schlechtesten ging und sie die härtesten Arbeiten zu verrichten hatten, während die Aufsichtshäftlinge, Capos genannt, meist mehrfach vorbestraft, brutale Individuen waren. Wenn dann die einweisende Dienststelle doch einmal auf die Idee kam, einen Häftling zu entlassen, dann forderte sie von der Kommandantur des Konzentrationslagers einen Führungsbericht an, der über seine Arbeitstleistung, seine Führung im Lager und seine politische Einstellung Auskunft geben sollte. Die Anforderung des Führungsberichtes kam zuerst zu Grabner. Der ließ sich die Akte kommen und gab erst einmal sein staatspolizeiliches Urteil ab. Handelte es sich um einen Häftling, der der Intelligenzschicht angehörte, dann hatte er von vornherein kaum noch Hoffnung auf einen günstigen Bericht. War er auch noch Ausländer, dann war es umso aussichtsloser. Grabners Haß gegen die Intelligenz — ihn konnte man ja beim besten Willen nicht dazu rechnen — war grenzenlos. Im übrigen interessierten ihn dann der Einweisungsgrund und die Lagerstrafen. Ja nachdem malte er mit Rotstift eine 1, eine 1/2 oder eine 2 auf das Schreiben und zeichnete es möglichst groß mit seinem geschnörkelten „Gr" ab. 1 bedeutete: positiven Führungsbericht erteilen. Das kam vor allem bei Capos der Lederfabrik, der Ausrüstungswerke, des Schlachthauses, der Molkerei und der Gärtnerei vor, die Grabner hinten herum mit Möbeln, Gebrauchsgegenständen und Lebensmitteln versorgten. Eine 1/2 hieß: diesmal noch negativ, aber die nächste Frage positiv beantworten. Die 2 besagte, daß der Bericht schlecht abzufassen sei. Dann ging die Anforderung, auf diese Weise vorbehandelt, zur Schutzhaftlagerführung. Grabners Wille wurde in jedem Fall respektiert. Wenn auf dem Papier eine 2 stand, dann mochte der Häftling sich noch so große Mühe geben, seine Vorgesetzten zufrieden zu stellen, der Bericht teilte der einweisenden Dienststelle mit, daß er faul, aufsässig und politisch noch sehr undurchsichtig sei. Die Führungsberichte endeten oft „... die bisherige Aufenthaltszeit im Lager hat ihn noch nicht zu einem für die Gemeinschaft wertvollen, anständigen Menschen erzogen. Seine Entlassung lehne ich daher ab. Der Kommandant". Und Grabner schrieb fast nur Zweier. Traf eine Anfrage der einweisenden Dienststelle ein und waren die KZ-Dienststellen — in erster Linie also Grabner — dem Häftling günstig gesonnen, dann hatte er Aussicht, nach einiger Zeit entlassen zu werden. Aber bei welch verschwindend kleinem Prozentsatz waren diese beiden Faktoren positiv! Die einweisende Dienststelle mochte noch so oft anfragen, wenn die Führungsberichte schlecht waren, dann konnte man beim Reichssicherheitshauptamt seine Entlassung nicht beantragen. Aber ebenso oft blieben die Anfragen aus. Man sah in Auschwitz eine kleine Anzahl Polen mit auffallend niedrigen Häftlingsnummern. Das waren die wenigen Übriggebliebenen von Transporten, die schon während der Anfangszeit des Lagers von der Gestapo in Krakau und deren Nebenstellen eingeliefert worden waren. Es handelte sich durchweg um Menschen, die nichts verbrochen hatten. Als Geiseln, Opfer von Straßenrazzien oder weil sie angeblich ein Flugblatt einer polnischen Widerstandsbewegung gelesen und nicht abgegeben hatten, waren sie in Schutzhaft genommen worden. Die meisten waren schon dem Lager zum Opfer gefallen. Nicht ein einziger von diesen Transporten ist entlassen worden. Keine Anfrage regte sich, und auf kein Gesuch kam eine Antwort. Es war in Auschwitz bekannt, daß die Gestapo Krakau die Akten dieser Unglücklichen einfach verloren hatte, das nicht zugeben wollte und nun einfach wartete, bis der letzte als verstorben gemeldet würde.

Grabner litt an der an Verfolgungswahn grenzenden Vorstellung, daß von der polnischen Intelligenz im Lager Widerstandsorganisationen und bewaffnete Anschläge vorbereitet würden. In jeder Bagatelle sah er einen staatsgefährlichen Sabotageakt. Da brütete er in seinem größenwahnsinnigen Hirn eine Idee aus, deren ungeheuerliches Ausmaß er überhaupt nicht zu begreifen vermochte. Er ließ alle Personalakten von Polen prüfen, um festzustellen, wer irgendwie zur Intelligenz gerechnet werden könnte. Auf den Umschlag dieser Akten wurde „S" geschrieben, das hieß „Sonderpole". Insgesamt waren es ungefähr 5000. Diese Häftlinge wollte er nach und nach im Block 11 erschießen lassen. Er sollte jedoch nicht mehr dazu kommen, diesen Plan auszuführen. Ein gerechtes, Sühne vollziehendes Geschick brachte ihn in eine ähnliche Lage, die er tausende von Häftlingen erleiden ließ, nämlich die, ein Todesurteil zu erwarten.[74]

[„EHRE" EINES SS-MANNES]

Hitlers Wille, die Juden auszurotten, erstrebte nicht nur das „ideelle, weltanschauliche" Ziel der „Reinigung Europas", sondern diente auch in gewaltigem Maße der Finanzierung und Unterstützung der Deutschen Kriegswirtschaft. Millionen und abermals Millionen in- und ausländischer Zahlungsmittel wurden allein in Auschwitz im Laufe der Zeit den Zugängen abgenommen. Brillanten, tausende von goldenen Ringen, Ketten und Uhren, Berge von Pelzen, Kleidern und Gegenständen jeglicher Art konnte man in der Geldverwaltung, der Wertsachenabteilung und in den großen Sortier- und Lagerbaracken der SS-Standortsverwaltung Auschwitz sehen. Die Kleidungsstücke und Gebrauchsgegenstände wurden zugweise zur Volksdeutschen Mittelstelle[75] transportiert. Da man organisatorisch nicht mit dem Massenanfall fertig zu werden vermochte, gingen haushohe Stapel von kostbarer Wäsche zu Grunde, da sie wochenlang im Freien lagerten. Kofferweise wurden Schmucksachen, Papier- und Hartgeld in die Keller der Verwaltung geschleppt, weil man mit der Sichtung und Zählung nicht mitkam. Ein ganzer Stab war nur damit beschäftigt, Tag für Tag Unsummen zu zählen. Posten mit Maschinenpistolen bewachten dann die Lastwagen, die mit diesen Schätzen nach Berlin fuhren. So mancher wird sich darüber gewundert haben, daß die SS, die doch zu Beginn des Krieges kaum die notwendigsten Ausrüstungsgegenstände zu kaufen vermochte, wenige Jahre später ganze Straßenzüge mit Repräsentations- und Verwaltungsgebäuden zu kaufen in der Lage war. In Birkenau lagen Zehntausende buchstäblich auf der Straße herum, die von Gefangenen auf dem Marsch von der Rampe zum Lager oder von den Lastwagen während der Fahrt zu den Gaskammern achtlos fortgeworfen worden waren. Die meisten Posten, die auf solche Funde stießen, waren der allzu verlockenden

---

[74] Grabner wurde unter der Beschuldigung, seine Kompetenzen übertreten zu haben, vor ein SS-Gericht gestellt und zu zwölf Jahren Gefängnis verurteilt.

[75] Reichskommissariat für die Festigung deutschen Volkstums

Versuchung nicht gewachsen und gaben trotz der Gefahr, drakonisch bestraft zu werden, nicht alles oder gar nichts bei der Geldverwaltung ab. Am Bahnhof konnte man von obskuren Eisenbahnern und Schwarzhändlern jede beliebige Menge Schnaps kaufen. Die Händler erzielten Riesengewinne. Sie konnten ihre Ware für Golddollar, Rubel oder Reichsmark loswerden, die Kunden verfügten in ausreichendem Maße über alle Zahlungsmittel. Diese Zustände wurden in Berlin bekannt, und man entrüstete sich über diese Korruption und Unmoral. Himmler entsandte eine Sonderkommission, die scharf durchgreifen und vor allem dieses unerwünschte Defizit abstellen sollte. Der Chef dieser Kommission war Dr. Morgan. In Auschwitz amtierten in erster Linie Obersturmführer Reimers, Hauptsturmführer Barth[76] und Hauptsturmführer Dr. Dreher. Alle waren Angehörige der Gestapo. Die Mißstände in Auschwitz hatten bereits solche Formen angenommen, daß in einen Geldbunker der Geldverwaltung eingebrochen worden war. Bei der beängstigenden Menge von Koffern, die noch ungezählte Beträge enthielten, war es jedoch nicht einmal möglich, festzustellen, wie viele Koffer, geschweige denn welchen Betrag der Dieb gestohlen hatte.

Die polnische Widerstandsbewegung war unterdessen unermüdlich tätig, das Geheimnis um Auschwitz zu lichten und der Welt Kunde von dem sich dort abspielenden Verbrechen zu vermitteln. Geflohene Häftlinge und durch im Lagerbereich beschäftigte Zivilarbeiter übermittelte Kassiber brachten viel Material. Es wurde eine Schrift verfaßt, die „Das Todeslager" hieß. Während wahrscheinlich die meisten Außenstehenden diese Schilderung als übertriebene Greuelpropaganda auffaßten, enthielt sie doch nur einen Bruchteil des wirklichen Geschehens. Mit der „Bitte um Stellungnahme" wurde der Kommandantur von Auschwitz vom Reichssicherheitshauptamt ein Exemplar dieser Aufklärungsschrift übersandt. Man war in Berlin wütend und wollte wissen, wie soviel herauskommen konnte. Auch über die Morde im Block 11 waren die Polen orientiert! Einige Zeit später sollten wegen dieser Kriegsverbrechen, denen außer Deutschen französische, polnische und russische Staatsangehörige zum Opfer gefallen waren, über den Sender Daventry Todesurteile gegen einige namhafte SS-Führer von Auschwitz bekannt gegeben worden sein. Nun platzte Himmler die Geduld. Er beauftragte die Sonderkommission, sich in erster Linie um diese Dinge zu kümmern und Ermittlungsverfahren gegen alle Verantwortlichen einzuleiten. Er konnte ja schließlich nichts dafür, wenn „ohne sein Wissen und ohne seinen Befehl" in irgend einem Konzentrationslager „über Leben und Tod von Staatsfeinden" entschieden wird. Das war sein Privileg, und niemand außer ihm hatte das Recht, über Schutzhäftlinge, besonders über Nichtjuden, den Stab zu brechen. Die Köpfe dieser übereifrigen Henkersknechte sollten fallen, und sie sollten alle Schuld an diesem Morden auf sich nehmen, damit er und seine Spießgesellen wieder im Lichte der Makellosigkeit und der Rechtsliebe dastehen konnten. Grabner wurde in Haft genommen. Es nützte ihm gar nichts, daß er sich darauf berief, daß der Kommandant und Mildner von diesen Erschießungen gewußt und sie gutgeheißen hatten. Mildner war unterdessen Inspekteur der Sicherheitspolizei und des SD in Dänemark geworden und befand sich in unerreichbarer Ferne.

---

[76] Bartsch

Der Kommandant zog sich durch einen Meineid aus der Affaire. Ebenso verhielten sich Aumeier und alle an den Bunkeraktionen im Block 11 maßgeblich beteiligt gewesenen SS-Führer, wie beispielsweise SS-Hauptsturmführer Schwarz, der spätere Kommandant des Auschwitz angeschlossenen Lagers Monowitz, oder SS-Obersturmführer Hoffmann[77], der ebenfalls eine Zeitlang Schutzhaftlagerführer von Auschwitz geworden war. Da man aber über die bekanntgewordene feige Haltung dieser SS-Führer in breiten Kreisen der SS in Empörung geraten war, konnte das geplante Todesurteil nicht so ohne weiteres gegen Grabner ausgesprochen werden. Die Verhandlungen wurden immer wieder vertagt. Er war an Leib und Seele gebrochen und völlig zermürbt, als nach endlosen Monaten Gestapohaft zwölf Jahre Zuchthaus beantragt wurden. Schließlich machte die vordringende russische Armee dem Treiben dieses Theaterprozesses ein Ende. Das Treiben, „das der Reichsführer aufs schärfste mißbilligte", fand auf eine andere Weise sein Ende, als es ihm lieb war!

Mitte Januar 1945 wurde Auschwitz in wilder Flucht geräumt. Alle gehfähigen Häftlinge wurden in weiter im Innern Deutschlands befindliche Konzentrationslager geschleppt, wo sie zum großen Teil ein Dritteljahr später befreit wurden.[78] Die Kranken blieben sich selbst überlassen in Auschwitz und seinen Nebenlagern zurück. Man hätte sie gerne in letzter Minute erschossen, aber die Angst steckte schon allen SS-Führern in den Knien, und keiner wagte, diesen Befehl zu geben.[79] Vor den Gebäuden aller Auschwitzer Dienststellen loderten die Brände von Aktenunterlagen, und die Bauwerke, die zur Durchführung des größten Massenmordes der Menschheitsgeschichte gedient hatten, wurden gesprengt. Irgendwo in den Trümmern lag ein verbeulter Blechnapf, aus dem wohl einstmals ein Häftling seine Wassersuppe verzehrte. Mit ungelenker Hand war auf ihm ein auf tobender See tanzender Kahn eingeritzt. Darüber stand: „Don't forget the forlorn man!"[80] Die Rückseite zeigte ein Flugzeug, auf dessen Tragflächen man den amerikanischen Stern erkannte und das gerade eine Bombe ausklinkte. Die Beschriftung dieses Bildes hieß: „Vox Dei".[81]

---

77 Hofmann

78 Der bei der Evakuierung angeordnete Fußmarsch ins Innere Deutschlands betraf etwa 60 000 männliche und weibliche Häftlinge. Ein Teil von ihnen ist nach dem Eintreffen in anderen Konzentrationslagern durch Entkräftung gestorben oder bei der nächsten, der April-Evakuierung dieser Lager ins Innere des Reiches umgekommen.

79 Die schwachen und kranken Häftlinge, die in den Auschwitzer Lagern und Nebenlagern zurückgelassen wurden, sollten später zum Spurenverwischen von SS-Sondereinheiten erschossen werden. In Birkenau ist dieser Befehl zum Teil ausgeführt worden. Am 25. Januar 1945 sind dort 350 jüdische Häftlinge beiderlei Geschlechts erschossen worden, und am 27. Januar 1945 hat man im Nebenlager Fürstengrube über 200 weitere Häftlinge erschossen bzw. bei lebendigem Leibe verbrannt. Den Sondereinheiten der SS gelang es aber nicht mehr, den Befehl restlos auszuführen, weil ihnen die Umzingelung durch die 60. Armee der 1. Ukrainischen Front drohte, die am 27. Januar 1945 ungefähr 7650 männliche und weibliche Häftlinge aus den Auschwitzer Lagern befreite.

80 Vergeßt nicht den verlorenen Menschen!

81 Stimme Gottes

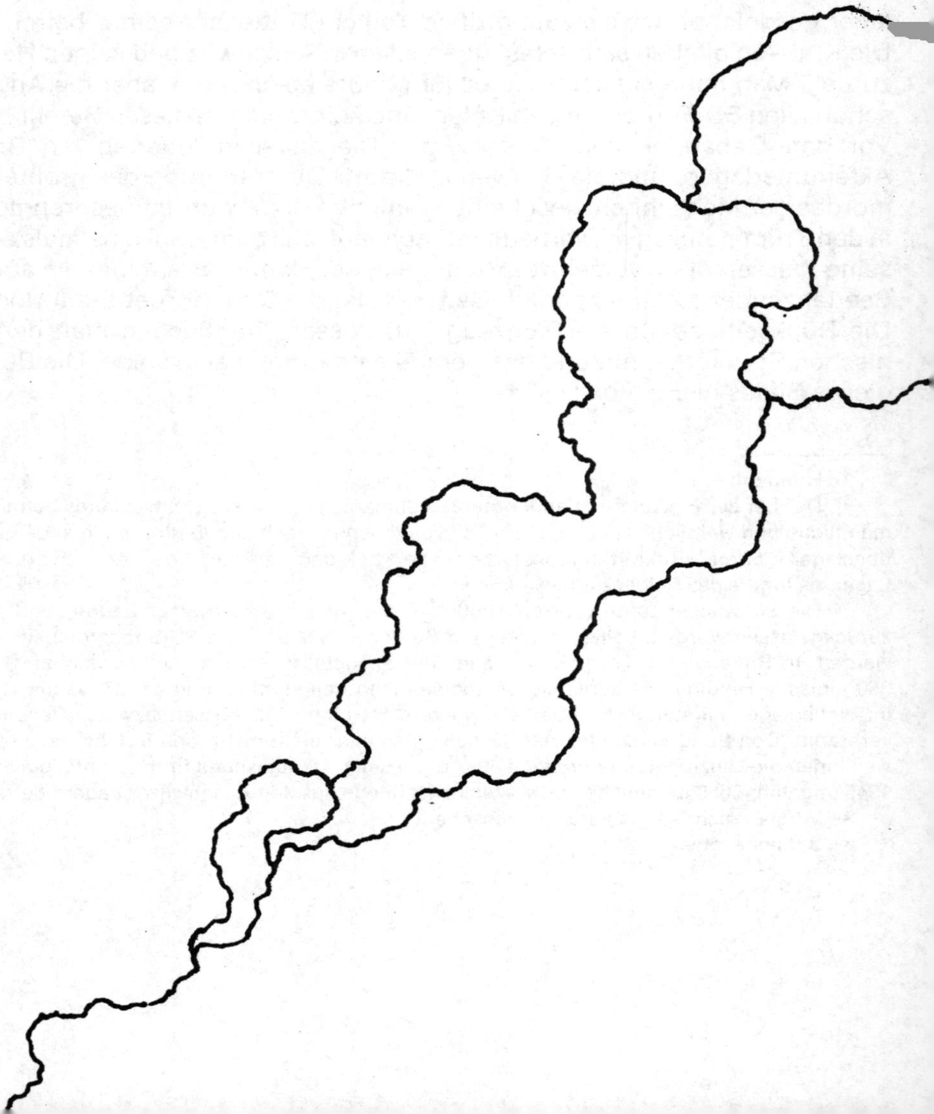

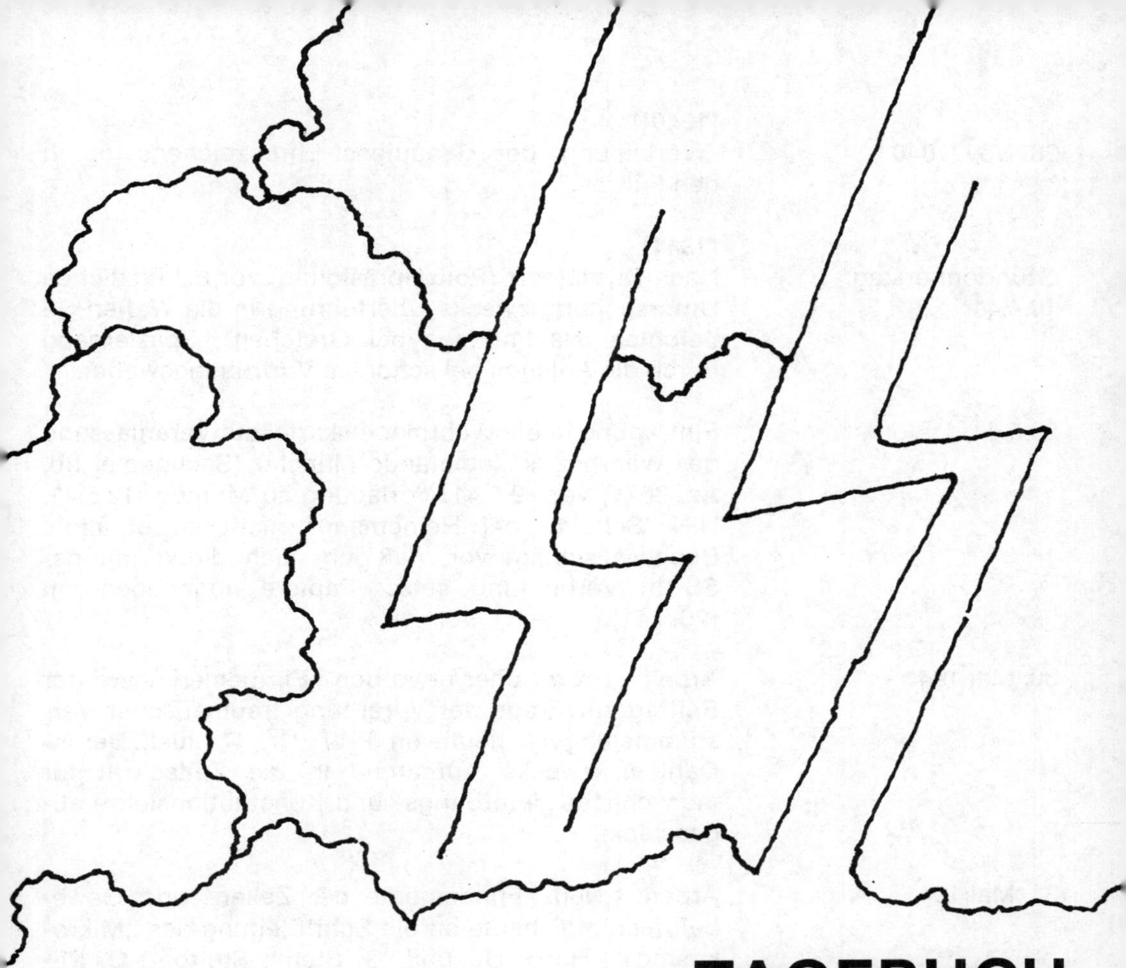

TAGEBUCH

Johann Paul Kremer

[**1940**][1]

26. Nov. 1940 — ...Verleihung des Treudienst-Ehrenzeichens durch den Führer. [2]

[**1941**]

Gründonnerstag, 10.4.41 — Nach Düsseldorf (Polizeipräsidium) zur SS-ärztlichen Untersuchung zwecks Überführung in die Waffen-SS befohlen. Nachmittags bei Gretchen[3]. Spaziergang durch die Anlagen bei schönem Vorfrühlingswetter.

20.5.41 — Eintragung in die Wehrmachtskartei auf Veranlassung des Wehrbezirkskommando Münster (Sachgebiet IIb, Az. 3671) vom 9.5.41. Vorladung zu Montag, 12.5.41. U.K. Schein [4] bei Heinemann[5] nicht zu erhalten. Becher [6] schlägt vor, daß ich mich direkt mit der SS in Verbindung setze. Papiere abgegeben am [20.5.41].

30. Mai 1941 — Arbeit: „Ererbt oder erworben? Ein bemerkenswerter Beitrag zur Frage der Vererbung traumatischer Verstümmelungen" heute an Prof. Dr. G. Just, Berlin-Dahlem, zwecks Aufnahme in die Zeitschrift für menschliche Vererbungs- und Konstitutionslehre abgeschickt.

31. Mai 1941 — Arbeit: „Neue Fundamente der Zellen- und Gewebeforschung" heute an die Schriftleitung des „Mikrokosmos", Herrn Dr. phil. G. Stehli, Stuttgart-O, Pfizerstr. 5—7, abgeschickt. Von der Schriftleitung war die Bitte um Abfassung eines entsprechenden Artikels an mich ergangen.

...

3. Juni 1941 — Nachmittags nach Stelberg[7] und Besichtigung der

---

[1] Die hier veröffentlichten Auszüge sind nur ein Teil des Tagebuchs, das J.P. Kremer in den Jahren 1899—1945 geführt hat. Ausgewählt sind jene Eintragungen, die den Weg des Verfassers nach Auschwitz, seinen Dienst im dortigen KZ (ungekürzt) und die Nachkriegszeit veranschaulichen.

[2] Im Tagebuch fehlt die genaue Bezeichnung dieses Ehrenzeichens.

[3] Der Familienname dieser Person ist im Tagebuch nicht angegeben.

[4] U.K. — unabkömmlich

[5] Die Funktion dieser Person ist nicht genannt. Wahrscheinlich handelt es sich um jemanden von der Universität.

[6] Aus Eintragungen vom 4. Dezember 1942 und 26. Dezember 1943 geht hervor, daß Becher der Dekan der Medizinischen Fakultät war.

[7] Ort in der Nähe von Münster

jungen völlig schwanzlosen Katze von Wurthe.[8] Zahlreiche Molche und Krötenlarven im Teich. Neues Pferd geknipst. Dann zu Maria[9] nach Oberfeld, die in Kürze ihr 3. Kind erwartet. Hier Abendessen. Zurück über Stelberg nach Hartegasse, wohin mir abends Albert[10] noch den „Peter"[11] im Sack und Korb zur Ansicht bringt. Rudolf[12] Schwindelanfall.

...

14. Juni 1941 — Gestellungsbefehl zum 18. Juni 1941, 14 Uhr, im SS-Sanitätsamt, Berlin W 15, Knesebeckstr. 43—44.

18./19.6.1941 — Abfahrt ab Münster 22,29. In Hamm Fliegeralarm. Ankunft Berlin-Friedrichstraße 7,08. Rasieren, Schuhputzen, dann mit Omnibus 1 zur Knesebeckstraße. Dort großes Staunen: „Nein, so was, jetzt ziehen sie sogar die Prof. ein!" Vorstellung beim Divisionsarzt. Dort Annahme in die Waffen-SS; Beförderung zum Hauptscharführer und Beurlaubung bis auf weiteres wieder nach Münster. Ausfüllung der Formulare und Lebenslauf. Dann zum Mittagessen zu Aschinger und darauf mit der 57 zurück zur Kaiserallee zur ärztlichen Untersuchung. Dann wieder zur Knesebeckstraße zum Sanitätsamt und von dort nach langem Warten endlich Entlassung. Abendessen im Lindenrestaurant und nach einem kleinen Rundgang abends 21,48 wieder Abfahrt in einem vollbesetzten D-Zug. Ganze Fahrt auf dem Gang und wieder ab Hannover Fliegeralarm. Ankunft in Münster 6,15. Warten vor der Wohnung, da kein Schlüssel. Schließlich Irmgard von Witzemanns[13] öffnet und läßt mich nach oben, aber es gelingt mir nicht, eine Zimmertür offen zu bekommen. Dann zu Frl. Glaser[14], Kinderhauserstr. 16, zum Abholen der Schlüssel und des Kanarienvogels. Dann zur Anatomie[15] und nachm.

---

[8] Es gibt keine näheren Angaben über diese Person. Es kann sein, daß es sich um jemanden aus der Familie von Kremers Mutter handelt, die eine geborene Wurthe war.

[9] Im Tagebuch fehlen nähere Angaben.

[10] wahrscheinlich der Vorname des zuvor erwähnten Wurthe

[11] ein Kater

[12] Es handelt sich wahrscheinlich um einen Vetter Kremers, denn in einer Eintragung vom 15. April 1905 heißt es: „Mein Neffe Rudolf zu Stelberg geboren."

[13] Name der Nachbarn Kremers. In den nächsten Eintragungen benutzt Kremer die Schreibung Wizemann

[14] wahrscheinlich die Tochter von Kremers Wirtin

[15] Anatomisches Institut — Kremers Arbeitsstelle

ein kleines „Nickerchen", nachdem ich 2 Tage und 2 Nächte nicht aus den Kleidern gewesen war.

30.6.1941 — Just schickt die Arbeit „Ererbt oder erworben" mit dem Bemerken zurück, daß dieselbe etwa auf die Hälfte gekürzt und auf die Darstellung des reinen Tatbestandes beschränkt werden müsse.

...

16.8.41 (Samstag) — An der Anatomie wird vom Sanitätsamt Berlin fernmündlich angerufen, daß ich mir sogleich eine Militärfahrkarte zu besorgen und an das SS-Lazarett München-Dachau [16] zu begeben habe. Havixbeck[17], der das Gespräch annimmt, sucht mich vergeblich zu erreichen.

18.8.41 (Montag) — Beim Weggang erzählt mir Frau Lücke[18], daß mich am Samstag jemand habe sprechen wollen, weil ich mich „stellen" müsse. Darauf ging ich zum Wehrkreiskommando, wo keiner von einer Einberufung aber etwas wußte. Nachmittags ging ich nochmals in die Stadt, da ich übermorgen meinen Urlaub in Marburg antreten wollte, und traf zufällig vor der Anatomie auf Havixbeck, der mir nun endlich den Einberufungsbefehl mitteilte. Edom, den ich am gleichen Morgen noch ausdrücklich gefragt hatte, wußte von nicht[s]. Kurz u. gut, ich ging sofort zum Wehrkreiskommando und besorgte mir eine Fahrkarte nach München-Dachau.

19.8.41 (Dienstag) — Nach Abmeldung bei der Standortkommandantur abends 7,32 Abfahrt Richtung München über Dortmund, Essen, Köln, Mainz, Mannheim, Heidelberg, Stuttgart, Augsburg, Ulm.

20.8.41 — Ankunft München 11 Uhr, 12,10 Weiterfahrt nach Dachau und gegen 13,15 an Ort und Stelle. Vorstellung beim Chefarzt, Sturmbannführer Roßmann, der mich zur chir. Abt. überwies. Einkleidung und Wohnungsanweisung Stube 17 der Sanitätsärztebaracke in einem vollkommen neuen und bisher unbenutzten Zimmer.

---

[16] Im KZ Dachau gab es vermutlich ein Ausbildungszentrum für SS-Ärzte, die zum Dienst in Konzentrationslagern vorgesehen waren.

[17] Nähere Angaben fehlen. Wahrscheinlich handelt es sich um jemanden von der Universität.

[18] eine Nachbarin Kremers

21.8.41
Ustf. Wolfbauer
Ustf. Zeidler

Vorstellung auf der chirurg. Abt. beim Chef, Hauptsturmführer Morawe. Nachmittags mit ihm in der Poliklinik; hierbei lernte ich auch seine Frau kennen. Morawe ist Chirurg in Haspe; seine Frau stammt aus Duisburg. Sie haben drei Kinder.

Freitag,
22.8.41

Bei einigen Operationen zugesehen: *Hydrozele funiculi spermatici* [19], *Appendicitis* [20], Granatsplitterentfernung in Evipan-Narkose mit starkem Zittern (Herabsetzung des Blutdruckes).

Samstag,
23.8.41

Bücher studiert. Endlich der 1. Sonnentag ohne Regen. Nachmittags zu Fuß nach Mariabrunn mit reizendem Ausblick auf München und das Alpenpanorama. Edamerschnittchen ohne Marken. Gutes Bier. Durch landschaftlich schönes Wildschutzgelände zurück nach Dachau. Abends ab 8 Uhr in dem schönen SS-Kino, hauptsächlich wegen der neuesten Wochenschau aus Rußland.

„Ein Junge"

Sonntag,
24.8.41

Nachts wieder starker Gewitterregen, Eintrübung und Abkühlung. Tagsüber wieder allmähliche Aufklärung. Im Lager geblieben, Paket gepackt und Operationsbücher studiert. Kein Stationsdienst. Schreibsachen erledigt (Springer, Mikrokosmos). Abends wieder Regenschauer.

Montag,
25.8.41

3—4 Unterricht der San.-Schüler (Ohnmacht, Bewußtlosigkeit, Scheintod, Erfrierungen usw.)

...

Freitag,
29.8.41

Röntgenbilder für den Unterricht in Münster bei Hstuf. Köster aus Gelsenkirchen ausgesucht.

Samstag,
30.8.41

Samstag und Sonntag Urlaub genommen. Nachmittags Fahrt nach München und Besuch des Tierparkes Hellabrunn mit seinem einzigartigen Menschenaffenhaus, in dem auch Sobotta [21] um diese Zeit sich mit seiner Frau herumtrieb. Bemerkenswert war vor allem die Fütterung der Jungtiere mit ihrer durchaus gesitteten Tafelordnung.

Sonntag,
31.8.41

Kaltes Regenwetter. Abends im Truppen-Kino. „U-Boote westwärts".

---

19 Wasserbruch des Samenstrangs
20 Blinddarmentzündung
21 Nähere Angaben fehlen.

Montag, 1.9.41	Eröffnung des neuen Kasinos in der Ärztebaracke Zum 1. Male Lazarettdienst.
Dienstag, 2.9.41	Ustf. Ludwig eingezogen (Hals, Nasen, Ohren) zur Vertretung von Schnabel. ...
Donnerstag, 4.9.41	Bezugsschein für Schaftstiefel. 4 Stück Seife und 1 Packung Seifenflocken erhalten. Paket mit Zigarren von Münster angekommen. Zum Frühstück erstklassiger Bohnenkaffee, frische Brötchen mit reichlich Butter, Honig und Aprikosenmarmelade. Zum 2. Frühstück belegte Brötchen. Nach dem Abendessen mit dem Sturmbannführer wunderbaren Spaziergang durch die Umgebung Dachaus und abends bei Ziegler im Ludwig-Thoma-Stübel. Herrliches Wetter.
Freitag, 5.9.41	Mit Hstuf. Morawe operiert. Granatsplitter entfernt r. Ellbogen u. r. Leistengegend sowie Blinddarmoperation.
Samstag, 6.9.41	Samstag-Sonntag Arzt vom Dienst. Abends stark fiebernden Jungen eingeholt zur Operation. Später im Kasino bis 1/2 2 Uhr Schnäpserei. ...
Samstag, 20.9.41	Nach Oberstdorf. Abfahrt Samstag 20.9. 12,40; München ab 15,25. Hier vorher Kaffee im Rheinischen Hof (Bierstübl), Spaziergang mit Ustf. Kersten und Aufnahme mit den Tauben vor der Feldherrenhalle am Odeonsplatz. Abends 20,20 in Oberstdorf und Übernachten im Hotel und Kaffee Baur zusammen mit Kaufmann Dewner aus Ziegenhain für 3,50 und 1,10 Frühstück. Abends noch lebhafte Stimmung im Konzertkaffee. Preis der Fahrt von Dachau bis Oberstdorf 2,90 RM. ...
23.9.41	Ustf. Ludwig wieder nach Berlin abgefahren.
24.9.41	Beginn des Unterrichts in der San.-Schule der Waffen-SS und Vortrag über Verletzungen. Korrektur wieder nach Springer zurückgesandt.
25.9.41	Brigadeführer Grawitz trifft im SS-Lazarett ein, besichtigt die Stationen, nimmt mit den Ärzten im Kasino an den Mahlzeiten teil und verbleibt noch abends lange unter uns. Er macht uns bemerkens-

werte Eröffnung über die zukünftige politische, wirtschaftliche und weltanschauliche Lage. Freitagmorgen Verabschiedung.

...

7.10.41 Nach Bayrischzell zur Vertretung des leitenden Arztes Oberstuf. N. Pankow vom „Genesungsheim der Waffen-SS" (Alpenrose), der eine Reise nach Berlin antreten muß. Erstklassige Verpflegung, aber nebeliges Wetter.

8.10.41 Fahrt im Dienstauto zum „Berghof" (Frau Theato) und Besichtigung dieses wundervoll gelegenen und geschmackvoll eingerichteten Heims. Darauf weiter zum Polizeiheim und Betreuung einiger Patienten. Herrliches Sonnenwetter und sehr gute Sicht.

...

10.10.41 Rückkehr von Dr. Pankow und kurz nach Mittag Abfahrt zurück über München nach Dachau. In München Abholen der Polyphot-Bilder und Bestellung von Vergrößerungen.

...

13.10.41 Stiefel mit Spannern und Zügen von Wertl. Dachau für 84,— RM abgeholt. Es wird mir empfohlen, bei längerem Stehen die Sohlen mit Leinöl und das Oberleder mit hellem oder gelbem Lederöl zu bearbeiten. Abends im Truppenkino: „Frau Luna".

14.10.41 Von Berlin Bescheid, daß ich ab morgen wieder bis auf weiteres nach Münster beurlaubt bin. In der Nacht vom 14. zum 15. ruhestörender Lärm im Kasino, hauptsächlich durch Wolfbauer, Kersten, Pfister, Metzmacher u.a., mit Einbruchsversuch in mein Schlafzimmer. Zerschlagen des Oberlichtes und Einspritzen von Wasser, Werfen von Brot und Eisenstücken, Versuch eines Losbrechens des Schlosses, ungeheurer Lärm.

15.10.41 Meldung des nächtlichen Zwischenfalls auf Anregung von Plötner, Pauli und Morawe beim stellv. Chefarzt Köster. Dann Verabschiedung mittags im Kasino. Nachmittags Abgabe der letzten Uniformstücke auf Kammer und 8 Uhr Abfahrt mit 2 Pharmazeuten zum Bahnhof, wohin ich bereits morgens bei Regenwetter meinen Koffer getragen hatte. Von München ab 18,40 über Augsburg, Stuttgart, Mannheim, Köln,

Düsseldorf und morgens 9,32 Ankunft in Münster. Frau Deppe[22] bereitet mir sofort Mittagessen.

...

Sonntag, 9.11.41 — Ernennung zum SS-Untersturmführer der Waffen-SS. (...)

...

[**1942**]

14.1.42 — Erhalte soeben durch den Chefarzt des SS-Standortlazarettes Dachau die Mitteilung, daß ich mit Wirkung vom 9. Nov. 41 als Reserveführer der Waffen-SS zum SS-Untersturmführer ernannt worden bin.

16.1.42 — Leutnant Helmut Cremer aus Hörde im Osten gefallen.

Mittwoch, 21.1.42 — Die Puppen sind am tanzen. Meine Veröffentlichung: „Ein bemerkenswerter Beitrag zur Frage der Vererbung traumatischer Verstümmelungen" scheint im Druck erschienen zu sein; denn soeben bittet mich Prof. N. Hofmeier, Universitätsklinik Straßburg (Bürgerspital) als erster um einen Sonderdruck.

Dienstag, 27.1.42 — Medizinalrätin Dr. M. Schiller, Städt. Gesundheitsamt Stuttgart W, Rotebühlstr. 43, berichtet mir anläßlich der vorgenannten Veröffentlichung, daß eine Narbe an einem ihrer Ohren mit einer Verletzung ihres Vaters in Zusammenhang gebracht würde. Leider lebe ihr Vater nicht mehr. Weiter glaubt sie bei einer Familie mit Verhornung der Innenflächen von Händen und Füßen Anhaltspunkte für ein „Versehen" gefunden zu haben. Die betr. Arbeit ist ebenfalls in der Zeitschrift für menschl. Vererbungslehre (1942, 2. Heft) erschienen. Handabdrücke meines Falles wären ihr sehr erwünscht.

Freitag, 30.1.42 — Prof. Hans Weinert, Direktor des Anthropologischen Institutes an der Universität Kiel, Hospitalstr. 20, schreibt mir folgendes:

„Sehr geehrter Herr Kollege! — Sicher bin ich nicht der Einzige, der sich nach ihrem Aufsehen erregenden Aufsatz über die fragliche Verstümmelungs-Vererbung an Sie wendet. Die Mitteilung ist ja von unge-

---

[22] eine Nachbarin Kremers

heurer Bedeutung, und es ist gut, daß sie nicht vorher schon publizistisch verwertet ist. Ihre eingehenden Untersuchungen haben ja gleich viele Fragen erledigt. — Wäre es wohl möglich, daß Sie mir Orginalbilder von den Händen (auch in Röntgenaufnahmen) zukommen lassen könnten? Ich werde sie nur für das Kolleg verwenden. Zu Gegenleistungen bin ich gern bereit.

Heil Hitler!
Ihr sehr ergebener
gez. Hans Weinert."

Samstag, 31.1.42 — Heute am 100. Geburtstage meines Vaters [23] bekomme ich zum ersten Male den Band mit der genannten Arbeit in der hiesigen Univ. Bibliothek zu Gesicht. Sonderdrucke sind aber bisher noch nicht in meinen Besitz gelangt. An meine Schwester, Hermann und Gretchen[24] habe ich gelegentlich des 100jährigen Geburtstages meines Vaters ausführliche diesbezügliche Briefe gesandt.

...

17.3.42 — Den Kanarienvogel mit „Nebelord" gegen Milben behandelt, was ihn sehr stark mitgenommen hat.

22.3.42 — Zellenleiter Sprenger holt ein Gutachten über mich ein.

23. März 42 — Hännschen [25] ist mittags um 14 Uhr seinen Qualen erlegen. Es hat mir unendlich leid getan; denn ich war zutiefst mit diesem armen, kleinen und stets munteren Gesellen verwachsen. Einäscherung.
Abends kommt Zellenleiter Sprenger und stellt ein angeblich von außen angefordertes politisches Gutachten über mich aus. [Letzter Satz im Original durchgestrichen — Anm. d. Red.]

...

5. Mai 1942 — Vergangene Woche waren Frau Thiemann und Frl. Rebbe hier zu Besuch. Letztere ist heute wieder abgefahren, nachdem Frau Thiemann am Sonntag sich wieder nach Hause begeben hatte. Heute Ein-

---

[23] Wilhelm Kremer, der Vater des Tagebuchschreibers, war Müller und bewirtschaftete später einen Bauernhof von 70 Morgen. Er starb im Jahre 1900 im Alter von 58 Jahren. Kremers Mutter Elisabeth, geb. Wurthe, starb 1910 im Alter von 69 Jahren. Das Ehepaar hatte vier Söhne und eine Tochter.

[24] wahrscheinlich Kremers Schwester und Schwager (vgl. die Eintragung vom 11. August 1945)

[25] der Kanarienvogel

kauf eines feuerfesten Porzellankochtopfes in der Kepa zu 4,25 RM. Erhalte soeben eine offene Karte von Otto, wodurch er als „Fliegergeschädigter" seinen Besuch ankündigt. Gebe sofort Rückantwort auf, daß an keine Unterkunft zu denken ist und ich ihn wohl unter den heutigen Verhältnissen schwer enttäuschen müßte. An meinem linken Auge hat sich plötzlich eine Schwellung gebildet; hoffentlich kein Orbitalsarkom!

6. Mai 1942

Abends gegen 11 Uhr kommt Otto plötzlich noch an, wie er sagt, sei er erst nach Clieve bei Anrichts gewesen, wo er früher mal vor 38 Jahren als Eleve tätig gewesen sei. Er macht einen verstörten Eindruck und geht kurz vor 12 Uhr wieder zum Bahnhof, da er auf seinen Fliegerbeschädigtenschein, wie er meint, jederzeit dort eine Unterkunft für die Nacht erhalte. Am kommenden Morgen wolle er dann zu Gretchen nach Düsseldorf fahren, wo er sich zum Mittag angemeldet habe.

9. Mai 1942

Heute (Samstag) trifft Agnes aus Köln hier ein und will bis Morgenabend bleiben. Sie hat wieder allerhand leckere Sachen (Schinken, Speck, Wurst) mitgebracht.

...

19. Mai 42

H. Weinerts Entgegnung auf meine Arbeit trifft ein: „Ein Zufall hat sich mit einem Zufall zufällig verbunden."

...

20. Juni 42

Habe heute früh meine Prozeßakten mit Heiratsurkunde[26] an Prof. Hallermann zwecks Wiederaufnahme des Scheidungsverfahrens abgegeben, nachdem er mir zum soundsovielsten Male auf das Bestimmteste zugesichert hatte, daß die Ehe — nach 20 Jahren Getrenntlebens — unbedingt geschieden würde. Allerdings würde ich von meinen Unterhaltsleistungen nicht loskommen. Ich habe ihn dann durch Unterschrift zu meinem Prozeßbevollmächtigten erklärt. — Das Starenpaar brütet zum zweiten Male. Heute Eintragung für Gemüse bei einer Marktfrau.

...

---

[26] Kremer hatte 1920 geheiratet und sich nach wenigen Monaten von seiner Frau getrennt. Formal erfolgte die Scheidung aber erst 1942 (vgl. die Eintragung vom 9. September 1942).

25. Juli 1942 — War heute, Samstag, mit dem Rad im Schrebergarten von Fritz Steinkamp, der mir soviele Johannistrauben, als ich nur pflücken konnte, unentgeltlich überließ. Außerdem brachte ich noch schwarze Johannistrauben, Liebstöckel und Kirschen mit nach Haus. Dabei hatte ich noch einmal Gelegenheit, in Jugendübermut ohne Leiter den Kirschbaum zu ersteigen.
Im Einvernehmen mit dem Vorsitzenden des Disziplinargerichtshofes des N.S.D.-Ärztebundes in München wurde ich heute mit sofortiger Wirkung als Beisitzer beim Gaudisziplinargericht Westfalen-Nord des NSD.-Ärztebundes vom k. Gauobmann Dr. Fenner berufen.

4. August 1942 — Heute in strömendem Regen nach 2 Heringen 2 Stunden gestanden. Danach persönliche Vorstellung beim Gauamtsleiter Pg. — Dr. Fenner, Eisenbahnstraße 10II (Gauamtsleitung für Volksgesundheit der N.S.D.A.P., N.S. Ärztebund Münster i.W.). Äußerst herzlicher Empfang!
...

8. August 1942 — Vom 15.8.42 bis zur Beendigung der Semesterferien zum SS-Lazarett Prag kommandiert.

Freitag, 14.8.42 — Abfahrt nach Prag: Münster ab 20,40, Osnabrück ab 0,57, Dresden an 10,12, Dresden ab 11,22, Prag an 15,15.

15. August 42 — Von Dresden ab schönes sonniges Wetter. Vom Hauptbahnhof mit der Straßenbahn nach dem SS-Lazarett Podol und Vorstellung beim Chef, Sturmbannführer Dr. Fietsch. Unterbringung in einem Patientenzimmer im 3. Stock (N° 344).
Ärzte etc. Adjutant: Hstf. Koebel, Apotheker,
Verwaltungschef: Stubf. Dorn,
Chirurgie: Stubf. Winne aus Danzig, Liekschüler,
Innere: Stubf. Leppel aus Köln,
Haut: Obstuf. Inden aus Düsseldorf.
Augen: Obscharf. Frederking aus Langendreer,
Röntgen: Obstuf. Jung aus Aachen.
Nerven: Obstuf. Janzen

Sonntag, 16.8.42 — Halbtägige Rundfahrt durch die Stadt zur Stadtbesichtigung mit Oschf. Frederking und Frau aus Langendreer. Danach im Kaffee eine Tasse Mokka (1,50 RM).

20. August 42

Kasinoabend aus den alten Weinbeständen und gleichzeitig Arzt vom Dienst.

21. August 42

Bestellung einer SS-Führer-Mütze von der Reichskleiderkasse der Schutzstaffel in Berlin durch Boten, der aber nichts erreicht.

24. August 42

Papier, Brille und Gürtel gekauft. Mein Zimmerkamerad (Patient) Ustuf. Fritz Joachim aus St. Andrä, Post St. Rupprecht bei Villach (Kärnten), heute nach Hohenlychen verlegt. Zimmer 464.

27. August 42

Brigadeführer Gentzken[27] zu Besuch auf der Durchfahrt nach Karlsbad im Lazarett. Redete von einer Desavouierung des Intellektualismus namentlich durch Goebbels, von einer allmählichen Verödung der Hochschulen und von einem Ministerium für Bevölkerungspolitik.

28. August 42

Zum Mützeneinkauf nach Berlin geschickt, werde ich beim Weggehen von der Aufnahme informiert, daß der Führer vom Dienst mich zu sprechen wünscht. Dieser teilt mir im Auftrage von Hstuf. Koebel mit, daß ich nicht nach Berlin reisen soll.

29. August 42

Kommandierung lt. F.S. USSZ 2150 28.8.42. 1833 N° 1565 zum K.L. Auschwitz, da angeblich dort ein Arzt wegen Krankheit ausgefallen ist.

30. August 42

Stabsscharführer Wilhelmy. Virchow Direktor 1936!

Abfahrt Prag 8,15 über Böhmisch Trübau, Olmütz, Prerau, Oderberg. Ankunft im KL. Auschwitz 17,36. Im Lager wegen zahlreicher Infektionskrankheiten (Fleckfieber, Malaria, Durchfälle) Quarantäne. Erhalte streng geheimen Instruktionsbefehl durch den Standortarzt Hauptsturmführer Uhlenbrock und werde im Haus der Waffen-SS[28] in einem Hotelzimmer (26) untergebracht.

31. August 42

Tropenklima bei 28° im Schatten, Staub und unzählige Fliegen! Verpflegung im Führerheim ausgezeichnet. Heute abend gabs z.B. saure Entenleber für 0,40 RM, dazu gefüllte Tomaten, Tomatensalat usw. Wasser ist verseucht, dafür trinkt man Selterswasser,

---

27 Wahrscheinlich handelt es sich um den Chef des Sanitätswesens der Waffen-SS Dr. Karl Ganzken, dessen Namen Kremer falsch geschrieben hat.

28 Hotelgebäude am Bahnhof in Oświęcim (Auschwitz)

das unentgeltlich verabfolgt wird (Mattoni). Erste Impfung gegen Flecktyphus. Photographische Aufnahme für den Lagerausweis.

1. September 1942 — Von Berlin schriftlich Führermütze, Koppel und Hosenträger angefordert. Nachmittags bei der Vergasung eines Blocks mit Zyclon B gegen die Läuse.

2. September 1942 — Zum 1. Male draußen um 3 Uhr früh bei einer Sonderaktion zugegen.[29] Im Vergleich hierzu erscheint mir das Dante'sche Inferno fast wie eine Komödie.[30] Umsonst wird Auschwitz nicht das Lager der Vernichtung genannt!

3. September 1942 — Zum 1. Male an den hier im Lager jeden befallenden Durchfällen mit Erbrechen und kolikartigen anfallsweisen Schmerzen erkrankt. Da ich keinen Tropfen Wasser getrunken, kann es hieran nicht liegen. Auch

---

[29] An diesem Tag wurden im KZ Auschwitz 957 Juden aus dem Lager Drancy in Frankreich eingeliefert, von denen man nur 12 Männer und 27 Frauen ins Lager einwies; alle anderen wurden vergast. Die Feststellungen über die Transporte beruhen auf einem Kalendarium der Ereignisse im KZ Auschwitz-Birkenau von Danuta Czech, veröffentlicht in den Nummern 2—7 der „Zeszyty Oświęcimskie" (Auschwitz-Hefte).

[30] Kremer war einer der Angeklagten beim Prozeß gegen die Wachmannschaft des Lagers Auschwitz, der vom 24. November bis zum 22. Dezember 1947 vor dem Obersten Nationalgerichtshof in Kraków stattfand. Während des Untersuchungsverfahrens wurde Kremer mehrfach verhört. Im Laufe dieser Vernehmungen gab er ausführlich Auskunft über einige Eintragungen in seinem Tagebuch. Auszüge aus diesen Erläuterungen werden unter dem jeweiligen Datum in der vorliegenden Publikation zitiert.

Im Protokoll der Vernehmung vom 18. August 1947 in Kraków erläuterte Kremer: „Schon am 2. September 1942, um 3 Uhr früh, wurde ich zum Vergasen von Menschen bestimmt und nahm daran teil. Diesen Massenmord nahm man außerhalb des Lagers Birkenau in im Wald gelegenen kleinen Häusern vor. Diese Häuser nannten die SS-Männer in ihrem Jargon 'Bunker'. An diesem Vergasen nahmen in dem Dienst entsprechender Reihenfolge alle SS-Ärzte des Krankendienstes im Lager teil. Meine Teilnahme als Arzt bei diesen Vergasungen, die als 'Sonderaktion' bezeichnet wurden, bestand in der Bereitschaft an einem Platz neben dem Bunker. An diesen Platz wurde ich mit einem Auto gebracht, ich saß neben dem Chauffeur, und hinten saß ein SS-Sanitätsdienstgrad (SDG) mit einem Sauerstoffapparat zum Retten von beim Vergasen beschäftigten SS-Männern, falls einer von ihnen einer Vergiftung unterliegen sollte. Bei der Ankunft eines mit Menschen zum Vergasen bestimmten Transportes auf der Bahnrampe suchten die SS-Offiziere unter den Ankömmlingen zur Arbeit fähige Personen aus — sowohl Männer wie Frauen —, und den Rest, unter ihnen Greise, alle Kinder, Frauen mit Kleinkindern sowie andere zur Arbeit unfähige Personen, lud man auf Lastkraftwagen und brachte sie zu den Gaskammern. Ich fuhr hinter einem solchen Transport bis zum Bunker. Dort trieb man die Gefangenen mit Autos erst bis zu den Baracken, in denen sich die Opfer entkleideten, und daraufhin gingen sie bereits nackt in die Gaskammern. Meistens ging dies alles ruhig vor sich, da die SS-Männer die Menschen beruhigten, indem sie ihnen sagten, sie gingen ins Bad und zur Entlausung. Nach dem Hineintreiben aller in eine Gaskammer verschloß man die Tür, und daraufhin warf ein SS-Mann in einer Gasmaske den Inhalt einer Zyklon-Büchse durch eine Öffnung in einer Seitenwand. Durch diese Öffnung gelangten Schreie und das Jammern der Opfer aus der Gaskammer, man hörte diese Menschen in ihrem Todeskampf. Diese Schreie waren nur sehr kurz zu hören. Ich bezeichne diese Zeit als wenige Minuten, doch bin ich nicht imstande, sie genau anzugeben."

das Brot kann nicht schuld sein, da auch solche erkranken, die nur Weißbrot (Diät) zu sich genommen haben. Höchstwahrscheinlich liegt's an dem ungesunden kontinentalen und sehr trockenen Tropenklima mit seinen Staub- und Ungeziefermassen (Fliegen).

4. September 1942

Gegen die Durchfälle: 1 Tag Schleimsuppen und Pfefferminztee, dann Diät für eine Woche. Zwischendurch Kohle und Tannalbin. Schon erhebliche Besserung.

5. September 1942

*Truppenarzt

Heutemittag bei einer Sonderaktion aus dem F.K.L [31] („Muselmänner" [32]): das Schrecklichste der Schrekken. Hschf. Thilo* hat Recht, wenn er mir heute sagte, wir befänden uns hier am anus mundi. Abends gegen 8 Uhr wieder bei einer Sonderaktion aus Holland.[33] Wegen der dabei abfallenden Sonderverpflegung, bestehend aus einem fünftel Liter Schnaps, 5 Cigaretten, 100 g Wurst und Brot, drängen sich die Männer zu solchen Aktionen. Heute und morgen (Sonntag) Dienst.

---

[31] An diesem Tag wurde im Frauenkonzentrationslager Birkenau eine Selektion durchgeführt, nach der etwa 800 weibliche Häftlinge vergast wurden. Im Vernehmungsprotokoll vom 18. Juli 1947 in Kraków erläuterte Kremer seine Eintragung folgendermaßen: „Besonders unangenehm war die Vergasung von ausgemergelten Frauen aus dem Frauenlager, die allgemein als 'Muselmänner' bezeichnet wurden. Ich erinnere mich, daß ich einmal am Vergasen einer solchen Frauengruppe am Tage teilnahm. Wie groß diese Gruppe war, kann ich nicht angeben. Als ich in die Nähe des Bunkers kam, saßen sie angekleidet auf der Erde. Da sie in abgetragener Lagerkleidung waren, wurden sie nicht in die Ausziehbaracke gelassen, sondern zogen sich im Freien aus. Aus dem Benehmen dieser Frauen schloß ich, daß sie sich darüber klar waren, welches Schicksal sie erwartete, da sie bei den SS-Männern um ihr Leben flehten und weinten; jedoch wurden sie in die Gaskammern gejagt und vergast. Als Anatom hatte ich viele schreckliche Sachen gesehen, ich hatte viel mit Leichen zu tun gehabt, jedoch das, was ich damals sah, ließ sich mit nichts vergleichen. Unter den Eindrücken, die ich damals empfing, schrieb ich am 5. September 1942 eben in mein Tagebuch: 'Das Schrecklichste der Schrecken. Hschf. Thilo hat Recht, wenn er mir heute sagte, wir befänden uns hier am *anus mundi*.' Diese Bezeichnung gebrauchte ich deshalb, weil ich mir gar nichts Abscheulicheres und Ungeheuerlicheres vorstellen konnte."

[32] Am Verhungern befindliche Häftlinge wurden im Lagerjargon „Muselmänner" genannt. Die Gestalt eines Muselmanns erinnerte an ein Skelett. Die Knochen waren kaum mit Haut überzogen, der Blick war verstört. Apathie und Schlafsucht waren charakteristische Merkmale der Hungerkrankheit. Der allgemeine physische Verfall ging mit völliger geistiger Erschöpfung einher.

[33] Mit einem Transport aus Westerbork in Holland wurden 714 Juden im KZ Auschwitz eingeliefert, von denen man nur 53 Frauen ins Lager einwies; alle anderen wurden vergast. Im Vernehmungsprotokoll vom 18. Juli 1947 in Kraków erläuterte Kremer: „Bei diesen Vergasungen war immer ein SS-Arzt zugegen. Sie taten einer festgesetzten Reihenfolge nach Dienst; unter den Ärzten zu meiner Zeit erinnere ich mich an folgende Namen: Thilo, Kitt, Uhlenbrock, Wirths, Meyer und Entress. Die in meinem Tagebuch erwähnten Sonderaktionen sind also nur ein Teil dieser Aktionen, die während der in meinem Tagebuch erfaßten Zeit durchgeführt worden sind. Natürlich waren es viel mehr, doch nahmen an den anderen Aktionen andere Ärzte teil."

6. September 1942

Heute Sonntag ausgezeichnetes Mittagessen: Tomatensuppe, 1/2 Huhn mit Kartoffeln u. Rotkohl (20 g Fett), Süßspeise und herrliches Vanilleeis. Nach dem Essen Begrüßung des neuen Standortarztes, Obersturmführer Wirths, der aus Waldbröl gebürtig ist. Sturmbannführer Fietsch in Prag war sein ehemaliger Regimentsarzt.

Nun bin ich eine Woche im Lager, doch bin ich die Flöhe in meinem Hotelzimmer noch immer nicht völlig wieder los trotz aller Gegenmaßnahmen mit Flit (Cuprex) etc.

Einen erfrischenden Eindruck hat es bei mir gewonnen, als ich dem Adjutanten des Kommandanten meinen Antrittsbesuch machte und über seinem Arbeitszimmer die große auf Papier gemalte Inschrift „Radfahrer absteigen" las. Übrigens hängt auch in der Schreibstube unseres SS-Reviers der bemerkenswerte Spruch:

Hast du im Leben tausend Treffer,
Man sieht's, man nickt, man geht vorbei;
Doch nie vergißt der kleinste Kläffer,
Schießt du ein einzig Mal vorbei!

Abends um 8 Uhr wieder zur Sonderaktion draußen.[34]

7. September 1942

Zweite Impfung gegen Flecktyphus. Heute regnerisches und kühleres Wetter.

9. September 1942

Ich sehe wieder Farben; ein schwarzer Vorhang ist von meinem Leben weggezogen!

Heute früh erhalte ich von meinem Rechtsanwalt in Münster, Prof. Dr. Hallermann, die höchst erfreuliche Mitteilung, daß ich am 1. d. M. von meiner Frau geschieden bin. Später als Arzt bei der Ausführung der Prügelstrafe an 8 Häftlingen[35] und bei einer Erschießung durch Kleinkaliber zugegen. Seifenflocken und 2 Stück Seife erhalten. Mittags springt vor dem SS-Revier ein Civilist mein Rad wie ein

---

[34] An diesem Tag wurden 981 Juden aus dem Lager Drancy in Frankreich im KZ Auschwitz eingeliefert. Von ihnen wies man 16 Männer und 33 Frauen als Häftlinge ins Lager ein; alle anderen wurden vergast.

[35] Der Vordruck einer solchen Strafverfügung enthielt den Hinweis, daß der zur Prügelstrafe verurteilte Häftling vorher von einem SS-Arzt untersucht werden sollte. Der Arzt sollte auch beim Vollzug der Strafe zugegen sein. Die Untersuchung des Häftlings und die Anwesenheit beim Vollzug sollte der SS-Arzt auf dem Formular durch eigenhändige Unterschrift bestätigen. Diese Vorschrift war jedoch eine reine Formsache. Kein einziger der Prügelstrafe unterzogener Häftling ist jemals von einem Arzt untersucht worden, und es ist kein Fall bekannt, daß ein SS-Arzt den Vollzug der Strafe abgelehnt hätte. — Henryk Kuszaj, „Kary stosowane przez SS względem więźniów obozu koncentracyjnego Oświęcim" (Von der SS gegenüber Häftlingen des Konzentrationslagers Auschwitz angewandte Strafen), „Zeszyty Oświęcimskie" (Auschwitz-Hefte) Nr. 3, Oświęcim 1958, S. 12 u. 43

Attentäter an, läuft neben mir her und bittet mich, ihm doch zu sagen, ob ich nicht Regierungsrat Heuner aus Breslau sei, mit dem ich eine ganz unglaubliche Ähnlichkeit habe. Er sei mit diesem Herrn im 1. Weltkriege im Felde zusammen gewesen. Wieviele Doppelgänger habe ich eigentlich in der Welt?![36] Abends bei einer Sonderaktion zugegen (4. Mal)[37]

10. September 1942	Morgens bei einer Sonderaktion zugegen (5. Mal)[38]
11. September 1942	Heute Obersturmbannführer Lolling[39] im Lager, bei dessen Vorstellung ich erst erfuhr, daß ich Hauptscharführer Kitt[40] vertrete, der jetzt zur Erholung auf dem Obersalzberg sich befindet.
14. September 1942	Zum 2. Male die Auschwitzer Krankheit; Temperatur 37,8. Heute die 3. und damit letzte Spritze gegen Fleckfieber erhalten.
17. September 1942	In Berlin bei der Kleiderkasse Allwettermantel bestellt nach Schneidermaßen: Bis Taille 48, Ganze Länge 133, Halber Rücken 22, Bis Ellenbogen 51, Ganze Ärmellänge 81, Oberweite 107, Taillenweite 100, Gesäß 124. Uniformbezugsschein dafür beigegeben, d.h. für einen Uniform-Wetterschutzmantel. Heute mit Dr. Meyer[41] das Frauenlager Birkenau besucht.
20. September 1942	Heute Sonntagnachmittag von 3—6 Uhr Konzert der Häftlingskapelle in herrlichem Sonnenschein angehört: Kapellmeister Dirigent der Warschauer Staatsoper. 80 Musiker. Mittags gabs Schweinebraten, abends gebackene Schleie.
21. September 1942	Wegen Otto an das Polizeipräsidium Köln (Abt. Kriminalpolizei) geschrieben. Abends Entenklein.

[36] Kremer stellt diese Frage im Zusammenhang mit der Eintragung vom 14. April 1942, wo er einen ähnlichen Vorfall beschreibt.

[37] Am Abend dieses Tages wurden im KZ Auschwitz 893 Juden aus dem Lager Westerbork in Holland eingeliefert. Davon wies man 59 Männer und 52 Frauen ins Lager ein; alle anderen wurden vergast.

[38] An diesem Tag wurden im KZ Auschwitz 1001 Juden aus dem Lager Malines in Belgien eingeliefert. 21 Männer und 64 Frauen wies man als Häftlinge ins Lager ein; alle anderen wurden vergast.

[39] Dr. med. Enno Lolling, Chef des Sanitätsamtes (DIII) im WVHA der SS

[40] Chefarzt des Frauenkrankenbaus in Birkenau

[41] Lagerarzt im KZ Auschwitz

Dr. Meyer erzählt mir von einer Vererbung eines Traumas (Nase) in der Familie seines Schwiegervaters.

23. September 1942 — Heute Nacht bei der 6. und 7. Sonderaktion.[42] Morgens ist Obergruppenführer Pohl[43] mit Gefolge im Haus der Waffen-SS eingetroffen. Vor der Tür steht ein Posten, welcher als erster seinen Präsentiergriff vor mir macht. Abends um 20 Uhr Abendessen mit Obergruppenführer Pohl im Führerheim, ein wahres Festessen. Es gab gebackenen Hecht, soviel jeder wünschte, echten Bohnenkaffee, ausgezeichnetes Bier und belegte Brötchen.

25. September 42 — Gruppenführer Grawitz im Revier und Lager. Bei der Visite will er von mir wissen, was der Arzt bei allen Infektionskrankheiten zu allererst verordnet. Darauf weiß ich ihm wirklich keine Antwort zu geben, da sich das doch in dem Sinne nicht ganz allgemein angeben läßt. Und was meinte er? Man höre und staune: ein Abführmittel! — Als wenn der Arzt bei jedem Schnupfen jeder Angina, Diphtherie mit Abführmitteln eingreifen würde — geschweige denn beim Abdominaltyphus! So läßt sich die Medizin nun doch nicht schematisieren, ganz abgesehen davon, daß der junge unerfahrene Revierarzt noch einige Tage ein frisches perforiertes Magenulkus durch das blinde Verordnen von Rizinus um die Ecke gebracht hatte.

27. September 1942 — Heute Sonntagnachmittag, 16—20 Uhr, Kameradschaftsabend im Gemeinschaftshaus mit Abendessen, Freibier und Rauchwaren. Rede des Kommandanten Höß und musikalische sowie theatralische Darbietungen.

30. September 1942 — Heute Nacht bei der 8. Sonderaktion zugegen.[44] Hstuf. Aumeier[45] erzählt mir auf Befragen, daß das K.L. Auschwitz eine Länge von 12 km und eine Breite

---

[42] An diesem Tag trafen im KZ Auschwitz ein Transport mit Juden aus der Slowakei, von denen man nach der Selektion 294 Männer und 67 Frauen ins Lager einwies, sowie ein Transport mit Juden aus dem Lager Drancy in Frankreich ein, von denen man 65 Männer und 144 Frauen ins Lager einwies. Alle anderen Juden der beiden Transporte wurden vergast.

[43] Chef des WVHA der SS

[44] An diesem Tag wurden im KZ Auschwitz 617 Juden aus dem Lager Westerbork in Holland eingeliefert. 37 Männer und 119 Frauen wies man als Häftlinge ins Lager ein; die anderen wurden vergast.

[45] damals Lagerführer des KZ Auschwitz

von 8 km habe und 22 000 Morgen groß sei. Hiervon seien 12 000 Morgen unter dem Pflug und 2000 Morgen Fischteiche.[46]

3. Oktober 1942 — Heute lebendfrisches Material von menschlicher Leber und Milz sowie von Pankreas fixiert,[47] dazu in absolutem Alkohol fixierte Läuse von Fleckfieberkranken. In Auschwitz liegen ganze Straßenzüge an Typhus darnieder. Habe mir deshalb heute früh die erste Serumspritze gegen Abdominaltyphus verabfolgen lassen. Obersturmführer Schwarz[48] an Fleckfieber erkrankt!

6. Oktober 1942 — Ostuf. Entress[49] auf seinem Motorrad verunglückt; Verband angelegt; der Kommandant Höß vom Pferde gestürzt; Ostuf. Wirths noch immer nicht zurück.

7. Oktober 1942 — Bei der 9. Sonderaktion (Auswärtige und Musel-

---

[46] Es handelt sich um das Lager-Interessengebiet des KZ Auschwitz (s. Anm. 17, S. 30).

[47] Im Vernehmungsprotokoll vom 30. Juli 1947 in Kraków erklärte Kremer zu dieser Sache: „In meinem Tagebuch erwähne ich an einigen Stellen das Entnehmen von lebendfrischem Menschenmaterial zu Untersuchungszwecken. Dies geschah auf folgende Weise: Schon seit langem interessierte ich mich für die Veränderungen im menschlichen Organismus infolge von Hunger. In Auschwitz stellte ich diese Sache Wirths vor, der mir erklärte, daß ich für diese Untersuchungen lebendfrisches Material von denjenigen Häftlingen entnehmen könne, die durch Phenolinjektionen getötet würden. Zum Auswählen entsprechender Objekte ging ich in den letzten Block auf der rechten Seite (Block 28), wo die Untersuchung der sich meldenden kranken Häftlinge stattfand. Im Laufe dieser Untersuchungen stellten die Häftlingsärzte dem SS-Arzt die Kranken vor und bezeichneten die Krankheit, an der der betreffende Häftling litt. Der SS-Arzt entschied darüber, ob dieser Kranke Aussicht auf Genesung versprach oder ob er schon arbeitsunfähig sei, ob er im Krankenbau bzw. ambulant zu behandeln sei oder ob er liquidiert werden solle. Die vom SS-Arzt für die zweite Gruppe Bestimmten nahmen die SS-Dienstgrade mit und führten sie ab. Zu dieser Gruppe zählte der SS-Arzt vor allem diejenigen, für die er die Diagnose 'allgemeine Körperschwäche' stellte. Die Häftlinge dieser Gruppe beobachtete ich genau, und wenn mich einer von ihnen infolge weitgehenden Hungerzustandes interessierte, befahl ich dem Sanitäter, einen solchen Kranken für mich zu reservieren und mir den Termin anzugeben, an dem dieser Kranke durch die Injektion getötet würde. An dem vom SS-Sanitäter angegebenen Termin wurden die von mir ausgesuchten Kranken in eben diesen letzten Block zurückgeführt, dort in den auf der anderen Seite des Korridors gelegenen Saal gebracht, und zwar gegenüber demjenigen, in dem die Untersuchung vor sich gegangen war, bei der ein solcher Häftling ausgesucht worden war. Dort legte man den Kranken noch lebend auf den Seziertisch. Ich trat an den Tisch heran und fragte den Kranken nach verschiedenen, für meine Untersuchungen wesentlichen Einzelheiten. So z.B. nach seinem Körpergewicht vor der Verhaftung, wieviel er seit seiner Verhaftung abgenommen habe, ob er in letzter Zeit irgendwelche Medikamente eingenommen hätte usw. Nach Erhalt dieser Informationen trat ein Sanitätsdienstgrad an den Kranken heran und tötete ihn durch eine Injektion in die Herzgegend. Wie mir bekannt ist, wurden zum Töten ausschließlich Phenolinjektionen benutzt. Nach einer solchen Injektion trat sofort der Tod ein. Ich selbst habe niemals tödliche Injektionen verabfolgt."

[48] damals Leiter der Abt. Häftlingsarbeitseinsatz

[49] Lagerarzt

weiber) zugegen.[50] Wirths wieder zur Stelle. Vertretung von Entress im Männerlager (Arztvorstellen usw.).

9. Oktober 1942	1. Paket mit 9 Pfd. Schmierseife mit 200,— M Wert nach Münster abgeschickt. Regenwetter.
10. Oktober 1942	Lebendfrisches Material von Leber, Milz und Pankreas entnommen und fixiert. Faksimilestempel von Häftlingen anfertigen lassen. Zum 1. Male das Zimmer eingeheizt. Noch immer Fälle von Flecktyphus und Typhus abdominalis. Lagersperre geht weiter.[51]
11. Oktober 1942	Heute Sonntag gabs zu Mittag Hasenbraten — eine ganze dicke Keule — mit Mehlklößen und Rotkohl für 1,25 RM.
12. Oktober 1942 (Hößler!)[52]	2. Schutzimpfung gegen Typhus; danach abends starke Allgemeinreaktion (Fieber). Trotzdem in der Nacht noch bei einer Sonderaktion aus Holland (1600 Personen) zugegen. Schauerliche Scene vor dem letzten Bunker! Das war die 10. Sonderaktion.[53]
13. Oktober 1942	Ustuf. Vetter[54] angekommen. Stubaf. Cäsar[55] eben-

[50] An diesem Tag wurden im KZ Auschwitz 2012 Juden aus dem Lager Westerbork in Holland eingeliefert. Ins Lager wies man 40 Männer und 58 Frauen als Häftlinge ein; alle anderen wurden vergast.

[51] Wegen der im KZ Auschwitz herrschenden Flecktyphusepidemie und der Erkrankung einiger Mitglieder der SS-Wachmannschaft hatte Kommendant Höß am 10. Juli 1942 eine vorübergehende Lagersperre und am 23. Juli 1942 die vollständige Blockade des Lagers angeordnet. Am 7. Oktober 1942 wurde die Blockade gelockert, die Lagersperre aber nicht aufgehoben. Die Isolierung des Lagers beruhte u.a. darauf, daß es den SS-Leuten und ihren Familien verboten war, (ohne gültigen Passierschein) den Lagerbereich zu verlassen, daß man sich nicht beliebig im Lager bewegen durfte und daß es verboten war, sich in die Stadt Oświęcim zu begeben; vgl. Danuta Czech, „Rola męskiego obozu szpitalnego w KL Auschwitz II" (Die Rolle des Männerkrankenbaus im KZ Auschwitz II), „Zeszyty Oświęcimskie" (Auschwitz-Hefte) Nr. 15, Oświęcim 1974, S. 23—34.

[52] damals Schutzhaftlagerführer des Frauenlagers Birkenau

[53] An diesem Tag wurden im KZ Auschwitz 1703 Juden aus Holland eingeliefert. 244 Männer und 108 Frauen wies man als Häftlinge ins Lager ein; die anderen wurden vergast. Im Vernehmungsprotokoll vom 18. Juli 1947 in Kraków erklärte Kremer zu dieser Eintragung: „Im Zusammenhang mit der von mir in meinem Tagebuch unter dem Datum des 12.10.1942 beschriebenen Vergasung erkläre ich, daß damals ungefähr 1600 Holländer vergast wurden. Dies ist eine annähernde Ziffer, die ich auf Grund dessen angab, was ich von anderen hörte. Die Aktion leitete SS-Offizier Hößler. Ich erinnere mich daran, daß er sich bemühte, die ganze Gruppe in einen einzigen Bunker zu treiben. Das gelang ihm bis auf einen Mann, den man auf keine Weise mehr in den Bunker pferchen konnte. Diesen Mann erschoß Hößler mit dem Revolver. Das ist der Grund, weswegen ich im Tagebuch von der 'schauerlichen Szene' vor dem letzten Bunker schrieb, wobei ich den Namen Hößler erwähnte."

[54] Lagerarzt

[55] Leiter der Landwirtschaftsbetriebe des KZ Auschwitz

falls an Typhus erkrankt, nachdem seine Frau vor einigen Tagen daran gestorben ist. Bei einem Strafvollzug zugegen und danach bei der Exekution von 7 polnischen Civilisten.[56]

14. Oktober 1942

Wetterschutzmantel (Größe 52) von Berlin erhalten; Preis 50,— RM. Auf Anregung vom Sanitätsamt beim Rektorat in Münster nach dem Beginn des Wintersemesters angefragt.

15. Oktober 1942

Heute Nacht ist draußen der erste Reif gefallen; nachmittags wieder sonnig und warm. Lebendfrisches Material von Leber, Milz und Pankreas von einem Ikterischen entnommen.

16. Oktober 1942
Seife, Seifenflocken, Nährmittel

Heute Mittag das 2. Paket mit 300,— RM Wert an Frau Wizemann zum Aufheben abgeschickt. Im Lager einen syndaktylen Juden photographieren lassen (Vater u. Onkel dasselbe Leiden).

17. Oktober 1942

Bei einem Strafvollzug und 11 Exekutionen zugegen. Lebendfrisches Material von Leber, Milz und Pankreas nach Pilocarpininjektion entnommen. Mit Wirths nach Nikolai gefahren; vorher eröffnete er mir, daß ich länger bleiben müsse.[57]

18. Oktober 1942

Bei naßkaltem Wetter heute Sonntagmorgen bei der 11. Sonderaktion (Holländer) zugegen.[58] Gräßliche Scenen bei drei Frauen, die ums nackte Leben flehen.

19. Oktober 1942

Mit Ostuf. Wirths und Frau Höß[59] nach Kattowitz gefahren zum Einkauf von Schulterstücken für den Wettermantel. Zurück über Nikolai.

---

[56] Es handelt sich vermutlich um Untersuchungsgefangene aus dem Gefängnis in Mysłowice, die im Block 11 (Todesblock) untergebracht waren und der Verfügungsgewalt des Polizei-Standgerichts unterstanden. Tagungen dieses „Gerichts" fanden alle paar Wochen im KZ Auschwitz unter Vorsitz des Kattowitzer Gestapo-Chefs Dr. Rudolf Mildner und später von Dr. Johannes Thümmler statt.

[57] Es ist anzunehmen, daß Wirths eine Verlängerung des Aufenthalts Kremers im KZ Auschwitz meinte.

[58] An diesem Tag wurden im KZ Auschwitz 1710 Juden aus Holland eingeliefert. 116 Frauen wies man als Häftlinge ins Lager ein; alle anderen wurden vergast. Im Vernehmungsprotokoll vom 18. Juli 1947 erklärte Kremer zu seiner Eintragung: „Im Verlauf der von mir im Tagebuch am 18.10.1942 beschriebenen Sonderaktion wollten drei Frauen aus Holland nicht in die Gaskammer gehen und flehten um ihr Leben. Es waren junge, gesunde Frauen, trotzdem wurden ihre Bitten nicht erhört, sondern SS-Männer, die an der Aktion teilnahmen, erschossen sie an Ort und Stelle."

[59] Hedwig Höß, geb. Hensel, die Lagerkommandant R. Höß am 17. August 1929 geheiratet hatte. Dieser Ehe entsproßen in den Jahren 1930—1943 fünf Kinder.

24. Oktober 1942 — 6 Frauen von der Budyer[60] Revolte abgeimpft[61] (Klehr).[62]

25. Oktober 1942 — Heute, Sonntag, bei wunderschönem Herbstwetter Radtour über Rajsko nach Budy. Wilhelmy von seiner Fahrt nach Kroatien wieder zurück (Zwetschenschnaps).

31. Oktober 1942 — Seit etwa 14 Tagen wunderschönes Herbstwetter, welches tagaus tagein im Garten des Hauses der Waffen-SS zu Sonnenbädern Veranlassung gibt. Selbst die klaren Nächte sind verhältnismäßig mild. Weil Thilo und Meyer auf Heimaturlaub, bin ich mit den Funktionen des Truppenarztes betraut. Wegen notwendiger Reise zu meiner Dienstbehörde fünftägigen Urlaub zum SS-Lazarett Prag beantragt.

1. November 1942 — Heute, Sonntag, nach dem Revierdienst, hauptsächlich Blutentnahme in Venülen; um 13,01 von Auschwitz mit D-Zug nach Prag abgefahren. Unterwegs gibts Regen; der Zug ist überfüllt. Abends gegen 22,30 Ankunft in Prag, wo ich mich im Stockdunkeln über mehrere Straßenbahnen schließlich bis zum SS-Lazarett vorarbeitete und oben von meiner bereits bekannten Schwester auf einer „Ottomane" zum Nachtlager verpackt wurde im Dienstzimmer von Dr. Schreiber.

2. November 1942 — Schon frühzeitig werde ich von Dr. Schreiber aus den Träumen und aus dem primitiven Pferdedeckenlager gerissen. Nach Frühstück in der Führerheimküche Aufgabe des 3. Paketes mit Stiefeln und Apfelkompott nach Münster mit 300 RM Wert. Darauf Vorstellung beim Chef, Stubaf. Fietsch, und anschließend Stammgericht im „Deutschen Haus" (Graben). Später Abholung meiner Zugstiefel (32 RM) in der Gerstengasse und Rückfahrt zum erstklassigen Eintopf-

---

[60] Die Rede ist von jener Begebenheit, die Broad in seinem Bericht beschrieben hat (s. S. 112—115) und die auch Höß erwähnt (s. S. 55).

[61] Im Vernehmungsprotokoll vom 30. Juli 1947 in Kraków erklärte Kremer zu seiner Eintragung: „Außerdem war ich noch einmal beim Töten einer von sechs Frauen durch eine Injektion zugegen, die der für die sog. Revolte in Budy zum Tode verurteilten Gruppe angehörte. Diese Hinrichtung führte Klehr ebenfalls im Sektionssaal des letzten Blocks auf der rechten Seite in Auschwitz durch (Block 28). Es waren alles gesunde Frauen, es scheint mir deutscher Nationalität, die in sitzender Stellung von Klehr getötet wurden. Mich hatte man zu dieser Hinrichtung abkommandiert, um als Arzt den Tod festzustellen. Ich sah nur dem Töten der ersten dieser Frauen zu, dann ging ich hinaus."

[62] SS-Sanitätsdienstgrad. Er führte die von Kremer erwähnte Hinrichtung aus.

essen um 17,30 im Führerheim mit reichlich Fleisch. Abends auf dem Zimmer von Hstuf. Rüttner, der mir von seiner neuen Operationstechnik an den Gaumentonsillen berichtet und die neuesten Berliner Witze erzählt (Odal — O du arme Landwirtschaft; England liegt am weitesten von Europa;[63] was würdet ihr machen, wenn ich es wie Heß[64] machte? Hermann[65]: Führer, wir folgen Dir! Goebbels: Führer, wir danken Dir! usw.).

3. November 1942

Nach dem Frühstück mit der 17 hinauf zum Markt, wo ich mir Druckknöpfe und vor allem eine piekfeine Kartoffelreibe erhamsterte. Von da zurück ins Zentrum, wo ich mir eine Vorlesungsbrille für 14,50 RM bestellte und dann im „Deutschen Hause" wieder zu Mittag speiste. Um 3 Uhr besuchte ich dann gegenüber die Viktorialichtspiele, um mir „Andreas Schlüter" anzusehen. Ich war förmlich überrascht von der höchst vornehmen und geschmackvollen Ausstattung dieses Raumes, und muß gestehen, daß ich noch nie ein zweites so elegant ausgestattetes Kino erlebt habe. Der Film war mit einem ungeheuren Aufwand gedreht worden und wurde von Heinrich George ganz hervorragend gespielt. Er zeigte wieder, wie ein ganz auf sich selbst eingestellter schaffender Mensch in diesem Leben den gebührenden Lohn seiner Mitmenschen nicht findet und schließlich an Intrigen und Anfeindungen zugrundegeht. Tief traf mich deshalb aus eigener Lebenserfahrung das Schlußwort: „Das Leben geht vorüber; ewig bleibt das Werk."

4. November 1942

Heute früh zunächst versucht, einige Aufnahmen von der Prager Burg vom Oberlandratsgebäude und der Manesbrücke aus zu machen. Besonnung war sehr launisch. Darauf zum Einkauf in die Altstadt, wo ich in der Nähe des Altstätter-Ring einen Füller für 7,50 RM und eine Damentasche für 14,35 RM erstand. Anschließend zurück zum Eintopfessen im Lazarett um 1/2 1 Uhr. Hier wurde mir mitgeteilt, daß ich mein Zimmer räumen müsse, da dort ein Ostubaf. Wohnung nehmen wolle. Es handelte sich um einen Patient von II b, auf der Unfallstation, in dessen Zimmer ich dann meine Koffer beförderte. Nach dem Essen hatte

---

[63] Der Sinn dieses Witzes beruht darauf, daß die Naziarmee trotz des jahrelangen Krieges nicht in England einmarschierte.

[64] Rudolf Heß, Hitlers Stellvertreter als NSDAP-Führer

[65] Hermann Göring, Marschall des Dritten Reiches

er aber der Vorsicht halber mal einen flüchtigen Blick in mein Zimmer geworfen und sofort von diesem Tausch Rückstand genommen. So konnte ich dann mit meinen Koffern wieder nach oben ziehen. Es handelte sich um Ostubaf. Deutsch, der mir erzählte, daß Stubaf. Fietzsch sein Regimentsarzt gewesen sei. Auf meine Frage kannte er auch Ostuf. Wirths gut und trug mir viele Grüße an ihn auf. Er sei, wie er sich ausdrückte, etwas weichlich und habe mit Frau u. Kindern allerhand Kummer. — Nach dem Mittagessen ging ich dann später wieder in die Stadt, photographierte den Wenzelplatz vom Landesmuseum aus sowie die Tein-Kirche. Nun holte ich meine Brille ab, und dann gings in den Willy-Forst-Film „Operette", welcher einen Riesenerfolg zu verzeichnen hatte und in der „Astra" am Wenzelplatz schon die 2. Woche lief. Auch die weibliche Hauptrolle wurde von Maria Holst ganz vorzüglich gegeben. Ich war ganz begeistert, als ich dieses auch wieder ganz vorzüglich und vornehm ausgestattete Lichtspielhaus verließ: Man kann nur eines — entweder lieben oder arbeiten; beides zugleich geht nicht. — Ist der Erfolg da, dann geht es einem wie dem Bergsteiger, der den Gipfel erreicht hat: das Streben ist zu Ende, man ist einsam und allein. Jedenfalls hat mich der Film mit seiner Makartszene, seinen Straußschen Operetten und seinen raffiniert prunkvollen Revuen restlos begeistert.

5. November 1942

Morgens Aufgabe des 4. Paketes mit 300 RM Wertangabe an Frau Wizemann. Inhalt: Damentasche mit Füller, Brillen usw., Zugstiefel, Schreibpapier, Braunhemden [66] Kartoffelreibe usw. Dann einige Einkäufe in der Stadt und Mittagessen im „Deutschen Hause". Trübes, regnerisches Wetter. Abends Einpacken für die morgige Abreise und um 8 Uhr Kasinoabend, wo ich mir einen vollen Liter eines wunderbar schmeckenden bulgarischen Rotweins hinter die Binde goß, der mich so richtig in Stimmung brachte. Erst nach 12 Uhr suchte ich mein Lager auf.

6. November 1942

Früh um 6 Uhr wurde ich von der Schwester geweckt, und bald darauf war ich schon am Bahnhof (Elektrische 21 und 7), wo ich um 8,10 den Schnellzug nach Mährisch Ostrau bestieg. In Prerau stieg ich in den Schnellzug Wien — Krakau und hatte kaum ein Abteil 2. Klasse betreten, als ein Generalmajor sich

[66] Braunhemden trug u.a. die SA (Nationalsozialistische Sturmabteilung).

zu mir gesellte, mit dem ich fast die ganze weitere Fahrt allein war und der mir von seinen Fronterlebnissen erzählte und beim Abschied die Hand drückte. Dauer der Fahrt Prag — Auschwitz über 9 Stunden. An Ort und Stelle begab ich mich sofort ins Führerheim, wo ich mich mal wieder so richtig rundherum satt aß.

8. November 1942 — Heute Nacht bei 2 Sonderaktionen teilgenommen bei regnerischem trübem Herbstwetter (12. u. 13.).[67] Vormittags Hschaf. Kitt, einen aus Essen stammenden Schüler von mir, im Revier begrüßt. Nachmittags noch eine Sonderaktion, also die 14., die ich bisher mitgemacht habe.[68] Abends gemütliches Zusammensein im Führerheim, von dem nunmehrigen Hstuf. Wirths eingeladen. Es gab bulgarischen Rotwein und kroatischen Zwetschenschnaps.

10. November 1942 — Heute 1. leichter Schneefall und in der Nacht Frost.

13. November 1942 — Lebendfrisches Material (Leber, Milz u. Pankreas) von einem vorher photographierten, stark atrophischen jüdischen Häftling von 18 Jahren entnommen. Fixiert wie stets Leber und Milz in Carnoy sowie Pankreas in Zenker[69] (Häftl. N° 68030).[70]

14. November 1942 — Heute, Sonnabend, Varietevorstellung im Gemeinschaftshause (ganz groß!). Besondere Freude erregten die tanzenden Hunde und die beiden auf Kommando krähenden Zwerghähne, der verpackte Mensch und die Radfahrgruppe.

15. November 1942 — Vormittags bei einem Strafvollzug zugegen.

16. November 1942 — Ein Paket Schmierseife (rund 12 Pfd.) mit 300,— RM Wert an Mia und Gretchen abgeschickt.

17. November 1942 (14 kg!) — Kleiner Koffer an Frau Wizemann abgeschickt (5. Paket) mit 300, — RM Wertangabe. Inhalt: 2 Flaschen

---

[67] An diesem Tag wurden Juden aus dem Konzentrationslager Lublin (Majdanek) eingeliefert. 25 Männer wies man als Häftlinge ins Lager ein; die anderen (unbekannt, wieviele) wurden vergast.

[68] Wahrscheinlich handelt es sich um einen Transport von 990 Juden aus dem Lager Drancy in Frankreich. 145 Männer und 82 Frauen wies man als Häftlinge ins Lager ein; die anderen wurden vergast.

[69] Carnoy und Zenker sind Namen von Fixierlösungen.

[70] Der Häftling Nr. 68 030 traf am 14. Oktober 1942 mit einem Transport aus Holland in Auschwitz ein und hieß Hans de Yong (oder de Gong — doch wenig wahrscheinlich), geb. am 18. Februar 1924 in Frankfurt. Er kam am 13. November 1942 ums Leben.

Konsumbranntwein, Vitamin- und Stärkungspräparate, Rasierklingen, Wasch- u. Rasierseifen, Thermometer, Nagelzangen, Jodflaschen, Präparate in 96%-igem Alkohol, Röntgenbilder, Lebertran, Schreibsachen, Umschläge, Parfüms, Stopfwolle, Nadeln, Zahnpulver usw. usw.[71] Abends Schneegestöber, das die Straßen in Sumpf und Morast verwandelt hat. Vorbereitung zur morgigen Abfahrt nach Prag. Im Revier: Gambor[72], Brauner[73], Biedermann[74], Wilks[75] und im Krankenbau: Klehr und Scherpe[76], alles alte „Stacheldrahtkämpfer" und „KZ-Hasen". Stabsscharführer Ontl[77] schwätzt mir einen Bezugsschein für eine Breecheshose ab. Der Apotheker, Hauptssturmführer Kremer, hat sich bei der Bereitstellung der notwendigen Reagenzien stets sehr kameradschaftlich erwiesen; Sauther, der Zahnarzt, ist nun nach Minsk versetzt.

18. November 1942 Heute Mittag 13,20 über Oderberg, Mährisch-Ostrau (umsteigen), Prerau, Olmütz nach Prag abgefahren, wo ich um 22,11 antraf und guten Anschluß zum Lazarett hatte. Hier sorgte die Nachtschwester Anna [dafür], daß ich wieder mein früheres Zimmer beziehen konnte.

19. November 1942 Nach Meldung beim Chefarzt und Frühstück Abholung des Koffers vom Bahnhof und dann Mittagessen im „Deutschen Hause". Nachmittags Abgabe der mir leihweise überlassenen Uniformstücke an die Kammer und Packen der Koffer.

20. November 1942 Frühstück, Verabschiedung vom stellv. Standortarzt Himstedt aus Hameln, Stubaf. Matz aus Stettin,

---

[71] Im Vernehmungsprotokoll vom 30. Juli 1947 in Kraków erläuterte Kremer das Verschicken von Paketen folgendermaßen: „Auf dem Dachboden des Gebäudes, in dem die Selektionen vorgenommen wurden, sortierte man Medikamente, verschiedene Instrumente und allerhand andere Gegenstände des täglichen Bedarfs, welche diejenigen Leute nach Auschwitz mitgebracht hatten, die man direkt vom Transport zum Vergasen schickte. Von diesen Gegenständen gaben mir die Häftlinge verschiedene Dinge heraus, wie: Seife, Zahnpasta, Fadenrollen, Stopfgarn, Nadeln, Thermometer, Nagelscheren usw., Gegenstände des täglichen Gebrauchs. Diese Sachen verpackte ich und schickte sie an Bekannte."

[72] Eigentlich: Jambor, Schreiber des SS-Standortarztes von Auschwitz

[73] Im KZ Auschwitz war er in der Schreibstube des SS-Standortarztes beschäftigt.

[74] Über diesen SS-Mann gibt es keine näheren Angaben in den im Archiv des Staatlichen Auschwitz-Museums befindlichen Dokumenten.

[75] Im KZ Auschwitz war er Rechnungsführer in der Dienststelle des SS-Standortarztes.

[76] damals SS-Sanitätsdienstgrad im Krankenbau des Lagers Auschwitz I

[77] damals Verwalter des Wirtschaftsmagazins im SS-Revier von Auschwitz

Stubaf. Küttner, Hschf. Fredeking, Ustuf. Fasching, Hstuf. Koerber u.a. Ustuf. Jung, der Röntgenarzt, stellt mir schöne Röntgenaufnahmen für meine Vorlesung in Aussicht. Nach Ausstellung des Fahrscheines wird das Passagiergut zum Hibernerbahnhof gebracht. Abfahrt 16,13 über Dresden, Leipzig, Hannover, Osnabrück. Ankunft in Münster 6,38.

24. November 1942

Zum 1. Male in der neuen Anatomiebaracke am Westring.[78]

29. November 1942

Bei Becher in der Anatomie, der mir offiziell bekannt gibt, daß demnächst ein Lehrstuhl für Erbbiologie errichtet werden soll. Dadurch würde ich meine Vorlesung über menschliche Vererbungslehre verlieren. Ich gab ihm zu verstehen, daß ich selbst mit diesem Lehrstuhl wegen meiner erstklassigen Vorbildung sowohl als Biologe als auch als Mediziner gerechnet habe und mir dieses auch bei der Verleihung des Lehrauftrags in Aussicht gestellt worden sei. Davon wollte er aber anscheinend nichts wissen und machte allerhand Ausflüchte. So behauptete er u.a., ich werde nicht als „voll" angesehen und habe mich zwischen zwei Stühle gesetzt, obgleich er doch wissen mußte, daß mein biologisches Studium im vorschriftsmäßigen Sinne und ganz unabhängig von der Medizin durchgeführt war. Ich habe nicht zunächst Medizin studiert und mir dann aus einem Nachbargebiete irgendeine Dr.-Arbeit für eine philosophische Dissertation geben lassen, wie es z.B. bei ihm selbst und bei Quast in Bonn der Fall gewesen ist. Als er dann auch erwähnte, daß die Partei großes Interesse an der Besetzung des Lehrstuhles habe, entgegnete ich ihm, daß ich ja als 1. Dozent der Universität Münster in die Partei eingetreten sei.

1. Dezember 1942

War heute zur Vorstellung beim neuen Gaugesundheitsführer Dr. Fenner, der mich sehr herzlich begrüßte und mich zum Vorsitzenden des Gaudisziplinargerichts berief. Anschließend trug ich ihm die Eröffnung von Becher von vorgestern vor, und er versprach mir, daß er für mich nach besten Kräften eintreten wolle.

---

[78] Das Gebäude, in dem sich das Anatomische Institut früher befunden hatte, war bei Bombenangriffen zerstört worden.

3. Dezember 1942

Hatte heute wegen der Angelegenheit eine Besprechung mit Mevius, dem Rektor, der mir vorwarf, ich hätte wegen der Veröffentlichung der Arbeit „Über einen bemerkenswerten Fall zur Frage der Vererbung traumatischer Verstümmelungen", einen sehr schweren Fehler gemacht. Er wäre bereits von, weiß Gott, wievielen Stellen wegen dieser Arbeit befragt worden. Unter anderem habe sich die Geheime Staats-Polizei mit der Sache befaßt. Im übrigen machte auch er allerhand Ausflüchte und gab mir keinerlei bindenden Versicherungen.

4. Dezember 1942

War heute früh wieder beim Dekan, bei Becher, der mich diesmal viel liebenswürdiger empfing. Ich trug ihm noch einmal meine Angelegenheit vor und die Aussprache mit Mevius. Er meinte, auf die Veröffentlichung der Vererbungsarbeit lege er nicht so großen Wert. Er sprach dann davon, daß er sich schon damals bei der Besprechung über die Erlangung meines Professortitels für mich eingesetzt habe. Ich entgegnete, daß ich ihm dies damals sehr hoch angerechnet habe. Weiter verbreitete ich mich dann über den Verlauf meines philologischen Studiums,[79] über meine Erfahrungen in der Chirurgie (Mißbildungen) und darüber, daß Jost[80] verlangt habe, daß ich die Erbarbeit ohne Stellungnahme veröffentliche. Ich bat ihn zum Schluß, daß er mir auch diesmal das Wohlwollen, das er mir gegenüber schon wiederholt gezeigt habe, auch diesmal nicht versagen möge. Ich hatte eine viel optimistischere Auffassung, als ich von ihm wegging.

16. Dezember 1942

Heute erscheinen plötzlich Hermann und Albert,[81] beide von Berlin kommend, auf der Bildfläche. Albert hatte Hermann kurz besucht, und da hatte Hermann natürlich schnell bis zum 30. Heimaturlaub genommen. Hermann sah noch gutgenährt aus. Albert erzählte mir dann, daß der stummelschwänzige Kater auf Stelberg vergangenen Spätsommer einige Monate verschwunden gewesen sei und beim Eintreten kalter Witterung plötzlich wieder, wohlgenährt, auf der Bildfläche erschienen sei. Bei Voss, Oberbrisdam und

---

[79] Wahrscheinlich hat sich Kremer geirrt, da er außer seinem Medizinstudium die philosophische Fakultät absolviert hatte.

[80] Vorher benutzt Kremer die Schreibweise Just (s. Eintragung vom 30. 5. 1941). Es handelt sich um ein und dieselbe Person.

[81] Verwandte Kremers

Leo Baltiefen, Unterbüschen, seien jetzt auch stummelschwänzige Katzen auf die Welt gekommen. Hermann drängte immer zur Bahn, er wolle noch zu Gretchen in Düsseldorf (où est la femme?).

22. Dezember 42

Zum Vorsitzenden des Gaudisziplinargerichts ernannt.

...

[**1943**]

...

13. Januar 1943

Es gibt keine arische, negride, mongolide und jüdische Wissenschaft, sondern nur eine wahre und falsche!

Frau Glaser ist heute nach Krefeld abgefahren. Auf dem Amte für Volksgesundheit eröffnete mir Gülker, daß Fenner sich am Gau wegen meiner Sache — Lehrstuhl für Vererbungsbiologie — für mich eingesetzt habe, aber zu hören bekommen habe, das ich wegen meiner Driburger Arbeit — Bemerkenswerter Fall zur Frage einer Vererbung von Verstümmelungen — nicht in Frage käme. Weiter läge gegen meine Person nichts vor. Das ist also die so hochgepriesene Freiheit der Wissenschaft! Eine größere Knebelung kann man sich kaum vorstellen! Die Wissenschaft mit verbundenen Augen ist und bleibt nur eine Farce. So bin ich tatsächlich ein Opfer meines reinen Glaubens an ein wissenschaftliches Ideal und an eine unbegrenzte Freiheit der Forschung geworden, denn nie hätte ich mir träumen lassen, daß es tatsächlich so etwas wie „geknebelte Wissenschaft" geben könne. Dadurch hat man der Wissenschaft den Todesstoß versetzt und sie außer Landes verwiesen! So ist es heutzutage in Deutschland nicht besser als in jenen Zeiten, als Galilei sein Wort widerrufen mußte und da man die Wissenschaft durch Folter und Scheiterhaufen knebelte. Wohin in aller Welt soll das noch im 20. Jahrhundert führen!!! Beinahe möchte ich mich schämen, ein Deutscher zu sein. So werde ich als ein Opfer der Wissenschaft und ein Fanatiker der Wahrheit meine Tage beschließen müssen. —

27. Januar 1943

Meiner Bitte um einen Arbeitsplatz wird auch diesmal

War heute bei Becher, der mir jetzt offen zugab, daß es sich bei meiner Disqualifizierung um meine Arbeit handele. Ich hätte Stellung nehmen müssen, war auch jetzt seine Ansicht, die er anscheinend von Mevius übernommen hatte. Ich zeigte ihm meinen Briefwechsel mit v. Verschuer [?] vor. Aus allem

von Becher nicht entsprochen; er macht allerhand Ausflüchte!	merkte ich heraus, daß ich offen gegen eine Vererbung erworbener Eigenschaften hätte schreiben müssen, aber sie wagten das nicht offen auszusprechen.
30. Januar 43	Beförderung zum SS-Obersturmführer der Reserve. ...
1. März 1943	War heute zwecks Eintragung beim Schuster Grevsmühl, wo ich ein aus Kattowitz an ihn gerichtetes Flugblatt der Soz. Partei Deutschlands [82] zu sehen bekam. Aus ihm ging hervor, daß wir bereits 2 Millionen Juden liquidiert hätten durch Erschießen und durch Giftgas. ...
5. März 1943	Mußte heute mit der Sammelbüchse für das Kriegswinterhilfswerk los. In der Stadt wurde man zumindest als lästig empfunden. Einen Bombenerfolg hatte ich zu guter Letzt im Gauamt für Volksgesundheit, wo mir die Büchse förmlich dank der Mithilfe von Herrn Gülker aus der Hand gerissen wurde; sogar ein 10 Markschein war darunter. Bei dieser Gelegenheit erzählte mir Herr Gülker, daß Gaugesundheitsführer Dr. Fenner nochmals wegen meiner Angelegenheit beim Gau vorstellig geworden sei, aber er stieße seitens der Universität (Mevius und Becher) auf hartnäckigen Widerstand. Er schlug mir dann vor, um dem Ärger zu entgehen, mir doch ein Krankenhaus geben zu lassen, eine Anregung, die bestimmt von seiten der Universität kam, um mich so auf dem einfachsten Wege los zu werden. Als Facharzt für Chirurgie würde das, wie er immer wieder betonte, gerade heute gar keine Schwierigkeiten machen. So könnte ich z.B. das Kreiskrankenhaus Harford ohne weiteres als Chefarzt haben. Ich merkte sofort, daß ich den Herren an der Universität wegen meiner wissenschaftlichen Leistungen und meiner langjährigen aktiven Tätigkeit in der Partei allmählich auf die Nerven falle. Sie haben ein sehr schlechtes Gewissen und wollen sich der weiteren Verantwortung dadurch entziehen, daß sie mich einfach abschieben, um dann später sich rein zu waschen und zu sagen, ich habe es ja selbst gewollt.

[82] Das Flugblatt war natürlich illegal, weil die SPD verboten war.

Nein — ich werde mir die Sache wohl überlegen — und denke gar nicht daran, mich als ältesten Parteigenossen der Münsterschen Dozentenschaft kaltstellen zu lassen. Durch ihr Verhalten mir gegenüber beweisen diese maßgebenden Persönlichkeiten ja eindeutig, daß bei ihnen auch die immer wieder im Munde geführten Parteiverdienste gar nichts gelten. — Wie mir schließlich Herr Gülker weiter mitteilte, habe er sich auch bei der Gestapo erkundigt und erfahren, daß dort gegen meine Persönlichkeit gar nichts Abträgliches bekannt sei. Es scheint sich also wieder um ein von Mevius ausgehendes allgemeines Intrigenspiel zu handeln.

...

28. April 1943

Auf Veranlassung meiner Schwester, Hilde Burgmer habe mich für heute nach Brenn gebeten, fahre ich mit dem Autobus um 1/2 4 nach Brenn. Dort weiß aber keiner, daß Hilde sich in dem Sinne geäußert hat, da sie gerade heute nach Köln zu Agnes gefahren ist. Trotzdem werde ich von Alois, Maria und Thea wie immer äußerst gastfreundlich aufgenommen. Es gibt bergische Waffeln mit Kreme, Schinken, Torten und abends noch einen sehr feinen Moselwein. Außerdem stellt mir Maria noch „etwas" in Aussicht, was mir Hilde überbringen werde. Agnes hat mir das Buch von Osenthal „Der Held von Ommerbron" besorgt. Es war ein wunderbarer gemütlicher Abend bei einer Aufmerksamkeit, die beinahe an Selbstaufopferung grenzte, und bei einer Gastfreundschaft, die das Allerbeste und Letzte aus Küche und Keller in herzlichster und großzügigster Weise darbot — und das waren keine Verwandte!

29. April 1943

Dieser unverschämte kläffende Kettenhund, der sogar 125 g Buttermarken für die paar Tage von mir verlangte, wagte es sogar abzustreiten, daß die armen Frontsoldaten sich unvergleichliche Verdienste erworben hätten und deshalb

Das krasseste Gegenteil hierzu mußte ich leider am folgenden Tage bei meinem Schwager in Hartegasse erleben. Schon an den Vortagen war es wegen seiner geradezu unmöglichen politischen Einstellung zu wiederholten Plänkeleien gekommen, die dann beim Mittagessen zu einer ausgesprochenen Distanzierung meinerseits führten, als er mir jeden Heldensinn, jede Vaterlandsliebe und jeden Opfersinn unserer Soldaten an der Front mit den Worten abzustreiten versuchte, diese würden mit Gewalt von den Vorgesetzten in die feindlichen Linien getrieben. Wer nicht vorging, würde einfach erschossen. Auf die Frage, woher er denn diese Weisheit habe und ob er später entsprechend eine bevorzugte Stellung im Staate beanspruchen dürften. Ausspucken muß man vor solcher nichtswürdiger Gesinnung!

Übrigens, daß er einen anderen Arzt mir vorziehen würde, da ich überhaupt keine ärztlichen Kenntnisse hätte, zeigt nur, wie weit ich mich aus seinem engen Gesichtskreise emporgearbeitet habe, und daß er völlig unfähig ist, sich über meine Leistungen ein Urteil zu bilden.

Der bei ihm wohnenden bombenbeschädigten Familie gab er principiell keinen Hausschlüssel und mutete meiner kranken Schwester zu, nachts jedesmal aufzustehen und die Tür zu öffnen. Er blieb ruhig liegen und kümmerte sich um nichts.

selbst dabei gewesen sei, gab er mir zur Antwort, er sei so viel in der Welt herumgekommen, daß er sich hierüber ein Urteil erlauben könne. Als ich das mit vollem Recht in Abrede zu stellen suchte und ihm vorhielt, daß mir doch wohl ein bißchen mehr Weltkenntnisse zukämen, griff er mich persönlich an: Er hätte doch viel mehr Erfahrung als ich und auch viel mehr gelernt. Was ich gelernt hätte, sei dagegen gar nichts. Meine medizinischen Kenntnisse seien derart, daß er selbst sich mir nicht anvertrauen würde. Ich hätte so viele dumme Sachen gemacht, und ich — das schlug dem Faß den Boden aus — ich ließe mich von meinen Verwandten „aushalten". Meine Schwester hatte sprachlos dem Kampfe zugehört und meinte: „So, jetzt habt ihr euch ja mal richtig ausgesprochen."

Damit ist nun aber bei mir endgültig mein Verhalten gegen meinen Schwager bestimmt worden; denn ich entgegnete ihm, daß es für mich eine Ehre bedeute, von ihm in dieser Weise beurteilt zu werden. Damit zielte ich auf seinen erblichen Dachschaden verbunden mit brutaler Rücksichtslosigkeit, Mangel an Familiensinn, unersättlicher Raffgier, Vaterlandslosigkeit, mit seinem Zwang zum Widerspruch in jeder Form und zwangsläufiger Krakehlerei hin. Bezeichnend ist es hierbei, daß er sich mir gegenüber offen für die Errichtung einer rheinischen Republik aussprach. Daß ein solcher auf Zersetzung ausgehender Geist nicht in den Kreis unserer Familie gehört, ist selbstverständlich. Ich habe daher heute ein für allemal den Entschluß gefaßt, ihn von der Erbschaft nach meinem Tode völlig auszuschließen und auch bei seinem Tode nicht an seiner Beerdigung teilzunehmen. Und eigenartig! Was mein[en] Vater schon immer wieder in Harnisch gegen den Vater meines Schwagers gebracht hatte — diese unglaubliche politische und moralische Unzuverläßlichkeit — sie war es, welche auch mich nunmehr den Fehdehandschuh gegen diese innerlich verkommene Sippe meines Schwagers aufnehmen hieß. Indem ich somit von diesem rechthaberischen Krakehler, vaterlandslosen Freibeuter und unersättlichen Geizkragen, der, obgleich er niemals einen Soldatenrock getragen, mir als Soldaten mit meinen beinahe 60 Jahren auf mein Einsetzen für den deutschen Soldaten höhnisch antwortete, ich möchte mich doch zur Front melden, öffentlich abrücke, glaube ich der Ehre meiner Familie und nicht zuletzt auch

derjenigen meiner armen zu Tode gequälten Schwester ein für allemal Genüge getan zu haben.
Der Nachmittag dieses unglückseligen Tages gab mir in Stelberg und Oberfeld den inneren Halt wieder; denn immer wieder mußte ich erfahren, wie die ganze Familie diesem sog. Schwager aus dem Wege gingen und nichts von ihm wissen wollten. Hierbei erzählte mir übrigens Otto, daß dieser politische und moralische Mistfink schon sofort nach der Beerdigung meiner Mutter auf Auseinandersetzung gedrungen habe und von meinem ältesten Bruder aber, der diesen Schweinehund sofort erkannte, zur Türe hinausgewiesen worden sei. Meine Mutter war noch nicht kalt im Grabe, da suchte dieser Geizkragen schon wieder bedenkenlos sein Geschäft zu machen. Pfui! Man kann nur ausspucken über eine solch niedrige menschenunwürdige Gesinnung!
Gerda hatte in Stelberg eine wunderbare Pflaumentorte gebacken, dazu gabs Schinken und frische Eier. Einige Aufnahmen wurden gemacht. Gegen Abend gingen Anna, Otto und ich dann zu Maria in Oberfeld, wo wir auch Fritz und die Kinder antrafen. Hier gabs das bergische Nationalgericht: Reibplätzchen mit Speckscheiben und Reisbrei. Maria gab mir schließlich auch noch ein Stück geräucherten Speck mit auf den Weg. Sie war hoch in Umständen, ebenfalls Anni, die später aus Wipperfürth eintraf. Otto begleitete mich später noch bis Hartegasse.
...

2. Mai 1943

Heute, Sonntag, erhielt ich vom Sanitäts-Hauptamt Berlin, Knesebeckstr., Bescheid, daß ich mit Rückwirkung vom 30. Januar ab zum SS-Obersturmführer der Reserve befördert worden war. Gleichzeitig trafen die 30 Sonderdrucke vom „Mikrokosmos" ein für 25,30. Es verblieben mir von dem Honorar also noch 44,35 — 25,30 = 19,05 RM.

22. Mai 1943

Durch ein Schreiben des Gaupersonalamtsleiters Dr. Gräßner von der Gauleitung Westfalen-Nord werde ich nach dort zu einer Besprechung gebeten, die ich für Montag 11 Uhr verabredete.

24. Mai 1943

Heute 11 Uhr im Gauhaus Besprechung mit Dr. Gräßner nicht, wie ich angenommen hatte, über den Driburger Fall, sondern um mich in den Gaupropagandaapparat (Bevölkerungspolitik, Rassenhygiene)

als Redner einzuspannen. Er schlug mir vor, zunächst noch einen Kurs in Berlin-Babelsberg über diese grundlegenden Fragen mitzunehmen, ein Gedanke, den ich selbstredend — schon um mich mal wieder in Berlin nach gewissen Käfern umzusehen — mit Freuden aufgriff. Vielleicht war dies nur einer der vielen Gründe, mich auf alle mögliche Art wissenschaftlich kalt zu stellen; denn man schaut nicht hinter die Kulissen der mir persönlich alles Übel wollenden Universitätsbüttel, denen ich immer und ewig wegen meiner Arbeiten und wegen meines frühesten Eintritts in die Partei ein Dorn im Auge bleibe. Also abwarten!
...

10. Juni 1943

War heute im Film „Paracelsus", der mir außerordentlich zugesagt hat: „Wer sein eigener Herr ist, sei nicht eines anderen Knecht!" „Prüfe den Hochmut deines Herzens, ob er auf Ehre und Reichtum verzichtet, dann folge mir nach!" Dieser Film könnte geradesogut für die Universitätsklique der heutigen Zeit geschrieben sein, die niemanden, der eine eigene Meinung hat, hochkommen läßt, um dann schließlich nach ihrem Tode diese armen Opfer noch zur Aufblähung ihres grenzenlosen letzten Dünkels nach Möglichkeit zu mißbrauchen und ihnen gar mit allem Pomp als einen der ihrigen zu feiern und Denkmäler zu setzen. Pfui über diese wissenschaftlichen Kastraten, die nur das Plappern ihres eigenen Lehrers verstehen und von Generation zu Generation weitergeben! Ich rechne mich nicht zu ihnen und verbitte mir eine Ehrung im Talar dieses blöden Kastratengewäschs.
...

20. Juni 1943
(Sonntag)

11,40 über Osnabrück, Hannover, Stendal, Spandau, Berlin-Zoo Fahrt zur Reichsschule des Rassenpolitischen Amtes in Potsdam-Babelsberg 2, Griebnitzstraße 4 — die sich als die ehemalige Villa von General Schleicher [83] entpuppte. Ankunft gegen 19,30. Es sind rund 50 Teilnehmer aus allen deut-

---

[83] Kurt von Schleicher (geb. am 7.4.1882), konservativer deutscher Politiker und General. Er bekleidete höhere Stellungen in der Reichswehrführung und setzte sich für eine Annäherung Deutschlands an die UdSSR ein. Ab 1929 war er Generalsekretär im Reichswehr-Ministerium. Er bemühte sich um eine Spaltung der NSDAP, wobei er die Gegensätze zwischen Hitler und Gregor Strasser bzw. Ernst Röhm ausnutzte. Von Hitler als gefährlicher Gegner angesehen, wurde er am 30. Juni 1934 zusammen mit seiner Frau in der sog. Nacht der langen Messer (Röhm-Putsch) ermordet.

schen Gauen einberufen. Logis und Verpflegung sind gut; die geistige Beanspruchung dürftig. Die meiste Zeit dient der Erholung und zwanglosem Geplauder. Leiter des Lehrgangs ist Reichshauptstellenleiter Dr. Erich Oppermann, ein Zoologe, der bei Paul Schultze in Rostock promoviert hatte. Beachtliche Vorträge waren die des ehemaligen Eichstädter kathol. Theologen Pg. Fernkorn, des Betriebsarztes Dr. L. Vellguth und des Hygienikers Dr. Dahr vom Reichsgesundheitsamt (Beringinstitut). Letzterer stellte am 25. Juni 43 meine Blutgruppe fest. Es handelte sich um die Blutgruppe A, die in meinem Fall als ganz besonders deutlich demonstriert wurde. Am vorhergehenden Mittwoch (23.6.) besuchte mich nachmittags Hermann von Jüterbog aus. Er erzählte mir, daß Albert bereits in Rußland sei, und gab mir seine Adresse: Soldat Albert Kremer, Feldpost-N° 36759.B. Wir saßen noch einige Zeit im Babelsberger Park und in einer Kneipe zusammen. Tagsdrauf, am Donnerstag, fuhr ich nachmittags nach Finkenkrug, um noch einmal nach mir besonders am Herzen liegenden Käfern (Galeruca Dahli) Umschau zu halten. Das ganze, ehemals faunistisch so ertragreiche Gelände war aber trockengelegt und die ganze frühere Lebensgemeinschaft vernichtet. Nur spärliche Weiden mit vereinzelten Melosoma 20 punctatum sah ich noch dort. Weiter gab es im Laufe des Lehrgangs morgens vergnüglichen Waldlauf, einen gemeinsamen und sehr gut gestimmten Bierausflug nach Nicolskoe mit einem herrlichen, an Rußland erinnernden Landschaftsbild, eine gemeinsame Besichtigung des sehr sehenswerten Schlosses Babelsberg mit Reminiscenzen vom alten Kaiser Wilhelm und seiner Zeit mit ihrer imponierenden Schlichtheit und Einfachheit. Bemerkenswert vor allem der selbstgeschnittene Stock Wilhelms I., den er zeitlebens führte, während er alle geschenkten von der Hand wies. Am letzten Tage des Kursus sprach morgens noch Dr. Groos vom Rassenpolitischen Amte. Ich mußte mich aber schon vor Ende des Vortrages mit einigen anderen verdrücken, um in Berlin den D-Zug zu erreichen, der 12,05 vom Schlesischen Bahnhof nach dem Westen abging. Auch diesmal erwischte ich wie auf der Hinfahrt in einem Abteil II. Klasse einen schönen Fensterplatz, so daß mir bei der kurz darauf sich entspinnenden Unterhaltung mit einer netten Reisebegleiterin die Fahrt bis Osnabrück nicht langweilig wurde. ...

26. August 1943

Alles nimmt in stiller Erbitterung und fast in Verzweiflung die schweren Bombenangriffe der Angloamerikaner auf die deutschen Städte wahr und wartet und wartet auf Vergeltung. Jeder weiß, daß etwas geschehen muß; denn so kann es nicht weiter gehen. Wer die Werke der Kultur angreift, der führt Krieg gegen die gesamte zivilisierte Menschheit und nicht gegen uns allein. Heute kam der Blockleiter von der Partei und erkundigte sich bei den Parteigenossen, wer im Besitze einer Pistole sei. Der Grund hierfür war nicht zu ermitteln.

...

12. September 1943

Heute erhielt ich durch meinen Anwalt, Dr. Hallermann vom Anwalt meiner geschiedenen Frau folgendes Schreiben: „In Sachen Kremer-Winterseel gegen Kremer erhielt ich Ihr Schreiben vom 6. September 1943, aus dem ich zu meinem Bedauern entnehme, daß Ihr Mandant sein nach meiner Auffassung unzureichendes und den beiderseitigen Einkommensverhältnissen nicht angemessenes Angebot nicht ändern will. — Da meine Auftraggeberin einen Unterhaltsprozeß vermeiden möchte, sieht sie sich daher gezwungen, das Angebot Ihres Mandanten anzunehmen."

Vor der Scheidung hatte ich 153,— RM gezahlt, und jetzt zahle ich nur noch 50,— RM. Damit hat auch die Unterhaltsfrage vorläufig ihr Ende gefunden.

...

22. September 1943

Rechtsanwalt Dr. Hallermann teilte mir am 26.10.43 mit, daß er die Anklageschrift selbst in Händen gehabt habe. In ihr hätte es geheißen: Einen Schinken von einem schwarzgeschlachteten Schwein hat der Rektor der Universität Münster erhalten.

Albert hat 16 Tage Genesungsurlaub erhalten und befindet sich seit gestern auf der Heimfahrt. Seine neue Anschrift ist, wie Hermann mir mitteilt: Gren. Albert Kremer, Ers. Batl. 82, Göttingen, Genes.-Komp. War heute mit Steinkamp zum Pilzesuchen nach dem Berdel, zwischen Wolbeck u. Telgde, doch war das Ergebnis ganz unbefriedigend. Mevius seines Rektorates enthoben. In Münster gehen die unglaublichsten Gerüchte. Wie ich aus bestimmter Quelle erfahre, hat er sich von dem bekannten verurteilten Schieber Baxmann in Bielefeld, einem Zahnmediziner, der sich im Gefängnis erhängte, schwarzgeschlachtetes Fleisch angeeignet. Also in Unehren gegangen worden, mit einem Makel, der auf die ganze Universität fällt. Lieber in Ehren alt geworden, als in Unehren aus dem Rektorat befördert! Endlich hat man diesen Menschen fassen können, den ich doch von Anfang an durchschaut hatte und der beim Intrigenspiel gegen meine Person zusammen mit Heiderich und Walter die Hauptrolle spielte. Trotzdem geht dieser „ehrliche Rektor" noch ungeschoren und erhobenen Hauptes über die Straße, als wenn er sich nur an einem Stück Fleisch einmal den Magen verdorben hätte.

...

Freitag,
5. November 1943

Heute erscheint in der Zeitung die Anzeige, daß der Pathologe, Prof. Siegmund, zum neuen Rektor ernannt ist. Nachmittags gegen 2 Uhr bei strahlender Sonne wieder Fliegerangriff auf Münster. Diesmal ist das Klinikenviertel hauptsächlich mit Brandbomben getroffen worden. Der Bauer Elvering brennt dabei vollständig ab. Die Infektionsbaracke der Kinderklinik, ehemaliges von Paul Krause gegründetes Studentenheim, steht auch in Flammen. Ebenfalls bemerkt man mächtige Rauchentwicklung hinter den Kliniken, am Aasee, in der Richtung Nienberge und hinter der Chirurgischen Klinik.

6. November 1943

Man ist heute früh ganz empört, daß keine Zeile von den Schrecken von gestern in der Morgenausgabe der Zeitung steht. Dabei sind, wie ich erfahre, an die 30 Bauernhöfe allein in der Umgebung von Gievenbeck dahin, ganz zu schweigen von den bei Roxel und Mecklenbeck. Trotz dieses Angriffes ist heute morgen schon wieder Voralarm, als ich beim Metzger meine Einkäufe mache.

...

20. November 1943

Sammlung fürs Winterhilfswerk mit der Sammelbüchse durch die Kampfformationen. Frau Wizemann gab ganze 0,20 RM, Frau Deppe rund 3,— RM. Auch auf dem Gaugesundheitsamt, das sich wegen Totalbombenschaden auf der Erphostraße befindet, gab man wieder reichlich. Hierbei erzählte mir Gülker davon, daß Prof. Erich Becher aus Frankfurt vom Oberbürgermeister das Klemenshospital erhalten habe, obschon Prof. Arneth noch gerne weiter arbeiten möchte. Der Vertrag sei bereits unterschrieben. Durch Zufall hätte das Gaugesundheitsamt aber davon Kenntnis erhalten, daß Becher wegen reaktiver Depression wiederholt zur Kur in Haus Kannen gewesen sei. Gülker zeigte mir das Krankenblatt, aus dem sich eine schwere Psychose mit Selbstmord- und Lustmordgedanken ergab. Der Großvater väterlicherseits sei Bauunternehmer und Potator[84] gewesen, der Vater Rektor und habe an Jähzorn und schweren Wutanfällen gelitten. Einmal hatte Becher mit Adalin und einer Rasierklinge einen Suicidversuch gemacht. In der Sackmannschen Kaltwasseranstalt in Wolbeck habe er sich einmal längere Zeit in kaltes Wasser begeben, um eine Pneumonie zu bekommen. Hier war bei ihm auch der Gedanke aufgestiegen, an der ihn betreuenden Schwester einen Lustmord zu begehen. Wie er selbst angab, seien diese Störungen auf Ärgereien mit der Fakultät zurückzuführen sowie auf Liebesgeschichten. — Gülker schickte mich dann noch mit einem Gruß an den stellv. Gauapothekerführer Dr. Krausser, Piusallee 8, der ebenfalls recht ordentlich in die Büchse gab. Nachmittags war ich bei Steinkamp im Garten, wo er mir eröffnete, daß er ein Küchensieb für mich erhalten habe. Es war saukalt draußen.

...

26. Dezember 1943 (Sonntag)

Heute lese ich in der Weihnachtsnummer der Münsterschen Zeitung folgende Notiz:

„Prof. Dr. Johann Kremer 60 Jahre alt. Am 26. Dezember vollendet der außerplanmäßige Professor für menschliche Vererbungslehre an der Universität Münster, Dr. med., Dr. phil. Johann Kremer, sein 60. Lebensjahr. In Stelberg bei Köln geboren, studierte er in Heidelberg, Straßburg und Berlin zunächst Philosophie, Mathematik und Naturwissenschaften und später Medizin. Nachdem er 1914 in Berlin den philosophischen und 1919 den medizinischen Doktorgrad erworben hatte und längere Zeit als Assistenzarzt an der Chirurgischen Universitätsklinik der Charité, an der Inneren Abteilung des Städtischen Krankenhauses Berlin-Neukölln, an der Chirurgischen Universitätsklinik Köln und als Prosektor an den Anatomischen Instituten in Bonn und Münster tätig gewesen war, habilitierte er sich 1929 in Münster für Anatomie und wurde dort 1936 zum u.b.a.o. Professor ernannt. Seine Ernennung zum außerplanmäßigen Professor erfolgte 1939. Gleichzeitig erhielt er den Lehrauftrag für menschliche Vererbungslehre."

Kein Wort, geschweige denn eine Stellungnahme zu meinen wissenschaftlichen Arbeiten! Die Vertreter der orthodoxen Wissenschaft, die Büchergelehrten,

[84] lat. Säufer, Schlemmer

wagen es nicht oder trauen sich überhaupt nicht die Fähigkeit zu, über meine Arbeiten eine Kritik abzugeben. Wer eigene Gedanken hat, ist eben aus ihren Reihen ausgeschlossen; nur geistlose Fabrikware am laufenden Band wissen sie zu schätzen. Daraus erklärt sich immer wieder, warum man mir auch bei meinen wissenschaftlichen Arbeiten fortgesetzt Hindernisse in den Weg legt; denn sie wollen und predigen nur ihre Wissenschaft und behaupten, daß sie die alleinrichtige ist. Dieser Dogmatismus unterdrückt dann jede eigene Geisteshaltung und boykottiert jede Leistung, die mit ihren herkömmlichen Ansichten nicht übereinstimmt. So erhalte ich trotz mancher diesbezüglicher Vorstellungen beim Dekan der med. Fakultät, bei Becher, doch keinen Arbeitsplatz im Anatomischen Institut, so daß ich in meinen wissenschaftlichen Arbeiten völlig kaltgestellt bin. Ich trage mich deshalb mit dem Gedanken, mir nach dem Kriege selbst mit eigenen Mitteln ein kleines Laboratorium einzurichten. Im Grunde genommen ist es ja nur ein Mikrotom, das ich so dringend benötige; denn ich habe aus Auschwitz Material mitgebracht, das unbedingt verarbeitet werden muß. Dazu ist mir heute früh ein Gedanke gekommen. Ich werde meine Gedanken in Buchform herausgeben, etwa unter dem Titel: „Gewebliche Rückbildung" oder „Gewebsrückbildung" oder „Histolyse", damit meine Anschauungen wenigstens nicht verloren gehen; denn sie sind und bleiben richtig, auch wenn sich die ganze orthodoxe Wissenschaft dagegen wehrt. Diese hat ja erst nur die Hälfte des Lebens bisher berücksichtigt, spricht von Histogenese, aber nicht von dem integrierenden Bestandteil der Histolyse, schreibt Bücher über menschliche Entwicklungslehre und vergißt dabei den 2. ebenso wichtigen Teil, die menschliche Rückbildungslehre, von der ja schon die Altersinvolution einen wesentlichen Bestandteil darstellt. Ebenso gibt es meiner Ansicht nach nicht nur eine Entwicklungsgeschichte, sondern ebensogut auch eine Rückbildungsgeschichte. Es ist ja nicht zu sagen, wie sich diese Büchergelehrten durch die Aufstellung der Begriffe Leukocyten und Phagocyten in eine Sackgasse verrannt haben, aus der sie ohne einen radikalen Eingriff eines Außenstehenden ja niemals mehr herauskommen. Ich werde diese Histologie der Rückbildungen schreiben und hoffe, daß sie an meinem 65. Lebensjahre fertig ist. Das wesentliche ist, daß ich zu diesem Buche ja den Nachweis führe, daß diejenigen Zellen, welche offiziell als Leukocyten oder Phagocyten angesprochen werden, ja in Wirklichkeit abgelöste mehr oder minder zerfallene oder noch mit den Trümmern der zerfallenden Gewebe beladene echte Gewebszellen sind, welche sich, wie ich das so schön bei den pigmentführenden Leberzellen habe nachweisen können, in die Blutbahn abgelöst haben, teils dadurch noch in andere Organe verschleppt werden und schließlich ihrer völligen Auflösung entgegengehen. — Heute gabs als Festessen: 1/2 Pfd. Kalbsbraten mit Steinpilzgemüse.

...

[**1944**]

...

28. Januar 1944

Habe heute an das evangelische Pfarramt Pützerlin, Post Mulkenthin, Reg.-Bez. Stettin, folgenden Brief geschickt: Sehr geehrter Herr Pfarrer! Sie werden gewiß staunen, wenn ich mich in einer eigenartigen und Ihnen beruflich ganz fernliegenden Angelegenheit an Sie wende. Es handelt sich um eine sozusagen vererbungswissenschaftliche Frage, die mir, da ich keinen anderen Akademiker als Sie am dortigen Orte kenne, den Mut gibt, mich um eine gewissenhafte Auskunft an Ihre Persönlichkeit zu wenden. Unter diesen Umständen werden Sie es zu verzeihen wissen, wenn ich Ihre Zeit über Ihre alltäglichen Belastungen hinaus noch in Anspruch nehme. — Es geht um folgende Angelegenheit: Vor einigen Jahren erhielt ich durch einen mir bekannten Polizeibeamten (Erdmann) aus Pützerlin ein kleines stummelschwänziges Kätzchen, daß ich irgendwo im Rheinland zu meinen Verwandten gab und dort, das muß man sagen, inzwischen ganz prächtig für die Weiterverbreitung seiner Eigentümlichkeit gesorgt hat. Sie werden sich denken können, daß nun alle Welt gerne etwas über die Herkunft, Vererbung usw. dieser stummelschwänzigen Katzen wissen möchte. Leider ist der oben genannte Polizeibeamte irgendwo im großen Kriegsgeschehen untergetaucht, so daß ich in der Richtung nichts weiter erfahren kann. Durch Ihre umfassende Personenkenntnis wird es Ihnen vielleicht aber möglich sein, meine und mancher Leute Neugierde etwas zu befriedigen. Ich will Ihnen offen gestehen, daß ich an der Universität Münster gerade das Fach für menschliche Vererbungslehre vertrete, und ich mich deshalb ganz besonders für den Fall interessiere. — Im wesentlichen sind es folgende Fragen, welche ich von Ihnen zu gerne beantwortet haben möchte: 1. Können sich gewisse Leute noch entsinnen, wann diese stummelschwänzigen Katzen in Pützerlin ungefähr aufgetreten sind oder woher sie sonst stammen? 2. Welche Ansichten werden unter den Leuten über die Ursache dieser eigenartigen Mißbildung geäußert? 3. Wird unter anderem die Ansicht vertreten, daß diese Erscheinung dadurch aufgetreten ist, daß zufällig einmal einer Katze der Schwanz irgendwie durch einen Unfall (Überfahrenwerden usw.) verstümmelt worden ist, und sich diese Verstümmelung dann weitervererbt hat? 4. Kommen ungefähr gleichviele stummelschwänzige und normale Junge zur Welt? 5. Ist schon jemals beobachtet worden, daß außer der Stummelschwänzigkeit noch andere Mißbildungen schwererer Natur unter den dortigen Katzen auftreten? 6. Ist die Farbe der stummelschwänzigen Katzen durchweg mit weißen Flecken oder kommen auch graue, fuchsige sowie völlig weiße und schwarze stummelschwänzige Katzen vor? 7. Läßt sich irgendwie durch mündliche Überlieferung nachweisen, daß diese Katzen nach dort eingeschleppt wurden und woher, insbesondere ob irgendwelche Zusammenhänge mit den schwanzlosen Katzen der englischen Insel Man (Man cats) bestehen? 8. Werden den stummelschwänzigen Katzen von den Leuten besonders gute Fähigkeiten (besseres Mausen usw.) zugesprochen, und wie hoch beläuft sich schätzungsweise das Verhältnis der dortigen normalen zu den mißbildeten Katzen? — Es würde mich sehr freuen, und ich wäre Ihnen zu großem Danke verbunden, wenn ich von Ihnen, Herr Pfarrer, auf alle diese Fragen eine gewissenhafte und selbstverständlich ganz unverbindliche Antwort erhalten könnte. — Indem ich hoffe, daß Sie diesem meinem Anliegen volles Verständnis entgegenbringen, bin ich[85]

...

24. Februar 1944[86]

Erhielt heute morgen 11 Uhr die überaus traurige Nachricht, daß mein zweiter Bruder, Josef Kremer in Monheim am Rhein, am Montagabend, den 21. d.M., plötzlich und unerwartet verstorben ist. Seine Beerdigung findet morgen, Freitag, den 25. Februar,

---

[85] Wahrscheinlich sollten nur noch Höflichkeitsfloskeln folgen.

[86] Die Eintragungen vom 9. Februar 1944 an befinden sich im zweiten Teil von Kremers Tagebuch.

vormittags 9,30 Uhr, vom St. Josefskrankenhaus Monheim aus statt. Nun ist bereits Donnerstag Mittag und inzwischen schon das 2. Mal Vollalarm, so daß es mir unter den heutigen Verhältnissen gänzlich unmöglich gemacht wird, an der Beerdigung teilzunehmen. Überdies habe ich morgen 11 3/4 Uhr Vorlesung. Es tut mir sehr leid, daß ich dem armen Kerl nicht die letzte Ehre erweisen kann; werde aber sofort ein Beileidstelegramm schicken. Dieses soeben 16,12 abgegangene Fernschreiben hat folgenden Wortlaut: „Aufs schwerste erschüttert von dem Heimgange meines unvergeßlichen Bruders, spreche ich allen, die an seiner Bahre trauern, mein tiefstempfundenes Beileid aus." Ein Kranz ließ sich, wie ich mich erkundigte, unter den heutigen Verhältnissen auch nicht mehr überweisen. Schade, daß man mich nicht sogleich nach dem Tode telegraphisch benachrichtigt hat, dann hätte sich noch alles besser übersehen lassen! Ganz eigenartig ist, daß ich heute am 24. Februar vom Tode meines zweiten Bruders Nachricht erhalte, an dem Tage, an dem genau vor 11 Jahren mein ältester Bruder Wilhelm in Stelberg gestorben ist (24. Februar 1933), also beide starben genau um Fastnacht. Josef wurde am 11. Oktober 1874 zu Odenhohlermühle geboren. Er besaß einen schmächtigen Körperbau und war der einzige unserer Familie, der wie der Vater schwarze Haare und braune Augen hatte. In der Volksschule kam er nicht so gut wie die anderen weiter, war aber sehr gewissenhaft und führte später nach des Vaters Tode die Wirtschaftsbücher des Stelberger Hofes. Er besaß eine kleine Hutnummer, so daß das Gehirn auch in seiner normalen Entwicklung zurückgeblieben zu sein schien. In seiner Jugend litt Josef, wenn er sich in die Höhe begab, an Schwindelanfällen. So ist er meines Wissens zweimal hierbei zu Fall gekommen, einmal vom Birnbaum unterhalb des Hauses und einmal vom Taubenschlag, den Vater eigens für Josefs Tauben hatte anfertigen lassen. Den schwersten Fehler seines Lebens beging Josef, als er trotz einmütigen Abratens der Familie und meines persönlichen Einsatzes sogar beim Pfarrer unsere Stallmagd Maria Krämer, die Tochter des weit und breit sehr übel beleumundeten sog. „Kalverkrämer", heiratete, eine Person, die früher als Kind bei Mutter um Brot gebettelt hatte und auch sittlich ziemlich verludert war. Ihr hat er es allein zu verdanken, daß das von ihm erworbene Gut Moitzfeld bei Bensberg, ein Mustergütchen, ihm wieder verloren

Josefs Maße (von mir 1927 festgestellt):
Körpergröße: 165
Schädel: 14,5 : 19
Index: 76
Blutdruck: 140

ging und er schließlich in Monheim als Wohlfahrtsempfänger sein Leben beschloß. Dazu betrog ihn diese Person nach Strich und Faden: Zwei Kinder sind dieser Ehe entsprossen, Maria und Otto, aber keines von ihnen stammt von Josef. Das wußte in Bensberg alle Welt. Maria ist das Vermächtnis eines englischen Gefangenen aus dem ersten Weltkrieg, der in Moitzfeld zur Aushilfe tätig war, und Otto stammt von dem benachbarten Förster Dölitz*, der dort die Aufsicht über das Kettlersche Jagdrevier hatte. Es war ein kleiner untersetzter, athletischer und spitzbärtiger Geselle, der mitunter Tag für Tag bei Josefs Frau sich in der Küche herumtrieb und dabei seine schon schneeweiße eigene Frau auf das schnödeste hinterging. Der alte Goher, der bei Josef wohnte, erzählte mir, wie er die beiden unter den Stachelbeersträuchern habe sündigen gesehen, und wie man sie in den Wäldern auf künstlich hergerichteten Lagern zusammen gesehen habe. Es ist nicht zu beschreiben, wie damals in Bensberg das Gerede über Josefs Frau ging. Er hatte aber auf alle Vorstellungen kein Ohr und deckte alle Sündenbrut mit seinem eigenen Namen. Es muß deshalb an dieser Stelle noch einmal ausdrücklich betont werden, daß Josef selbst keine Kinder hat, sondern daß beide, Maria und auch Otto, von fremden Männern stammen. Mit unserer Familie haben sie deshalb auch gar nichts zu tun. Dies alles gibt uns in etwa eine Vorstellung, wie hart das Schicksal mit Josef umgesprungen ist.

*Der Ort Dölitz liegt in Hinterpommern in der Umgebung von Stargard.

2. März 1944

Heute war ich mal wieder von der Ortsgruppe als Angehöriger der „Kampfverbände" zur Straßensammlung kommandiert. Es galt sogar 100 Abzeichen an den Mann zu bringen, reizend allerliebste Märchenfigürchen aus Porzellan, die mir bereits beim ersten Angebot auf dem Gaugesundheitsamt in der Erphostraße fast sämtlich aus den Händen gerissen wurden. Der Rest blieb nur noch für die Pharmazeuten und einige ausgesuchte Straßenpassanten vorgesehen, nachdem ich mir selbst noch eine Serie dieser Märchenfiguren gesichert hatte, wobei natürlich „Hans im Glück" mit dem Schwein im Arm nicht fehlen durfte. Nachmittags ging ich zunächst mit der Büchse zu Wizemanns. Diesmal erschien Wizemann selbst in der Türe und verhielt sich, als ich ihm die Büchse hinreichte, auffallend „ungnädig", so daß man sofort merkte, daß er mit der Sammlung nichts zu tun haben wollte. Mit barschem Tone machte er zunächst allerhand Ausflüchte, er habe gerade Besuch, Herr Soundso sei da, aber er konnte sich mir gegenüber doch dabei nicht versagen, zum Portemonnaie zu greifen und mir einiges Kleingeld in die Büchse zu stecken, wobei er plötzlich noch aufbrauste mit den Worten, „da ist mir auch noch ein Fünfziger mit hineingerutscht!" Jedenfalls ein höchst unliebsames Erlebnis mit einem Hauptstellenleiter der Partei, der sich sonstwo stets weiß Gott was auf seine Parteizugehörigkeit zugute tut. — Voll entschädigt für diese unliebsame Begegnung wurde ich darauf von Frau Deppe, die mir wieder 2—3 RM in die Büchse pfropfte.

6. März 1944

Und das bezeichnende Gegenstück hierzu: Mit strahlenden Augen berichtete mir heute Frau Wizemann auf der Treppe, daß ihr Mann heute das Kriegsverdienstkreuz I. Klasse erhalten habe. Im 1. Weltkrieg wurden die Männer, welche sich mit kaum 45 Jahren als k.v. in der Heimat verdrückten, an die Front geschickt. Heute sitzen sie ihre verkürzten Bürostunden ab und erhalten das Kriegsverdienstkreuz I. Klasse. Wie mir Frau Wizemann voll Stolz sagte, habe er das Kriegsverdienstkreuz II. Klasse schon seit Jahren. An unser[en]einer, der 1. seinen Beruf voll ausfüllt, 2. sich mit 60 Jahren dazu noch freiwillig im Heeresdienst befindet und 3. ohne jede Hilfe dasteht, da seine Wirtin [87] zum roten Kreuz eingezogen ist, wird nicht gedacht.

7. März 1944

Auf mein Schreiben vom 28.1. d.J. erhielt ich heute vom Pfarrer in Pützerlin Antwort. Nach einigen Irrfahrten sei der Brief bei ihm angekommen, und er verspricht mir, wegen der stummelschwänzigen Katzen genaue Nachforschungen anstellen zu wollen. Aus dem Schreiben geht immer wieder hervor, daß er sich selbst sehr für den Gegenstand interessiert. Anschrift: E. Röker, 4 Priemhausen über Stargard in Pommern.

...

18. März 1944

Habe heute meinen ersten Frühlingsausflug über Gievenbeck hinaus gemacht. Es war schönes Vorfrühlingswetter. Abends wurde ich bei Voralarm beim Abhören des Luftwarndienstes aufs schwerste erschüttert, als plötzlich Nachrichten in deutscher

[87] Kremer denkt sicher an Frau Glaser.

Sprache auf der gleichen Welle verbreitet wurden, die offenbar von einem Schwarzsender herrührten: Winitza, wo letzthin noch der Führer sein Hauptquartier gehabt habe, sei gefallen. Der Hauptbahnknotenpunkt in der Mitte der Ostfront sei verloren, so daß dort für unsere Truppen keine Rückzugsmöglichkeiten mehr beständen. Ebenfalls stauten sich die zurückflutenden Truppen aus der Krim in Odessa, aber die rumänischen Schiffe nähmen nur rumänische Soldaten an Bord; unsere Soldaten „murrten" bereits darüber. Auch sei die Stimmung in Rumänien für uns kritisch. Wir hätten infolge der Zerstörung der Messerschmidt-, Dornier- und Zeppelinwerke [88] auch nicht genügend Flugzeuge mehr zur Verfügung. Weiter wurde unser Nachschubverkehr in der Ostsee ständig von russischen Bombern angegriffen. Die Ansagerin des Warndienstes gab dann später selbst durch, daß ein ausländischer Propagandasender auf derselben Welle völlig unwahre Meldungen verbreitet habe.

20. März 1944

Heute wird der Fall von Winitza amtlich bekannt gegeben.

...

9. Mai 1944

Das Gottvertrauen hat mächtig nachgelassen! Gestern vormittag kam ich in der Hammerstraße an der Josephskirche vorbei, als plötzlich Fliegeralarm gegeben wurde. Wie da die alten Möhnken, Tanten, Humpelchen, Omas und die alten Betschwestern und Waschweiber beiderlei Geschlechts aus der Kirche konnten — Hals über Kopf—, als hätte man sie mit Gewalt herausgetrieben. Wie die Beine machen konnten, daß sie in den Bunker kamen, es war eine Pracht zu beobachten! Mitten aus der Messe nahmen sie Reißaus, und keiner von ihnen dachte daran, beim Lenker aller Geschicke der Gefahr zu begegnen. — Ich begab mich dann auch in den Bunker, der diesmal stark überfüllt war. — In der Nacht hat es stark gereift; die Wiesen waren heute früh ganz weiß. Heute abend scheint aber endlich sich ein Wetterwechsel vorzubereiten. Der Wind hat sich anscheinend nach Osten gedreht.

...

25. Mai 1944

Heute nachmittag kam plötzlich Alois Burgmer sen.

[88] Flugzeugwerke

zu einem kurzen Besuch. Das war eine Überraschung! Er hatte mit der Militärbehörde wegen Verlegung seines in Rußland schwer verwundeten Sohnes Josef in das Heimatlazarett Lindlar verhandelt und gute Aussichten erhalten. Er blieb bis zum nächsten Morgen bei mir und mußte die Nacht auf dem Sopha vorlieb nehmen. Da konnten wir uns noch einmal so recht aussprechen, z.B. über den Querulantenwahnsinn meines Schwagers. Alois kam von Havixbeck, wo er bereits einige Tage verbracht hatte. Frau Glaser war sofort in Aufregung, da sie befürchtete, einige ihrer Kaffeebohnen hergeben zu müssen. Für Alois hatte ich selbst genug vom Munde abgespart. Als Frau Glaser dies merkte, konnte sie es nicht lassen, Alois gegenüber zu nörgeln, daß ich auf meinen Kaffeebohnen säße und nichts abgeben wolle. Dabei ist keine einzige zusammengehamsterte Bohne dabei, während Frau Glaser tagtäglich nachmittags ihren Kaffee aus völlig ungerechtfertigt erworbenen Vorräten trinkt und wirklich nicht daran denkt, mir auch nur einen Schluck abzutreten. Aber so ist es im Leben, die einen haben keine Ruhe, bis sie ihre Zuteilung aufgebraucht haben, und verlangen dann noch von den anderen, die zu sparen wissen, daß sie ihre Zuteilung an sie abtreten.

...

21. Juni 1944

Wurde heute in der Stadt von Fliegeralarm überrascht und beeilte mich in den Bunker an der Antoniuskirche zu kommen. Pastörchen und Nonnen hatten es sogar sehr eilig und zeigten, da es um ihre Person ging, wenig Gottvertrauen. Aber den Nonnen fehlte die sportliche Durchbildung; sie hatten das Laufen verlernt, und eine bemühte sich um eine andere, die unter Protest stehen blieb und immer wieder beteuerte, sie könne nicht mehr weiter. Es waren Frauen im mittleren Alter, etwa 30—35 Jahre, aber man sah, wie die dauernde Ruhigstellung und Untätigkeit der unteren Gliedmaßen es ihnen bereits völlig unmöglich machten, mit den übrigen Passanten Schritt zu halten. Man sieht da, welche Folgen eine solche systematische Vernachlässigung des Körpers nach sich zieht. Ich glaubte tatsächlich, als ich vorbeieilte, die eine der Nonnen hätte einen Herzschlag bekommen. Schneidermeister Hülsmann hat mir heute nach Jahren endlich den Rock zu meinem neuen Anzug geliefert.

...

13. Sept. 1944

Die Schäden des gestrigen Fliegerangriffes sind ganz erheblich und, wie allgemein zugegeben wird, höher als die vom 10. Oktober vergangenen Jahres. Diesmal ist das ganze Südviertel, von der Wolbeckerstraße an bis zum Kappenbergerdamm betroffen, und zwar derart, daß unversehrte Häuser zu den Seltenheiten gehören. Besonders verheerend sieht es um den Hauptbahnhof, am Marienplatz und im Josefsviertel (Augustastraße, Dahlweg) aus. Der Bahnhof ist nur mehr eine Ruine, die Antoniuskirche ebenfalls, und die Josefkirche hat ihre beiden Helme eingebüßt. In der Augustastraße steht nur noch ein Haus (Ahlhorn); alles andere ist ausgebrannt. Hauptsächlich wurden Brandbomben geworfen, doch auch zahlreiche Sprengbomben. Auf dem Domplatz klaffen wieder zwei große Trichter, ebenfalls in der Salzstraße. Die Post hat diesmal den Rest bekommen. Der Kaiserhof, Hotel Continental, Küpper-Fechtrup sind völlig ausgebrannt. Die ganze Weselerstraße und die Scharnhorststraße, von den Clarissen angefangen, sind dahin. Die Baugewerkschule ist ein Trümmerhaufen, ebenso draußen der Neue Krug. Auch hinter den Kliniken sind wieder mehrere Bauernhöfe den Gangstern zum Opfer gefallen. Auf der Hammerstraße steht kaum mehr ein bewohnbares Haus. Auch die Landesbauernschaft auf dem Ludgeriplatz und die Ländliche Spar- und Darlehnskasse sind schwer in Mitleidenschaft gezogen und müssen geräumt werden. Auch auf den Breul sind mehrere Sprengkörper gefallen, und einer hat das Germaniadenkmal an den dortigen Anlagen vernichtet. Auch der Landesbahnhof wurde wieder schwer getroffen. Die ganze Stadt ist heute in eine Rauchschwade gehüllt, und an vielen Stellen suchen noch die Dampfspritzen dem lodernden Feuer Einhalt zu gebieten. Militär ist überall eingesetzt. Die „große" Zeitung erscheint heute im kleinen Format, auch ihr Betrieb ist dahin. Kaum zu beschreiben sind die Schicksalsschläge, welche einzelne Familien betroffen haben, so z.B. die in meiner Nähe an der Hüfferstraße wohnende Familie Jellentrup. Ihre einzige Tochter, ein lebenslustiges Sportmädel, war bei der Paketpost neben dem Bahnhof notdienstverpflichtet. Man brachte den Eltern Fahrrad und Tasche zurück; von der Tochter war keine Spur mehr aufzutreiben. Der alte Vater frug vergebens bei allen Krankenanstalten bis spät in der Nacht an, ob seine Tochter vielleicht dort aufgenommen wäre, bis man ihn mit den Worten: „Tochter ist jetzt Nebensache" zum

Abräumen zwang. Heute früh sah ich die arme Frau, wie sie nun nicht nur nach ihrer Tochter, sondern auch nach ihrem Manne sich die Augen aussah. Glücklicherweise kehrte dann ihr Mann denn bald wieder zurück, von der Tochter war aber keine Spur mehr zu finden. Das Schrecklichste folgte dann aber noch, als am folgenden Morgen die Familie Nachricht erhielt, daß ihr einziger, ihnen noch verbliebener und in Italien kämpfender Sohn gefallen sei. Nachmittags fuhr ich mit dem Rade nach Venne, um meinen Beerensammelschein abzuholen. Ich fand außer Preiselbeeren noch eine Stelle, wo die Büsche voller reifer Waldbeeren hingen, alles nur „Sträuße", offenbar bei der günstigen Jahreszeit eine zweite Ernte. Ich brachte noch ein Pfund Waldbeeren für Pfannkuchen mit nach Hause. In Venne beobachtete ich, wie wieder Hunderte von viermotorigen Feindbombern das Industriegebiet heimsuchten.

15. Sept. 1944 Gang durch die Stadt, um die furchtbaren Schäden einmal persönlich kennenzulernen. Sie übertreffen tatsächlich alles bisher Dagewesene. Nachmittags war ich auf die Weiden hinter Gievenbeck, wo ich besonders auf Mertens Weide zahlreiche Champignons fand, von denen ich eine Tasche voll mit nach Hause brachte, alles tadellose und fast völlig madenfreie Exemplare, welche hier trotz der Dürre und der kalten Witterung aus dem Boden geschossen waren. Diesmal gabs außer einer reichlichen Mahlzeit eine große Menge zum Trocknen für den Winter. Es war wieder ziemlich warm draußen, und der Himmel bezog sich allmählich. Wasser und Elektrisch fehlen noch immer. Heute las ich in der Zeitung, daß Auschwitz von einem Terrorangriff am 13. Sept. betroffen worden sei [89] und daß die Reichstagsabgeordneten Breitscheid [90] und Thälmann [91] im Konzentrationsla-

89 Der von Kremer erwähnte Luftangriff der Amerikaner hat tatsächlich stattgefunden. Die Flugzeuge warfen Bomben auf die IG-Farbenwerke in Dwory bei Oświęcim und zerstörten einen Teil der Fabrikanlagen. Beim Angriff auf Auschwitz I wurden zwei SS-Wohnbaracken zerstört. Dabei fanden 15 SS-Leute den Tod, 28 wurden verletzt. Zerstört wurde auch das Gebäude der Kleiderwerkstätten, in dem 53 Häftlinge ums Leben kamen (13 blieben unter den Trümmern) und 65 schwer verletzt wurden. Auf Auschwitz II fielen zwei Bomben. Eine beschädigte die Gleise und den Bahndamm des Zweiganschlusses zum Krematorium, die andere vernichtete den Luftschutzraum zwischen den Gleisen und tötete ca. 30 Zivilarbeiter.

90 Rudolf Breitscheid (geb. am 2.11.1874), deutscher Politiker und sozialdemokratischer Parteiführer. Ab 1912 Mitglied und dann einer der führenden Vertreter der SPD-Fraktion. 1918—1919 preußischer Innenminister, 1920—1923 Reichstagsabgeordneter. Seit 1933 als Emigrant in Frankreich. 1940 von der Gestapo verhaftet, kam er im KZ Buchenwald ums Leben.

91 Ernst Thälmann (geb. am 16.4.1886 in Hamburg), führender Funktionär der deutschen und

ger Buchenwald bei Weimar durch einen Terrorangriff auf die Umgebung von Weimar am 28. August ums Leben gekommen seien.

...

5.10.44 (Donnerstag) Bei leichtbewölktem Himmel kam es heute vor 12 Uhr zu einem der erschüttern[d]sten Terrorangriffe auf Münster, den ich bisher noch erlebte, was nicht nur die Länge der Dauer, sondern auch die zermürbende Wirkung des Motorengeheuls und der Detonationen angeht. Ich hatte mich kurz vorher in den Keller begeben, wo ich allein mit den drei „Frühlingskindern" diese Schrecken durchstand und dabei in etwa eine Ahnung davon bekam, was Todesangst bedeutet. Es wollte und wollte kein Ende nehmen, und bei jedem neuen Anflug der Feindbomber glaubte man, nun käme die Reihe an uns. Zermartert, zermürbt und zerschlagen konnte man sich nur in eine Ecke des Kellers verdrücken und das Ende dieser Hölle abwarten. Vom Ost getrieben, fegte draußen der Rauch über die Stadt und verhüllte die Sonne mit einem dichten schwarzen Mantel. Wieder hatte die Stadt schwer dran glauben müssen. Besonders stark ist jetzt das Mauritzviertel und die Warendorferstraße betroffen, u.a. das Franziskushospital. Der Bahnübergang am Bohlweg ist dahin, so daß die Warendorfer Züge nicht mehr zum Bahnhof kommen können. Andererseits müssen die Reisende[n] in Richtung Hamm bei Stille ein- und aussteigen, da auch der Hauptbahnhof nicht mehr benutzbar ist. Ähnlich ist es bei der Westfälischen Landeseisenbahn, die jetzt nur bis Graumendorf verkehrt, da der Bahnkörper längs der Lodenheide ganz zerstört ist. Der Landesbahnhof ist wieder mal dahin. An der Fürstenbergerstraße (Landesarchiv) wurden in einem Deckungsgraben wieder zahlreiche Soldatenleben vernichtet. Auch brannte es wieder im ganzen Hafenviertel. In der Innenstadt bietet der Domplatz und ebenso der Überwasserkirchplatz ein Bombentrichterfeld. Der Chor der Überwasserkirche erhielt einen Volltreffer und ist dahin. Ebenso ist der Spiekerhof wieder durch Trümmermassen der Häuser unpassierbar. In

---

der internationalen Arbeiterbewegung, einer der Führer der KPD. Nach der Machtergreifung Hitlers wurde er am 5. März 1933 zusammen mit anderen führenden Funktionären der KPD verhaftet und nach elf Jahren im KZ Buchenwald ermordet (18.8.1944). In der Weltöffentlichkeit symbolisierte Thälmann viele Jahre lang den Widerstand der fortschrittlichen Kräfte Deutschlands gegen den Faschismus.

der Universität erhielt das Treppenhaus einen Volltreffer und wurde völlig zerstört. Ja, von der ganzen Rückseite des alten Collegiengebäudes ist nicht mehr viel übrig geblieben, so daß eine Fortsetzung der Studien in Münster dadurch schon zur Unmöglichkeit wird. Die Universitätsbliothek hat nur Fenster- und Dachschaden abbekommen, und ich traf ihren Direktor an, wie er persönlich den Schutt vom Bürgersteig mit einem Besen wegfegte. Gegenüber die Landesversicherungsanstalt ist wieder sehr schwer in Mitleidenschaft gezogen, und in der Pferdegasse sind wieder mehrere Häuser völlig vom Erdboden verschwunden. Auf der Ägidiistraße klafft vor dem Kolpinghaus ein riesiger Bombentrichter, so daß die Straße mal wieder gesperrt ist. Vor allem hat aber der Bogen sehr leiden müssen. Vor dem Stadtweinhaus hat eine Bombe die Erde gewaltig aufgerissen, und der Balkon und die Verzierungen des Stadtweinhauses sind größtenteils verschwunden. Auch das alte Rathaus daneben hat mächtige Sprünge bekommen, und von seiner Giebelspitze sind zwei Engel herabgestürzt. Im Bereiche der Lambertikirche ist Kluxen* völlig vernichtet, ebenso das übernächste Haus nach dem Rathaus zu an der Ecke der kleinen Gasse (Hutgeschäft). Der frühere englische Hof, jetzt Petzold, hat an seiner vorderen linken Flanke starke Zerstörungen erlitten, und Stuhlmacher daneben ist jetzt ganz dahin. Auf der anderen Seite der Bogenreihe stehen wohl noch die Fassaden mit den historischen Giebeln, aber bei den meisten Häusern kann man hindurchsehen, da die Hinterseite dieser Häuser durch Bomben vom Domplatz aus mächtig in Mitleidenschaft gezogen wurden. Auch das Photographengeschäft Heinkele hat seine ganze[n] Laboratorien eingebüßt. Weiter ist das alte historische Kaffee Mädendorf (Rombergkaffee) dahin*, auch diesmal blieb das Klinikenviertel wieder verschont. Die nächsten Bomben fielen in die Schuttberge des Hindenburgplatzes und auf die Hinterseite des Landgerichtes, von dem sie ein mächtiges Stück herunterrissen. Auch bei meinem Schneider Hülsmann in der Grünengasse klafft ein mächtiger Bombentrichter direkt vor seiner Haustür. Dadurch wurde auch dessen Wohnung selbstredend stark demoliert. Dabei ist mein Überzieher, den ich zur Reparatur gegeben hatte, glücklicherweise noch heil geblieben. Wasser ist wieder nicht vorhanden, und seit dem 12.9. sind wir noch immer ohne Strom.

Mein früheres Domizil Schützenstr. 47/51, wo ich während meiner Dienstzeit in Münster 1907/08 wohnte, ist auch völlig zerstört.

*Schon vorher zerstört

*Schon am 30.9. geschehen

16.11.44

Heute erster Schneefall. Man hört heute den Kanonendonner der Front mit aller Deutlichkeit, und die Leute machen einander mit bedenklichen Mienen darauf aufmerksam. Wir haben noch immer kein Gas und Wasser. Strom hat Wizemann seit einigen Tagen für uns vom Nachbarhause nach hier legen lassen durch seinen Betriebsmonteur. Gegen Abend war Herr Hatting, den ich früher durch Frl. Althoff, Darfeld, kennengelernt hatte, als Soldat hier und erzählte mir, er habe persönlich durch einen ausländischen Sender gehört, daß Prof. Esch seines Amtes enthoben worden sei, weil er eine Schrift gegen den Arbeitseinsatz der Frau in einer medizinischen Zeitschrift veröffentlicht habe. Es soll sich um eine schwedische Meldung gehandelt haben.

18.11.44
(Samstag)

Das war wieder ein Tag des Grauens für Münster. Nachmittags gegen 3 Uhr vernichteten die Terrorflieger wieder unersetzliche Kulturwerte und zahllose Menschenleben. Sie flogen diesmal ganz überraschend ein, so daß gleich Fliegeralarm gegeben werden mußte. Ich packte mein Gepäck und verließ mit dem Fahrrad möglichst schnell die Wohnung, um zum Gievenbecker Bunker zu gelangen. Kaum war ich aber hinter dem Coesfelderkreuz, als hinter mir in der Stadt auch schon Einschläge erfolgten, und am Standortlazarett hörte man schon drohend das Motorengebrüll über sich. In höchster Eile erreichte ich doch noch glücklich den Bunker. Bald darauf hörte man auch schon Detonationen in unmittelbarer Nähe, und Männer stürzten atemlos herein, die sich bereits, um der drohenden Gefahr zu begegnen, in den Morast der Straße geworfen hatten. Ich traf Frau Hühnebeck und Tochter im Bunker, denen ich noch von den Angriffen der feindlichen Tiefflieger in unserer Heimat berichtete. Endlich kam die Vorentwarnung, und als wir draußen waren, merkten wir die Bescherung. Das 2. Haus vom Bunker weg nach der Stadt zu, dem gegenüber ich gerade mein Rad an der Hecke aufgestellt hatte, war ein wüster Trümmerhaufen. Glücklicherweise war das Fahrrad unversehrt; aber wie sah mein Drahtesel aus? Er war vor Schrecken ganz kreideweiß geworden. Der Staub hatte ihn mit einem weißen Dauerspritzlack überzogen. Froh war ich, als ich ihn wieder zwischen die Beine klemmen und Fersengeld geben konnte. Bald sah ich links die Zerstörungen, welche durch eine Luftmi[e]ne auf dem östlichen Teil des Standortlazarettes hervorgerufen worden waren, mußte wegen zweier riesiger Sprengtrichter mitten auf der Straße zweimal vom Rad herunter und sah schließlich auf der Hittorfstraße zahllose Dach- und Fensterschäden, während aus dem Schloßgarten die Feuerglut des Botanischen Institutes herüberleuchtete. Die Wohnung war gottlob völlig intakt; es fehlten nur auf der vorderen Dachseite etwa ein halbes Dutzend Dachziegel. Abends war wieder Vollalarm, und man hörte von den Leidensgenossen im Keller nun bald Näheres. So sei der Schützenhofbunker getroffen und hätte nicht standgehalten. Zahllose Leichen lägen unter den Trümmern, und im Hüfferstift sei man noch fortwährend an den Schwerverletzten am Operieren, u.a. auch Prof. Coenen. Die Sprengbombe, angeblich ein neuer Typ, habe das Dach des Bunkers getroffen und sei explodiert. Ihr Kern sei daraufhin bis zum Boden des Bunkers durchgeschlagen. Leute, die selbst dort im Bunker gewesen waren, berichteten mir, man habe im Bunker selbst gar nichts von dem Einschlag gemerkt. Bald gingen denn, anscheinend zur Beruhigung, allerlei Gerüchte rund, die immer weiter kolportiert wurden. So schrieb die Zeitung, die Bombe habe gerade die schwächste Stelle des Bunkers sich ausgesucht. Von anderer Seite hörte man, der Bunker sei überhaupt ganz ver[p]fuscht worden, anstatt des Zementes habe man ein ganz minderwertiges Material eingebaut, usw. usw. Die Zahl der Toten wurde auf etwa 86 angegeben. In einem Kellergewölbe an der Münzstraße, das immer sehr viel besucht wurde, seien ebenfalls an die 60 Menschen ums Leben gekommen. Es handelte sich um einen alten Bierkeller. Ebenfalls wurde der Flügel des Stabsquartiers an der Roxelerstraße getroffen, unter dem sich der Luftschutzkeller befand. Hier kam es aber nur zu einer geringfügigen Panik. Die Verheerungen der Wohnviertel sind wieder ganz enorm. So in der Mitte der Roxelerstraße, wo Werning wohnte, und besonders die Ecke Roxeler-Wilhelmstraße. Der riesige Gasthof Westend ein Trümmerhaufen, und so weiter zum Neutor zu. Mein Bäckerladen, Frau Büsche, gehört auch dazu. Am Neutor ist der linke Flügel des Generalkommandos dahin, und weiter sind starke Zerstörungen in der Jüdefelderstraße — Metzgerei Essen ist wieder betroffen — zu verzeichnen, ebenso wie im Brink. Verheerend sieht es in der Frauenstraße aus,

Vorderer Teil des alten Überwasserfriedhofs mit dem Grabmal Hamanns, des Magus des Nordens, vernichtet.

wo ein Trümmerhaufen von beinahe Haushöhe die Straße quer versperrt. Brünings, Wilmsens usw. sind völlig vernichtet. Auch die Hüfferstraße hat wieder schwer daran glauben müssen; denn in der Nähe des Schloßgartens ist jetzt kein Haus mehr bewohnbar. Auch die beiden Männer ohne Beine in Münster: Rechtsanwalt Holtkötter und Zigarrenhändler Lammerding in der Droste Hülshoff-Allee haben ihre schmucken Häuschen dabei eingebüßt. In der Stadt selbst ist nun der Rest der Ägidiikaserne, in der ich meine einjährig. freiwillige Dienstzeit 1907/08 durchmachte, auch restlos ausgebrannt. Am Mittwoch, den 22.11., sah ich es noch lichterloh darin brennen. Auch das Kreuzviertel soll wieder ordentlich was mit abbekommen haben, so u.a. Prof. Rosemanns Wohnhaus auf dem Studtplatz. Ja, wenn man sich die Umgegend der Kreuzkirche (Studtstraße, Gertrudenstraße und Finkenstraße usw. usw.) ansieht, muß man sogar unbedingt zu der Überzeugung kommen, daß diesmal das Kreuzviertel am schwersten in Mitleidenschaft gezogen worden ist.

...

[1945]

...

27.1.45 (Samstag) Ging heute in tiefem Schnee auf den Markt, um nach Fleisch Umschau zu halten. Es waren nur ein halbes Dutzend kleine Fleischerbüdchen dort. Als ich bei Koch an der 1. Bude mich umsah, bediente dort in der Mitte Frau Koch, eine dralle Dreißigerin mit Brille, selbst und weigerte sich immer wieder, einer Frau auf den Fleischfettschein Speck zu verabfolgen, wobei sich[sie] zwischendurch ihrem Mädchen zurief: „Ja, ich komme ja gleich!" Da ich nichts Sonderliches fand, ging ich an den anderen Buden vorbei, kehrte aber bald unverrichteter Sache zurück, um mich am Dom vorbei nach Hause zu begeben. Da hatte ich ein Erlebnis und eine Sehenswürdigkeit, welche an die bekannten realistischen Bauernbilder des Holländers Breughel [92] erinnerte, zugleich. Kaum hatte ich wieder die Kochsche Bude passiert, als ich hinter ihr Frau Koch in der bekannten Hockstellung im tiefen Schnee ihre Geschäfte erledigen sah,

[92] Berühmte holländische Malerfamilie. Pieter Breughel d.Ä. (1530—1569) stellte vorwiegend deftige ländliche Feste und Vergnügungen dar. Er war Schüler von Pieter Coecke van Aelst.

wobei sie mir ihren blanken Speckhintern, um den sich die Strumpfbänder nur so spannten, direkt zugekehrt hielt und trotz meiner Anwesenheit sich in keiner Weise stören ließ. — Auch ein Beitrag zur Kriegsgeschichte, passiert in Münster mitten auf dem Domplatz.

Nachmittags ging ich zu Fuß in Stenkamps Garten, um den noch dort stehenden Winterkohl zu ernten. Am Eingang der Kolonie sah ich eine Frau mit einem Schlitten vor mir, auf dem sie allerhand nutzlose Habseligkeiten aufgestapelt hatte. Sie fragte mich, ob ich hier auch ein Grundstück hätte, und dann erzählte sie mir, daß hier ja so fürchterlich geräubert würde. Ihr seien jetzt 5 Hühner und 1 Hahn gestohlen worden, nachdem der Wachhund um die Ecke gebracht worden sei. Als Bombenbeschädigte habe sie auch ihr Eingemachtes sowie den Zuckervorrat usw. dort untergestellt gehabt, aber das sei nun auch alle[s] dahin. Man habe ihr nichts mehr gelassen als nur noch die abgeschnittenen Köpfe der Hühner, die gewaltsam zertrümmerten Gläser und — einen großen „Haufen" vor der Tür.

Auch an Steinkamps Gartenhaus war die Tür wieder mit roher Gewalt aus dem Schloß gerissen, so daß sie sich diesmal nicht [von] mir in Ordnung bringen ließ. Mit einer Tasche Winterkohl kehrte ich dann wieder zurück.

...

21.2.45 Es gibt seit einer Woche in Münster überall reichlich Fisch zu kaufen. Ich habe mir heute bei Hambrock für 6 RM geräucherten Dorsch erstanden, den ich in einem Tage erledigt habe. Auch gibts Frischfisch (Kabeljau), Marinaden und Fischpaste überall, so daß einem der Fisch beinahe zuviel wird. Wizemann knurrte heute, daß er Sonntag beim Volkssturm antreten müsse; und dabei hat er sich zum 2. Aufgebot verdrückt. Er kann sich nicht genug damit brüsten, daß Mitte März der „große Schlag" von unserer Seite erfolge, wo doch jedermann weiß, daß es mit unserem Schicksal dahin ist. Ich habe mit ihm um mein ganzes Besitztum gewettet, daß nichts Wahres an der Sache sein könne, aber er wagte nur das, was er augenblicklich bei sich führte, dagegen zu setzen. Der Fliegeralarm wird immer toller, so daß man tatsächlich nicht mehr weiß, ob man überhaupt noch etwas dagegen unternimmt oder sich rein passiv verhält. Für mein altes Fahrrad habe ich mir bei Döbbeler einen schönen modernen Gepäckhalter besorgt.

23.2.45 Das verdient, festgehalten zu werden: sagte mir doch heute Abend auf dem Gang zum Standort Wizemann: ,,Bis Anfang März ist der Krieg entschieden, und zwar zu unseren Gunsten!"

...

14.3.45 Heute höre ich vom Feindsender der besetzten Gebiete, daß die Angloamerikaner der Bevölkerung als 1. Geschenk völlige Religionsfreiheit zusichern, um das Volk unterwürfig und folgsam und geduldig zu machen.

...

30.3.45 Der Donner von der nahen Front wird immer drohender. Ich bin noch immer bei der Instandsetzung des Daches meines Hauses und bei der Gartenarbeit. Das Wetter ist dicht bewölkt, kühl und regnerisch. Abends gegen 10 Uhr ertönten zahlreiche schwere Detonationen über dem Norden der Stadt. Wie man hört, haben unsere Soldaten das Munitionslager bei Greven in die Luft gesprengt. Die Leute glaubten, Münster werde beschossen und flüchteten sich in die Keller der Kliniken.

31.3.45 Auf dem Markte war heute nichts zu haben. Bei Niemer, Salzstraße, bekam ich nur noch eine Flasche Apfelsaft. Die Leute standen an den Brotläden und den Metzgergeschäften Schlangen. Es ist kein Strom vorhanden, und man hört die tollsten Gerüchte. Der Feind soll Münster umgangen haben und bereits über Reihne [Rheine] und Greven hinaus vorgestoßen sein. Es geht ein Rätselraten, ob Münster als offene Stadt erklärt sei oder verteidigt werde. Anscheinend hat der Feind eine Zange um uns und das ganze Industriegebiet gelegt, so daß wir vom übrigen Deutschland völlig abgeschnürt sind. Nachmittags kamen die Leute von der Hittorfstraße mit ganzen Vierteln von Kühen an. Dieses Fleisch wurde bei Vennemann hinten auf der Hammerstraße verschenkt. Es handele sich um Gefrierfleisch für die Front, das nicht mehr weitertransportiert werden könne. Es sah sehr merkwürdig aus, wie die Männer und Frauen z.B. mit einem ganzen Vorderviertel einer Kuh, quer über das Fahrrad gelegt, angeschoben kamen. Wie mir gegenüber der alte Metzger Hessing versicherte, sei das Fleisch tadellos. Er und seine Frau erzählten mir u.a., daß sich Dortmund und Hamm bereits übergeben hätten. Havixbeck habe sich verteidigt und sei dem Erdboden gleichgemacht worden. Kurz drauf kam Frau Glaser von Konerings und brachte Gemüse und 3 Flaschen Schnaps mit, die sie in der Hölscherschen Brennerei, Richtung Nienberge, umsonst erhalten hatte. Man könne so viel holen, wie man wolle. Die Bauern hätten schon ihre Milchkannen voll gefüllt, und Frau Konering hatte auch Frau Glaser gleich mit mehreren Flaschen in eiligen Marsch gesetzt. Es seien dort unglaubliche Zustände gewesen: Soldaten und Civilisten betrunken, das Lokal habe im Alkohol geschwommen, und die betrunkenen Lan[d]ser hätten ihre Gewehre auf die Menge scherzweise angelegt. Aufsicht sei keine dagewesen; jeder habe sich soviel nehmen können, wie ihm gepaßt hätte. Frau Glaser erzählte weiter, daß man sich beim Proviantamt in der Steinfurterstraße Kohlen in jeder beliebigen Menge holen könne. Pferdefuhren, Handwagen usw. seien zu Hunderten unterwegs und holten Kohlen. Auch gäbe es in den Geschäften an der Kaserne in der Steinfurterstraße Büchsenfleisch auf Haushaltungskarte. Ich setzte mich deshalb sofort aufs Rad, um wenigstens auch eine Probe zu erhalten. Auf der Straße dorthin war es wie bei einer Prozession. Alles rannte mit Pferd, Fahrrad, Handwagen, Tornister, Rucksack oder Tasche, um nur etwas zu erhaschen. Es stand bereits eine lange Schlange vor der Tür, und ich stellte mich sofort hinten an. Es dauerte furchtbar lange, da sich immer wieder Landser vordrängten. Schließlich fuhr ein neuer vollbepackter Wagen aus der gegenüberliegenden Kaserne vor, der durchs Fenster abgeladen wurde. Der gemütliche Soldat auf dem Bock meinte, er selbst würde ja jedem gerne eine Kiste Konservenfleisch geben; denn sie hätten von dem Zeug soviel, daß sie nicht wüßten, wohin damit. Es dauerte gar nicht lange, da hatte sich schon einer der Umstehenden eine Kiste von dem Wagen angeeignet, ohne daß er von den Begleitmannschaften daran behindert worden wäre. Als das die Menge aber merkte, stürzten sich Männlein und Weiblein auf den Wagen, rissen, schoben und nahmen Kiste auf Kiste herunter und raubten, trotzdem sich der Wagen inzwischen in Bewegung gesetzt hatte, das ganze Fuhrwerk leer. Jede Kiste enthielt etwa 16 Konservendosen. Es war ein fürchterlicher Anblick, wie die Menschenmeute über den Wagen herstürzte und wie wild alles in maßloser Habgier an sich riß. Ein Herr neben mir meinte, so toll sei es sogar 1918 nicht gewesen. Nun wurde die Türe des Geschäftes verriegelt und uns angedeutet, daß alles verkauft sei und mit einer Anfuhr neuer Ware nicht mehr zu rechnen sei. Ich hatte mein Rad schon in der Hand, um ergebnislos nach Hause zu fahren, als es plötzlich hieß, in dem gegenüberliegenden Geschäft finde jetzt der Verkauf statt. Darauf stürzte alles hierhin. Da ich das Rad wieder abschließen mußte, kam ich ans Ende. Einige Zeit darauf wurde dann gesagt, daß das Geschäft drüben auch noch eine Fuhre erhalte. Als ich das vernahm, machte ich mich schnell wieder zum 1. Geschäfte, wo nur noch 2—3 Käufer standen. Und von hier ließ ich mich nicht mehr wegreden, trotzdem die Inhaberin immer wieder anfangs versicherte, sie bekäme keine Ware mehr herein. Es sprach sich aber bald herum, daß auch dieses Geschäft noch einmal beliefert werde. Allerdings wurde uns das Warten sehr sauer gemacht; denn es dauerte mindestens 2 Stunden, bis der erhoffte Wagen mit 100 Kisten erschien. So kam ich dann auch zu dem erwünschten Konservenfleisch (oben eine Lage Schmalz und unten Schweinefleisch). Jede Person erhielt auf Haushaltungskarte 4 Dosen, 1,60 RM das Stück. Für mich und Frau Glaser bekam ich also 8 schwere Dosen, die ich nur mit aller Mühe in meiner Tasche verstauen konnte. So hatte ich in ziemlicher Winterkälte etwa 4 Stunden gestanden und u.a. immer wieder zu beobachten Gelegenheit, wie die Besoffenen von Nienberge nach Hause trotteten. Darunter befand sich auch ein alter eisgrauer Mann, der sich nicht mehr auf den Beinen halten konnte und wie ein Seiltänzer von der einen Straßenseite zur anderen balanzierte. Plötzlich stürzte er rittlings auf die Straße und schlug mit dem Hinterkopf mächtig aufs Pflaster. Schnell kam ein Soldat angerannt und brachte ihn schließlich wieder auf die Beine, wobei er eine leere Flasche aus der Tasche des Betrunkenen wegwarf und eine zweite noch volle Flasche schnell in seiner eigenen Hosentasche verschwinden ließ zum Gaudi des Publikums. Auf der Rückfahrt wurde ich vor der Stadt noch von 2 Polizisten angehalten und „kriegsdienstverpflichtet". Wir mußten, Männer, Geistliche, Jungen, Mädel usw., Eisenteile, Schienen und Drahtgeflechte teils an der Hand und teils mittels Wagens an die Straßensperre nach vorne bringen.

Nach einem Arbeitsgang konnte ich mich dann wieder heimwärts ziehen. Frau Glaser hatte schon auf mich und die Haushaltungskarte gewartet und begab sich bei einbrechender Dunkelheit noch schnell zu Schweitzer in der Hüfferstraße, wo noch Reis verteilt wurde. Es dauerte nicht lange, da kam sie mit 4 Pfund herrlichstem Reis pro Person zurück. Da sie auch bei Konerding infolge Ausfalls der Milchlieferung Vollmilch genug erhalten hatte, wurde sofort ein herrlicher Osterreisbrei zu Topf gebracht. Die Nachbarn brachten dann zum Schluß noch genügend von dem frei verteilten Rindfleisch, so daß Ostern 1945 in Münster wirklich kein Mensch zu hungern brauchte — ein Galgengericht, denn der Feind, der angeblich in Albachten, Nienberge und Roxel stand, bollerte mit seinen schweren Geschützen bereits furchtbar. Besonders nach 22 Uhr schien sich in südöstlicher Richtung ein schwerer Kampf auszutragen. Vorher auf der Heimfahrt von der Kaserne kamen bereits mehrere Schutzleute mit einem gefangenen Amerikaner aus der Richtung Nienberge angefahren. In dem wüsten Durcheinander dort merkten es aber die Leute kaum.

1.4.45
Ostersonntag

Stürmisches, regnerisches, bewölktes naßkaltes Wetter. Die Nacht ist ohne wesentliche Störungen ruhig verlaufen. Fliegerangriffe sind auch nicht mehr zu verzeichnen. Nur der Geschützdonner aus der Richtung Roxel schwillt mitunter mächtig an, um sich dann wieder stundenlang zu beruhigen. Man weiß nicht aus noch ein; denn seit gestern ist der Strom unterbrochen, so daß man das Radio nicht mehr in Betrieb setzen kann. Heute gabs ein feudales Essen. Feine Rindfleischsuppe mit Nudeleinlage, dicke Bohnen mit Schinkenspeck, Salzkartoffeln, Apfelmus und Preiselbeeren. Vorher schon zum Frühstück: Schinkenbutterbrote mit echtem Bohnenkaffee und reichlich Vollmilch. Um 16 Uhr klingelte es bei uns an: Frau Hessing von gegenüber teilte uns in der Eile mit, daß es auf dem Univ.-Sportplatz aus dem Magazin der Kaserne allerhand schöne Sachen zum Abholen gäbe: Erbsen, Konservenbrot, Nudeln usw. Auf das Rad gestiegen und dahin gesaust, waren eins. In der Halle lachten mich sofort drüben die leckeren goldgelben geschälten Erbsen an, und ich gab mich ans Werk, zwei mitgebrachte große Luftschutztüten mit der köstlichen Habe zu füllen, als auch schon von hinten ein Hauptmann zum Räumen der Halle aufforderte, da die Kaserne unter Artilleriebeschuß läge. Zwei Frauen halfen mir aber schnell dabei, daß ich die vollen Tüten wieder schnell in den halbvollen Sack entleerte und diesen wegtransportierte. Da erschien auch Frau Glaser, die mir die Arbeit abnahm. Inzwischen sicherte ich mir noch eine große Schachtel mit Konservenbrot und 6 Päckchen Knäckebrot. Frau Glaser hatte bereits 2 große Packungen Brot und 2 Tüten Nudeln nach draußen geschafft. Inzwischen wurde der Befehl des Hauptmanns zum Verlassen der Halle immer dringender, aber trotzdem wagte ich noch einen Einbruch und sicherte mir noch 2 große Luftschutztüten voll grüne Erbsen. Es sah entsetzlich in der Halle aus: die Erbsen lagen daumendick verstreut über den Boden und wurden von den vielen Menschen, die sich hier um die Vorräte balgten und Fahrräder, Handkarren, Bollerwagen und Pferdefuhrwerke beluden, zertreten, ja, die ganzen An- und Abfuhrwege und der Platz vor dem Magazin war mit Erbsen, Nudeln usw. gepflastert. Es gelang uns, auf meinem und Frau Glasers Rad unsere Vorräte ohne Verlust nach Hause zu bringen: es waren etwa 50 Pfd. gelbe geschälte Erbsen, 20 Pfd. grüne Erbsen, 8 Pfd. Nudeln und ca. 70 Pfd. Konserven- und Knäckebrot, ein Vorrat, der beinahe für Jahre reichte.

...

3.4.45
Osterdienstag

Die Ereignisse überstürzen sich! Draußen herrscht regnerisches windiges Wetter, und das Barometer schwankt um Veränderlich. Schon früh wurden die Leute auf der Straße unruhig. Gegen 7 Uhr begab ich mich oben ans Küchenfenster, da ein ganz schweres dumpfes Rollen an meine Ohren drang. Und siehe da! Im Regenwetter rollten die Panzer vom Coesfelderkreuz über den Westring heran, an beiden Seiten weithin von Fußtruppen flankiert. Nun wurde es auch in der Hittorfstraße rege, d.h. bei den wenigen Leuten, die nicht im Klinikenkeller oder im Bunker verblieben waren. Man hing — es ist kaum zu glauben — Bettücher oder weiße Vorhänge als weiße Fahnen heraus oder begnügte sich wenigstens mit weißen Tüchern, die man auf der Fensterbrüstung ausbreitete (Gerdemann, Kirchenrendant, die Leute über Wucherpfennig usw. usw.) Es dauerte auch gar nicht lange, da tauchten die ersten Amerikaner mit ihrem schußbereiten Gewehr und ihren erdfarbenen Uniformen patro[ui]llierend auf und suchten die Häuser nach unseren versprengten Soldaten ab, die von ihren Offizieren im Stiche gelassen worden waren. Von meinem Fenster aus konnte ich beobachten, wie Hittorfstr. 13 bei Loos etwa 30 Mann aus dem Keller geholt wurden. Die armen Jungens mußten die Hände hochnehmen, sich anschnau[t]zen lassen und sich möglichst schnell in Doppelreihe wegbegeben. Einige Zeit später lernte ich bereits den ersten Amerikaner persönlich kennen, der sich mit Frl. Fröhling und Frau Glaser draußen vor der Haustür unterhielt. Er machte einen ruhigen besonnenen Eindruck und verteilte an die Damen und an mich sogar einen Teil seiner Cigaretten.

Übrigens brachte Frau Glaser von ihrem Milcheinholen bei Konerdings bereits ein ganzes Militärfrühstückspaket mit Keks, Dörrobst, Kaugummi, Zigaretten, Zucker und Milchkaffee nach Hause, das sie im Regen auf der Straße aufgelesen hatte. Man wunderte sich übrigens, als man die Amerikaner tatsächlich unter Regenschirmen Soldat spielen sah. Es waren durchschnittlich mittelgroße, jüngere und gut genährte Leute, denen man zuweilen den Rassenmischling deutlich ansah. Zumal war die Bekleidung und Waffenausrüstung erstklassig. Ein wirklich tolles Stück erlebte ich dann gegen 16 Uhr, als Frau Glaser eben ausgefahren war und ich mich zum Heraufholen von Sachen in den Keller begeben wollte. Ganz unverhofft stieß ich nämlich auf der untersten Stufe der Kellertreppe auf zwei ganz unheimliche Gestalten, die sich an unserem Keller zu schaffen machten und mich plötzlich mit einem flackernden Kerzenstummel beleuchteten. Der eine der beiden Gesellen war durch das Fenster in unseren Keller eingedrungen und kehrte mir sein Hinterviertel zu, während der andere im Kellerflur stand und ihm mit der Kerze leuchtete. Im ersten Moment dachte ich, es handele sich hier um 2 Einbrecher, amerikanische Soldaten, welche sich an unsere Vorräte heranmachten. Ich merkte aber bald, als ich mich mit ihnen verständigte, daß sie dort nach Unterschlupfslöchern, Waffen, Munition usw. suchten. Ich ging ihnen aber nicht von der Pelle, redete ihnen etwas zu und verstand es so, mehr und mehr ihr Interesse abzulenken und sie auf diese Weise nach kurzer Zeit, ohne daß sie die Oberwohnung betreten hatten, wieder aus dem Hause zu bekommen. Später hörte ich dann, daß die beiden parterre bei Lückes ein Fenster eingeschlagen hatten, nach Durchstöbern der Wohnung in den Keller gelangt waren und hier überall herumspioniert hatten.

Inzwischen wurde auch der noch fahrbare Wagen von Prof. Lenhartz aus der Garage hinter dem Hause requiriert. Abends brach gelegentlich die Sonne mit Kraft im abgehenden Regen durch, und man sah dabei einen solch herrlichen Regenbogen über der Stadt Münster, wie ich ihn nur selten in meinem Leben habe beobachten können. Trotzdem ging der Krieg weiter, die Kanonen dröhnten vielfach mit unverminderter Schärfe, und Massen von Kriegsfahrzeugen durchrasten die Stadt. Unheimliche Gerüchte von drakonischen Anordnungen gingen herum.

...

6.4.45

Heute früh haben Frau Glaser und ich einen Handwagen und einen Bollerwagen voll Eierbriketts und 2 Sack Küchenkohlen von den Militärbeständen an der Grevenerstraße nach Hause gebracht. Ich wollte noch einmal fahren, aber Frau Glaser wehrte ab und schützte Müdigkeit vor. Ich habe mich darob aufs Rad gesetzt und bin noch einmal zum Magazin der v. Einem-Kaserne gefahren, von wo ich noch eine ganze Ladung einbrachte (etwa 30 Pfd. grüne Erbsen, 50 Pfd. gelbe geschälte Erbsen und eine Menge Knäckebrot). Frau Glaser begab sich ihrerseits zum Artilleriedepot und kam mit einer Unmenge Clopapierrollen, elektrischen Birnen, Schöpftöpfen, Seife, Bürsten, Lederfett und Knäckebrotpackungen zurück. Heute nachmittag gabs bei Lücke wieder Einquartierung (military police). Man brach die Haustür zu Lückes auf, und man erkundigte sich nachher bei mir, ob wir einen Schlüssel zur Durchgangstür hätten. Es ging in einem sehr freundlichen Tone, und nach Verabschiedung des Offiziers sprach der zurückgebliebene Soldat in deutscher Sprache und verteilte an Frau Glaser und mich Zigaretten.

...

15.4.45
(Sonntag)

Heute ist ein stiller und kühler regnerischer Sonntag. Man sieht von den Amerikanern nur wenig. Auch die Hittorfstraße ist noch frei, immer wieder ein neuer Antrieb, um von dort noch etwas herüberzuholen (Eule, Ölgemälde, Küchensachen, Eingemachtes usw. usw.). Es geht noch immer das Gerücht, daß wir für die Dauer in unserer neuen Wohnung auch nicht bleiben dürfen.[93] Was dann werden wird, kann

---

[93] Am 8. April 1945 hatte Kremer seine frühere Wohnung, die vom amerikanischen Militär beschlagnahmt worden war, verlassen müssen.

man sich bei der Unmenge der Sachen noch gar nicht vorstellen. Zu bedenken ist hierbei vor allem auch der Umstand, daß raubendes und plünderndes Gesindel von Ausländern in Masse fortgesetzt bei hellichtem Tage die Stadt durchstreift, die Bewohner beunruhigt, in die Keller eindringt und den letzten Rest der herübergeretteten Sachen noch diesen Ärmsten der Armen abnimmt. Schutzlos ist man diesem Gesindel preisgegeben. Nirgends findet man mehr Ruhe, der Marterweg unseres armen Volkes scheint kein Ende nehmen zu wollen.

...

18.4.45 Nachts am frischen Brot ordentlich den Magen verdorben. Nachmittags nochmals zum Kartoffelsetzen im Garten. Es ist drückend schwül. Von Frau Glaser höre ich, daß mein Haus, Hüfferstraße 62, durch das Wohnungsamt mit 2 Familien belegt sei, wie sie von der Frauensperson oben gehört habe.

19.4.45 Heute Nacht ist wiederum in der früheren Wohnung alles durchwühlt, der Bücherschrank aufgebrochen und Deppes Mende-Radio-Apparat aus unserem Zimmer gestohlen worden. Auf Grund der Verordnung der Militärbehörde habe ich in der Münzstraße mein Radio angemeldet. Was damit geschieht, konnte mir keiner sagen. Nachmittags habe ich sämtliche Kartoffeln im Schrebergarten an die Erde gebracht. Auf der Rückkehr habe ich eine von Ausländern dorthin verschleppte Wanduhr sowie einen Plumeauüberzug von Agethens und eine U.K.-Fahne mit nach hier gebracht. Die Uhr ist anscheinend noch tadellos im Stand, hat einen wundervollen Gongschlag und wird mich hoffentlich durchs weitere Leben begleiten und ihre Geschichte erzählen. Eine Genugtuung hatte ich auf dem Heimwege, als ein mir bekannter idiotischer Junge die amerikanischen Wagen immer stürmisch begrüßte, bei anderen habe ich solches Benehmen noch nicht erlebt.

...

4.5.45 Noch immer sehr kaltes regnerisches Wetter mit vereinzelten Gewittern. Der Wind will nicht aus dem Westen hinaus. Vormittags erschien plötzlich Wizemann, um sich, wie er sagte, wieder zu seiner Dienststelle zu begeben. Er wohne am Eupenerweg bei einem Bekannten. Nun streift er auf der Jagd nach den geräuberten Lebensmitteln (Cognak, Eier, Eingemachtes usw.) herum. Mit der Partei will er plötzlich nichts zu tun gehabt haben. Hauptstabsleiter sei er nur in der Bauernschaft, aber nicht in der Partei gewesen. Seinen Direktorposten sei er los, und was mit ihm geschehe, wisse er noch nicht.

...

22.5.45

Amerikaner haben die Schilder von den Häusern in der Hittorfstraße[94] größtenteils entfernt und rüsten sich zur Abreise, um den Engländern Raum zu geben. Es bestehe die Möglichkeit, daß die Engländer die Wohnungen weiterhin beschlagnahmen werden. Engelköpfe und altes Glas aus der Petrikirche hinter der Universität geholt (hoher Altertumswert!). Der Garten ist bei der naßkalten Witterung ganz von Schnecken verseucht. Habe Möhren und Erbsen neu gesät.

...

10.6.45
(Sonntag)

Es ist noch immer trübe und kühl; das warme Sommerwetter kann sich noch nicht durchsetzen. Die Amerikaner beherrschen nach wie vor das Stadtbild. Es ist beschämend, zu sehen, wie Mütter um einen Schluck Kaffee an diese ihre Töchter verkuppeln. So beobachte ich täglich, wie sich nebenan bei Frau Müller Amerikaner einschleichen, wie diese ihre Uniformen wäscht und wie sie für den Kaffee ihre junge Tochter Else als Lockvogel benützt. Alle paar Tage herrscht dort großer Kaffeeklatsch, zu der auch Frau Fröhling ihre Tochter Waltraud schickt, um sich auch einen Amerikaner zu fangen. Und dabei war[en] diesen Leuten ein deutscher Offizier kaum gut genug, aber an einen amerikanischen Muskoten werfen sie sich mit Wissen der Eltern weg. Auch Frau Hünnebeck sucht schon Anschluß an dieses Ehevermittlungskomplott, da anscheinend auch sie für ihr Töchterlein Elisabeth gerne einen Multimillionär ergattern möchte. Für unsere armen heimkehrenden Feldgrauen hat diese Gesellschaft jetzt kein Wort mehr übrig. Das Plündern der Russen in den Schrebergärten hält an. Der Morellenkirschbaum ist mit Stangen und allerhand scharfen Gartengeräten fast kahl geschlagen. Auch andere eigenartige Nachrichten gelangen uns zu Gehör. Die Russen sollen nun auch den Bischof noch ausgeplündert haben, und in Gievenbeck hat

---

[94] Dort (Nr. 17) hatte Kremer vor seiner Ausquartierung durch das amerikanische Militär gewohnt.

Herr Pastor von den Amerikanern ordentlich Hiebe bezogen, wie die Bauern voller Entrüstung erzählen.

11.6.45 Heute abend kam Pastor Gründner zu mir, um meinen Wagen zu ergaunern. Er brauche wegen seiner ausgedehnten Diaspora unbedingt einen Wagen, und es sei ihm von der Militärbehörde auch ein solcher zugesprochen worden. Er habe nun aber einen beschlagnahmten Wagen erhalten, der aber geschlossen sei. „Zufällig" habe er nun meinen offenen Wagen in der Garage gesehen, und er wolle mal hören, ob ich ihm denselben nicht verkaufen wolle; denn in der stickigen Luft eines geschlossenen Wagens könne er es im Sommer kaum aushalten und — die Wagen würden ja doch, wie er sich erkundigt habe, in allernächster Zeit beschlagnahmt. Dieser schlaue evangelische rote Fuchs, der als erster mit dem Bollerwagen zur Stelle war, als es Erbsen, Büchsenfleisch, Kohlen usw. von unseren Soldaten gab, der seinen evangelischen Schwestern (Salkowskis) nur bei dem Insicherheitbringen der Möbel half, und der sich schließlich beim Einzug der Amerikaner als sog. Pfarrer des Standortlazarettes auf diese stürzte und im amerikanischen Stil ein großes Reklameschild mit Fahne an seiner Wohnung anbringen ließ, daß dort ev. lut. Gottesdienst in der Kapelle abgehalten würde, dieser Mensch hatte sich also bei den Amerikanern sofort um einen Wagen beworben, da ihm das Radfahren wohl unter seiner Würde lag, und bei der bekannten schikanösen Einstellung der Besatzung auch sofort zugesprochen erhalten. Damit nicht genug, benutzt er nun dieses Sprungbrett, um sich sofort unter Ausnutzung der Notlage seiner Mitmenschen einen eigenen Wagen für ein paar Pfennige zu ergaunern. Mein offener Wagen, der noch sehr gut erhalten ist, schien ihm da das geeignete Objekt. Der Wagen würde ja sofort beschlagnahmt, und er käme, um mich vor diesem Unheil dadurch zu bewahren, daß er mir ihn für einen zweifellos viel besseren Preis vorher abkaufen wolle. Dann sei ich die Sorge los und habe mein gutes Geld, das im Werte ja steigen werde, in der Tasche. Ich habe mich selbstverständlich auf eine solche Ergaunerung durch einen Angestellten der evangelischen Religionsgesellschaft nicht eingelassen, sondern die mehr als schäbige Art und diese Hinterhältigkeit dieses Religionsdieners einfach zu Protokoll genommen.

...

10.7.45 Frau Rebbe und Tochter sind heute mit einer großen Schachtel gehamsterter Sachen wieder abgereist; sie hatten zu ihrem Unterhalt nur 1/4 Pfd. Butter mitgebracht. Anschließend habe ich den von der Militärbehörde verteilten Fragebogen ausgefüllt und an die Univ.-Behörde zurückgegeben. Auf einem besonderen Bogen erwähnte ich zu Abschnitt D: „Keine Reden und Veröffentlichungen; zu erwähnen ist nur eine Veröffentlichung mit beanstandetem und mir zur Last gelegtem politischem Einschlag, nämlich: Ein bemerkenswerter Beitrag zur Frage der Vererbung erworbener Eigenschaften!" Abends kam ein Herr Schmidt vom Straßenverkehrsamt und legte mir das Schriftstück zur Beschlagnahme meines Opelwagens vor. Danach bin ich gemäß § 15 des Reichsleistungsgesetzes verpflichtet, den Wagen mit allem Zubehör dem Oberbürgermeister — Straßenverkehrsamt — sofort zu Eigentum zu überlassen, wie es wörtlich heißt. Der Interessent, Dr. Humpe, hat sich noch nicht wieder sehen lassen.

...

20.7.45 Heute erzählt mir Frau Hessing, daß man von einem demnächstigen Weiterrücken der Russen nach Westfalen und Rheinland erzähle. Habe die ersten Postkarten nach Stelberg, Hartegasse u. Marburg abgeschickt. Gestern erzählten uns Herr und Frau Lücke, daß Frau Fröhling vergangene Woche die Nachricht vom Tode ihres Mannes erhalten habe, der ja als Major Hilversum zu verteidigen hatte.

23.7.45 Heute vormittag traf ich Herrn Suermann von der Hüfferstraße am Eingang zur Sparkasse. Ich kannte ihn kaum wieder, so heruntergekommen und verfallen sah er aus. Wegen seiner früheren Einstellung hatte man ihn zur Arbeit herangezogen (Schippen[95] auf dem Preussensportplatz), was er angeblich seinen Freunden Dr. Reichling und Tocke zu verdanken habe, und der Mann war 34 Jahre Beamter und hatte seinen einzigen Sohn als junger Mediziner im Kriege verloren. Die Postkarte nach Marburg ist zurückgekommen. Unten Frau Deppe unterschlägt der ganzen Welt den Tod ihrer Mutter, die sie zuletzt in die „Hülle" in Telgte eingesperrt hatte. Sie legt keine Trauerkleider an, respektiert nicht das Trauerjahr und

---

[95] Wahrscheinlich handelt es sich um das Zuschütten von Luftschutz- und Panzergräben.

spricht überhaupt nicht darüber, ein Zeichen vom sittlichen Verfall dieses Weibes, das aber jeden Sonntag in die Kirche läuft, um in scheinheiligster Aufmachung den Leib des Herrn zu empfangen.

26.7.45

Es ist noch immer sehr heißes und trockenes Wetter; das Getreide wird notreif, die Mückenplage nimmt überhand, und die Russen, Polen und Italiener beunruhigen noch immer aufs schwerste die hungernde, notleidende und obdachlose Bevölkerung. Auf vollbeladenen Güterzügen wird das Volk wie ein Stück Vieh verschoben und sucht des Nachts im Gestank, Dreck und Ungeziefer eines Bunkers Unterkunft. Ganz unbeschreiblich ist das Los dieser armen Flüchtlinge, die vom Tode, vom Hunger und von der Verzweiflung ins Ungewiße getrieben werden. — Heute morgen kam Kurt und wollte mich in seiner ausfälligen Art zum Preiselbeerenpflücken morgen mithaben. Da die Vennebrücke zerstört ist, die Russen noch immer die Wege belagern und er den weiten Weg ins Venner Moor zu Fuß zurücklegen wollte, habe ich trotz seines entrüsteten Getues abgelehnt. — Im folgenden gebe ich eine Zusammenstellung der von den Amerikanern nach bisherigen oberflächlichen Feststellungen aus dem Hause Hittorfstraße 17[96] entwendeten wichtigeren Gegenstände:

1. Deppe: 1 Teppich (2,5 × 3,5), 3 Polstersessel, 2 Nachttischschränkchen, 2 blaue Steppdecken, 3 Daunenkissen, 1 Plumeau, 1 Auto.

2. Wizemann: 1 Couch, 1 Polstersessel, Übergardinen für 2 Fenster, 1 Knabenfahrrad, Alkohol.

3. Lücke: 1 Couch, 2 Nachttischschränkchen, 1 Damenfahrrad, 1 Nähkasten, Handwerkzeug.

4. Frau Glaser: 1 Wanduhr, 1 Klubsessel, 1 handgewebter Läufer, 1 Föhn, 1 Agfa-Box, mehrere große Küchenlöffel.

5. Prof. Kremer: Koffergrammophon, Zigarren und Alkohol.

28.7.45

Gemäß der mir von den städtischen Behörden überreichten Schätzungsurkunde habe ich heute schweren Herzens meinen schönen grünen offenen Opelwagen für einen Spottpreis von 530,00 RM abgeben müssen. Der Käufer des beschlagnahmten Wagens ist Nervenarzt Dr. Humpe, Münster, Prioreistraße 34. Die gesamte Garagenmiete während der Kriegsjahre hätte

---

[96] Kremers Wohnung

einen höheren Wert erreicht, als den, welchen ich jetzt für den Wagen selbst bekomme. Welche Unmenge schönster Erinnerungen ich mit dem Wagen hingeben mußte, kommt zu alledem noch hinzu.

31.7.45 Die ehemaligen Parteifunktionäre mußten sich heute unter Androhung von Strafe in der Stadthalle melden. Ich bin deshalb heute am letzten Tage dieser Aufforderung zur allgemeinen Beruhigung nachgekommen. Heute erhielt ich von Hermann eine Karte, worauf er mir seine glückliche Heimkehr nach Stelberg kundgibt.

2.8.45 Heute kam ein Bote aus Essen, der mir einen Brief von Frl. Schmitz überbrachte, den ich den Eindringlingen in meinem Haus aushändigen sollte. Sie werden hierin aufgefordert, die 175,— RM monatliche Miete an mich zu zahlen, einschließlich der rückständigen Beträge von Mai bis August (700,— RM). Frau Glaser hat den Brief an die bekannte Person unten im Hause persönlich abgegeben, welche vorgab, sich „gleich" bei mir einfinden zu wollen. Sie sei als Bordellmutter im Pyjama erschienen.

...

6.8.45 Hatte gestern und heute nacht starke Beschwerden im Bereiche der Blase, der rechten Niere und des rechten Harnleiters, die meines Erachtens auf den Durchtritt eines Nierensteines zurückzuführen sind. Erhalte heute vom geschäftsf. Oberbürgermeister Zuhorn den Heranziehungsbefehl zum Schippen. Beginn der Arbeit: Morgen um 19 Uhr auf dem Servatiiplatz. So etwas muß man sich gefallen lassen, weil man SS-Arzt war; denn es wird nicht gefragt, ob man, wie es bei mir tatsächlich der Fall ist, durch die NSDAP seine Stellung verloren hat, und der Partei durch die Veröffentlichung meiner Arbeit über die Vererbung erworbener Eigenschaften in weltanschaulicher Hinsicht einen der allerschwersten Schläge versetzt hat.

...

10.8.1945 Wurde heute an der Warendorferstraße von der Militärbehörde wegen meiner Zugehörigkeit zur SS zu Protokoll verhört. Trotz meiner schweren Krankheit mußte ich dort stundenlang warten. Es wurde mir zum Schluß eröffnet, daß ich mich Sonntag um 9 Uhr bei den Engländern in der Wülnerstraße vorstellen müsse.

Voßholt war auch zugegen, und er sagte mir, daß er sich vom Amtsarzt in der Borchardstraße einen Krankenschein habe ausstellen lassen. Anschließend bin ich dann ebenfalls dorthin gegangen. Der Amtsarzt, ein früherer Student von mir, stellte mir auch sofort ein Zeugnis aus, das mich für den Monat August vom Schippen dispensierte. Er hielt den Hautausschlag für Gürtelrose. Zuhause angelangt, bestätigte mir dies der hiesige Hautarzt, Kollege Wucherpfennig, der sämtliche Beschwerden darauf zurückführte. So hatte ich wenigstens die Beruhigung, daß meine Befürchtung, es könnte sich um eine schwere Nierengeschichte handeln, sich nicht erfüllte. Gegen den Hautausschlag verschrieb er mir Trockenbehandlung mit Puder.

11.8.45 Frau Glaser hat heute den SS-Dolch, der gestern von der Behörde reklamiert wurde, dort abgegeben. Meine Krankheit hat sich etwas gebessert, doch ist der Appetit noch sehr gering. In der Nacht habe ich gegen die Schmerzen Schlafmittel brauchen müssen. Meine Befürchtung, daß meine bei meiner Schwester in Hartegasse untergestellten Sachen auch durch die Amis geraubt worden seien, hat sich leider erfüllt; denn ich erhielt heute von meinem Schwager und von Gretchen gleichzeitig die Mitteilung, daß meine Sachen mit wenigen Ausnahmen — einige Oberhemden und Papiere — den durchziehenden Truppen in die Hände gefallen sind. Es handelte sich um ungeheure Werte an Kostbarkeiten: 2 goldene Uhren, 4 große goldene Ringe mit Brillanten, Edelsteinen, Lapislazuli und Perlen, der neue Feldstecher[97]

---

[97] Hier endet das Tagebuch Kremers.

NACHWORT • MIECZYSŁAW KIETA*

Hiermit sind dem Leser drei ungewöhnliche Berichte über das KZ Auschwitz zugänglich gemacht worden, über jenes Lager, dessen Name für immer in die Geschichte der Menschheit eingegangen ist. Das Wort Auschwitz ist in allen Sprachen der Welt das tragischste und beredteste Symbol jener Zeit, da die Nazideutschen Rechtlosigkeit in den Rang von Recht und Gewalt und Grausamkeit in den Rang bürgerlicher Tugenden erhoben hatten, da sie das Verbrechen zum Grundsatz von Ethik und Moral gemacht hatten.

Ich denke, daß nach der Lektüre der letzten Seiten der Aufzeichnungen von Rudolf Höß, des Tagebuchs von Paul Kremer, Doktor der Medizin und der Philosophie, und des Berichts von Pery Broad tieferem Nachsinnen der Weg offensteht.

Keineswegs zufällig hat der Herausgeber, das Staatliche Auschwitz-Museum, eben jetzt diese Dokumente zusammen veröffentlicht, die drei SS-Leute geschrieben haben, die sich sowohl hinsichtlich ihrer Position in der Hierarchie der SS-Lagermannschaft und ihres Verantwortungsbereichs als auch hinsichtlich Alter, Beruf und Intelligenz stark voneinander unterscheiden. Trotz dieser Unterschiede und trotz der unterschiedlichen Zeit, zu der sie ihre Berichte geschrieben haben, trotz der unterschiedlichen Motive und Umstände, unter denen sie entstanden sind, verbindet sie doch ein und dasselbe Thema — das KZ Auschwitz, also Geschehnisse, an denen sie selbst beteiligt waren, die sie selbst bewirkt oder selbst wahrgenommen haben.

Seitdem ist über ein Vierteljahrhundert vergangen. In Polen und in Europa sind neue Generationen herangewachsen, die den Krieg zu ihrem Glück nicht kennen oder sich seiner nicht erinnern können. Sie sind also darauf angewiesen, bei der Suche nach Wahrheit und Wissen über die Zeit der Krematorien, der Gaskammern und der Massenvernichtung von Millionen Menschenleben auf geschichtliche Quellen oder geschichtliche Mythen zurückzugreifen.

Das Erforschen dieser Wahrheit hat nicht nur historischen, wissenschaftlichen und erkenntnistheoretischen Wert. Es hat auch einen tiefen menschlichen, moralischen und politischen Sinn. Es formt das Bewußtsein, regt zum Denken und zu Überlegungen an und gibt Anstöße zur Gestaltung von Urteilen und Schlußfolgerungen.

---

* Mieczysław Kieta (1920—1984) war in den Jahren 1942—1944 Häftling des KZ Auschwitz und später Häftling der Konzentrationslager Groß-Rosen und Flossenbürg-Leitmeritz, von wo aus er im April 1945 floh. Nach dem Krieg war er als Journalist und Publizist tätig. Er schrieb viele Artikel zum Thema Auschwitz. Ferner war er gesellschaftlich aktiv; so war er z.B. Mitglied zahlreicher Verbände und Organisationen, u.a. Generalsekretär des Internationalen Auschwitz-Komitees und Mitglied der Hauptkommission zur Untersuchung der Naziverbrechen in Polen. Das Nachwort für die erste Ausgabe der vorliegenden Publikation hat Mieczysław Kieta 1970 geschrieben.

Die in dieser Ausgabe enthaltenen Dokumente dienen dem Wissen und der Wahrheit darüber, was Auschwitz im System des NS-Völkermords eigentlich bedeutet hat. Hinzugefügt sei, daß es diesmal keine Dokumente von Opfern der Verbrechen sind, sondern von Mitinitiatoren und Tatbeteiligten.

25 Jahre nach der Befreiung des Auschwitzer Lagers ist dieses Wissen sehr umfangreich und die Wahrheit dokumentarisch belegt. Die Erkenntnisse setzen sich nicht nur aus zahlreichen schriftlich festgehaltenen persönlichen Berichten, veröffentlichten Erinnerungen und belletristischen Werken zusammen, an denen ehemalige Auschwitz-Häftlinge beträchtlichen Anteil haben, sondern auch aus den Ergebnissen wissenschaftlicher Untersuchungen, aus monographischen Studien und schließlich aus Gerichtsakten, d.h. aus den Akten des Prozesses gegen den Kommandanten des KZ Auschwitz, Rudolf Höß, vor dem Obersten Nationalgerichtshof (1946), des Prozesses gegen 40 Angehörige der SS-Mannschaft vor dem Obersten Nationalgerichtshof in Krakau (1947) bzw. aus den Unterlagen der drei Auschwitz-Prozesse in Frankfurt am Main (1963—1967).

Doch Gerichtsakten sind naturgemäß nur eine kurzgefaßte Feststellung von Tatsachen und Umständen, die für das Verfahren benötigt werden. Das Ergebnis wissenschaftlicher Forschungsarbeiten besteht im objektiven Zusammenstellen, Vergleichen und Einschätzen von Tatsachen. Erinnerungen und Berichte ehemaliger Häftlinge sind eine Zusammenfassung äußerst persönlicher, auch von anderen übernommener Beobachtungen, Erlebnisse und Eindrücke. Es ist ganz natürlich, daß sie stark emotional gefärbt, subjektiv und dadurch in gewissem Sinne einseitig sind, aber ihre Echtheit und ihre Subjektivität sind achtenswerte Vorzüge.

Die Zeit schreitet jedoch unerbittlich weiter. Jedes neue Jahr läßt das Häuflein der ehemaligen Häftlinge des KZ Auschwitz, der unmittelbaren Zeugen der Verbrechen von Auschwitz, zusammenschmelzen. Bald werden ihre Stimmen ganz fehlen. Dann bleiben nur noch schriftlich festgehaltene Mitteilungen, Dokumente und Bücher. Was bleibt, ist nur Geschichte, die im Laufe der Zeit verblaßt, die immer ferner rückt, unvorstellbar wird und die Phantasie nicht mehr anregt. Das ist eine Gesetzmäßigkeit des Lebens.

Nichts und niemand wird imstande sein, das entsetzliche, erschütternde Ausmaß des Grauens von Auschwitz heraufzubeschwören, wenn die letzten Zeugen einst dahingeschieden sind. Dies sind Dinge, die die menschliche Vorstellungskraft übersteigen, die also unvorstellbar sind — so, wie die vier Millionen Opfer des KZ Auschwitz. Für den Menschen von heute, der Auschwitz nicht selbst erlebt hat und nicht in seine schreckliche Realität verstrickt war, ist die Zahl der Opfer ein leerer Begriff, eine nicht den Menschen betreffende Vorstellung. Diese Zahl bedeutet eine gewisse Größenordnung und sonst nichts. Was aber soll man erst von den Generationen des 21. Jahrhunderts erwarten, für die die Ereignisse der vierziger Jahre unseres Jahrhunderts immer mehr vom Staub der Geschichte und vom Niederschlag neuer Geschehnisse überdeckt werden, die sie von der Vergangenheit trennen.

Diese Zahl bedeutet schließlich nicht nur Millionen in Asche verwandelte Menschen, sondern auch Millionen bereits geprägte oder erst vom Leben zu formende Persönlichkeiten. Sie bedeutet vier Millionen Einzelwesen, persönliche Geschicke, Freuden und Leiden, Eindrücke und Gefühle, Pläne fürs Leben und Hoffnungen, die sich im Rauch der von den faschistischen Mördern entfachten Krematorien, Scheiterhaufen und Verbrennungsstätten in nichts auflösten.

Das ist die grundlegende Erkenntnis über das KZ Auschwitz, eine Erkenntnis, die sich die Häftlinge dieses Lagers und ihre Peiniger gewissermaßen zu eigen machten. Und die einen wie die anderen haben diese Erkenntnis aus eigenem Erleben heraus gewonnen. Doch die Häftlinge waren Objekt der Lagerwirklichkeit; sie lernten ihre gegen die Menschheit, gegen die Menschlichkeit, gegen sie selbst gerichtete Härte kennen. Sie bekamen ihre Auswirkungen am eigenen Leibe zu spüren.

Die SS-Leute — von der Lagerleitung des KZ Auschwitz bis hin zum einfachen Posten — haben diese Wirklichkeit geplant, organisiert, ausgeführt, jeder in seinem Zuständigkeitsbereich, im Rahmen seiner Funktion, seiner Kompetenzen und seiner Verantwortung. Und darum haben die Aufzeichnungen von Höß, das Tagebuch Kremers und der Bericht Broads nicht nur den Wert geschichtlicher Dokumente, sie bestätigen nicht nur jene Wirklichkeit, deren geradezu den Verstand lähmende Formen und Ausmaße die ehemaligen Häftlinge zur Erinnerung heraufbeschworen haben. Sie stellen auch eine eigenartige Studie der Mentalität und des Charakters der Auschwitzer Verbrecher, ihrer entarteten moralischen Kriterien und ihrer Auffassungsweise dar.

Auch darüber sollte und muß man sich Gedanken machen. Menschen haben anderen Menschen in Auschwitz die Hölle bereitet. Menschen haben sich an anderen Menschen, an ganzen Völkern vergangen. Sie haben gewöhnliche Verbrechen zum Verbrechen des Völkermords gemacht.

Das Gedenken daran muß fortleben, denn was einmal geschehen ist, kann erneut geschehen. Es steht aber auch in der Macht der Menschen — so hieß es im Appell zum 20. Jahrestag der Befreiung des KZ Auschwitz 1965 — in Zukunft all das zu verhüten, was durch menschliches Heldentum und namenloses Bemühen einmal ein Ende gefunden hat. Zu verhüten ist eben die Wiedergeburt der Ideologie und der Praktiken eines Höß, Kremer oder Broad, ein Wiederaufleben der Ideologie ihrer damaligen Auftraggeber und ihrer etwaigen Erben, also von Faschismus und Völkermord!

ANHANG • AUSSAGE VON STANISŁAW DUBIEL BERICHT VON JANINA SZCZUREK DIENSTGRADE DER SS KURZBIOGRAPHIEN VON NS-VERBRECHERN LITERATURVERZEICHNIS

AUSSAGE VON STANISŁAW DUBIEL

Oświęcim, den 7. August 1946. Bereichs-Untersuchungsrichter Jan Sehn, tätig auf Grund des Dekrets über die Hauptkommission und die Bereichskommissionen zur Untersuchung der deutschen Verbrechen in Polen vom 10.11.1945 (GBl. der Republik Polen Nr. 51, Pos. 293), hat als Mitglied der Hauptkommission im Verfahren nach Art. 255 in Verbindung mit den Art. 107 und 115 der Strafverfahrensordnung die nachfolgend genannte Person vernommen, die folgendes ausgesagt hat:

Ich heiße Stanisław DUBIEL, geb. am 13.11.1910 in Chorzów, Sohn von Klemens und Anna Pietrzok, röm.-kath., polnische Nationalität und Staatsangehörigkeit, wohnhaft in Chorzów I, Powstańców-Str. 49.

Im Konzentrationslager Auschwitz habe ich mich vom 6. November 1940 bis zum 18. Januar 1945 befunden. Gekennzeichnet war ich mit der Nummer 6059. Fast von Anfang an arbeitete ich als Gärtner, zuerst bei Lagerführer Fritzsch, der diese Funktion bis Ende 1941 innehatte, und dann bei seinem Nachfolger, Lagerführer Aumeier, der diese Funktion im Januar 1942 übernahm. Fritzsch wurde damals nach Flossenbürg versetzt. Am 6. April 1942 wurde ich als Gärtner in das Haus des Lagerkommandanten Rudolf Höß abkommandiert. Dort arbeitete ich bis zum Ende des Aufenthalts von Höß im Lager, ja sogar länger, nämlich bis zur Abreise seiner Familie aus Auschwitz. Höß wurde im Herbst 1943 von Auschwitz in die Zentrale versetzt. Seine Familie verließ Auschwitz im Sommer 1944. Durch meine Tätigkeit im Garten sowie im Haushalt von Höß hatte ich Gelegenheit, sowohl ihn als auch seine Familie aus nächster Nähe zu beobachten. Höß kam sehr oft während des Tages nach Hause; er ritt oder fuhr mit verschiedenen Fahrzeugen sehr oft das ganze Lagergelände ab, sah überall nach dem Rechten und interessierte sich für alle Lagerangelegenheiten. Am seltensten hielt er sich in seinem Büro auf. Akten, die seiner Unterschrift bedurften, wurden ihm nach Hause gebracht, und dort erledigte er sie. In seinem Hause empfing er häufig verschiedene SS-Würdenträger, unter anderem zweimal Himmler. Beim ersten Aufenthalt unterhielt sich Himmler sehr herzlich mit Höß und dessen Frau.[1] Er nahm Hößens Kinder auf den

[1] Stanisław Dubiel spricht vom ersten Besuch Himmlers im Hause Höß, während es sich in

Schoß; die Kinder nannten ihn „Onkel Heini". Diese Szenen wurden auf Photographien verewigt, die in der Wohnung von Höß als Vergrößerungen an den Wänden hingen. Beim zweiten Besuch Himmlers in Auschwitz,[2] kurz bevor Höß den Kommandantenposten verließ, erklärte Himmler bei einem im Garten geführten Gespräch, daß er (Höß) Auschwitz verlassen müsse, weil der englische Rundfunk zu viel über die Vernichtung der Häftlinge in Auschwitz rede. Im Laufe der damals geführten Diskussion zu diesem Thema erklärte Höß, er sei überzeugt, daß er seinem Vaterland durch sein Wirken in Auschwitz einen guten Dienst erweise. Er sagte das, unmittelbar nachdem Himmler die Frage der Vergasung von Menschen angeschnitten hatte. Einen Teil dieser Diskussion habe ich selbst gehört, den Rest erzählten uns weibliche Häftlinge, im Haushalt von Höß beschäftigte Bibelforscherinnen. Es waren zwei Deutsche, hartnäckige Gegnerinnen des Naziregimes. Eine von ihnen, Sofie Stipel, stammte aus Hößens Geburtsort, d.h. aus Mannheim-Ludwigshafen, und kannte ihn aus der Kinderzeit, weil sie in ein und derselben Straße gewohnt hatten. Eben sie sagte mir, daß Höß im Laufe dieses zweiten Gesprächs mit Himmler wortwörtlich erklärt habe: „Ich dachte, ich werde meinem Vaterlande damit einen Dienst erweisen." Ich nehme an, daß Sofie Stipel gegenwärtig bei ihrer Tochter in Heidelberg wohnt. Sowohl Stipel als auch ihre Kameradin benachrichtigten uns immer über mitgehörte Gespräche in Lagerangelegenheiten und warnten uns, wenn besondere Vorsichtsmaßnahmen zu treffen waren, wenn ein Reinfall drohte. Dank ihrer Hilfe konnten wir in vielen Fällen Schlimmes verhüten. Ein häufiger Gast von Höß war auch der Inspekteur der Konzentrationslager, SS-Obergruppenführer Schmauser[3], und mehrfach, ich glaube fünf Mal, der Chef des Wirtschafts- und Verwaltungshauptamtes, SS-Obergruppenführer Pohl. Bei Pohls Besuchen herrschte eine sehr herzliche Atmosphäre. Es war offensichtlich, daß Höß und Pohl befreundet waren. Wir hatten den Eindruck, daß Höß Pohl gewisse Geschenke gab. Im Laufe all dieser Besuche veranstalteten die Hößens prächtige Empfänge für ihre Gäste. Die dafür benötigten Lebensmittel mußte ich auf Anweisung von Frau Höß „besorgen". Vor jedem Empfang sagte mir Frau Höß, was sie brauchte, beziehungsweise sie befahl mir, mich deswegen mit der Köchin Sofie zu verständigen. Sie gab mir weder Geld noch Lebensmittelkarten, die man normalerweise zum Einkauf von Lebensmitteln brauchte. Ich richtete es so ein, daß ich durch meinen Kollegen Adolf Maciejewski, der im Häftlings-Lebensmittelmagazin Kapo war, zum Chef dieses Magazins, SS-Unterscharführer Schebeck, vordrang, von dem ich jede Woche die Zuteilungen für die im Haushalt von Höß beschäftigten weiblichen Häftlinge abholte. Bei einem Gespräch mit Schebeck ließ ich durchblicken, daß ich ein Gespräch gehört habe, bei dem Höß eine Beförderung Sche-

---

Wirklichkeit um dessen zweiten Besuch am 17. und 18. Juli 1942 handelte. Dubiel kann nicht Zeuge des ersten Himmler-Besuchs am 1. März 1941 gewesen sein, weil er damals als Gärtner bei Lagerführer Fritzsch eingesetzt war.

[2] Es war der dritte Besuch Himmlers im KZ Auschwitz, dessen genaues Datum nicht bekannt ist. Höß hat in seinen Aufzeichnungen nichts über diesen Besuch geschrieben — möglicherweise mit Rücksicht auf den Inhalt des von Dubiel erwähnten Gesprächs.

[3] Inspekteur der Konzentrationslager war SS-Gruppenführer Richard Glücks. Schmauser war dagegen der Höhere SS- und Polizeiführer Südost in Breslau (Wrocław).

becks erwähnt habe. Schebeck war sehr an dieser Beförderung gelegen; er fragte mich, ob ich nicht irgend etwas für die Hößens benötige, und auf diese Weise nahm ich Fühlung mit ihm auf. Beim Abholen der Lebensmittelzuteilungen für die weiblichen Häftlinge nahm ich immer Waren mit, die im Hößschen Haushalt gebraucht wurden. Diese Waren konnte ich ruhig in das Haus von Höß bringen, weil Schebeck mir dabei half. Auf diese Weise lieferte ich den Hößens im Laufe nur eines Jahres 3 Sack Zucker zu je 85 kg. Frau Höß machte mich extra darauf aufmerksam, daß kein SS-Mann etwas von diesen von mir erledigten Geschäften erfahren dürfe. Ich versicherte ihr, daß ich diese Angelegenheit mit einem Kollegen erledige. Mit Schebeck vereinbarte ich gleichfalls, daß er sich so verhalten solle, als ob er von der ganzen Sache nichts wüßte. Dabei versicherte ich ihm, daß Höß nichts von diesen Transaktionen wisse. Schließlich sagte ich ihm die Wahrheit, daß ich mit Wissen von Höß „besorge" und daß durch einen Verrat meinerseits oder durch Schebeck die ganze Sache sicherlich ein trauriges Ende für uns nehmen würde, denn Höß werde zweifellos alles ableugnen. Ich sagte das Schebeck auch deshalb, damit er wußte, daß uns — falls wir verschwiegen waren — von Höß nichts drohe. Diese Situation nutzte ich auch für meine Kameraden aus, indem ich Schebeck mehr Waren abluchste, von denen ich später einen Teil ins Lager schmuggeln konnte, um bedürftige Häftlinge, vor allem also kranke Kameraden, zusätzlich mit Nahrungsmitteln zu versorgen. Anfangs trug ich die Waren in einem Korb, später benutzte ich einen kleinen Wagen. Das Lebensmittelmagazin war zu jener Zeit gut versorgt, weil man dort Lebensmittel lagerte, die man den Juden abgenommen hatte, die mit den Massentransporten nach Auschwitz gekommen waren und meist von diesen Transporten aus direkt ins Gas geschickt wurden. Aus diesem Magazin bezog ich für Hößens Privathaushalt Zucker, Mehl, Margarine, verschiedenerlei Backpulver, Suppenwürze, Nudeln, Haferflocken, Kakao, Zimt, Grieß, Erbsen und andere Produkte. Frau Höß war unersättlich; ständig verwickelte sie mich in Gespräche, in denen sie erwähnte, was ihr im Haushalt fehle. Auf diese Weise gab sie mir zu verstehen, worum ich mich bemühen solle. Die Produkte verwendete sie nicht nur in der eigenen Küche, sondern schickte sie zum Teil an ihre Verwandten in Deutschland. Auf gleiche Weise versorgte ich Hößens Küche mit Fleisch aus der Schlächterei und ständig mit Milch. Ich merke an, daß Höß und seiner Familie auf Grund der Milchkarten täglich ein und ein viertel Liter Milch zustand. Täglich holte ich für die Küche von Höß aus der Häftlingsmolkerei 5 Liter Milch und nicht selten auf Verlangen von Frau Höß auch noch Sahne. Die Molkerei bekam die Bezahlung für ein und einen viertel Liter Milch. Für alle anderen Produkte, also für all das, was aus dem Häftlingslebensmittelmagazin und aus der Lagerschlächterei in die Küche und den Haushalt von Höß gelangte, zahlten die Hößens nichts. Der zweite Lieferant des Hößschen Haushalts war der Chef der Kantinenwirtschaft und Leiter der Lagerschlächterei Engelbrecht, der während seines Einsatzes in Auschwitz vom SS-Oberscharführer zum SS-Obersturmführer befördert wurde. Er lieferte Fleisch, Wurstwaren und Zigaretten aus der Kantine. Ich sah im Hause Höß Kisten mit jeweils 10 000 jugoslawischen Zigaretten „Ibar". Das waren Zigaretten, die man nur in der Häftlingskantine bekommen konnte. Frau Höß bot mir von diesen Zigaretten an und zahlte damit für heimlich von Häftlingen ausgeführte Arbeiten (Schwarzarbeit). Die Häftlinge mußten diese Arbeiten ausführen, obwohl sie sich dadurch der Gefahr strengster Strafen aussetzten. Charakteristisch ist, daß Höß einen Befehl erlassen hatte, der verbot, solche Arbeiten auszuführen. Er selbst befolgte im eigenen Haushalt diesen Befehl nicht. Ich behaupte, daß er von meinen Lieferungen für seinen Haushalt wußte. Es geschah so manches Mal, daß er mich in der Küche beim Auspacken soeben erst gebrachter Waren antraf. Er sah auch die sich in Kammer und Speisekammer seines Hauses auftürmenden Vorräte; übrigens machte er selbst Gebrauch davon und veranstaltete Empfänge für andere. Daß er in Wirtschaftsfragen vorsorglich war, belegt auch die Tatsache, daß er von seinen Reisen nach Ungarn, wohin er nach Verlassen des Kommandantenpostens fuhr, ganze Kisten mit Wein schickte. Die Fahrten nach Ungarn unternahm er als Sonderbeauftragter für die Judenvernichtung in Europa; so nannte ihn offiziell seine Frau, die mir in einem Gespräch erklärte, daß es den Feinden von Höß nicht gelungen sei, ihn zu vernichten, ganz im Gegenteil; er sei befördert worden, und man habe ihm eine noch wichtigere Aufgabe anvertraut. Ich betone nochmals, daß ich selbst die kleinsten im Haushalt benötigten Dinge wie Schuhcreme und Schuhbürsten für das Haus Höß „besorgen" mußte. Kennzeichnend ist dabei, daß Frau Höß die für die in ihrem Hause beschäftigten weiblichen Häftlinge gelieferte Wäsche austauschte. Es war vergasten Jüdinnen geraubte Wäsche aus dem Magazin „Kanada", die den Dienstmädchen von Zeit zu Zeit geliefert wurde. Auf denselben Grundsätzen basierte die Einrichtung und Ausstattung des Hauses Höß. Auch dabei wurde alles von Häftlingen aus Lagermaterial angefertigt. Die Wohnung war mit prachtvollsten Möbeln ausgestattet; die Schubladen des Schreibtisches waren mit Leder aus den Lagern der Lederfabrik ausgekleidet, in der ein Magazin zur Aufbewahrung der aus den jüdischen Massentransporten geraubten Lederwaren eingerichtet war. Leder und Lederwaren lieferte der ehemalige Häftling Erich Grönke ins Haus Höß, ein Berufsverbrecher, für dessen Entlassung sich Höß eingesetzt hatte und den er dann als Direktor der Lederfabrik einstellte. Grönke fuhr täglich am Hause Höß vor und brachte Galanteriewaren, Schuhe aller Art — Damen-, Herren- und Kinderschuhe. Alle Anzüge für die Söhne des Kommandanten und für ihn selbst wurden bei Grönke in der Lederfabrik angefertigt. Zu diesem Zweck teilte man ihm die besten Schneider zu, anfangs Polen, später weltbekannte Spezialisten — Juden aus Frankreich, Belgien und anderen Ländern. Im Hause Höß arbeiteten ungefähr anderthalb Jahre lang zwei jüdische Schneiderinnen. Sie nähten Kleidung für Frau Höß und ihre Tochter, aus Stoff, den Grönke aus den den Juden geraubten Beständen lieferte. Ich möchte anmerken, daß in den Lagern der Lederfabrik die Kleidung und andere Sachen der vergasten Juden nach darin versteckten Kostbarkeiten durchsucht wurden, vor allem nach Gold, ausländischen Zahlungsmitteln von hohem Wert und Brillanten. Ich weiß von Grönke selbst, daß man sehr viele Kostbarkeiten gefunden hat. Dasselbe bestätigte mir ein in der Gerberei beschäftigter Kamerad, Stanisław Jarosz. Sie arbeiteten in einem besonderen verschlossenen Zimmer. Die entdeckten Kostbarkeiten händigten sie Grönke ohne jede Quittung aus. Ich nehme an, daß sowohl Grönke persönlich als auch — durch seine Vermittlung — Höß von diesen Kostbarkeiten Gebrauch gemacht haben. Es ist bezeichnend, daß sich Frau Höß, für die ich im Garten und in den Treibhäusern die erlesensten Blumen zog, nicht mit dem zufriedengab, was ich mit Hilfe der mir im Lager zur Verfügung stehenden Mittel erreichen und züchten konnte. Sie schickte SS-Leute ins Haus des mit mir zusammen im Garten arbeitenden Roman Kwiatkowski aus Będzin (Łąki Nr. 1), von wo sie die von Frau Höß bestellten Samen und Pflänzlinge holten. Auch die Söhne von Kwiatkowski brachten Pflanzen. Sie taten das im Auftrag von Mittelsleuten von Frau Höß. Ich möchte auch folgende, mir aus eigener Beobachtung bekannte Tatsache nicht außer acht lassen. Höß beauftragte einen Häftling aus der Schlächterei, Konserven aus Schweinefleisch für ihn herzustellen. Die Konserven wurden falsch zubereitet und verdarben. Als Höß das bemerkte, ließ er die verdorbenen Konserven in die Häftlingsküche bringen und holte statt dessen frische Ware aus der Schlächterei von Engelbrecht. Indem Höß auf diese Weise Häftlingsarbeit und Lagergut für private Zwecke nutzte, richtete er sein Haus so prachtvoll ein, daß seine Frau erklärte: „Hier will ich leben und sterben." In ihrem Haushalt mangelte es an nichts, und bei den riesigen Vorräten der im Lager angehäuften Güter aller Art konnte es auch an nichts fehlen. Außer den bereits genannten Lieferanten ist noch SS-Rottenführer Hartung zu erwähnen, der einen Posten in den Gärtnereien in Rajsko bekleidete. Von dort lieferte er hinter dem Rücken des Leiters der Landwirtschaftsbetriebe des Lagers Caesar Tausende von Blumentöpfen, Samen, Stecklingen und im Herbst Gemüse als Wintervorrat ins Haus Höß. Für jeden Winter mußte ich — natürlich in Zusammenarbeit mit Kameraden — 70 Tonnen Koks zum Heizen des Hauses und besonders der Treibhäuser „besorgen". Höß hat all diese in seinem Haushalt angehäuften Sachen gesehen. Er wußte, das ich mich mit ihrer Lieferung befaßte, aber niemals hat er mich gefragt, woher ich diese Sachen habe und auf welche Weise dafür bezahlt werde. Es ist also nicht verwunderlich, daß sich bei dieser Vorsorge der Hößens im sogenannten Hause Höß so viele Güter befanden, daß für ihren Abtransport nach Hößens Versetzung vier Eisenbahnwaggons nötig waren.

Durch Erklärungen von Frau Höß wußte ich, daß Höß sehr daran gelegen war, in Auschwitz zu bleiben, daß seine Versetzung in die Zentrale ihm trotz der Beförderung innerhalb der Hierarchie des Wirtschafts- und Verwaltungshauptamtes nicht zusagte und daß er diese Versetzung als Ergebnis von Intrigen des Leiters der Landwirtschaftsbetriebe des Lagers, Dr. Joachim Caesar, ansah, mit dem er auf schlechtem Fuße stand. Gute Beziehungen hatte Höß mit dem Chef der Lagerbauleitung Bischoff. Von der Unterordnung der Politischen Abteilung, insbesondere ihres Chefs Grabner, unter den Lagerkommandanten, d.h. unter Höß, zeugt die Tatsache meiner Entlassung aus dem Bunker und meiner Streichung von der Liste der von der Politischen Abteilung zur Erschießung vorgesehenen Personen. Da ich unter der Beschuldigung verhaftet worden war, einer polnischen Geheimorganisation anzugehören, was offensichtlich in meiner bei der Politischen Abteilung geführten Personalakte vermerkt war, setzte mich diese Abteilung dreimal auf die Liste der zur Erschießung bestimmten Personen. Zum ersten Mal geschah das am 12.6.1942, als ich zusammen mit einhundertzweiundsiebzig anderen aus unserem Block und aus der Schreibstube ausgesucht worden war und so wie alle anderen dieser Gruppe auf den Hof von Block 11 geführt werden sollte.[4] Damals verlangte Höß meine

---

[4] Das Jahr 1942 zeichnete sich im KZ Auschwitz durch besonderen Terror aus. Von Mitarbeitern

Freistellung und meine Rückkehr zur Arbeit, was auch geschah. Am Nachmittag desselben Tages kam Grabner in Begleitung von Hößens Adjutanten und Hössler in den Garten von Höß, wo ich arbeitete, und verlangte meine Auslieferung zur Erschießung. Höß und vor allem Frau Höß widersetzten sich dem ganz entschieden und setzten ihren Willen durch. Erneut wurde ich im Juli oder August 1942 [5] und zum letzten Mal am 28. Oktober 1942 auf die Liste der zu Erschießenden gesetzt. Im letzten Falle sollte ich mit einer Gruppe von zweihundertachtzig Häftlingen aus der Umgebung von Lublin erschossen werden. [6] Auch diesmal widersetzte sich Höß meiner Erschießung. An diese Tatsache erinnerte mich Frau Höß oft, um mich dadurch zu eifriger Ausführung der von ihr verlangten Dienste anzustacheln, die ich hier kurz beschrieben habe. Ich merke an, daß weder Höß noch seine Frau sich aus irgendwelchen ideellen Gründen für mich eingesetzt haben. Beide waren verbissene Gegner von Polen und Juden. Sie haßten alles, was polnisch war. Frau Höß sagte oft zu mir: „Die Polen müssen alle zusammen für die Greueltaten in Bromberg bezahlen.[7] Sie sind nur dazu da, um zu arbeiten bis zum Verrecken." Von den Juden meinte sie, sie müßten bis auf den letzten von der Erde verschwinden und zu gegebener Zeit kämen sogar die englischen Juden an die Reihe.

Gelesen. Hiermit sind das Vorgehen und das vorliegende Protokoll beendet.

---

der Politischen Abteilung vorgenommene Massenhinrichtungen waren Racheakte an den wehrlosen Häftlingen für den von Widerstandsorganisationen in ganz Polen geführten Kampf gegen die Besatzer. Am 12. Juni 1942 erschoß man an der Todesmauer auf dem Hof des Blocks 11 60 politische Häftlinge — Polen, die man 1940 und 1941 mit Transporten aus Śląsk (Schlesien) und aus Kraków bzw. Tarnów nach Auschwitz gebracht hatte. (D. Czech, „Kalendarium...", Auschwitz-Hefte Nr. 3, S. 64, Oświęcim 1960)

[5] Am 14. Juli 1942 wurden an der Todesmauer auf dem Hof des Blocks 11 ungefähr 200 politische Häftlinge erschossen — Polen, die man 1940 und 1941 mit Transporten aus Śląsk (Schlesien), aus Kraków, Lublin, Łódź, Radom und Warschau nach Auschwitz gebracht hatte. (ebenda, S. 71)

[6] Zu den etwa 280 politischen Häftlingen, die am 28. Oktober 1942 erchossen wurden, gehörten hauptsächlich Polen, die von Dienststellen der Sicherheitspolizei und des SD in Lublin und Radom ins Lager eingewiesen worden waren. (ebenda, S. 97)

[7] Am 3. September 1939 hatten deutsche Diversanten den provokatorischen Versuch unternommen, mit Waffengewalt in Bydgoszcz (Bromberg) die Macht an sich zu reißen. Dieser Versuch war mit aktiver Unterstützung der NSDAP von der SS vorbereitet worden. Das Diversionsvorhaben zielte u.a. darauf ab, Tätlichkeiten der polnischen Zivilbevölkerung zu provozieren, um später die geplante Ausrottungspolitik gegenüber dem polnischen Volk „begründen" zu können. Am Kampf gegen die Diversanten beteiligten sich die in Bydgoszcz befindlichen Einheiten des polnischen Heeres sowie Streifen der Bürgerwehr, darunter polnische Pfadfinder und Gymnasiasten. Bis zum 5. September, d.h. bis zum Einrücken der Wehrmacht in Bydgoszcz, wurden ungefähr 150 hitlerfaschistische Diversanten bei den Kämpfen getötet oder auf Grund von Gerichtsurteilen erschossen und etwa 700 verhaftet (die meisten wurden wieder freigelassen). Die polnischen Verluste beliefen sich auf etwa 240 Soldaten. Als Vergeltung für die Niederschlagung des Diversionsvorhabens und die angebliche Verfolgung der deutschen Minderheit nahmen die Nazis nach der Besetzung der Stadt Erschießungen und am 9. und 19. September 1939 Massenhinrichtungen vor, bei denen ca. 1500 Polen getötet wurden. Insgesamt beliefen sich die Verluste, die die polnische Einwohnerschaft von Bydgoszcz durch die weiteren Ausrottungsmaßnahmen der Nazis während der Besatzungszeit erlitten hat, auf 26 500 Personen. Unter Falschdarstellung der Zwischenfälle am 3. und 4. September 1939 in Bydgoszcz lancierte die Nazipropaganda die These vom „Bromberger Blutsonntag" und entfesselte eine Verleumdungskampagne über angebliche polnische Greueltaten und Morde an der deutschen Minderheit. („Wielka Encyklopedia Powszechna PWN" — Große allgemeine Enzyklopädie des wissenschaftlichen Staatsverlags PWN, Warszawa 1970, Bd. 13, S. 74)

SS-Obersturmbannführer Rudolf Höß (rechts) und Reichsführer SS Heinrich Himmler bei einer Inspektion des KZ Auschwitz (Aufnahme eines SS-Mannes, Name und Zeitpunkt unbekannt)

Rudolf Höß bei seiner Auslieferung an Polen (Aufnahme eines unbekannten Fotografen, 1946)

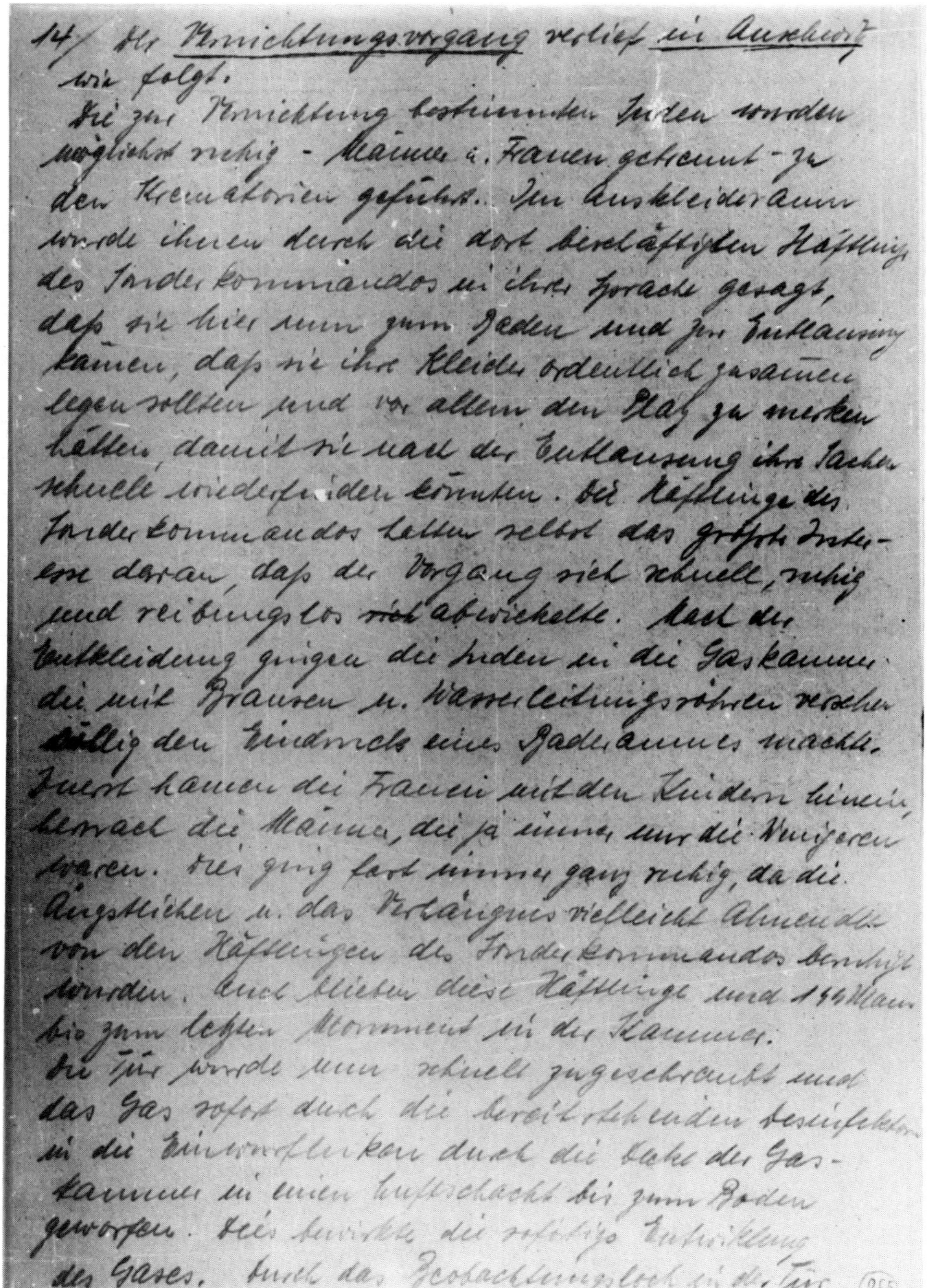
14/ Der Vernichtungsvorgang verlief in Auschwitz
wie folgt.
Die zur Vernichtung bestimmten Juden wurden
möglichst ruhig – Männer u. Frauen getrennt – zu
den Krematorien geführt. Im Auskleideraum
wurde ihnen durch die dort beschäftigten Häftlinge
des Sonderkommandos in ihrer Sprache gesagt,
daß sie hier nun zum Baden und zur Entlausung
kämen, daß sie ihre Kleider ordentlich zusammen
legen sollten und vor allem den Platz zu merken
hätten, damit sie nach der Entlausung ihre Sachen
schnell wiederfinden könnten. Die Häftlinge des
Sonderkommandos hatten selbst das größte Inter-
esse daran, daß der Vorgang sich schnell, ruhig
und reibungslos abwickelte. Nach der
Entkleidung gingen die Juden in die Gaskammer
die mit Brausen u. Wasserleitungsröhren versehen
völlig den Eindruck eines Baderaumes machte.
Zuerst kamen die Frauen mit den Kindern hinein,
hernach die Männer, die ja immer nur die Wenigeren
waren. Dies ging fast immer ganz ruhig, da die
Ängstlichen u. das Verhängnis vielleicht Ahnenden
von den Häftlingen des Sonderkommandos beruhigt
wurden. Auch blieben diese Häftlinge und 1 SS-Mann
bis zum letzten Moment in der Kammer.
Die Tür wurde nun schnell zugeschraubt und
das Gas sofort durch die bereitstehenden Desinfektoren
in die Einwurfluken durch die Decke der Gas-
kammer in einen Luftschacht bis zum Boden
geworfen. Dies bewirkte die sofortige Entwicklung
des Gases. Durch das Beobachtungsloch in der Tür
255

Auszug aus den Aufzeichnungen von Rudolf Höß mit der Beschreibung der Massenvernichtung der Juden im KZ Auschwitz

konnte man sehen, daß die dem Einwurfschacht am nächsten Stehenden sofort tot umfielen. Man kann sagen, daß ungefähr 1/3 sofort tot war. Die anderen fingen an zu taumeln, zu schreien und nach Luft zu ringen. Das Schreien ging aber bald in ein Röcheln über und in wenigen Minuten lagen alle. Nach spätestens 20 Minuten regte sich keiner mehr. Je nach Witterung, feucht oder trocken, kalt oder warm, weiter je nach Beschaffenheit des Gases – das nicht immer gleich war – nach Zusammensetzung des Transportes, viel Gesunde, Alte oder Kranke, Kinder, dauerte die Wirkung des Gases 5–10 Minuten. Die Bewußtlosigkeit trat schon nach wenigen Minuten ein, je nach Entfernung von dem Einwurfschacht. Schreiende, Ältere, Kranke, Schwächliche und Kinder fielen schneller als die Gesunden u. Jüngeren.

Eine halbe Stunde nach dem Einwurf des Gases wurde die Tür geöffnet und die Entlüftungsanlage eingeschaltet. Es wurde sofort mit dem Herausziehen der Leichen begonnen. Eine körperliche Veränderung konnte man nicht feststellen, weder Verkrampfung noch Verfärbung, erst nach längerem Liegen, also nach mehreren Stunden zeigten sich an den Liegestellen die üblichen Totenflecken. Auch waren Verunreinigungen durch Kot selten. Verletzungen irgendwelcher Art wurden nicht festgestellt. Die Gesichter zeigten keinerlei Verzerrung.

Den Leichen wurden nun durch das Sonderkommando die Goldzähne entfernt und den Frauen die Haare abgeschnitten.

SS-Unterscharführer Pery Broad,
Mitarbeiter der Politischen Abteilung

SS-Oberscharführer Josef Klehr, SS-Sanitäter

SS-Obersturmführer
Johann Paul Kremer,
SS-Lagerarzt

Eines der Hefte,
in denen Kremer
sein Tagebuch führte

Seite aus Kremers
Tagebuch
mit Eintragungen
über seinen Dienst
im KZ Auschwitz,
u.a. mit Notiz über
seine Anwesenheit
bei einer
Sonderaktion →

Herrn aus Breslau sei, mit dem ich eine ganz unglaubliche Ähnlichkeit habe. Er sei mit diesem Herrn im 1. Weltkriege im Felde zusammen gewesen. Wieviele Doppelgänger habe ich eigentlich in der Welt?! Abends bei einer Sonderaktion zugegen (4. Mal).

Morgens bei einer Sonderaktion zugegen (5. Mal) 10. September 1942

Heute Obersturmbannführer Lolling im Lager, bei dessen Vorstellung ich erst erfuhr, daß ich Hauptsturmführer Kitt vertrete, der jetzt zur Erholung auf dem Obersalzberg sich befindet. — 11. September 1942

Zum 2. Male die Auschwitzer Krankheit. Temperatur 37,8. Heute die 3. und damit letzte Spritze gegen Fleckfieber erhalten. — 14. September 1942.

In Berlin bei der Kleiderkasse Allwettermantel bestellt nach Schneidermaßen: Bis Taille 48, Ganze Länge 133, Halber Rücken 22, Bis Ellenbogen 51, Ganze Ärmellänge 81, Oberweite 104, Taillenweite 100, Gesäß 124. Uniformbezugsschein dafür beigegeben, d.h. für einen Uniform-Wetterschutzmantel. Heute mit Ot. Meyer das Frauenlager Birkenau besucht. — 17. September 1942

Heute Sonntagnachmittag von 3-6 Uhr Konzert der Häftlingskapelle in herrlichem Sonnenschein angehört: Kapellmeister Dirigent der Warschauer Staatsoper. 80 Musiker. Mittags gabs Schweinebraten, abends gebackene Schleie. — 20. September 1942.

Morgens Otto an das Polizeipräsidium Köln (Abt. Kriminalpolizei) geschrieben. Abends Entenklein. Ot. Meyer erzählt mir von einer Vererbung eines Traumas (Nase) in der Familie seines Schwiegervaters. — 21. September 1942

Heute Nacht bei der 6. und 7. Sonderaktion. Morgens ist Obergruppenführer Pohl mit Gefolge im Haus der Waffen-SS eingetroffen. Vor der Tür steht ein Posten, welcher als erster seinen Präsentiergriff vor mir macht. Abends — 23. September 1942

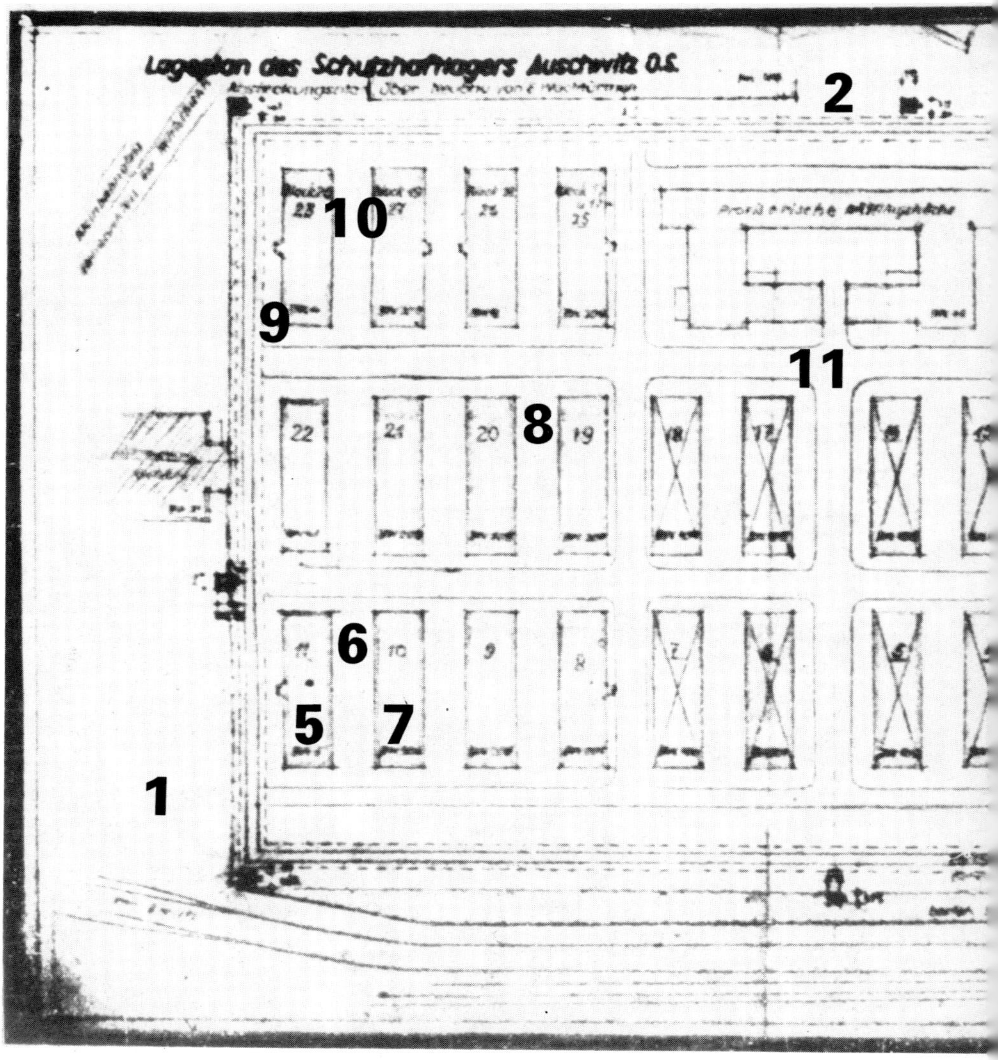

**EINRICHTUNGEN
UND STÄTTEN
DER MASSENVERNICHTUNG
IM KZ AUSCHWITZ I (STAMMLAGER)**

1. Kiesgrube, Stätte für das Erschießen von Häftlingen
2. Kiesgrube
3. Kiesgrube
4. Krematorium I
5. Block Nr. 11, der „Todesblock"
6. Hof des Blocks 10
7. Versuchslabor im Block 10
8. Stätte für das Töten von Häftlingen durch Phenolspritzen ins Herz
9. Stätte für das Töten von Häftlingen durch Phenolspritzen ins Herz
10. Leichenhalle im Keller des Blocks 28
11. Galgen für Massenhinrichtungen durch Erhängen

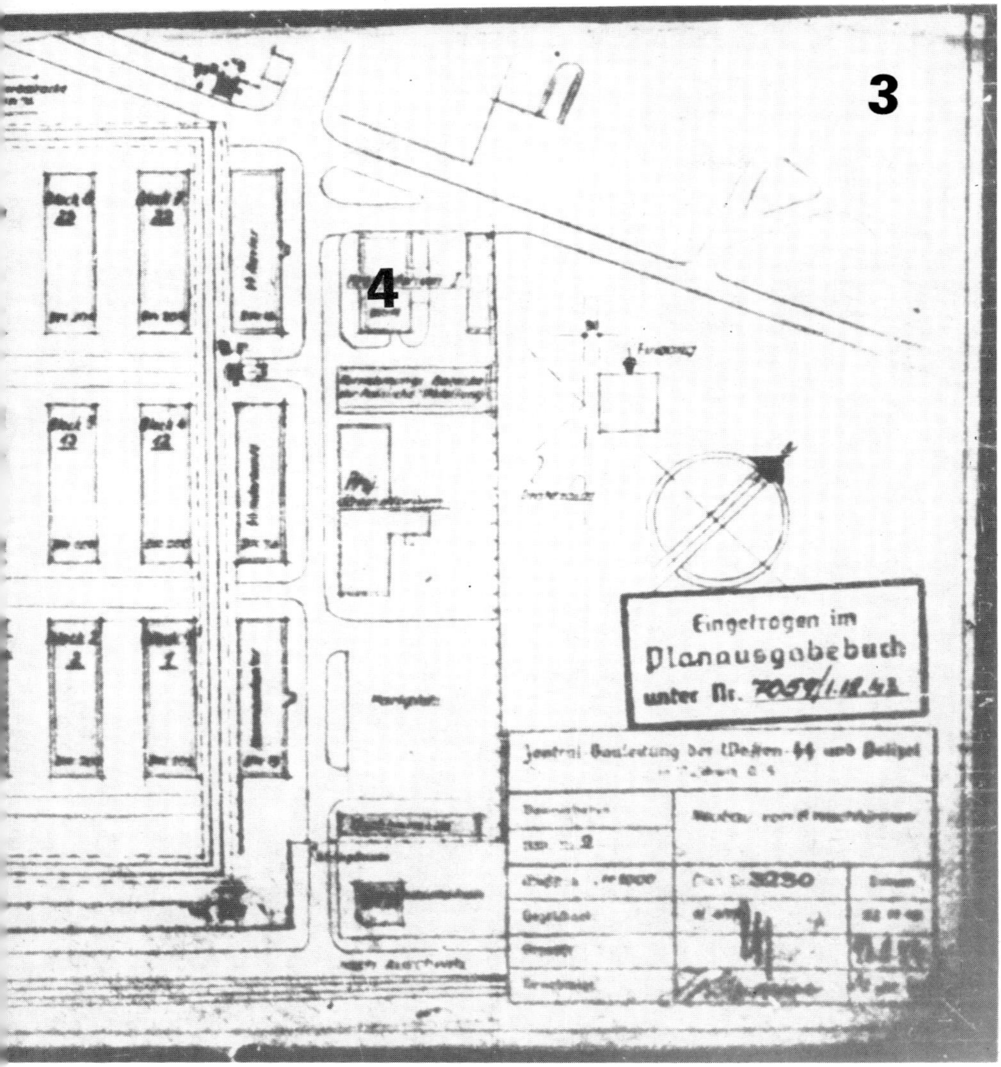
3
4
Eingetragen im
Planausgabebuch
unter Nr.
3230

SS-Obersturmbannführer Arthur Liebehenschel, zweiter Kommandant des KZ Auschwitz

SS-Hauptsturmführer Hans Aumeier, Lagerführer des Stammlagers (KZ Auschwitz I)

SS-Sturmbannführer Richard Baer, dritter und letzter Kommandant des KZ Auschwitz

SS-Hauptscharführer Gerhard Palitzsch, Rapportführer im Stammlager, berüchtigt wegen seiner Grausamkeit

Mitglieder der Auschwitzer SS-Mannschaft auf der Anklagebank in Kraków (Aufnahme eines unbekannten Fotografen, 1947)

Blick auf einen Teil der Anklagebank beim Prozeß gegen die SS-Mannschaft des KZ Auschwitz-Birkenau vor dem Obersten Nationalgerichtshof in Kraków. In der ersten Reihe (v.l.): Arthur Liebehenschel, Mária Mandel und Hans Aumeier (Aufnahme eines unbekannten Fotografen, 1947)

Auschwitz. SS-Leute der Wachmannschaft des KZ Auschwitz

Auschwitz.
Einfahrtstor des KZ Auschwitz I mit der Inschrift „Arbeit macht frei" (Aufnahme: Stanisław Łuczko, 1945, nach der Befreiung des Lagers)

Auschwitz.
Teilansicht des Stammlagers, KZ Auschwitz I (Aufnahme: Henryk Makarewicz, 1945, nach der Befreiung des Lagers)

Auschwitz. Rapportführer SS-Oberscharführer
Ludwig Plagge (1. v.r.) und Rudolf Höß (Mitte),
wahrscheinlich bei einem Besuch
von Gauleiter Bracht (Aufnahme eines SS-Mannes,
Name und Zeitpunkt unbekannt)

Rudolf Höß (1. v.r.) bei einem Besuch
des Reichsführers SS Heinrich Himmler (1. v.l.)
und anderer hoher SS-Führer aus Berlin
im KZ Auschwitz (Aufnahme eines SS-Mannes,
Name und Zeitpunkt unbekannt)

Monowitz bei Auschwitz.
Reichsführer SS Heinrich Himmler (1. vorn), Ing. Faust (Mitte, in Zivil) und Rudolf Höß (r. vorn) bei einer Inspektion des Baus von Objekten des IG-Farben-Konzerns (Aufnahme eines unbekannten SS-Mannes, 1942)

Birkenau.
Teilansicht des KZ Auschwitz II (Birkenau BII) mit Holzbaracken (Aufnahme eines unbekannten SS-Mannes, 1943–1944)

Birkenau. In einer Baracke für weibliche Häftlinge (Aufnahme eines unbekannten Fotografen, 1945, nach der Befreiung des Lagers)

Birkenau. Häftlingslatrine (Aufnahme eines unbekannten Fotografen, 1945, nach der Befreiung des Lagers)

Monowitz bei Auschwitz.
Ansicht der Buna-Werke, in denen
die billige Arbeitskraft der Häftlinge ausgenutzt wurde
(Aufnahme aus der Chronik der Befreiung des Lagers,
die Kameraleute der Roten Armee 1945 gefilmt haben)

Rajsko bei Auschwitz.
Häftlinge beim Bau des Nebenlagers,
eines Versuchsgutes, auf dem kautschukhaltige
Pflanzen angebaut wurden (Aufnahme
eines SS-Mannes, Name und Zeitpunkt unbekannt)

Auschwitz.
Austragen der Häftlingsverpflegung
(Aufnahme eines SS-Mannes,
Name und Zeitpunkt unbekannt)

Auschwitz.
Bau der Fundamente für das Lagerlazarett
der SS-Mannschaft (Aufnahme eines SS-Manne
Name und Zeitpunkt unbekannt)

Birkenau. Bei Erdarbeiten eingesetzte Häftlinge (Aufnahmen des SS-Mannes Kamann, 1942–1943)

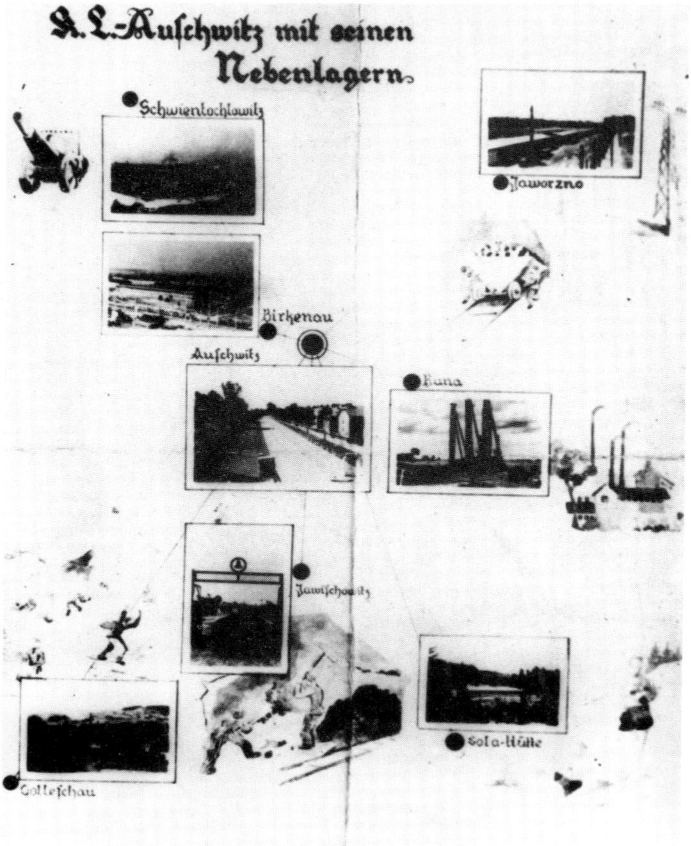

Im Lager angefertigte Tafel mit der Darstellung einiger der mehr als 40 Auschwitzer Außen- und Nebenlager

Budy bei Auschwitz. Schulgebäude, in dem die Frauen-Strafkompanie untergebracht war (Aufnahme eines unbekannten Fotografen, nach der Befreiung des Lagers)

Auschwitz. Der Todesblock (Block 11) und das auf den Hof dieses Blocks führende Tor (heutiger Zustand, Aufnahme von Tadeusz Kinowski)

Auschwitz. Block Nr. 11, Sitzungssaal des Standgerichts (heutiger Zustand, Aufnahme von Lidia Foryciarz)

Auschwitz. Die Hinrichtungswand (Todesmauer), an der Häftlinge erschossen worden sind (heutiger Zustand, Aufnahme von Andrzej Piotrowski)

Auschwitz. Eingang des zum Häftlingskrankenbau gehörigen Blocks Nr. 20. Im ersten Zimmer links (durch x gekennzeichnet) töteten SS–Leute Häftlinge mit Phenolspritzen ins Herz (heutiger Zustand, Aufnahme von Tadeusz Kinowski)

BERICHT VON JANINA SZCZUREK

Am 13. Januar 1963 erstattete die Bürgerin Janina SZCZUREK, geb. Przybyła, geboren am 24.12.1909, gegenwärtig wohnhaft in Oświęcim, Górnickiego-Str. 9, in Oświęcim folgenden Bericht über Hilfeleistung für Häftlinge sowie über die Verhältnisse im Hause Höß.

Ich erinnere mich nicht genau an Tag und Monat, als Hedwig Höß, die Frau des Lagerkommandanten von Auschwitz, in meine Wohnung kam und mir vorschlug, bei ihr zu Hause zu nähen. Wer sie zu mir geschickt hatte, weiß ich nicht, möglicherweise das Arbeitsamt, weil ich dort als Schneiderin registriert war.

Zu Hause nähte ich Damenkonfektion und hatte Lehrmädchen zur Hilfe. Ich konnte mich nicht drücken und willigte ein, wußte aber noch nicht, daß ich es mit der Frau des Kommandanten des Konzentrationslagers Auschwitz zu tun hatte.

Am vereinbarten Tag begab ich mich zu Fuß zu der angegebenen Adresse, und erst dort begriff ich, wo mein Arbeitsplatz lag.

Anfangs fürchtete ich mich, alleine zu gehen, und so nahm ich zur Sicherheit mein Lehrmädchen, Bronka Urbańczyk, heute Ciepła, aus Stare Stawy mit.

In der Wohnung von Höß begegnete ich zum ersten Mal Häftlingen. Ich erinnere mich noch an die Namen dieser Häftlinge: Bronek Jaroń aus Kraków, Wilhelm Kmak aus Grybów bei Tarnów und den Häftling Kwiatkowski, dessen Vornamen ich vergessen habe. Jaroń und Kwiatkowski arbeiteten im Garten von Höß, waren aber oft in der Wohnung, um schwerere Arbeiten auszuführen. Jaroń putzte immer die Schuhe. Auf seine Bitte hin nahm ich Verbindung mit Frau Stankiewiczowa und ihrer Tochter Helena Kwiatkowska auf. Der Schwiegervater von Frau Kwiatkowska war Besitzer einer Drogerie in Oświęcim. Von ihnen brachte ich Spritzen, Vitamine und graue Salbe in die Wohnung von Höß. Die Arzneimittel nahmen die Häftlinge meist selbst in Empfang, manchmal auch die Hausgehilfin von Frau Höß, Angela (Aniela) Bednarska, wohnhaft in Oświęcim. Angela versteckte die Päckchen im Garten und fügte in Frau Höß' Küche „besorgte" Lebensmittel bei. Sehr oft gab mir Angela Geld von ihrem Gehalt, und ich kaufte Medikamente für die Häftlinge. Nach ein paar Tagen ging ich nicht mehr zur Arbeit. Ich war hungrig, denn ich bekam nur Eintopfessen und 3 Mark Lohn. Wenn ich zu Hause nähte, konnte ich viel mehr verdienen. Damals ließ mich Frau Höß durch Angela rufen, erhöhte meinen Lohn auf 10 Mark, und ich bekam besseres Essen. Einen Teil gab ich hungrigen Häftlingen, die heimlich auf dem Müllhaufen nach Kartoffelschalen suchten, obwohl sie deswegen von den Kapos geschlagen wurden.

Der Häftling Kmak [1] war ständig in der Wohnung von Höß. Er strich die

---

[1] Wilhelm Kmak, geb. am 24. Januar 1904 in Grzybów, von Beruf Lackierer, am 30. August 1940 ins Lager eingeliefert, bekam die Häftlingsnummer 3456 und arbeitete als Maler in den Lagerwerkstätten. Am 31. August 1943 wurde er zusammen mit zwei anderen Häftlingen in den Bunker des Blocks 11 gesperrt, weil sie Fleisch und Wurst aus der Schlachterei ins Lager geschmuggelt haben sollten. Bei Verhören in der Politischen Abteilung nannte er die Namen von SS-Leuten, für die er ebenfalls Wurst „besorgt" hatte. Um die Angelegenheit zu vertuschen und sich der unliebsamen Zeugen zu entledigen, wurde er am 4. September 1943 zusammen mit den beiden Mithäftlingen erschossen.

Wände möglichst langsam und bat, daß wir die Hößschen Kinder nicht am Bekritzeln hinderten, denn die Beschäftigung in Höß' Wohnung war für ihn der einzige Kontakt mit uns und der zivilen Welt.

Wenn ich mit den Häftlingen sprechen wollte, gab ich vor, daß die Maschine schlecht nähe. Wenn niemand in der Nähe war, informierte ich die Häftlinge über die Lage in der Welt.

Zu Frau Höß kam ich sehr oft zum Nähen, sie ließ mich sogar zum Bügeln rufen. Wenn ich nach Hause ging, pflückte Angela mir auf Geheiß von Frau Höß im Garten einen Blumenstrauß. Diese Gelegenheit nutzte sie, um dort Essen zu verstecken. Ich stand am Tor und paßte auf, ob nicht gerade SS-Leute auftauchten. Am sichersten war es, das Essen abends zu hinterlegen, wenn Hößens ins Theater oder ins Kino fuhren. Am meisten fürchteten wir die Erzieherin der Kinder von Höß, die Deutsche Elfriede aus Hameln.

Uns gegenüber war Frau Höß loyal. Sie überwachte uns nicht besonders, wenn die Häftlinge in ihrem Hause arbeiteten. Auch die Hößschen Kinder taten, außer Klaus, dem ältesten, den dort beschäftigten Häftlingen nichts zuleide. Sie liefen im Garten umher und schauten der Arbeit zu. Einmal kamen sie zu mir und baten mich, ihnen solche Armbinden zu nähen, wie sie die Häftlinge trugen. Ich war mir nicht klar darüber, welche Folgen das haben konnte. Klaus streifte sich die Binde eines Kapos über den Ärmel, den Kindern nähte ich bunte Dreiecke auf die Kleidung. Die Kinder waren sehr zufrieden, tobten im Garten und stießen dort auf ihren Vater, der ihnen die Abzeichen abriß und die Kinder ins Haus brachte. Ich wurde nicht bestraft, es wurde mir nur verboten, solche Dinge zu tun.

Im Hause Höß nähte ich so lange, bis im Lager eine Schneiderei eingerichtet wurde. Seitdem führten weibliche Häftlinge, Jüdinnen, meine Arbeit aus.

Hiermit endet der Bericht.

DIENSTGRADE DER SS

SS-Dienstgrad	Dienstgrad der Wehrmacht
SS-Bewerber	—
SS-Mann	Soldat
SS-Sturmmann	Gefreiter
SS-Rottenführer	Obergefreiter
SS-Unterscharführer	Unteroffizier
SS-Scharführer	Unterfeldwebel
SS-Oberscharführer	Feldwebel
SS-Hauptscharführer	Oberfeldwebel
SS-Stabsscharführer	Hauptfeldwebel
SS-Sturmscharführer	Stabsfeldwebel
SS-Untersturmführer	Leutnant
SS-Obersturmführer	Oberleutnant
SS-Hauptsturmführer	Hauptmann
SS-Sturmbannführer	Major
SS-Obersturmbannführer	Oberstleutnant
SS-Standartenführer	Oberst
SS-Oberführer	—
SS-Brigadeführer	Generalmajor
SS-Gruppenführer	Generalleutnant
SS-Obergruppenführer	General
SS-Oberstgruppenführer	Generaloberst
Reichsführer SS	—

KURZBIOGRAPHIEN VON NS-VERBRECHERN

Aumeier
Hans,
SS-Hauptsturmführer
(geb. 20.8.1906)

Mitglied der NSDAP (Nr. 164755) und der SS (Nr. 2700). Seit der Errichtung des Lagers Dachau diente er in folgenden Lagern: KZ Dachau, KZ Esterwegen, KZ Lichtenburg, KZ Buchenwald und KZ Flossenbürg, von wo aus er im Januar 1942 in das KZ Auschwitz kam und von Karl Fritzsch den Posten des ersten Schutzhaftlagerführers übernahm. In dieser Funktion ließ er sich eine Reihe von Veruntreuungen zuschulden kommen, woraufhin er auf Veranlassung von Höß am 18. August 1943 als Kommandant in das Lager Vaivara in Estland versetzt wurde. Nach der Auflösung der Lager im Baltikum wurden Aumeier die Arbeitslager bei Landsberg anvertraut. Im Januar 1945 übernahm er die Leitung des neuerrichteten KZ Grini bei Oslo in Norwegen. Durch Urteil des Obersten Nationalgerichtshofes in Kraków vom 22. Dezember 1947 wurde er beim Prozeß gegen die Mitglieder der SS-Mannschaft des Konzentrationslagers Auschwitz-Birkenau zum Tode verurteilt. Das Urteil wurde vollstreckt.

Baer
Richard,
SS-Sturmbannführer
(geb. 9.9.1911)

Mitglied der NSDAP (Nr. 454991) und der SS (Nr. 44225). Seinen Dienst in Konzentrationslagern begann er 1933 als Mitglied der Wachabteilung des KZ Dachau. 1939 kam er zur Division Totenkopf, von wo aus er nach einer Verwundung 1942 als Adjutant ins KZ Neuengamme und 1943 ins KZ Auschwitz versetzt wurde. Drei Tage später berief man ihn als Adjutanten Pohls ins WVHA. Im November 1943 übernahm er die Funktion des Chefs des Amtes D I (Politische Abteilung) im Inspektorat Konzentrationslager. Am 11. Mai 1944 wurde er Kommandant des KZ Auschwitz und am 27. Juli desselben Jahres Standortältester. Nach der Evakuierung des Lagers Auschwitz ernannte man ihn zum Kommandanten des KZ Mittelbau. Wegen einer Fußverrenkung fuhr er noch vor der Kapitulation in die Steiermark (Österreich). Bis Dezember 1960 verbarg er sich unter falschem Namen und arbeitete als Waldarbeiter in der Gegend von Hamburg. Nach seiner Verhaftung und Einlieferung ins Untersuchungsgefängnis in Frankfurt am Main starb er plötzlich im Juli 1963.

Baretzki
Stefan,
SS-Rottenführer
(geb. 1919)

Nach Kriegsausbruch als Volksdeutscher nach Deutschland umgesiedelt. Im Herbst 1942 wurde er zur Waffen-SS in Auschwitz einberufen. Bis Januar 1945 war er Blockführer im Männerlager Birkenau. Durch Urteil des Schwurgerichts in Frankfurt am Main vom 19. August 1965 wurde er zu lebenslänglicher Haft verurteilt.

Bartsch (Barth)
Helmut,
SS-Hauptsturmführer

SS-Richter, Mitglied einer Sonderkommission zur Untersuchung von Unterschlagungen in der SS

Becher
Kurt,
SS-Standartenführer
(geb. 1909)

Bis 1942 Angestellter eines Weizenhandelsunternehmens. Im Sommer 1942 wurde er zum Chef einer Waffeneinkaufskommission der SS ernannt. Er leitete die Verhandlungen zur Übernahme der berühmten Rassezuchtanstalt Schlenderhan von Baron Oppenheim durch die SS, dem man es als Gegenleistung ermöglichte zu emigrieren. In den Jahren 1944-1945 war Becher Bevollmächtigter Himmlers bei den Verhandlungen mit Vertretern der jüdischen Hochfinanz über die Verschonung eines Teils der slowakischen und ungarischen Juden gegen hohe Bezahlung. Beim Prozeß gegen die Hauptkriegsverbrecher vor dem Internationalen Militärgerichtshof in Nürnberg trat Becher als Zeuge auf.

Bischoff
Karl,
SS-Sturmbannführer

Vom 1. Oktober 1941 bis zum Herbst 1944 war er Bauleiter des Konzentrationslagers Auschwitz. Danach wurde er zum Bauleiter der Waffen-SS und Polizei in Schlesien (Śląsk) mit Sitz in Kochłowice bei Katowice befördert.

Blobel
Paul,
SS-Standartenführer
(geb. 13.8.1894)

Mitglied der NSDAP (Nr. 844 662) und der SS (Nr. 2910). Von Juni 1941 bis Januar 1942 war er Befehlshaber des (zur Einsatzgruppe C gehörigen) Sonderkommandos 4a, das in der Sowjetunion (Kiew, Poltawa) wirkte. Im Juni 1942 begann er auf Befehl Heinrich Müllers mit der Aktion zum Verwischen der Spuren der Massenvernichtung in Polen und in der UdSSR. Nach dem Kriege wurde er verhaftet und angeklagt, 60 000 Personen ermordet zu haben. Durch Urteil des Amerikanischen Militärgerichtshofes Nr. II in Nürnberg beim Prozeß gegen die Einsatzgruppen (sog. Verfahren Nr. IX) am 8. April 1948 zum Tode verurteilt. Das Urteil wurde am 8. Juni 1951 durch Erhängen vollstreckt.

Boger
Wilhelm,
SS-Oberscharführer
(geb. 19.12.1906)

Mitglied der NSDAP (Nr. 153652) und der SS (Nr. 2779). 1933 wurde er als Mitglied der SS zur Hilfspolizei einberufen und 1937 zum Kriminalkommissar befördert. 1939 versetzte man ihn zur Gestapo in Ciechanów. Am 1. Dezember 1942 wurde er in das KZ Auschwitz versetzt, wo er bis zur Auflösung des Lagers Mitarbeiter der Politischen Abteilung war. Von Februar bis März 1945 arbeitete er in der Politischen Abteilung des KZ Mittelbau. Im Juni 1945 wurde er von der amerikanischen Militärpolizei verhaftet. Im November 1946 floh er vom Auslieferungstransport nach Polen. Anfangs hielt er sich versteckt, später arbeitete er als Handelsbeamter in Stuttgart. Vom Schwurgericht in Frankfurt am Main wurde er am 10. August 1965 zu lebenslänglicher Haft und zum Verlust der Bürgerrechte auf Lebenszeit verurteilt.

Bracht
Fritz,
SS-Brigadeführer
(geb. 18.1.1899)

Mitglied der NSDAP. Ab 1939 war er Stellvertretender Gauleiter und seit 1941 Gauleiter und Oberpräsident von Oberschlesien (Górny Śląsk).

Brandl
Therese,
(geb. 1.2.1909)

Seit 1934 Mitglied der Deutschen Arbeitsfront (DAF) und seit 1943 der NSDAP. Ihren Dienst begann sie im September 1940 im KZ Ravensbrück. Von April 1942 bis Dezember 1944 war sie Aufseherin im Frauenlager Auschwitz-Birkenau. Durch Urteil des Obersten Nationalgerichtshofes in Kraków vom 22. Dezember 1947 wurde sie beim Prozeß gegen die SS-Mannschaft des KZ Auschwitz-Birkenau zum Tode verurteilt. Das Urteil wurde vollstreckt.

Brauner
Ferdinand,
SS-Unterscharführer
(geb. 24.4.1911)

Von 1942 bis zur Evakuierung des KZ Auschwitz arbeitete er in der Schreibstube des SS-Standortarztes.

Broad
Pery,
SS-Unterscharführer
(geb. 25.4.1921)

Seit 1931 Mitglied der Hitlerjugend. 1941 trat er als Freiwilliger der SS bei. Im April 1942 abkommandiert zum Dienst im KZ Auschwitz. Anfangs war er Wachmann und dann Mitarbeiter der Politischen Abteilung des Lagers. Am 6. Mai 1945 geriet er in britische Gefangenschaft, aus der er 1947 entlassen wurde. Am 30. April 1959 wurde er im Zusammenhang mit dem Untersuchungsverfahren für den Auschwitz-Prozeß verhaftet. Das Schwurgericht in Frankfurt am Main verurteilte ihn am 19. August 1965 zu vier Jahren Zuchthaus.

Caesar Joachim, SS-Obersturmbannführer (geb. 30.5.1901)

Dr. agr., Mitglied der NSDAP (Nr. 626589) und der SS (Nr. 74704). Nach der Machtübernahme Hitlers war er zuerst Bürgermeister in Holstein und ab 1934 fest angestellter Mitarbeiter des Schulungsamtes der SS, später dessen Leiter. In das KZ Auschwitz kam er im Februar 1942 und übernahm dort am 12. März die Leitung der landwirtschaftlichen Betriebe. Ihm unterstanden Landwirtschaft und Viehzucht des Lagers sowie die Pflanzenversuchsstation in Rajsko. Bisher ist er nicht zur Verantwortung gezogen worden. Er lebt in der BRD.

Clauberg Carl, SS-Brigadeführer ehrenhalber (geb. 28.9.1898)

Gynäkologe, Prof. Dr. med. Im KZ Auschwitz nahm er auf Anweisung des Reichsführers SS Himmler verbrecherische Experimente an weiblichen Häftlingen vor, um ein Sterilisierungsverfahren auszuarbeiten. Nach dem Kriege befand er sich als Kriegsgefangener in der Sowjetunion, von wo aus er 1956 entlassen wurde und nach Kiel zurückkehrte. Dort wurde er bald darauf verhaftet und ins Untersuchungsgefängnis eingeliefert, wo er am 9. August 1957 starb.

Danz Luise (geb. 11.12.1917)

Im Februar 1943 begann sie ihren Dienst im Frauenkonzentrationslager Ravensbrück. 1944 war sie Aufseherin in folgenden Frauenlagern: KZ Lublin (Majdanek), KZ Płaszów und KZ Auschwitz-Birkenau. Von Januar bis Ende April 1945 war sie Aufseherin im Frauenlager Malhof. Beim Prozeß gegen die SS-Mannschaft des Konzentrationslagers Auschwitz-Birkenau wurde sie am 22. Dezember 1947 vom Obersten Nationalgerichtshof in Kraków zu lebenslänglicher Haft verurteilt.

Dejaco Walter, SS-Obersturmführer (geb. 1909)

Mitglied der SS und der NSDAP. Von 1941 bis 1944 war er Leiter der Abteilung Planung im KZ Auschwitz und dann Stellvertretender Leiter der Zentralbauleitung der Waffen-SS, wo er für den Ausbau des Lagers Auschwitz und der Massenvernichtungsanlagen verantwortlich war. 1972 stand er als Angeklagter vor dem Schwurgericht in Wien. Der Prozeß endete mit einem Freispruch, weil die meisten Geschworenen der Ansicht waren, daß er auf Befehl gehandelt habe und daher nicht strafrechtlich zur Verantwortung gezogen werden dürfe.

Egersdörfer
Karl,
SS-Unterscharführer
(geb. 20.7.1902)

Seit 1934 Mitglied der NSDAP sowie Mitglied der SS (Nr. 289457). Am 31. März 1941 wurde er zum Dienst bei der SS-Standortstelle im KZ Auschwitz abkommandiert. Ab Juli 1941 war er Leiter der Häftlingsküche im Stammlager. Beim Prozeß gegen die SS-Mannschaft des KZ Bergen-Belsen wurde er am 17. November 1945 vom britischen Militärgerichtshof in Lüneburg freigesprochen.

Eichmann
Adolf,
SS-Sturmbannführer
(geb. 19.3.1906)

Mitglied der NSDAP (Nr. 899895) und der SS (Nr. 45326). Im September 1933 begann er seinen hauptamtlichen Dienst bei der SS. Ein Jahr später wurde er als SS-Scharführer zum Stab des Reichsführers SS Himmler, zum Sicherheitsdienst-Hauptamt, versetzt, wo er im Rasse- und Siedlungshauptamt Referent der Abteilung II 112 war, die sich mit religiösen Fragen, Freimaurerei, Marxismus und jüdischen Angelegenheiten befaßte. Dort begann er sich auf Judenfragen zu spezialisieren. 1937 befaßte er sich mit Problemen, die mit der Auswanderung der Juden aus dem Dritten Reich zusammenhingen. 1938, nach dem Anschluß Österreichs, wurde Eichmann als Leiter der Reichszentralstelle für jüdische Auswanderung nach Wien delegiert. Nach der Besetzung der Tschechoslowakei wurde er in der zweiten Hälfte des Jahres 1939 als Spezialist für Fragen der Auswanderung der Juden nach Prag geschickt, um die „Auswanderung" der Juden aus der Tschechoslowakei zu organisieren. Im Dezember 1939 berief Himmler Eichmann als Sonderreferenten für Fragen der Aussiedlung der polnischen Bevölkerung aus den dem Reich eingegliederten Gebieten ins Reichssicherheitshauptamt. Sein Referat nannte sich IV D4. Wegen der ständigen Umgestaltung des RSHA wechselte dieses Referat mehrfach seine Bezeichnung, organisatorisch unterstand es aber stets dem Amt IV („Gegnererforschung und -bekämpfung"), d.h. der früheren Gestapo. 1941 bekam das Referat Eichmann nach einer weiteren Reorganisation die Bezeichnung IV B4.

Mitte 1941 traf die Führung des Dritten Reiches ihre Entscheidung über die sog. Endlösung der Judenfrage. Die organisatorischen Fragen dieser Aktion wurden dem RSHA übertragen, genauer gesagt, dem Referat IV B4, d.h. der Abteilung Eichmanns.

Nach Erhalt dieses Befehls arbeitete Eichmann einen Plan zur Aussiedlung der jüdischen Bevölkerung aus den einzelnen besetzten Ländern in den Osten aus. Sich der Verantwortung für die von ihm begangenen Verbrechen bewußt seiend, verbarg sich Eichmann nach der Kapitulation auf deutschem Boden. Später gelang es ihm, nach Italien, in den Nahen Osten und schließlich nach Argentinien zu entkommen. Am 11. Mai 1960 wurde er von einer Gruppe jüdischer Freiwilliger in Buenos Aires aufgegriffen und nach Israel gebracht. Der Prozeß Eichmanns fand vom 11. April bis zum 15. Dezember 1961 in Jerusalem statt. Eichmann wurde zum Tode verurteilt und am 1. Juni 1962 erhängt. Seine Leiche wurde verbrannt und die Asche auf hoher See ausgestreut.

Eicke
Theodor,
SS-Obergruppenführer (geb. 17.10.1892)

Mitglied der NSDAP (Nr. 114901) und der SS (Nr. 2921). Eicke war der eigentliche Schöpfer der Konzentrationslager (ausgenommen Dachau), denen er Form und Charakter verlieh. 1933 ernannte ihn Himmler zum Kommandanten des KZ Dachau. Ein Jahr später übernahm Eicke den Posten des ersten Inspekteurs der Konzentrationslager, wobei er besonderen Wert auf die Stärkung der Wachmannschaften in den Lagern legte. Auf sein Bemühen hin stimmte Hitler der Aufstellung von 25 Wachkompanien in den Konzentrationslagern zu, was den weiteren Ausbau dieser Einheiten ermöglichte, die später SS-Totenkopfverbände genannt wurden. Nach dem Polenfeldzug, an dem einzelne Formationen des 4. SS-Totenkopfregiments teilnahmen, bekam Eicke von Hitler den Befehl, so schnell wie möglich die SS-Totenkopfdivision aufzustellen, und wurde zum Generalleutnant befördert. Inspekteur Konzentrationslager wurde dann Richard Glücks; Eicke fiel im März 1943 an der Ostfront bei einem Aufklärungsflug in der Nähe von Charkow.

Entress
Friedrich Karl Hermann,
SS-Hauptsturmführer
(geb. 8.12.1914)

Dr. med. Vom 3. Januar bis zum 10. Dezember 1941 Lagerarzt im KZ Groß-Rosen. Am 11. Dezember 1941 übernahm er dieselbe Funktion im KZ Auschwitz und übte sie bis zum 20. Oktober 1943 aus. Er nahm unter kranken Häftlingen des Lagers sowie bei RSHA-Transporten Selektionen vor. Vom 21. Oktober 1943 bis zum 25. Juli 1944 war er Standortarzt und zugleich erster Lagerarzt im KZ Mauthausen. Dann war er vom 3. August 1944 bis Anfang 1945 erster Lagerarzt in Groß-Rosen. Vom amerikanischen Militärgerichtshof in Dachau wurde er 1946 beim sog. Mauthausen-Prozeß zum Tode verurteilt. Das Urteil wurde am 28. Mai 1947 in Landsberg vollstreckt.

Fischer
SS-Hauptsturmführer

Dr. jur. Mitglied der Sonderkommission zur Untersuchung von Unterschlagungen der SS im KZ Auschwitz, Mitarbeiter der Gestapo

Fritzsch
Karl,
SS-Hauptsturmführer
(geb. 10.7.1903)

Mitglied der SS (Nr. 7287). Im Mai 1940 vom KZ Dachau als erster Schutzhaftlagerführer ins neueröffnete Konzentrationslager Auschwitz abkommandiert. Im Januar 1942 wurde Fritzsch ins KZ Flossenbürg und dann in ein Nebenlager des KZ Mittelbau versetzt. Er starb im Mai 1945.

Gebhardt
SS-Sturmbannführer

Bis 1942 Regimentskommandeur der SS-Mannschaft des KZ Auschwitz

Genzken
Karl,
SS-Gruppenführer
und Generalleutnant
der Waffen-SS

Dr. med. Mitglied der NSDAP und der SS. 1940 war er Chefarzt des SS-Krankenhauses in Berlin und übte die Aufsicht über das Sanitätspersonal in den Konzentrationslagern aus. Ab Mai 1940 war er Chef des Sanitätsamtes der Waffen-SS. 1942 wurde er Chef des Sanitätsdienstes der Waffen-SS in der Amtsgruppe D des RSHA, wo er für Experimente mit Sulfonamiden und Flecktyphuserregern an KZ-Häftlingen verantwortlich war. Beim Prozeß gegen SS-Ärzte in Nürnberg wurde er am 20. August 1947 vom amerikanischen Militärgerichtshof Nr. I zu lebenslänglicher Haft verurteilt.

Globocnik
Odilo,
SS-Gruppenführer
(geb. 21.4.1904)

Mitglied der NSDAP (Nr. 429939) und der SS (Nr. 292776). 1933 wurde er wegen Beteiligung an der Ermordung eines jüdischen Juweliers in Wien verurteilt. Nach seiner Entlassung aus dem Gefängnis beteiligte er sich aktiv an Aktionen zum Anschluß Österreichs an das Dritte Reich. Er wurde zum stellvertretenden Gauleiter von Wien ernannt. Einige Monate später, im Januar 1939, wurde er wegen Devisenspekulationen abberufen. Im November des gleichen Jahres ernannte ihn Himmler zum Befehlshaber der SS und Polizei des Distrikts Lublin im sog. Generalgouvernement. Diese Funktion übte er bis September 1943 aus, d.h. bis zu seiner Berufung zum Oberbefehlshaber der SS und Polizei in Triest. Dort soll er am 31. Mai 1945 Selbstmord begangen haben.

Glücks
Richard,
SS-Gruppenführer
(geb. 22.4.1889)

Mitglied der NSDAP (Nr. 214855) und der SS (Nr. 58703). 1936 übernahm er die Funktion eines Stabsführers im Inspektorat Konzentrationslager in Oranienburg. Nach Ausbruch des zweiten Weltkrieges und der

Ernennung Theodor Eickes zum Generalleutnant der SS-Totenkopfdivision übernahm Glücks dessen Stellung als Inspekteur der Konzentrationslager. Glücks gilt als verschollen.

Goebbels
Joseph,
(geb. 29.10.1897)

Dr. jur. Mitglied der NSDAP. Seit 1926 Gauleiter von Berlin, seit 1928 Reichstagsabgeordneter und Propagandachef der Partei. Ab 1933 Reichsminister für Propaganda und Volksaufklärung. Im Juli 1944 wurde er Generalbevollmächtigter für den totalen Kriegseinsatz. Einige Tage vor der Kapitulation des Dritten Reiches, am 1. Mai 1945, verübte er zusammen mit seiner Frau Selbstmord, nachdem er zuvor seine sechs Kinder vergiftet hatte.

Göring
Hermann,
Reichsmarschall
(geb. 12.1.1893)

Einer der wichtigsten Naziführer, Reichsmarschall. 1922 trat er der NSDAP bei, und bald darauf wurde er Chef der SA. Seit 1928 Abgeordneter und ab 1932 Präsident des Reichstags. Seit 1933 Reichsminister der Luftfahrt und Ministerpräsident von Preußen. Er war der Organisator der Gestapo und Initiator der Errichtung von Konzentrationslagern. Seit 1935 war er Oberbefehlshaber der Luftwaffe. 1936 Beauftragter für den Vierjahresplan; leitete die Kriegswirtschaft des Dritten Reiches. 1937 stand er an der Spitze des riesigen staatlichen Konzerns „Hermann Göring" (Kohle, Eisen und Stahl), der während des Krieges Industriebetriebe in Österreich, der Tschechoslowakei und Polen übernahm. Göring war einer der engsten und langjährigsten Mitarbeiter von Hitler, der ihn zu seinem Nachfolger bestimmte. Ab 1943 nahm sein Einfluß ab. Das hing mit den mißlungenen Versuchen zusammen, die alliierte Luftwaffe durch die deutsche Luftwaffe zu besiegen. 1945, einige Tage vor der Kapitulation des Dritten Reiches, unternahm er einen gescheiterten Versuch, die Macht zu übernehmen. Deshalb wurde er von Hitler aus der Partei ausgestoßen, degradiert und aller Funktionen enthoben. Durch Urteil des Internationalen Militärtribunals in Nürnberg vom 1. Oktober 1946 wurde er beim Prozeß gegen die Hauptkriegsverbrecher zum Tode verurteilt. Am 15. Oktober 1946 beging er im Nürnberger Gefängnis Selbstmord.

Grabner
Maximilian,
SS-Untersturmführer
(geb. 2.10.1905)

Mitglied der NSDAP (Nr. 1214137), Sekretär der Kriminalpolizei. In Katowice war er im Staatspolizeiamt tätig, von wo aus er nach Eröffnung des KZ Auschwitz als Leiter der Politischen Abteilung des Lagers abgestellt wurde. Diese Funktion hatte er bis zum 1. Dezember 1943 inne. Wegen einer Reihe von Unterschlagungen wurde er seines Postens enthoben und verhaftet. 1944 wurde er von einem SS-Sondergericht zu 12 Jahren Gefängnis verurteilt. Durch Urteil des Obersten Nationalgerichtshofes in Kraków vom 22. Dezember 1947 wurde er beim Prozeß gegen die SS-Mannschaft des Konzentrationslagers Auschwitz-Birkenau zum Tode verurteilt. Das Urteil wurde vollstreckt.

Grawitz
Ernst Robert von,
SS-Obergruppenführer (geb. 8.6.1899)

Prof. Dr. med., Mitglied der NSDAP (Nr. 1102844) und der SS (Nr. 27483). Er war Reichsarzt SS und Chef des SS-Sanitätshauptamtes. Im April 1945 beging er Selbstmord.

Günther
Hans,
SS-Hauptsturmführer

Seit dem 22. Juli 1939 stellvertretender Leiter des Judenreferats im RSHA. Er leitete die Deportation der tschechoslowakischen Juden. Angeblich soll er im Mai 1945 in Prag umgekommen sein.

Hartjenstein
Fritz,
SS-Obersturmbannführer (geb. 3.7.1905)

Mitglied der NSDAP und der SS. Seit 1938 diente er in Militärformationen der SS. Anfangs war er Zugführer und dann Kompaniechef der Wachmannschaft des KZ Sachsenhausen. 1939 war er eine Zeitlang Leiter des Arbeitslagers Niedernhagen-Wawelburg. 1940—1942 diente er in der SS-Totenkopfdivision. 1942 wurde er zum Befehlshaber des Wachsturmbanns des KZ Auschwitz ernannt, und von November 1943 bis Mai 1944 war er Kommandant des KZ Auschwitz II, von wo aus er auf den Posten des Kommandanten des KZ Natzweiler und seiner Nebenlager versetzt wurde. Erstmalig wurde er am 5. Juni 1946 von einem britischen Gericht in Wuppertal zum Tode verurteilt, zum zweiten Mal dann am 2. Juli 1954 von einem französischen Gericht in Metz. Wegen seiner verbrecherischen Tätigkeit im KZ Auschwitz war er nicht angeklagt. Er starb im Gefängnis.

Heß
Rudolf,
(geb. 26.4.1894)

1920 trat er in die NSDAP ein. Seit 1925 war er Privatsekretär Hitlers und dessen engster Mitarbeiter. Seit 1933 war er Minister ohne Geschäftsbereich und Stellvertreter Hitlers in der Führung der NSDAP. Er gehörte dem Geheimen Kabinettsrat und dem Ministerrat für Reichsverteidigung an. 1939 wurde er von Hitler zu seinem zweiten Stellvertreter (nach Göring) ernannt. Am 10. Mai 1941 begab sich Heß mit einem Flugzeug nach Großbritannien, um der britischen Regierung ein Friedensangebot zu machen. Bis Kriegsende war er in Schottland interniert. Durch Urteil des Internationalen Militärgerichtshofes in Nürnberg vom 1. Oktober 1946 wurde er beim Prozeß gegen die Hauptkriegsverbrecher zu lebenslänglicher Haft verurteilt. Er starb 1988 als letzter Insasse des alliierten Kriegsverbrechergefängnisses in Berlin-Spandau.

Himmler
Heinrich,
Reichsführer SS
(geb. 7.10.1900)

Einer der führenden Mitarbeiter Hitlers. Nach dem ersten Weltkrieg diente er im nationalsozialistischen Freikorps. 1922 trat er in Hitlers Partei ein (Nr. 14303) und 1925 in die SS (Nr. 168). Am 6. Januar 1929 wurde er zum Reichsführer der Schutzstaffeln (SS) ernannt. Seit dem 30. Januar 1933 war er Chef der bayrischen Polizei und ab Herbst jenes Jahres kommissarischer Chef der politischen Polizei in Mecklenburg, Lübeck, Baden-Württemberg, Hessen, Anhalt und Bremen. 1934 übernahm er von Göring die Aufsicht über die Gestapo.

Am 10. Februar 1936 wurde er Reichsführer SS und Chef der Deutschen Polizei im Reichsinnenministerium. Ab August 1943 war er zugleich Reichsinnenminister. Außerdem war Himmler seit dem 7. Oktober 1938 Reichskommissar für die Festigung des deutschen Volkstums. 1943 wurde er Generalbevollmächtigter für die Reichsverwaltung. Im Juli 1944 ernannte ihn Hitler zum Oberbefehlshaber der Reservearmeen, im Dezember 1944 zum Oberkommandierenden der Rheinarmee und im Januar 1945 zum Oberbefehlshaber der Heeresgruppe Rhein-Weichsel. Durch all diese Funktionen war Himmler eine der einflußreichsten Persönlichkeiten des Dritten Reiches; sie ermöglichten es ihm, eine so gefährliche Macht wie die SS zu bilden, die Polizei zu reorganisieren und sie mit der SS zu vereinigen. Himmler war der Haupturheber der Massenmorde an politischen Gegnern und Juden sowie der sklavischen Ausbeutung der Arbeitskräfte in den besetzten Ländern. Zu diesem Zweck ließ er Konzentrationslager und Vernichtungszentren errichten.

In den letzten Tagen des zweiten Weltkrieges wurde er wegen der Mißerfolge der Heeresgruppe Rhein-Weichsel, die die sowjetischen Truppen nicht aufhalten und zurückschlagen konnte, sowie wegen des Versuchs, Kontakte mit den westlichen Alliierten aufzunehmen, um einen Waffenstillstand zu schließen, von Hitler aus der Partei ausgestoßen und aller Funktionen enthoben. Am 21. Mai 1945 von britischen Truppen verhaftet, verriet er sich und wurde am nächsten Tag ins Hauptquartier der 2. britischen Armee in Lüneburg gebracht. Dort unterzog man ihn einem Verhör, in dessen Verlauf er Selbstmord beging.

Hitler
Adolf,
(geb. 20.4.1889)

Seit 1921 Führer der NSDAP. 1922 schuf er terroristische Kampfgruppen der Partei — die Sturm-Abteilungen (SA). Im November 1923 stand er an der Spitze des mißlungenen Putschversuchs in München und wurde deswegen zu 5 Jahren Festungshaft verurteilt. Während der Haft in Landsberg schrieb er das Buch „Mein Kampf", in dem er sein chauvinistisches und rassistisches Programm der deutschen Hegemonie in Europa formulierte. Ende 1924 aus dem Gefängnis entlassen, reorganisierte er die NSDAP, baute sie aus und schuf die Schutzstaffeln (SS), die mit der Zeit zur verbrecherischsten NS-Organisation wurden. 1932 kandidierte er bei den Reichspräsidentenwahlen und erhielt 36,8% der Stimmen. Am 30. Januar 1933 wurde er mit Unterstützung des Großkapitals von Reichspräsident Paul Hindenburg zum Reichskanzler ernannt. Am 30. April 1934 setzte er sich mit Hilfe von Hermann Göring und Heinrich Himmler blutig mit der Opposition der SA-Führung unter Ernst Röhm und mit anderen politischen Gegnern auseinander („Nacht der langen Messer"). Nach dem Tode Hindenburgs vereinigte Hitler am 2. August 1934 die Ämter des Präsidenten und des Kanzlers in seiner Person und begann, durch verstärkten Terror und politische Erpressung zu regieren. Er verwirklichte das in „Mein Kampf" umrissene Programm der deutschen Hegemonie in Europa. Er bewirkte den Anschluß Österreichs 1938, die Eroberung der Tschechoslowakei 1939 und nach der Kündigung des Nichtangriffspaktes mit Polen im April jenes Jahres den Überfall auf Polen am 1. September 1939, wodurch er den zweiten Weltkrieg auslöste. Auf Befehl Hitlers wurden während des Krieges viele Millionen von Menschen, vor allem Polen und Bürger der UdSSR, ermordet. Er veranlaßte auch die Ausrottung der Juden in den besetzten und abhängigen Ländern. Sein Wille sanktionierte die Verbrechen und steckte die Richtlinien ab für alle Maßnahmen der Statthalter in den besetzten Gebieten. Er war verantwortlich für alle Verbrechen. Als sich alle Kalkulationen als falsch erwiesen und die Niederlage des Dritten Reiches unabwendbar war, legalisierte er am 29. April 1945 sein Verhältnis mit Eva Braun und beging am nächsten Tag, d.h. am 30. April 1945, mit ihr zusammen im Bunker der Reichskanzlei in Berlin Selbstmord.

Hofmann
Franz Johann,
SS-Obersturmführer
(geb. 1906)

Mitglied der NSDAP. Seit September 1933 diente er in der Wacheinheit des KZ Dachau, von wo er im Dezember 1942 in das KZ Auschwitz versetzt wurde. Anfangs war er zweiter Lagerführer des Stammlagers und später Leiter des Zigeunerlagers in Birkenau. Im Dezember 1943 übernahm er die Funktion des ersten Lagerführers im Stammlager. Er beteiligte sich an Selektionen von RSHA-Transporten in Birkenau. Im Sommer 1944 wurde er in das KZ Natzweiler versetzt. Wegen seiner Tätigkeit im KZ Dachau wurde er vom Schwurgericht in München II am 19. Dezember 1961 zu lebenslänglichem Zuchthaus verurteilt. Erneut stand er vor Gericht in Frankfurt am Main, wo er am 19. August 1965 wegen seiner verbrecherischen Tätigkeit im KZ Auschwitz vom Schwurgericht zu lebenslänglicher Haft verurteilt wurde.

Höfle
Hans,
SS-Hauptsturmführer
(geb. 19.6.1911)

Mitglied der NSDAP und der SS (Nr. 307469). Er war Stabsoffizier bei SS-Gruppenführer Globocnik in Lublin sowie Kommissar für die Deportation der Juden aus dem Warschauer Ghetto.

Höß
Rudolf,
SS-Obersturmbannführer (geb. 25.11.1900)

Mitglied der NSDAP (Nr. 3240) und der SS (Nr. 193616). Seinen Dienst in Konzentrationslagern nahm er am 1. Dezember 1934 als SS-Unterscharführer in Dachau auf. Am 1. April 1935 wurde er Blockführer und ein Jahr später Rapportführer. Am 1. August 1938 wurde er in das KZ Sachsenhausen versetzt. Anfänglich war er Adjutant, und am 11. September 1939 wurde er Schutzhaftlagerführer. Innerhalb von vier Jahren KZ-Dienst stieg er bis zum SS-Hauptsturmführer auf. Am 4. Mai 1940 bekam er seine Ernennung zum Kommandanten des KZ Auschwitz. In dieser Funktion wurde er am 30. Januar 1941 zum SS-Sturmbannführer und am 18. Juli 1942 zum SS-Obersturmbannführer befördert. Im November 1943 wurde er von seinem Posten als Kommandant des KZ Auschwitz abberufen. Vom 10. November 1943 an übte er kommissarisch die

Pflichten des Amtschefs D I in der Amtsgruppe D des WVHA aus; am 1. Mai 1944 wurde er offiziell auf diesen Posten berufen. Nach dem Zusammenbruch des Dritten Reiches verbarg er sich unter dem Namen Franz Lang. Am 11. März 1946 in der Nähe von Flensburg verhaftet, wurde er auf Grund eines Auslieferungsbeschlusses den polnischen Behörden übergeben, am 25. Mai 1946 nach Warszawa gebracht und am 30. Juli in das Krakauer Gefängnis eingeliefert. Dort erfolgte das Untersuchungsverfahren gegen ihn. Vom Obersten Nationalgerichtshof in Warszawa wurde er am 2. April 1947 zum Tode verurteilt. Das Urteil wurde am 16. April 1947 in Auschwitz vollstreckt.

Hößler
Franz,
SS-Hauptsturmführer
(geb. 4.2.1906)

Mitglied der NSDAP und der SS (Nr. 41 940). 1940—1941 war er Chef der Lagerküche im KZ Auschwitz und kurze Zeit Rapportführer. 1942 war er Kommandoführer in Międzybrodzie bei Żywiec, wo Häftlinge ein Urlauberheim für die SS („Sola-Hütte") bauten. Ende 1942, Anfang 1943 war er Führer von Häftlingskommandos in Birkenau, u.a. des Sonderkommandos, und dann war er in der Abteilung Arbeitseinsatz tätig. Vom 27. August 1943 bis Januar 1944 war er Lagerführer des Frauenlagers Birkenau (Auschwitz II — Frauenlager). Ins KZ Dachau versetzt, war er bis Juni 1944 Kommandoführer in einem Außenlager. Im Juni 1944 kehrte er nach Auschwitz zurück, wo er bis zur Evakuierung Lagerführer des Stammlagers war. 1945 gehörte er der Wachmannschaft des KZ Dora-Mittelbau an. Nach der Evakuierung des Lagers im April 1945 kam Hößler ins KZ Bergen-Belsen. Vom britischen Militärgerichtshof in Lüneburg wurde er am 17. November 1945 beim Prozeß gegen die SS-Mannschaft des KZ Bergen-Belsen zum Tode verurteilt. Das Urteil wurde am 13. Dezember 1945 in Hameln vollstreckt.

Jambor
Eduard,
SS-Unterscharführer
(geb. 13.7.1900)

Er war Schreiber beim SS-Standortarzt im KZ Auschwitz. Nach der Evakuierung des Lagers wurde er nach Berlin versetzt. Er starb am 24. Juli 1945.

Kaduk
Oswald,

Seit 1940 Mitglied der SS. Von 1942 bis Januar 1945 Dienst im KZ Auschwitz, wo er anfangs Block-

SS-Unterscharführer (geb. 26.8.1906)	führer und dann Rapportführer war. Beteiligt an Selektionen von Häftlingen sowohl im Häftlingskrankenbau des Stammlagers als auch in Birkenau. Aktiv beteiligt an Hinrichtungen. Am 24. März 1947 wurde er wegen Zugehörigkeit zur SS von einem sowjetischen Militärgerichtshof zu 25 Jahren Zwangsarbeit verurteilt und im Zuchthaus Bautzen inhaftiert, von wo er 1956 vorzeitig entlassen wurde. Vom Schwurgericht in Frankfurt a/M wurde er am 19. August 1965 zu lebenslänglicher Haft und zum Verlust der Bürgerrechte auf Lebenszeit verurteilt.
Kitt Bruno, SS-Obersturmführer (geb. 9.8.1906)	Dr. med., Chefarzt des Frauenhäftlingskrankenbaus im KZ Auschwitz II (Birkenau), wo er unter den kranken weiblichen Häftlingen diejenigen aussuchte, die vergast werden sollten. Er war auch Arzt im KZ Neuengamme. Beim Prozeß gegen die SS-Mannschaft dieses Lagers wurde er 1946 vom britischen Militärgerichtshof zum Tode verurteilt. Das Urteil wurde am 8. Oktober 1946 in Hameln vollstreckt.
Klehr Josef, SS-Oberscharführer (geb. 17.10.1904)	Im August 1938 wurde er zur SS einberufen und zum Wachdienst im KZ Buchenwald abkommandiert. Ab 1940 war er SS-Sanitäter, anfangs sowohl im Häftlingskrankenbau als auch im SS-Revier des KZ Dachau, später, ab Anfang 1941, im Häftlingskrankenbau des KZ Auschwitz. Im Frühjahr 1943 wurde er Leiter der Desinfektionsabteilung, wo er Massentötungen von Häftlingen durch Gas vornahm. Im Juli 1944 wurde er zum Leiter des Häftlingskrankenbaus im Nebenlager Gleiwitz I ernannt. Er war für sanitäre Fragen in den Nebenlagern Gleiwitz I — IV verantwortlich. Als SS-Sanitäter nahm er an Selektionen von RSHA-Transporten sowie im Häftlingskrankenbau teil. Darüber hinaus tötete er Häftlinge durch Phenolspritzen ins Herz. Vom Schwurgericht in Frankfurt a/M wurde er am 19. August 1965 zu lebenslänglicher Haft und zum Verlust der Bürgerrechte auf Lebenszeit verurteilt.
Knittel Kurt, SS-Oberscharführer (geb. 23.9.1910)	Leiter der Abteilung VI (Kulturabteilung) in der Kommandantur des KZ Auschwitz. Ihm unterstanden Schulung und politische Erziehung der SS-Wachkompanie. Nach der Auflösung des KZ Auschwitz wurde er in das KZ Mittelbau versetzt.

Koch
Karl Otto,
SS-Standartenführer
(geb. 2.8.1897)

Mitglied der NSDAP (Nr. 475586) und der SS (Nr. 14830). 1935 war er Befehlshaber der SS-Wachkompanie des KZ Esterwegen und Kommandant des KZ Columbiahaus in Berlin. 1936 wurde er zum Kommandanten des Lagers Esterwegen ernannt. Am 1. August 1937 übernahm er, bereits als SS-Standartenführer, das KZ Buchenwald, dessen Kommandant er bis Dezember 1941 war. Wegen Veruntreuungen und der Einführung eines — selbst nach Ansicht der SS — unmenschlichen Terrors wurde er seines Postens enthoben. Ende 1941 verhaftet, wurde er auf Fürsprache Himmlers entlassen und zum Kommandanten des KZ Lublin (Majdanek) ernannt, von wo man ihn im August 1942 zum Postschutz versetzte. Im Dezember 1943 wurde er erneut verhaftet und von einem SS-Gericht zum Tode verurteilt. Anfang 1945 hingerichtet.

Kramer
Josef,
SS-Hauptsturmführer
(geb. 10.11.1906)

Ab Dezember 1931 Mitglied der NSDAP (Nr. 733597) und seit Januar 1932 Mitglied der SS (Nr. 32217). Ab 1934 in Konzentrationslagern tätig, 1936 in Dachau, 1937 in Sachsenhausen und dann in Mauthausen, wo er Adjutant war. Von Mai bis November 1940 war er Adjutant im KZ Auschwitz, dann wurde er Lagerführer des KZ Dachau. Im April 1941 übernahm er den Posten des Lagerführers und ab Oktober 1942 den des Kommandanten im KZ Natzweiler. Am 8. Mai 1944 kehrte er nach Auschwitz zurück und war bis November jenes Jahres Kommandant des KZ Auschwitz II, danach des KZ Bergen-Belsen. Vom britischen Militärgerichtshof in Lüneburg wurde er am 17. November 1945 beim Prozeß gegen die SS-Mannschaft des KZ Bergen-Belsen zum Tode verurteilt. Das Urteil wurde am 13. Dezember 1945 in Hameln vollstreckt.

Kremer
Johann,
SS-Obersturmführer
(geb. 26.12.1883)

Dr. med. und Dr. phil., Dozent der Universität Münster. Der NSDAP trat er im Juli 1932 und der SS 1935 bei. Vom 30. August bis zum 17. November 1942 war er SS-Arzt im KZ Auschwitz. Vom Obersten Nationalgerichtshof in Kraków wurde er am 22. Dezember 1947 beim Prozeß gegen die Mitglieder der SS-Mannschaft des KZ Auschwitz-Birkenau zum Tode verurteilt. Wegen seines fortgeschrittenen Alters begnadigt, wurde er nach zehn Jahren aus der Haft entlassen und kehrte am 10. Januar 1958 nach

Deutschland zurück. 1960 wurde er in Münster erneut vor Gericht gestellt und — unter Anrechnung der in Polen verbüßten Strafe — zu zehn Jahren Gefängnis verurteilt, während ihm die Universität Münster seine Doktortitel aberkannte. Verstorben in den sechziger Jahren.

Krömer SS-Sturmbannführer	Dr. pharm., Leiter der SS-Apotheke im KZ Auschwitz. Verstorben am 18. Februar 1944.
Langefeld Johanna	Aufseherin des ersten Frauen-KZ in Nohringen (Kreis Nordheim), von 1941 bis April 1942 Oberaufseherin (d.h. Lagerführerin) des KZ Ravensbrück. Von April bis Oktober 1942 war sie Oberaufseherin des Frauenlagers im KZ Auschwitz und von Oktober 1942 bis April 1943 im KZ Ravensbrück.
Lächert Marthe Luise Hildegard (geb. 19.3.1920)	Im April 1942 von der SS zum Dienst im Frauen-KZ Ravensbrück aufgenommen. Von Oktober 1942 bis August 1943 Aufseherin im KZ Lublin (Majdanek). Von April bis Juli 1944 war sie Aufseherin in den Nebenlagern des KZ Auschwitz-Birkenau in Rajsko und Budy. Vom Obersten Nationalgerichtshof in Kraków wurde sie am 22. Dezember 1947 beim Prozeß gegen die Mitglieder der SS-Mannschaft des KZ Auschwitz-Birkenau zu 15 Jahren Gefängnis verurteilt.
Liebehenschel Arthur, SS-Obersturmbannführer (geb. 25.11.1901)	Mitglied der NSDAP (Nr. 932760) und der SS (Nr. 39254). 1934 war er Adjutant im KZ Lichtenburg, 1936 kam er zum Inspektorat Konzentrationslager in Berlin. Anfangs war er in der Politischen Abteilung tätig, dann wurde er ihr Chef (das spätere Amt DI). Im November 1943 wurde er ins KZ Auschwitz versetzt, wo er die Posten des Kommandanten des Stammlagers (KZ Auschwitz I) und des Standortältesten übernahm. Im Mai 1944 wurde er Kommandant des KZ Lublin (Majdanek), und nach der Evakuierung des Lagers im Juli 1944 wurde er zum Amt des Höheren SS- und Polizeiführers Globocnik in Triest versetzt. Vom Obersten Nationalgerichtshof in Kraków wurde er am 22. Dezember 1947 beim Prozeß gegen die Mitglieder der SS-Mannschaft des KZ Auschwitz-Birkenau zum Tode verurteilt. Das Urteil wurde vollstreckt.

Lolling
Enno,
SS-Standartenführer
(geb. 19.7.1888)

Dr. med., Mitglied der NSDAP (Nr. 4691483) und der SS (Nr. 179765). Im Krieg wurde er der Waffen-SS eingegliedert. Zuerst war er Lagerarzt im KZ Dachau und dann Leitender Arzt im Inspektorat Konzentrationslager. Nach einer Reorganisation wurde er Chef des Sanitätsamtes (DIII) im WVHA der SS. 1945 beging er Selbstmord.

Loritz
Hans,
SS-Oberführer
(geb. 21.12.1895)

Mitglied der NSDAP (Nr. 298668) und der SS (Nr. 4165). Bis April 1936 Kommandant des KZ Esterwegen, dann des KZ Dachau und schließlich von Anfang 1940 bis zum 31. August 1942 des KZ Sachsenhausen. Er beging Selbstmord.

Maier
Franz Xaver,
SS-Untersturmführer

Mitglied der SS (Nr. 69600). Von der SS-Totenkopfdivision in Buchenwald als 2. Schutzhaftlagerführer ins neueröffnete KZ Auschwitz abkommandiert. Diese Funktion übte er nur wenige Monate aus. Wegen Veruntreuungen wurde er vor ein Kriegsgericht gestellt.

Mandel
Maria,
(geb. 10.1.1912)

Seit 1941 Mitglied der NS-Frauenschaft und seit 1942 der NSDAP, ausgezeichnet mit dem Kriegsverdienstkreuz 2. Klasse. 1938 meldete sie sich freiwillig zum Dienst in Konzentrationslagern. Ihre Tätigkeit begann sie im KZ Lichtenburg. Von Mai 1939 bis Oktober 1942 war sie zuerst Aufseherin und dann Oberaufseherin im KZ Ravensbrück. Von Oktober 1942 bis November 1944 war sie Oberaufseherin und später Lagerführerin im KZ Auschwitz-Birkenau. Vom Obersten Nationalgerichtshof in Kraków wurde sie am 22. Dezember 1947 beim Prozeß gegen die Mitglieder der SS-Mannschaft des KZ Auschwitz-Birkenau zum Tode verurteilt. Das Urteil wurde vollstreckt.

Maurer
Gerhard,
SS-Standartenführer
(geb. 9.12.1907)

Mitglied der NSDAP (Nr. 387103) und der SS (Nr. 12129). Seit 1934 Zusammenarbeit mit Pohl, der ihn zuerst in der Prüfungsabteilung und dann beim Aufbau der Zentralverwaltung der SS-Wirtschaftsbetriebe einsetzte. Nach Eingliederung des Inspektorats Konzentrationslager als Gruppe D ins WVHA 1941 und seiner Unterstellung unter Pohl wurde Maurer zum Chef des Amtes DII (Häftlingsarbeitseinsatz) ernannt, das er wesentlich erweiterte. In jedem Lager berief er einen verantwortlichen Leiter für den Arbeitseinsatz der Häftlinge in der Rüstungsindustrie. 1934 wurde Maurer Stellvertreter Glücks (Inspekteur der Konzentrationslager), der ihm nach und nach alle wichtigen Angelegenheiten übertrug. Vom Wojewodschaftsgericht in Kraków wurde er am 6. Dezember 1951 zum Tode verurteilt. Das Urteil wurde vollstreckt.

Mengele
Josef,
SS-Hauptsturmführer
(geb. 16.3.1911)

Dr. med. und Dr. phil. Im Frühjahr 1943 an der Ostfront verwundet. Von Mai 1943 bis August 1944 war er Lagerarzt des Zigeunerlagers (BIIe) in Birkenau und von August bis Dezember 1944 Arzt im Häftlingskrankenbau des Männerlagers (BIIf) in Birkenau. Gleichzeitig war er als Oberarzt in den Sanitätsstellen der Lager BIIa, BIIb und BIId in Birkenau tätig. Von Dezember 1944 bis zum 17. Januar 1945 war er Arzt im SS-Lazarett von Birkenau. Im Zigeunerlager (BIIe) verfügte er über ein Versuchslabor, in dem er pseudomedizinische Untersuchungen an Zwillingen, zur Physiologie und Pathologie des Zwergwuchses und zu Ursachen und Behandlungsverfahren des Wangenbrands (*Noma faciei*; Wasserkrebs) durchführte. Diese Experimente nahm er an Kindern und Jugendlichen vor, die er anschließend umbrachte. Es gelang ihm, der Verhaftung zu entgehen und sich in verschiedenen Staaten Südamerikas versteckt zu halten. Angeklagt wegen der im KZ Auschwitz-Birkenau von ihm begangenen Verbrechen, wird weiterhin nach ihm gefahndet.

Meyer
Georg Franz,
SS-Obersturmführer
(geb. 5.9.1917)

Dr. med., Lagerarzt im KZ Auschwitz. Er lebt und praktiziert in Wien.

Meyer
Max,
SS-Untersturmführer

Mitglied der SS (Nr. 289455). 1940 wurde er vom Inspektorat Konzentrationslager als Verwaltungsführer ins KZ Auschwitz abkommandiert.

Mildner
Rudolf,
SS-Standartenführer
(geb. 10.7.1900)

Dr. jur., Mitglied der NSDAP (Nr. 614080) und der SS (Nr. 275741), Oberregierungsrat, Chef der Staatspolizei-Leitstelle Kattowitz in Katowice. Er war Leiter der Sonderkommission, die im November 1941 Selektionen unter den sowjetischen Kriegsgefangenen durchführte. Darüber hinaus war er

Vorsitzender des Standgerichts, dessen Verhandlungen im Stammlager Auschwitz stattfanden.

Moll
Otto,
SS-Hauptscharführer
(geb. 4.3.1915)

Dienst im KZ Auschwitz seit dem 2. Mai 1941. Anfangs leitete er die landwirtschaftlichen Arbeiten, später wurde er Leiter der Strafkompanie, und bis zur Inbetriebnahme der Krematorien in Birkenau war er Chef des Sonderkommandos, das beim Verbrennen der Leichen in Gruben neben den Bunkern 1 und 2 eingesetzt war. Für sein verbrecherisches Wirken wurde er am 30. April 1943 vom Führer mit dem Kriegsverdienstkreuz 1. Klasse mit Schwertern ausgezeichnet. Von September 1943 bis März 1944 war er Lagerführer des Auschwitzer Nebenlagers „Fürstengrube" und von März bis Mai 1944 des neueröffneten Auschwitzer Nebenlagers Gleiwitz I in Gliwice. Im Mai 1944 wurde er vom Bevollmächtigten für die Vernichtung der ungarischen Juden, dem ehemaligen Kommandanten Rudolf Höß, nach Auschwitz berufen, wo er den Posten des Chefs der Krematorien in Birkenau übernahm, verantwortlich für das Verbrennen der Leichen im Freien. Moll war der Urheber des Plans für die Beseitigung des Lagers Auschwitz durch Bombardierung (sog. Moll-Plan). Nach Beendigung der Aktion zur Vernichtung der ungarischen Juden kehrte er auf seinen früheren Posten im Nebenlager Gleiwitz I zurück. Im Januar 1945 leitete er die Evakuierung der Häftlinge aus den Gleiwitzer Nebenlagern. Vom amerikanischen Militärgerichtshof in Dachau wurde er am 13. Dezember 1945 zum Tode verurteilt. Das Urteil wurde am 28. Mai 1946 vollstreckt.

Morgen
Konrad,
SS-Sturmbannführer
(geb. 8.6.1908)

Dr. jur., Richter des SS-Gerichts, Chef der Sonderkommission zur Untersuchung von Veruntreuungen in Konzentrationslagern. Von Juli 1943 bis Mitte 1944 führte er Untersuchungen gegen Mitglieder der SS-Mannschaften der Konzentrationslager Buchenwald, Lublin, Auschwitz, Oranienburg, Herzogenbusch, Dachau, Warszawa und Kraków-Płaszów durch. Nach dem Kriege sagte er als Zeuge beim Prozeß gegen die Hauptkriegsverbrecher vor dem Internationalen Militärtribunal in Nürnberg, beim Prozeß gegen die Mitarbeiter des WVHA der SS vor dem amerikanischen Militärgerichtshof Nr. IV in Nürnberg und beim Prozeß gegen „Mulka und andere" vor dem Schwurgericht in Frankfurt a/M aus.

Muhsfeldt
Erich,
SS-Oberscharführer
(geb. 18.2.1913)

Nach seinem Eintritt in die SS 1940 wurde er entsprechend geschult und im August 1940 dem Lager Auschwitz zugeteilt. Anfangs beaufsichtigte er Häftlingskommandos, später war er Blockführer. Am 15. November 1941 ins KZ Lublin (Majdanek) versetzt, wurde er Leiter des Kommandos für die Verbrennung der Leichen der verstorbenen und ermordeten Häftlinge. Im Juni 1942 wurde er nach Inbetriebnahme des Krematoriums von Majdanek dessen Leiter. Er nahm an größeren Hinrichtungsaktionen teil. Im Juni 1944 wurde er wieder nach Auschwitz versetzt, wo er das Sonderkommando in den Krematorien II und III beaufsichtigte. Später war er Chef aller Krematorien. Nach dem Kriege von einem amerikanischen Militärgerichtshof am 23. Januar 1947 wegen seiner im KZ Flossenbürg begangenen Verbrechen zu lebenslänglicher Haft verurteilt, wurde er an Polen ausgeliefert und am 22. Dezember 1947 vom Obersten Nationalgerichtshof in Kraków beim Prozeß gegen die Mitglieder der SS-Mannschaft des KZ Auschwitz-Birkenau zum Tode verurteilt. Das Urteil wurde vollstreckt.

Müller
Heinrich,
SS-Gruppenführer
(geb. 28.4.1900)

Mitglied der NSDAP (Nr. 453199) und der SS (Nr. 107043). Chef des Amtes IV (Gestapo) im RSHA und stellvertretender Chef der Sicherheitspolizei und des Sicherheitsdienstes. Nach dem Kriege ist er nicht entdeckt worden.

Nebe
Arthur,
SS-Gruppenführer

1933—1945 Organisator und später Chef der Kriminalpolizei im RSHA. Bis November 1941 war er Befehlshaber der Einsatzgruppe B in Belorußland. Vor Kriegsende wurde er als Teilnehmer am Attentat auf Hitler vom 20. Juli 1944 erhängt.

Ontl
Friedrich,
SS-Oberscharführer
(geb. 25.8.1909)

Leiter des Magazins im SS-Revier des KZ Auschwitz. Im September 1942 wurde er Chef der Kanzlei des SS-Standortarztes. Im Juli 1943 war er SS-Sanitäter im Auschwitzer Nebenlager „Neu Dachs" in Jaworzno.

Orlowski
Alice
(geb. 30.9.1903)

Aufseherin in Frauenlagern — von Juli 1943 bis April 1944 im KZ Lublin (Majdanek), von April bis Oktober 1944 im KZ Płaszów und von Oktober 1944 bis Januar 1945 im KZ Auschwitz-Birkenau, Nebenlager Budy. Vom Obersten Nationalgerichtshof in Kraków am 22. Dezember 1947 beim Prozeß gegen die Mitglieder der SS-Mannschaft des KZ Auschwitz-Birkenau zu 15 Jahren Gefängnis verurteilt.

Palitzsch
Gerhard Arno Max,
SS-Hauptscharführer
(geb. 17.6.1913)

Mitglied der NSDAP (Nr. 1965727) und der SS (Nr. 79466) sowie der Division Totenkopf. Er versah Wachdienst in den Konzentrationslagern Lichtenburg, Buchenwald und Sachsenhausen, wo er anfangs Blockführer und dann Rapportführer war. Im Mai 1940 wurde er in das KZ Auschwitz versetzt. Dort war er Rapportführer. Seit dem 11. November 1941 erschoß er an der Todeswand des Blocks 11 Häftlinge mit einem Kleinkalibergewehr. Nach Eröffnung des Zigeunerlagers (BIIe) in Birkenau wurde er dessen Leiter.

Palitzsch war der Schrecken der Häftlinge; er zeichnete sich durch besonderen Sadismus aus. Von den neueingelieferten Häftlingen eignete er sich viel Geld, Wertsachen, Kleidung u.dgl. an. Bei der Judenaktion übertrieb er diesen Raub derart, daß man ihn schließlich als Lagerführer des Auschwitzer Nebenlagers nach Brno in der Tschechoslowakei versetzte. Bald darauf wurde er verhaftet und vor ein SS-Gericht gestellt. Sein weiteres Schicksal ist unbekannt.

Pohl
Oswald,
SS-Obergruppenführer (geb. 30.6.1892)

Mitglied der NSDAP (Nr. 30842) und der SS (Nr. 147614). Chef des WVHA der SS. Vom amerikanischen Militärgerichtshof Nr. IV in Nürnberg wurde er am 3. November 1947 beim Prozeß gegen die Mitarbeiter des WVHA zum Tode verurteilt. Das Urteil wurde am 8. Juni 1951 in Landsberg vollstreckt.

Sauther
Erich
(geb. 8.8.1905)

Dr. med., war bis Oktober 1942 in der zahnärztlichen Station des SS-Reviers im KZ Auschwitz tätig.

Schebeck
Franz,
SS-Unterscharführer
(geb. 15.9.1907)

Mitglied der SS (Nr. 301333). Am 25. Juni 1940 wurde er vom KZ Oranienburg ins KZ Auschwitz versetzt, wo er Leiter des Lebensmittelmagazins war, das die Häftlingsküche versorgte. Nach dem Kriege wurde er in Wien vor Gericht gestellt und zu 10 Jahren Gefängnis verurteilt.

Scheffler
Hans,
SS-Oberscharführer
(geb. 8.12.1912)

Mitglied der SS (Nr. 218602). Am 16. Mai 1940 wurde er vom KZ Buchenwald ins KZ Auschwitz versetzt, wo er Koch in der SS-Küche war. Am 1. Juli 1944 wurde er zum Chef der SS-Küche ernannt.

Scherpe
Herbert,
SS-Oberscharführer
(geb. 30.5.1907)

Mitglied der NSDAP und der SS. Im KZ Auschwitz versah er ab Sommer 1940 Dienst. Zuerst war er Sanitäter im SS-Revier und von Anfang 1942 bis März 1943 im Häftlingskrankenbau des Stammlagers. Von April 1943 bis März 1944 beaufsichtigte er den Häftlingskrankenbau im Auschwitzer Nebenlager Golleschau in Goleszów und ab April 1944 im Nebenlager Blechhammer. Als SS-Sanitäter beteiligte er sich aktiv an Selektionen unter den Häftlingen der verschiedenen Häftlingskrankenbaue und am Töten durch Phenolspritzen. Vom Schwurgericht in Frankfurt a/M wurde er am 19. August 1965 zu 4 Jahren und 6 Monaten Zuchthaus und zum Verlust der bürgerlichen Ehrenrechte auf 4 Jahre verurteilt.

Schillinger
Josef,
SS-Oberscharführer

Im KZ Auschwitz war er Rapportführer, Kommandoführer des Außenkommandos in Chełmek und dann Küchenchef im Männerlager Birkenau. Er eskortierte die Judentransporte von der Rampe zu den Gaskammern. Am 23. Oktober 1943 wurde er auf der Verladerampe von einer an jenem Tage mit einem Transport aus Bergen-Belsen eingelieferten Jüdin erschossen.

Schmauser
Ernst Heinrich,
SS-Obergruppenführer (geb. 18.1.1890)

Mitglied der NSDAP (Nr. 215704) und der SS (Nr. 3359). 1941—1945 war er der Höhere SS- und Polizeiführer Südost in Wrocław und Befehlshaber dieses SS-Bereichs. Er war verantwortlich für den Verlauf der Evakuierung der Häftlinge aus dem KZ Auschwitz und seinen Nebenlagern.

Schumann
Horst,
Oberleutnant
der Luftwaffe,
SS-Sturmbannführer
(geb. 11.5.1906)

Seit 1930 Mitglied der NSDAP und der SA. 1933 promovierte er zum Dr. med. Im August 1939 wurde er Leiter der Euthanasieanstalt Grafeneck in Württemberg, in der Geisteskranke mit Kohlenoxid getötet wurden. Nach Auflösung dieser Einrichtung wurde er Leiter einer ähnlichen Anstalt in Sonnenstein bei Pirna. Nachdem Hitler formell die Ausrottung sog. unheilbar Kranker angeordnet und unter dem Decknamen „14 F 13" auch auf die Häftlinge der Konzentrationslager ausgedehnt hatte, gehörte Schumann den Ärztekommissionen an, die in den Konzentrationslagern Auschwitz, Buchenwald, Dachau, Flossenbürg, Groß-Rosen, Mauthausen, Neuengamme und Niedernhagen arbeitsunfähige oder wenig leistungsfähige Häftlinge aussondern sollten. Nach Auschwitz kam er erstmalig am 28. Juli 1941. Damals suchte er 575 Häftlinge — Invaliden, Krüppel und Kranke mit chronischen Leiden aus, die in die Euthanasieanstalt Sonnenstein überwiesen und dort mit Kohlenoxid getötet wurden. Zum zweiten Mal kam er im November 1942 nach Auschwitz, um Experimente durchzuführen, die darauf abzielten, Verfahren zur Massensterilisierung von Männern und Frauen auszuarbeiten und zu erproben, die keiner besonderen Kosten und keines hohen Zeitaufwands bedurften. Sterilisierungen durch Röntgenbestrahlung führte Schumann an männlichen und weiblichen Häftlingen in Block 30 des Frauenlagers Birkenau und Kastrationen in Block 10 des Stammlagers Auschwitz durch. Die Opfer dieser Experimente starben infolge von Entkräftung, seelischem Zusammenbruch und der erlittenen Verbrennungen. Unfähig zu weiterer Arbeit, wurden sie durch Phenolspritzen getötet oder vergast. Nur wenige Opfer sind mit dem Leben davongekommen. Im April 1944 sandte Schumann seine Studie über die Wirkung von Röntgenstrahlen auf die menschlichen Geschlechtsdrüsen an die Kanzlei Hitlers, und von dort aus wurde sie zum Reichsführer SS Himmler geschickt. Mitte 1944 übersiedelte Schumann nach Ravensbrück, wo er seine Sterilisierungs- und Kastrationsversuche an Zigeunerkindern fortsetzte. Nach Kriegsende lebte er bis 1951 in der BRD. Am Vorabend seiner Verhaftung floh er nach Yokohama. Vier Jahre lang war er Schiffsarzt. Ab 1955 arbeitete er im Sudan. 1959 floh er nach Nigeria und dann nach Liberia. 1960 ließ er sich in Ghana nieder, wo er als Arzt wirkte. Am 14. Juni 1961 erkannte ihm das Rektorat der Universität Halle den 1933 verliehenen Doktortitel ab. Im März 1966 wurde Schumann in Ghana verhaftet und nach seiner Auslieferung an die Justizbehörden der BRD am 16. November 1966 in die Haftanstalt Butzbach eingeliefert. Sein Prozeß vor dem Schwurgericht in Frankfurt a/M begann am 23. September 1970 und wurde wegen Erkrankung des Angeklagten im April 1971 ausgesetzt. Schumann ist angeklagt, in den Euthanasieanstalten Grafeneck und Sonnenstein den Tod von 13 720 Geisteskranken und im Rahmen der Aktion „14 F 13" den Tod von 765 arbeitsunfähigen Häftlingen der Konzentrationslager Buchenwald und Auschwitz verursacht zu haben. In einer Nebenklage wird er beschuldigt, an männlichen und weiblichen Häftlingen des KZ Auschwitz Sterilisierungs- und

Kastrierungsversuche vorgenommen zu haben. Bis zur Eröffnung des Verfahrens waren 54 von 115 Zeugen gestorben.

Schwarz Heinrich, SS-Hauptsturmführer (geb. 14.6.1906)	Mitglied der NSDAP (Nr. 786871) und der SS (Nr. 19691). Nach Ausbruch des zweiten Weltkrieges wurde er der Waffen-SS zugewiesen und zum Dienst im KZ Mauthausen eingesetzt, von wo aus er im November 1941 als Arbeitseinsatzführer (Abt. IIIa) ins KZ Auschwitz versetzt wurde. Im November 1943 wurde er Kommandant des KZ Auschwitz III (Monowitz), dem auch die Auschwitzer Nebenlager unterstanden. Nach der Evakuierung des KZ Auschwitz übernahm er von Hartjenstein das KZ Natzweiler. Von einem französischen Militärgerichtshof wurde er 1947 wegen seiner im KZ Natzweiler begangenen Verbrechen zum Tode verurteilt. Das Urteil wurde vollstreckt.
Schwarzhuber Johann, SS-Obersturmführer	Mitglied der SS. Dienst in den Konzentrationslagern Dachau, Sachsenhausen, Auschwitz und Ravensbrück. Seit dem 22. November 1943 war er Lagerführer des KZ Auschwitz II (Birkenau, Männerlager) und seit dem 12. Januar 1945 des KZ Ravensbrück. Nach dem Kriege wurde er in Hamburg verhaftet und angeklagt. Am 3. Februar 1947 wurde er wegen seiner im KZ Ravensbrück begangenen Verbrechen zum Tode verurteilt. Das Urteil wurde am 3. Mai 1947 vollstreckt.
Seidler Fritz, SS-Hauptsturmführer (geb. 18.7.1907)	Mitglied der NSDAP (Nr. 3693999) und der SS (Nr. 135387). Im November 1940 übernahm er von Franz Maier den Posten des 2. Schutzhaftlagerführers in Auschwitz. Gleichzeitig war er von Oktober 1941 bis März 1942 stellvertretender Lagerführer des Lagers für sowjetische Kriegsgefangene. Danach wurde er ins KZ Mauthausen-Gusen versetzt.
Speer Albert (geb. 19.3.1905)	1942—1945 war er Reichsminister für Bewaffnung und Munition. Gleichzeitig war er oberster Leiter des Hauptamtes für Technik in der NSDAP, Vorsitzender des Nationalsozialistischen Bundes Deutscher Techniker, Generalinspekteur für das Straßenwesen und Generalinspekteur für Wasser- und Energiewirtschaft. Vom Internationalen Militärtribunal in Nürnberg wurde er am 1. Oktober 1946 beim Prozeß gegen die Hauptkriegsverbrecher zu 20 Jahren

Haft verurteilt. Nach Verbüßung dieser Strafe wurde er 1966 entlassen.

Streicher Julius (geb. 12.2.1885)	Mitglied der NSDAP. Bis 1940 Gauleiter von Franken und Herausgeber des antisemitischen Wochenblatts „Der Stürmer". Vom Internationalen Militärtribunal in Nürnberg wurde er am 1. Oktober 1946 zum Tode verurteilt. Das Urteil wurde vollstreckt.
Thilo Heinz, SS-Obersturmführer (geb. 8.10.1911)	Dr. med., seit dem 9. Oktober 1942 Lagerarzt im KZ Auschwitz II. Er führte auf der Rampe in Birkenau und im Häftlingskrankenbau Selektionen durch, bei denen er kranke und arbeitsunfähige Häftlinge zum Vergasen aussonderte. Ende 1944 wurde er ins KZ Groß-Rosen versetzt. Nach sich widersprechenden Informationen entweder am 13. Mai 1945 in Hohenelbe oder am 20. November 1947 in Berlin gestorben.
Uhlenbrock Kurt, SS-Sturmbannführer (geb. 2.3.1908)	Dr. med., im August 1942 SS-Standortarzt im KZ Auschwitz. Zu dieser Zeit führte er Selektionen durch, bei denen er kranke Häftlinge zum Vergasen aussonderte. Er war beim ersten Frankfurter Prozeß angeklagt, aber nach Hinterlegen einer Kaution wurde die Untersuchung gegen ihn eingestellt.
Vetter Helmuth, SS-Obersturmführer (geb. 21.3.1910)	Dr. med., Lagerarzt in den Konzentrationslagern Dachau, Auschwitz und Mauthausen. Als Mitarbeiter der Firmen IG Farben und Bayer untersuchte er an Häftlingen von Konzentrationslagern die Verträglichkeit von Arzneimitteln. Von einem amerikanischen Militärgerichtshof wurde er 1947 beim Prozeß gegen die Mannschaft des KZ Mauthausen zum Tode verurteilt. Das Urteil wurde am 2. Februar 1949 vollstreckt.
Weber Bruno, SS-Hauptsturmführer	Dr. med., Bakteriologe, Leiter des SS-Hygieneinstituts in Rajsko bei Auschwitz. Er starb am 23. September 1956 in Homberg an der Saar.
Wiebeck Gerhard, SS-Untersturmführer	Dr. jur., Richter eines SS-Gerichts, Mitglied der SS-Sonderkommission zur Untersuchung von Veruntreuungen in Konzentrationslagern
Wigand Arpad, SS-Oberführer (geb. 13.1.1906)	Mitglied der NSDAP (Nr. 30682) und der SS (Nr. 2999). Inspekteur der Sicherheitspolizei und des Sicherheitsdienstes (Sipo und SD) in Wrocław. Zu seinem Zuständigkeitsbereich gehörte auch der Re-

gierungsbezirk Kattowitz (Katowice). Später wurde er SS- und Polizeiführer des Distrikts Warschau (Warszawa). Ende des Krieges wechselte er zum RSHA über.

Wilhelmy
Anton,
SS-Oberscharführer
(geb. 26.10.1912)

Vom Sommer 1940 bis September 1942 war er Kompaniechef in der Dienststelle des SS-Standortarztes im KZ Auschwitz, dann diente er im Auschwitzer Nebenlager Budy.

Wilks
Martin,
SS-Unterscharführer
(geb. 1916)

Von Oktober 1941 bis zur Evakuierung des KZ Auschwitz war er Rechnungsführer in der Dienststelle des SS-Standortarztes.

Wirths
Eduard,
SS-Obersturmbannführer (geb. 4.9.1909)

Zu Beginn des Krieges wurde er als Arzt der Waffen-SS eingegliedert und an die Front geschickt. 1942 wurde er im Inspektorat Konzentrationslager eingesetzt, und am 6. September 1942 übernahm er den Posten des SS-Standortarztes im KZ Auschwitz. Er war der Vorgesetzte der Ärzte, Zahnärzte und SS-Sanitäter aller Auschwitzer Lager und Nebenlager sowie der Häftlingsärzte und Häftlingspfleger. Nachdem 1943 in Block 10 des Stammlagers die Forschungsstätte für Prof. Dr. Carl Clauberg eingerichtet worden war, führte er dort Krebsuntersuchungen durch und nahm operative Eingriffe an krebsverdächtigen oder krebskranken Jüdinnen vor. Nach der Evakuierung des Auschwitzer Lagers war er Arzt in den Konzentrationslagern Mittelbau-Dora, Bergen-Belsen und schließlich Neuengamme. Nach seiner Verhaftung durch britische Behörden fertigte er eine Niederschrift über seine Tätigkeit an. Im September 1945 beging er im Gefängnis Selbstmord.

BIBLIOGRAPHIE

Adelsberger, Lucie, „Auschwitz. Ein Tatsachenbericht", Berlin 1956

Adler, H.G., Langbein, Hermann, u. Lingens-Reiner, Ella, „Auschwitz. Zeugnisse und Berichte", Frankfurt a/M 1962

Batawia, Stanisław, „Rudolf Höss komendant obozu koncentracyjnego w Oświęcimiu" (Rudolf Höß, Kommandant des Konzentrationslagers Auschwitz), „Biuletyn Głównej Komisji Badania Zbrodni Hitlerowskich w Polsce" Bd. 7, Warszawa 1951

„Biuletyn Głównej Komisji Badania Zbrodni Hitlerowskich w Polsce" (Bulletin der Hauptkommission zur Untersuchung der Naziverbrechen in Polen) Bd. 1—20, Warszawa 1946—1970

Bullock, Alan, „Hitler. A Study in Tyranny", London 1952

Crankshaw, Edward, „Die Gestapo", Berlin 1959

Cyprian, T., u. Sawicki, J., „Materiały Norymberskie" (Nürnberger Materialien), Warszawa 1948

Czech, Danuta, „Kalendarz wydarzeń w obozie koncentracyjnym Oświęcim-Brzezinka" (Kalendarium der Ereignisse im Konzentrationslager Auschwitz-Birkenau), „Zeszyty Oświęcimskie" Nr. 2—4, 6 u. 7, Oświęcim 1958—1963

Eisenbach, Artur, „Hitlerowska polityka zagłady Żydów" (Die nazistische Politik der Judenausrottung), Warszawa 1961

„Hefte von Auschwitz" — „Zeszyty Oświęcimskie" — Nr. 1 u. 9—17, Oświęcim 1959 u. 1966—1975

„Hefte von Auschwitz", Sonderheft 1, „Handschriften von Mitgliedern des Sonderkommandos", Oświęcim 1972

Henkys, Reinhard, „Die nationalsozialistischen Gewaltverbrechen", Stuttgart — Berlin 1964

Kalmar, Rudolf, „Zeit ohne Gnade", Wien 1946

Kamiński, Andrzej Józef, „Hitlerowskie obozy koncentracyjne i ośrodki masowej zagłady w polityce imperializmu niemieckiego" (Hitlerfaschistische Konzentrationslager und Massenvernichtungszentren in der Politik des deutschen Imperialismus), Poznań 1964

Kaul, Friedrich Karl, „Ärzte in Auschwitz", Berlin 1968

Kąkol, Kazimierz, „Sąd nierychliwy. Frankfurcki proces oprawców z Oświęcimia" (Das schleppende Gericht. Der Frankfurter Prozeß gegen die Schergen von Auschwitz), Warszawa 1966

Kempner, Robert, „SS im Kreuzverhör", München 1964

Kiedrzyńska, Wanda, „Ravensbrück obóz koncentracyjny" (Konzentrationslager Ravensbrück), Warszawa 1961

Kłodziński, Stanisław, „Esesmani z oświęcimskiej ‚służby zdrowia'. Wykaz wstępny" (SS-Leute des Auschwitzer „Gesundheitswesens". Vorläufiges Verzeichnis), „Przegląd Lekarski", II. Serie, Nr. 1, Kraków 1966

Kogon, Eugen, „Der SS-Staat. Das System der deutschen Konzentrationslager", Düsseldorf 1946

Kolb, Eberhard, „Bergen-Belsen. Geschichte des ‚Aufenthaltslagers' 1943—1945", Hannover 1962

„Kommandant in Auschwitz. Autobiographische Aufzeichnungen von Rudolf Höß", eingeleitet und kommentiert von Martin Broszat, Stuttgart 1958
Landau, Leon, „Oskarżenie" (Anklage), Warszawa 1963
Langbein, Hermann, „Der Auschwitz-Prozeß. Eine Dokumentation" Bd. 1 u. 2, Wien 1965
Mitscherlich, Alexander, u. Mielke, Fred, „Medizin ohne Menschlichkeit. Dokumente des Nürnberger Ärzteprozesses", Frankfurt a/M, Hamburg 1949
Musioł, Teodor, „Dachau 1933—1945" (poln.), Katowice 1968
Nyiszli, Miklós, „Dr. Mengele boncolóorvosa voltam az auschwitzi krematóriumban", Debrecen 1947
Piotrowski, Stanisław, „Misja Odyla Globocnika. Sprawozdania o wynikach finansowych zagłady Żydów w Polsce" (Die Mission des Odilo Globocnik. Berichte über die finanziellen Ergebnisse der Judenvernichtung in Polen), Warszawa 1949
Poliakov, L., u. Wulf, J., „Das Dritte Reich und die Juden. Dokumente, Aufsätze", Berlin 1961
Poliakov, L., u. Wulf, J., „Das Dritte Reich und seine Diener. Dokumente", Berlin 1956
Reitlinger, Gerald, „Die Endlösung. Hitlers Versuch der Ausrottung der Juden Europas 1939—1945", Berlin 1956
Reitlinger, Gerald, „Die SS. Tragödie einer deutschen Epoche", Wien 1956
Russell (Edward Frederick Langley), Lord of Liverpool, „The Scourge of the Swastika. A short History of Nazi War Crimes", London 1955
Russell (Edward Frederick Langley), Lord of Liverpool, „The Trial of Adolf Eichmann", London 1962
Ryszka, Franciszek, „Państwo stanu wyjątkowego. Rzecz o systemie państwa i prawa Trzeciej Rzeszy" (Staat des Ausnahmezustands. Eine Abhandlung über das Staats- und Rechtssystem des Dritten Reiches), Wrocław—Warszawa—Kraków 1964
Schnabel, Reimund, „Macht ohne Moral. Eine Dokumentation über die SS", Frankfurt a/M 1957
Sehn, Jan, „Konzentrationslager Oświęcim-Brzezinka (Auschwitz-Birkenau)", Warszawa 1957
„SS im Einsatz. Eine Dokumentation über die Verbrechen der SS", Berlin 1960
„Stätten des Kampfes und des Märtyrertums 1939—1945. Jahre des Krieges in Polen. Guide 1939—1945", Warschau 1965
Weliczker, Leon, „Brygada śmierci (Sonderkommando 1005)" (Todesbrigade. Sonderkommando 1005), Łódź 1946
„Wielka Encyklopedia Powszechna PWN" (Große allgemeine Enzyklopädie des Wissenschaftlichen Staatsverlags PWN) Bd. 1—13, Warszawa 1962—1970
Zych, Gabriel, „Oranienburg. Rachunek pamięci" (Oranienburg. Bilanz der Vergangenheit), Warszawa 1962

INHALT